Jule Gölsdorf | Christine Langner

Verstehen Sie STAAT?!

Jule Gölsdorf | Christine Langner

Verstehen Sie STAAT?!

Wie Sie Nachrichten einordnen, politische Debatten begreifen und sich eine eigene Meinung bilden

FBV

Bibliografische Information der Deutschen Nationalbibliothek
Die Deutsche Nationalbibliothek verzeichnet diese Publikation in der Deutschen Nationalbibliografie. Detaillierte bibliografische Daten sind im Internet über https://dnb.de abrufbar.

Für Fragen und Anregungen
info@m-vg.de

Wichtiger Hinweis
Ausschließlich zum Zweck der besseren Lesbarkeit wurde auf eine genderspezifische Schreibweise sowie eine Mehrfachbezeichnung verzichtet. Alle personenbezogenen Bezeichnungen sind somit geschlechtsneutral zu verstehen.

Originalausgabe
2. Auflage 2025

Türkenstraße 89
80799 München
Tel.: 089 651285-0

Projektleitung: Susanne Beinvogl
Redaktion: Dr. Daniel Bussenius
Umschlaggestaltung: Karina Braun
Umschlagabbildungen: Andreas Rentz, Privat
Satz: abavo GmbH, Buchloe; Andreas Linnemann
Druck: GGP Media GmbH, Pößneck
Printed in the EU

ISBN Print 978-3-95972-794-5
ISBN E-Book (EPUB, Mobi) 978-3-98609-550-5

Wir produzieren nachhaltig
www.m-vg.de

Weitere Informationen zum Verlag finden Sie unter
www.finanzbuchverlag.de
Beachten Sie auch unsere weiteren Verlage unter
http://www.muenchner-verlagsgruppe.de

Inhalt

Einleitung
»Sapere aude!«
Habe Mut, dich deines eigenen Verstandes zu bedienen! 11

Kapitel 1
Erklärhafte Demokratie
Demokratie, Populismus, Nationalismus. 15

Kapitel 2
»Das Versagen der Ampel hat die Populisten stark gemacht!«
Interview mit Albrecht von Lucke 41

Kapitel 3
Ein Vorurteil kommt selten allein
Migration, Asylrecht und Kriminalität. 49

Kapitel 4
»Wir haben aus historischer Erfahrung ein Grundrecht auf Asyl und eine Verantwortung – die sollten wir ernst nehmen!«
Interview mit dem Konfliktforscher Andreas Zick 77

Kapitel 5
Wirtschaft
Wie steht es um das Aufstiegsversprechen in Deutschland?. 87

Kapitel 6
Sollten Reiche mehr bezahlen?
Wie funktioniert unser Steuer- und Abgabensystem?. 101

Kapitel 7
Das bisschen Haushalt kann so schlimm nicht sein
Bundeshaushalt und Schuldenbremse 115

Kapitel 8

»Wir haben den Schuss noch nicht gehört! Der Erfolg hat uns träge und faul gemacht!«

Interview mit Ökonom Marcel Fratzscher und Unternehmerin Sarna Röser . . 129

Kapitel 9

Massentierhaltung

Das traurige Geschäft mit Lebewesen 143

Kapitel 10

»Niemand will wissen, dass sein Schnitzel intelligenter war als der eigene Zweijährige!«

Interview mit Nutztierbiologin Sandra Düpjan 163

Kapitel 11

Klimawandel? Bloß keine Windräder vor der eigenen Haustür!

Mit welcher Politik dem Klimawandel begegnen? 173

Kapitel 12

Einigkeit und Recht und Meinung

Was darf man denn heute überhaupt noch sagen? 187

Kapitel 13

Unbelehrbar

Entscheidet die Herkunft über eine Karriere in Deutschland? 217

Kapitel 14

»Es spielt eine Rolle, ob Kinder aus einem Haushalt mit vielen oder wenigen Büchern kommen!«

Interview mit Prof. i. R. Dr. Klaus Klemm. 235

Kapitel 15

Arbeit ist das halbe Leben

Bürgergeld, Mindestlohn und Vier-Tage-Woche 243

Kapitel 16

Die Rente ist sicher?

Warum uns der demografische Wandel in Schwierigkeiten bringt 259

Kapitel 17

Wohnst du noch oder zeltest du schon?

Wohnungsnot, Mietpreisbremse und Investitionsstau im Bau 269

Kapitel 18
Hoch die Hände, Zeitenwende!
Wie steht es um die Verteidigungsfähigkeit der Bundeswehr? 285

Kapitel 19
»Im Moment ist es noch relativ ungefährlich, für die Bundeswehr zu sein!«
Interview mit General a. D. Wolfgang Schneiderhan 301

Kapitel 20
Gleichberechtigung
Muss einmal Weltfrauentag im Jahr reichen?. 309

Kapitel 21
Die Parteien
Ein Überblick mit Politikwissenschaftlerin Jasmin Riedl. 321

Quellen 348

Literatur. 365

Danksagung 367

Für die Demokratie

EINLEITUNG

»Sapere aude!«

Habe Mut, dich deines eigenen Verstandes zu bedienen!

Wer hätte gedacht, dass der gute alte Kant mal das Motto zu unserem Buch beisteuern würde? Aber der Wahlspruch des Philosophen zur Aufklärung passt einfach und beschreibt das, was wir erreichen wollen, ziemlich gut. Sich nicht darauf zu verlassen, dass andere für uns denken, und nicht ungeprüft deren Ansichten zu übernehmen, sich stattdessen selbst ergebnisoffen, faktenbasiert und mit ein bisschen Humor auf die Suche nach der Wahrheit zu machen – dieses Anliegen scheint dringlicher denn je: Deutschland befindet sich im Chaos, mit einer geplatzten Ampel-Regierung und einer politischen Streitkultur, die viele Menschen sich nicht mehr erklären können; mit Streit um die Vertrauensfrage und Debatten um einen vorgezogenen Wahltermin. Ein Hickhack, bei dem die Frage nach der richtigen Politik und die Diskussion über Inhalte auf der Strecke bleiben. Wer denkt bei all dem Gezanke eigentlich an uns Bürgerinnen und Bürger, die sich schon ohne den Dauerstreit innerhalb einer Regierung mit der aktuellen politischen Lage überfordert fühlen?

Teile der Gesellschaft in unserem Land sind gespalten, die Stimmung mitunter aggressiv und unversöhnlich, Menschen sind unzufrieden, wütend auf Politiker und Journalisten, greifen diese sogar auf der Straße an, weil sie nicht mehr darauf vertrauen, dass die Politik das eigene Leben zukunftsfähig gestaltet und dass Journalisten die Wahrheit sagen. Zudem haben einige das Gefühl, ihre eigene Meinung nicht mehr klar und deutlich äußern zu dürfen. Die Welt scheint unterdessen geteilt zu sein in autoritäre Systeme auf der einen und freiheitliche Demokratien auf der anderen Seite. Plötzlich gibt es Stimmen, die die Demokratie und das Recht auf Freiheit und Gewaltenteilung infrage stellen.

Das Land ist in Alarmbereitschaft durch internationale Konflikte wie den Ukraine-Krieg oder die Nahost-Krise, aber auch gebeutelt durch die Nachwirkungen der Corona-Pandemie, eine stagnierende Wirtschaft, den Klimawandel und vieles mehr. Das alles löst Ängste aus. Die zunehmende Komplexität der Themen sorgt für eine große Verunsicherung durch mangelndes Verständnis, das sich in Politikverdrossenheit und Nachrichtenmüdigkeit widerspiegelt, darüber hinaus aber auch für eine zunehmende Begeisterung für populistische Parteien, die einfache Lösungen versprechen. Der Wunsch, auf komplizierte Fragen einfache Antworten zu finden, ist durchaus nachvollziehbar! Die Flut an Nachrichten sabotiert manchmal die Fähigkeit, sich mit Muße und fundiert eine Meinung zu bilden, wohldurchdachte Entscheidungen zu treffen und dann entsprechend zu handeln. Stattdessen kommt uns die vereinfachte Darstellung entgegen, ist sie doch viel weniger anstrengend als das ständige Hinterfragen und Checken der Fakten, bei all den Themen, die uns im Alltag beschäftigen: Welche Konzepte gibt es, um die Migration angemessen zu steuern? Können wir Abschiebungen vereinfachen? Müssen wir das Autofahren aufgeben und unseren Wohnraum kostspielig umgestalten, um das Klima zu schützen, oder gibt es Alternativen? Warum ist vielen eine artgerechte Tierhaltung wichtig und trotzdem kaufen sie Billigfleisch? Welche Möglichkeiten gibt es, die Wirtschaft anzukurbeln und Arbeitsplätze zu schaffen? Muss das Land Schulden machen, um mehr zu investieren, oder doch eher sparen? Sollten Reiche mehr Steuern zahlen? Ist das aktuelle Rentenkonzept noch eine angemessene Basis, um die Menschen im Alter zu versorgen, oder sorgt der demografische Wandel dafür, dass unser Rentensystem bald zusammenbricht?

Und welche Konzepte bieten die unterschiedlichen Parteien als Lösungen für all diese Probleme an?

Fragen über Fragen, auf die vermutlich niemand eine schnelle Antwort parat hat, auch wenn man in den sozialen Medien manchmal einen anderen Eindruck bekommt: Denn dort haben viele sofort eine Meinung, die sie ungefiltert in die Welt senden. Die Frage ist nur, worauf diese Meinung basiert – auf Fakten oder Emotionen? Auf reißerischen Schlagzeilen oder sogar auf Verschwörungstheorien und Fake News, die primär gestreut werden, um die Gesellschaft aufzuhetzen und zu spalten und damit die Demokratie zu gefährden? Leider scheint die Kunst des konstruktiven Streitens, der Austausch von Argumenten und Gegenargumenten, verloren gegangen zu sein. Was auffällt: Jeder will partout recht haben und redet auf die anderen ein –

aggressiv und laut, häufig mit populistischen Parolen. Dabei ist die extreme Vereinfachung und Verkürzung doch das Gegenteil einer befruchtenden Diskussion. Und oft zeigt sich: Je lauter das Gebrüll, desto geringer die Ahnung! Auf komplexe Fragen gibt es nicht immer eine simple Antwort. Das auszuhalten ist manchmal schwer, weil es Arbeit und Konzentration erfordert, sich tiefgründig mit einem komplizierten Thema zu befassen. Doch wir wollen zeigen, dass es durchaus Freude bereiten kann, sich einem Thema von verschiedenen Seiten anzunähern.

Dabei richten wir uns an jeden, der Lust hat, aufmerksam und kritisch zu sein. Ob politikinteressiert oder -verdrossen, jung oder alt, zufrieden oder unzufrieden, gut informiert oder nicht – wir hoffen, dass jeder bei dem einen oder anderen Thema einen Blickwinkel entdeckt, den er vorher noch nicht gesehen hat. Dabei erheben wir keinen Anspruch auf Vollständigkeit, denn mit jedem einzelnen der 14 Themen, die wir uns vorgenommen haben, könnte man ein ganzes Buch füllen. Wir wollen einen Überblick geben, dazu inspirieren, offen zu sein, Dinge kritisch zu betrachten, andere Sichtweisen lieben zu lernen, wieder Spaß am Diskutieren zu haben – und im Idealfall einen Denkanstoß mitzunehmen.

In einem ersten Kapitel gehen wir dazu kurz auf die Grundlagen ein, sozusagen um eine gemeinsame Basis zu schaffen: Warum sind die Menschen zurzeit so wütend, warum ist Populismus so erfolgreich, und ist die Demokratie in Gefahr oder sogar gar nicht mehr zeitgemäß? Und woher kommt die Begeisterung für einen neuen Nationalismus? Aber wir wollen auch unseren Berufsstand, den Journalismus, kritisch betrachten – Stichwort »Lügenpresse«: Was heißt das eigentlich? Wie arbeiten Journalisten? Und wie steht es um die Meinungsfreiheit in unserem Land? Müssen wir toleranter werden? Oder sind wir sogar zu tolerant? Im Anschluss wollen wir die Themen kritisch beleuchten, die uns Deutsche am meisten interessieren. Ob Massentierhaltung, Zeitenwende bei der Bundeswehr oder Migration – in den einzelnen Kapiteln bemühen wir uns, jedes Thema von unterschiedlichen Seiten zu betrachten und neue Blickwinkel zu eröffnen. Dazu sprechen wir mit Experten, die uns aktuelle und wichtige Einschätzungen geben. Am Ende jedes Kapitels fassen wir zusammen, wie die unterschiedlichen Parteien zu dem jeweiligen Thema stehen und welche Lösungsansätze sie bieten. Das ermöglicht einen guten Überblick darüber, welches Parteiprogramm der eigenen Meinung am nächsten steht. Sie können unser Buch natürlich klassisch vom Anfang bis zum Ende lesen.

Das ist aber kein Muss. Wenn es ein Thema gibt, das Sie besonders interessiert, fangen Sie einfach damit an. Die Reihenfolge der Parteien haben wir nach der Anzahl der Mitglieder festgelegt, die erstgenannte ist die Partei mit den meisten Mitgliedern (Stand Dezember 2024).

Wir wünschen viel Spaß beim Lesen und freuen uns über eine angeregte Debatte.

Ihre Jule Gölsdorf & Christine Langner

P. S. Diskutieren Sie gerne auch über unsere Profile in den sozialen Medien mit uns – zum Beispiel bei Instagram:

@verstehensiestaat

@christine_langner

@julegoelsdorf

KAPITEL 1

Erklärhafte Demokratie

Demokratie, Populismus, Nationalismus

Es heißt, die Demokratie sei die beste Herrschaftsform – aber man kennt das aus der Schule: Der Beste ist oft nicht der Beliebteste ...

... und da stellt sich gleich die Frage: Wie steht's denn um die Demokratie und leben wir noch in einem guten Land? Wenn man die Katastrophen anschaut, die uns in letzter Zeit beschäftigen, den Ukraine-Krieg, die Gaza-Krise oder den zunehmenden Terrorismus, hat sich die internationale Lage durchaus zugespitzt. Dazu kommen die Bedrohung durch den Klimawandel, die Bewältigung der Corona-Pandemie-Folgen und die Inflation. Und im Herbst 2024 auch noch eine handfeste Regierungskrise und der Bruch der Ampel-Koalition, der nahezu beispiellos war.

Auf der anderen Seite darf man nicht vergessen: Wir leben in einer liberalen Demokratie, in einer der modernsten und freiesten Gesellschaften der Welt, in einem Rechtsstaat. Im Prinzip können wir alle tun und lassen, was wir möchten, sofern wir nicht die Rechte anderer mit unserem Verhalten verletzen. Der Sozialstaat sorgt in der Regel dafür, dass wir ein Dach über dem Kopf haben und wir im Falle von Krankheit oder Jobverlust auf einem zwar möglicherweise umstrittenen, aber lebenswerten Niveau versorgt werden. Wir dürfen selbst darüber entscheiden, wo wir leben, welchen Beruf wir ergreifen und wohin wir reisen. Wir haben Meinungs- und Pressefreiheit, die Freiheit der Kunst, der Wissenschaft und nicht zuletzt das Recht auf freie Wahlen, mit denen wir darüber bestimmen, wer in unserem Land das

Sagen hat. Das sind elementare Rechte, die wir nicht ggeringschätzen, sondern verteidigen sollten.

Dennoch: Immer mehr Menschen in unserer Gesellschaft distanzieren sich von der Demokratie. Zum Beispiel zeigt die »Mitte-Studie« der Friedrich-Ebert-Stiftung für die Jahre 2022/23, dass das Vertrauen in die Institutionen und in das Funktionieren der Demokratie bei den Befragten auf unter 60 Prozent gesunken ist. Außerdem vertritt mehr als ein Drittel der Deutschen verschwörungsgläubige Ansichten und etwa ein Drittel populistische und völkisch-autoritär-rebellische Positionen. Dieses Drittel denkt zudem, Politik und Medien würden unter einer Decke stecken. 13 Prozent finden sogar, einige Politiker hätten es verdient, wenn »die Wut gegen sie« in Gewalt umschlüge.[1]

Und das zeigt sich deutlich auf der Straße – in Form von beschmierten Wahlplakaten und heftigen Attacken gegen Politiker. Der Kandidat der sächsischen SPD für die Europawahl 2024, Matthias Ecke, wurde beim Aufhängen von Wahlplakaten so zusammengeschlagen, dass er Knochenbrüche im Gesicht erlitt. Generell gibt es immer häufiger Straftaten gegen Menschen, die sich politisch betätigen. Mehr als die Hälfte der Bürgermeister und Bürgermeisterinnen hat schon Beleidigungen, Bedrohungen oder Übergriffe erlebt.[2] Der CDU-Politiker Marco Wanderwitz, der unter anderem zur Zielscheibe wurde, weil er ein AfD-Verbot befürwortete, hat deshalb sogar seinen Rückzug aus dem Bundestag beschlossen, um sich und seine Familie körperlich und seelisch zu schützen, weil die Angriffe der »brutalen Schreihälse« immer heftiger geworden waren. Die etablierten Parteien schieben die Schuld an den herrschenden Zuständen auf die AfD und eine Verrohung des politischen Klimas. Doch haben die Politiker nicht alle dazu beigetragen, unabhängig von der Parteizugehörigkeit? Im Bundestag, wo die gewählten Vertreter des Volkes ihre Argumente austauschen, ist das Sprachniveau jedenfalls manchmal ziemlich niedrig. Auch wenn es Streit und Beleidigungen zwischen Politikern schon immer gegeben hat – bestes Beispiel ist Joschka Fischers legendärer Spruch von 1984: »Herr Präsident, Sie sind ein Arschloch, mit Verlaub!« –, gibt es heute extrem viele Pöbeleien im Bundestag. Die Zahl der Ordnungsrufe, die ausgesprochen werden, wenn Abgeordnete durch Zwischenrufe oder Beleidigungen auffallen, ist sprunghaft angestiegen – allein zwischen 2017 und 2021 waren es 47, im gesamten Zeitraum 1990 bis 2017 gab es hingegen nur 89.[3] In der Pöbelstatistik liegt die AfD klar vor der SPD und den Grünen, insgesamt hat die Zahl der Ordnungsrufe aber auch zugenommen, weil die anderen Fraktionen die AfD beleidigen. Bärbel Bas, die die Debatten in der Herzkammer unserer Demokratie als Bundestagspräsidentin von 2021 bis Anfang 2025 leitete, forderte, dass durch eine Reform der Geschäftsordnung notorische Pöbler künftig härter bestraft werden (mit mindestens 2.000 Euro Strafe). Sie mahnte, dass sich die politische Debattenkultur im Bundestag am Ende in der Gesellschaft widerspiegle.[4]

Das politische Klima hat sich also aufgeheizt, der Umgangston ist rau. Und die Kluft zwischen den Bürgern und den Abgeordneten ist größer geworden, insbesondere die Kluft zwischen den Menschen und den großen Volksparteien – wie auch die Landtagswahlen 2024 im Osten gezeigt haben. Die SPD hat dort massiv an Stimmen verloren, die CDU konnte dennoch keine gewaltigen Sprünge machen, obwohl sie im Bund versucht hat, sich deutlich von den Positionen der Ampel-Regierung abzugrenzen. FDP und Grüne sind in Brandenburg, Sachsen und Thüringen von der politischen Landkarte nahezu verschwunden. Stattdessen ist in Thüringen mit der AfD erstmals eine dort als gesichert rechtsextrem eingestufte Partei stärkste Kraft geworden, deren Wähler mehrheitlich aus Überzeugung, und nicht nur aus Protest, für sie gestimmt haben. Und in Thüringen, Sachsen und Brandenburg hat die neu gegründete Partei von Sahra Wagenknecht, das BSW, zweistellige Ergebnisse eingefahren. Die größten Erfolge erzielten also die Parteien an den Rändern des politischen Spektrums, die – so unterschiedlich sie sein mögen – beide autoritäre Züge zeigen. Ein klarer Denkzettel und Weckruf für alle demokratischen Parteien!

Der sinkende Erfolg der Volksparteien, also solcher Parteien, deren Wählerschaft verschiedene soziale Schichten umfasst und die einen beträchtlichen Anteil der Bevölkerung ausmacht, ist aber nicht nur ein ostdeutsches Phänomen. Generell ist die Zahl der Parteimitglieder jahrelang gesunken, und die Zeiten, in denen eine Volkspartei wie die CDU oder SPD gemeinsam mit einer kleineren Partei eine Koalition bilden konnte, scheinen der Vergangenheit anzugehören. Das hat Konsequenzen: Auch wenn eine Dreierkoalition im Bund ein Novum war, gehören solche Bündnisse auf Länderebene mittlerweile zum politischen Alltag in der Bundesrepublik und führen immer häufiger zu öffentlichen Querelen zwischen den Beteiligten, wie wir 2024 am dramatischen Ende der Ampel-Regierung gut erkennen konnten. Da selbst dem damaligen Co-Vorsitzenden der Grünen, Omid Nouripour, als Beschreibung der Regierung nur noch der Begriff »Übergangslösung« einfiel, brauchte man sich über das Fazit in den Kommentarspalten nicht zu wundern: Da fällt auseinander, was nie zusammengehörte! Das ist ein großes Problem, denn es stellt sich die Frage, ob es künftig wieder möglich sein wird, Regierungen ohne Dreierkombinationen zu bilden – und wenn nicht, wie eine Zusammenarbeit besser funktionieren kann. Dazu kommt, dass die klare Abgrenzung zwischen Regierung und Opposition nicht mehr so einfach erkennbar ist wie früher.

Wähler versuchen, die etablierten Parteien zu bestrafen, indem sie auch radikale Parteien wählen. Das ist ungefähr so sinnvoll, wie sich den Kopf zu rasieren, um den Friseur zu bestrafen …

Die mangelnde Eindeutigkeit und der zunehmende Streit lassen die Bürger daran zweifeln, dass die etablierten Parteien noch in der Lage sind, die drängendsten Probleme zu lösen und ihre Bedürfnisse und Sorgen ernst zu nehmen. Die Menschen erleben in ihrem direkten Umfeld eine marode Infrastruktur – kaputte Straßen, einstürzende Brücken, Chaos bei der Bahn, Funklöcher und langsames Internet. Vor allem die Themen, die ländliche Regionen betreffen, wie die wirtschaftliche Benachteiligung, eine CO_2-Abgabe, die steigende Benzinpreise nach sich zieht, aber auch die Unzufriedenheit mit der Migrationspolitik und die zunehmende Komplexität der Themen führen zu politischer Entfremdung. Das Ergebnis: Die demokratischen Parteien verlieren gerade in den strukturschwachen Regionen immer mehr an Vertrauen. Paradoxerweise führt die Schwäche der großen Parteien zu deren Regierungsbeteiligung, weil die Weigerung, mit Randparteien wie der AfD oder der Linken zusammenzuarbeiten, dafür sorgt, dass eine Regierungsmehrheit ohne ein breites Parteienbündnis der Mitte gar nicht möglich ist. Das heißt: Der Versuch der Wähler, die etablierten Parteien abzustrafen, führt nicht zu gewünschten alternativen Koalitionen oder dazu, dass die zahlenmäßig erfolgreichste Partei an der Regierung beteiligt wird. So entwickelt sich Wählerverdruss! Wobei man an dieser Stelle sagen muss, dass auch solche Entwicklungen zum demokratischen Prozess dazugehören. Denn nur weil eine Partei – wie zum Beispiel die AfD in Thüringen – die relative Mehrheit der Stimmen gewonnen hat, hat sie nicht zwingend den Anspruch auf eine Regierungsbeteiligung. Für eine Regierungsbildung braucht es die Mehrheit im Parlament, und wer nicht über die absolute Mehrheit verfügt, benötigt einen oder mehrere Koalitionspartner. Wenn sich dieser oder diese nicht finden lassen, kann auch ein Wahlgewinner in der Opposition landen. Auch das ist Demokratie und kam in der Vergangenheit wiederholt vor: Sowohl bei verschiedenen Landtagswahlen als auch beispielsweise bei der Bundestagswahl 1976 war das der Fall, als sich die zweitplatzierte SPD erneut mit der FDP zusammentat, während Wahlgewinner Helmut Kohl mit seiner Union über imposante 48,6 Prozent der Stimmen verfügte und dennoch keine Regierungsmehrheit zustande brachte.

Dennoch sind manche Wähler durch das Gefühl der politischen Machtlosigkeit frustriert. Das führt offenbar nicht nur zu einer Unzufriedenheit mit dem aktuellen politischen Personal und zu Wahlerfolgen für extreme Parteien, sondern auch dazu, dass die Menschen das demokratische System generell infrage stellen und sich zum Teil sogar eine autoritäre Herrschaft wünschen. Ein Viertel der Bürger zum Beispiel ist für ein Einparteiensystem, also eines, in dem nur eine einzige Partei das Regierungssystem kontrolliert und es keine anderen, konkurrierenden Parteien gibt. Und jeweils 10 Prozent würden einen starken, vom Parlament unabhängigen Führer und unter bestimmten Umständen sogar eine Diktatur unterstützen,[5] wie die Leipziger Autoritarismus-Studie 2024 belegt, nach der knapp 20 Prozent der Befragten (teilweise) der Aussage zustimmen, »dass unter bestimmten Umständen eine Diktatur die bessere Staatsform sei«.[6] Eine Diktatur? Ernsthaft?

Die Demokratie scheint also auf dem absteigenden Ast zu sein! Ist die Herrschaft des Volkes möglicherweise nur eine Regierungsform neben anderen, die zunehmend umstritten ist, oder doch ein westliches Ideal, das es zwingend zu verteidigen gilt?

Früher waren Gesellschaften undemokratisch, die Menschen wurden oligarchisch regiert – das heißt, eine kleine Gruppe übte die politische Herrschaft über viele andere aus. Erst im griechischen Athen, dem Ursprung der Demokratie, kam es zum Umdenken. Die Bauern wollten sich die Unterdrückung nicht mehr gefallen lassen, drohten mit Aufstand und hatten, da sie im Krieg für den Staat aufs Schlachtfeld geschickt wurden, ein Druckmittel, weil Athen ohne sie schutzlos gewesen wäre. Kurz gefasst entstand – um die Proteste zu befrieden und soziale Missstände zu beseitigen – so die Idee der Macht des Volkes, also der Demokratie, was sich aus dem Altgriechischen herleiten lässt, nämlich aus den Wörtern »demos« (Staatsvolk) und »kratos« (Macht, Herrschaft). Dabei sollten alle Bürger die gleichen Rechte und Pflichten haben – in Athen gab es damals übrigens nicht nur das Recht, abzustimmen, sondern sogar die Pflicht dazu! Die Wahlpflicht, wäre das eine Idee, über die man heute nachdenken sollte, angesichts der sinkenden Wahlbeteiligung? Zumindest wären die Bürger dann per Gesetz verpflichtet, sich eine Meinung zu bilden, die Wahlpflicht würde die Stabilität der jeweiligen Regierung stärken und zugleich verhindern, dass die wenigen, die sich freiwillig an Wahlen beteiligen, einen zu großen Einfluss bekommen. Auf der anderen Seite wäre eine Pflicht zur Wahl ein Eingriff in die persönliche Freiheit und könnte dazu führen, dass diejenigen, die kein Interesse an Politik haben, einfach nach dem Zufallsprinzip ihr Kreuzchen auf dem Wahlzettel machen.

Aber zurück zum Thema: In einer Demokratie dürfen die Menschen frei ihre Meinung sagen, sich versammeln, sich informieren, und alles, was der Staat tut, muss nach den Regeln der Verfassung erfolgen. Somit ist ein liberaler demokratischer Staat auch immer ein Rechtsstaat. Ist das nicht also etwas Gutes?

In einer Demokratie hat fast jeder eine Stimme! In Autokratien auch - aber wenn man sie öffentlich gebraucht, kommt man ins Gefängnis!

Wie hat es der britische Weltkriegspremier Winston Churchill schon so schön formuliert: »Die Demokratie ist die schlechteste aller Regierungsformen – abgesehen von all den anderen Formen, die von Zeit zu Zeit ausprobiert worden sind.« Was er damit meinte: Die Demokratie ist nicht perfekt, aber wohl die beste Regierungsform, die wir haben.

Denn was wäre besser? Natürlich gibt es alternative Regierungsformen, die sich in Struktur und Machtverteilung von der Demokratie unterscheiden. Die meisten von ihnen stützen sich – im Gegensatz zur Demokratie, in der Freiheit, Gleichheit und politische Teilhabe zu den zentralen Elementen gehören – auf zentralisierte Macht, Autorität und spezielle Ideologien. In Autokratien, Diktaturen, Militärregierungen, Theokratien oder Aristokratien sind es einzelne Herrscher, das Militär, religiöse Führer, Eliteklassen oder andere kleinere Gruppen, die politische Macht ausüben. Wenn wir also nicht willkürlich von Einzelpersonen oder Gruppen regiert werden wollen, spricht einiges für Churchills These, dass die Demokratie die bessere Regierungsform ist.

Das zeigt auch der Blick auf die Ursprungsidee der modernen Demokratie: nämlich das Zusammenleben einer Gesellschaft nach Recht und Sitte, und nicht einfach bestimmt durch das Recht des Stärkeren, also nach der sozialdarwinistischen Devise, dass der Stärkere überlebt, indem er sich auf Kosten des Schwächeren durchsetzt. Der Stärkere könnte in einer Demokratie schlicht der Mehrheitswille sein, wie auch immer dieser aussieht. Letztere Haltung kann man natürlich haben, sie ist aber nicht besonders menschenfreundlich, um es mal vorsichtig auszudrücken. Denn was wäre, wenn die Mehrheit eine bestimmte Gruppe von Menschen unterdrücken, versklaven, ausgrenzen oder sogar eliminieren wollte? Damit genau so eine »Tyrannei der Mehrheit« nicht zur Realität wird, werden Minderheiten in unserer liberalen Demokratie besonders geschützt. Das heißt, dass die Grundrechte immer eingehalten werden müssen – und das beinhaltet eben auch den Minderheitenschutz, also sowohl den Schutz des Einzelnen vor dem Staat als auch den Schutz des Einzelnen vor den Mitbürgern. Vor dem Gesetz sind alle gleich und haben gleiche Rechte und Pflichten, unabhängig von Geschlecht, ethnischer Herkunft, Religion oder sozialem Status.

Aber was macht nun eine Demokratie im positiven Sinne aus? Politische Definitionen gibt es einige, kurzgefasst lassen sich die wesentlichen Grundsätze mit Freiheit, Gleichheit und Kontrolle beschreiben. Ganz entscheidend sind dabei das Wahlrecht der Menschen – und damit die Möglichkeit, politische Entscheidungsträger durch regelmäßige Wahlen auszutauschen – und weitere Rechte wie die Versammlungs-, die Meinungs- oder Informationsfreiheit und das Recht von Parteien, für ihre politischen Ideen Werbung zu machen. Zudem sind alle Menschen vor dem Gesetz gleich und genießen zumindest theoretisch Chancengleichheit im sozialen Sinne, auch wenn nach wie vor die soziale Herkunft und damit die soziale Ungleichheit eine Rolle spielt. Machtkontrolle wird durch die Teilung der staatlichen Gewalt gewährleistet: da ist die Legislative in Form der Parlamente (Bundestag, Landtage), die Gesetze auf den Weg bringt, die für alle – staatliche Institutionen und Bürger – gleichermaßen verbindlich sind; die Exekutive, bestehend aus der Regierung, der Polizei und der Verwaltung, führt die Gesetze aus; und unsere Gerichte bilden die Judikative[7]. Eine Kontrolle der politischen Machthaber besteht durch regelmäßige, freie, geheime, allgemeine und gleiche Wahlen, bei denen eine Konkurrenz der Kandidaten und Parteien ermöglicht werden muss, also eine tatsächliche Auswahl, um sicherzustellen, dass das Wahlergebnis nicht von vornherein feststeht, wie das in vielen undemokratischen Ländern – etwa Russland – der Fall ist. Auch die Medien spielen eine entscheidende Rolle, weil sie als sogenannte vierte Gewalt durch ihre Berichterstattung das staatliche Handeln überwachen, die Öffentlichkeit darüber informieren und im Idealfall politische Diskussionen in Schwung bringen. Kontrolle ist aber auch durch die föderalen Strukturen in Deutschland gegeben. Unter anderem weil der Nationalsozialismus von einem starken Zentralismus geprägt war, alle Macht also bei einer zentralen Regierung lag, ist Deutschland heute föderalistisch organisiert. Es gibt auf der einen Seite den Bund mit der Bundesregierung und auf der anderen Seite die 16 Bundesländer mit eigenen Landesregierungen. Diese Aufteilung soll verhindern, dass der Bund zu mächtig wird, außerdem sollen die Länder bestimmte Politikfelder selbst regeln.

In Deutschland haben wir uns – wie in fast allen anderen Demokratien auch – für eine repräsentative Demokratie entschieden. Dabei entscheiden die Bürger, im Gegensatz zu einer direkten Demokratie, wer sie repräsentieren soll, indem sie Abgeordnete wählen, die dann über einen festgelegten Zeitraum das Gesetzgebungsrecht ausüben.

Das allgemeine Wahlrecht ist übrigens eines der wichtigsten Merkmale moderner Demokratien und bedeutet, dass jeder Wahlberechtigte über eine Stimme verfügt. Dazu hat der Politologe Jason Brennan 2017 mit seinem Buch *Gegen Demokratie: Warum wir die Politik nicht den Unvernünftigen überlassen dürfen* eine steile These veröffentlicht. Er sagt nämlich, Demokratie sei die Herrschaft der schlecht oder gar nicht Informierten, und fordert, dass nicht alle Menschen wählen dürfen oder Stimmen eine unterschiedliche Gewichtung haben sollten, je nachdem, wie gut oder schlecht gebildet jemand ist. Sein Argument – so erklärt er es in einem Interview: Die Wähler wüssten oft gar nicht, was wirklich gut für sie sei. Der Durchschnittswähler sei falsch informiert, habe eine ganz falsche Vorstellung davon, wie hoch die Kriminalitätsrate sei, wie viele Migranten wirklich in seinem Land lebten, so Brennan. Deshalb schlägt er vor, nur noch den Menschen ein volles Wahlrecht zu geben, die vorher einen Wissenstest bestanden haben. Andere dürften demnach entweder gar nicht mehr wählen oder ihre Stimmen würden geringer gewichtet als jene der Wähler mit einem hohen Wissensstand.[8]

Das taugt als Aufreger, oder? Mal abgesehen davon, dass es schwierig wäre, diese Forderung umzusetzen, wäre es wohl der direkte Weg in eine sogenannte Elitendemokratie, in der politische Entscheidungen von einer kleinen, privilegierten Gruppe getroffen werden, die davon ausgeht, dass der Durchschnittswähler einfach »zu blöd« ist, politische Zusammenhänge zu verstehen.

Ist die Demokratie wie Nickelback? Total erfolgreich, aber wahnsinnig uncool?

Wir halten also fest: Eine Demokratie sollte es den Menschen ermöglichen, ihre eigenen Anliegen und Interessen zu verfolgen, Privatautonomie (die eigenen Angelegenheiten zu regeln, ohne dass der Staat eingreift), Rechtssicherheit (sich darauf verlassen zu können, dass die eigenen Rechte vom Staat geachtet werden und die Gesetze für alle gleich gelten) und ein Mindestmaß an Fairness und sozialer Sicherheit zu genießen, sich zu informieren und mit Argumenten auszutauschen und durch regelmäßige Wahlen ihre Repräsentanten abzustrafen oder auch zu bestätigen.[9] Und eigentlich war genau diese Art der Demokratie ja immer das politische System, das in Deutschland seit 1949 als unbestritten galt. Warum sind dennoch so viele Bürger unzufrieden?

Ein Problem ist, dass es Bürger gibt, die einfach nicht genau wissen, wie die grundlegenden Prinzipien einer Demokratie aussehen, wie sich Demokratien von Autokratien unterscheiden oder welche Inhalte die verschiedenen politischen Parteien vertreten. Außerdem führen internationale Verflechtungen zu immer mehr Politikfeldern, über die beraten werden muss oder die gar nicht mehr auf nationaler Ebene entschieden werden. Das macht politische Entscheidungen komplexer und deren Verständnis immer schwieriger, sodass es für viele Bürger nicht leicht ist, die Zusammenhänge nachzuvollziehen. Zudem galt lange das politische Versprechen, dass es nachfolgenden Generationen stets besser gehen sollte als den vorherigen. Doch in Deutschland geht die Schere zwischen Arm und Reich immer weiter auseinander. Obwohl unser Lebensstandard stetig gestiegen ist, gibt es viele junge Leute, die den Lebensstandard ihrer Eltern nicht erreichen werden und die unter den ungleichen Chancen leiden.

Gleichzeitig bedeuten die Globalisierung, der Klimawandel und Krisen wie die Corona-Pandemie, der Ukraine-Krieg oder der Israel-Palästina-Konflikt große Veränderungen, die von den Wählern als Bedrohung wahrgenommen werden – auch weil sie innerhalb kürzester Zeit passieren und geografisch näher rücken. Und Menschen, die sich vom Weltgeschehen und von Krisen verunsichert fühlen, neigen eher dazu, demokratiefeindliche Einstellungen zu entwickeln.[10]

Auffällig ist, dass die Zufriedenheit mit der Demokratie maßgeblich davon abhängt, wie zufrieden die Menschen mit ihrer persönlichen wirtschaftlichen Situation sind. Das zeigt unter anderem die Studie »Demokratievertrauen in Krisenzeiten« der Friedrich-Ebert-Stiftung von 2023. Menschen, denen es wirtschaftlich schlechter geht, die niedrige Bildungsabschlüsse haben oder sich der Unter- oder Arbeiterschicht zurechnen, sind deutlich unzufriedener. Zudem öffnet sich die Schere zwischen Ost und West, im Vergleich zum Jahr 2019 hat die Demokratiezufriedenheit im Osten abgenommen, während sie im Westen leicht zugenommen hat.[11]

Ein weiterer Grund für Demokratieskepsis ist auch, dass die demokratische Praxis bei Weitem nicht perfekt ist. Dem demokratischen Ideal entsprechend, sollten zum Beispiel alle Bürger, die von politischen Entscheidungen betroffen sind, auch an deren Zustandekommen beteiligt sein beziehungsweise auf diese Einfluss nehmen können. Tatsächlich ist das aber nicht immer der Fall.

Um das zu verstehen, müssen wir uns die Drei-Elemente-Lehre anschauen, nach der für einen Staat drei Merkmale erforderlich sind: das Staatsgebiet (ein geografisch abgegrenzter Teil der Erdoberfläche), die Staatsgewalt (eine stabile Regierung, die effektiv hoheitliche Gewalt ausübt) und das Staatsvolk (die Bevölkerung des Staates).[12] Hier ist es jetzt wichtig, zwischen Bevölkerung und Staatsvolk zu unterscheiden. Die Bevölkerung umfasst alle Menschen, die dauerhaft oder temporär im Staatsgebiet leben, dazu können auch Migranten oder Staatenlose gehören. Die Zugehörigkeit zum Staatsvolk setzt die Staatsangehörigkeit voraus, die zum Beispiel politische Mitwirkung – also die Teilnahme an Wahlen – beinhaltet. Das Grundgesetz schließt demnach die Teilnahme von Ausländern an Wahlen sowohl auf staatlicher als auch auf kommunaler Ebene aus – auf kommunaler Ebene gibt es allerdings eine Ausnahme für EU-Bürger.[13] Im Kern heißt das aber: Wer keinen deutschen Pass besitzt, hat auch keine Wahl! Millionen von Migranten, die zum Teil bereits seit Jahrzehnten in Deutschland leben und arbeiten, aber weder im Besitz der deutschen Staatsbürgerschaft sind noch Bürger eines EU-Staats, dürfen nicht an politischen Wahlen teilnehmen. Damit gehört Deutschland zu einer Minderheit von 12 von 27 EU-Staaten, die Drittstaatlern kein Wahlrecht einräumen. In Schweden hingegen gibt es das kommunale Wahlrecht für Ausländer schon seit 1975 und es trägt wesentlich zur Integration bei.[14] Das Ganze fällt sozusagen unter das Motto amerikanischer Kolonisten, die sich im 18. Jahrhundert gegen die britische Herrschaft auflehnten und erklärten: »no taxation without representation«. Die Siedler haben sich gegen die Besteuerung durch eine Regierung gewehrt, die ihnen keinerlei Einfluss auf die Politik einräumte – was ja offensichtlich auch ein schlechter Deal war!

Der Politologe Albrecht von Lucke geht sogar noch weiter und wirft die Frage auf, ob wir in Zeiten der Globalisierung nicht über ein Beteiligungsrecht an unserer Demokratie für all jene nachdenken müssten, die von unseren Emissionen und der damit verbundenen Erderwärmung betroffen sind. Das betrifft nachkommende Generationen, aber auch die Menschen im globalen Süden, deren Leben von den Entscheidungen, die andere über den Planeten treffen, zentral beeinflusst wird.

Konkreter auf die nationale Wählerschaft bezogen lautet die Frage: Bräuchte es zum Beispiel ein Wahlrecht für Kinder, das stellvertretend durch die Eltern ausgeübt wird? Damit sind wir schon bei einem weiteren Kritikpunkt an der Demokratie, nämlich dass es keinen politischen Ausgleich zwischen den Generationen gibt. Zugespitzt sprechen Kritiker schon von einer »Diktatur der Alten«, weil die geburtenstarken Jahrgänge der Nachkriegszeit im Vergleich zu anderen Generationen über sehr viele Wählerstimmen verfügen und damit Jüngere benachteiligen. Eine Senkung des Mindestwahlalters auf 16 oder 14 Jahre könnte hier eine mögliche Lösung sein.

Auch die Schwerfälligkeit sowie die Komplexität und mangelnde Transparenz politischer Entscheidungen stehen in der Kritik. Das bestätigt auch die bereits genannte Studie »Demokratievertrauen in Krisenzeiten« der Friedrich-Ebert-Stiftung. Demnach geben drei von vier Befragten an, dass politische Aufgabenstellungen so kompliziert erscheinen, dass sie nur schwer zu durchschauen sind. Daraus könnte man schließen, dass die Parteien ihre Vermittlungsfunktion zwischen Gesellschaft und Staat nur unzureichend erfüllen. Politiker müssten also daran arbeiten, ihre politischen Entscheidungen transparenter zu gestalten und vor allem besser zu erklären. Eine weitere Möglichkeit wäre, die Bürger häufiger in politische Entscheidungsprozesse einzubinden. Immerhin sprechen sich laut der Studie der Friedrich-Ebert-Stiftung über 40 Prozent der Befragten für eine direkte Demokratie aus.

Das heißt, dass Bürger über bestimmte Themen direkt per Referendum abstimmen können. Allerdings wird dabei in der Regel nur Zustimmung oder Ablehnung abgefragt, was eine gesellschaftliche Polarisierung verstärken könnte. Zudem könnten bestimmte politische Gruppen versuchen, nicht gut informierte Bürger für sich zu instrumentalisieren, was den Populismus wieder stärken würde. Bislang gibt es nur wenige Länder, die ihre Bürger direkt an politischen Entscheidungen beteiligen – Referenden gibt es zum Beispiel in der Schweiz, in einzelnen Bundesstaaten der USA und teilweise auf Länderebene in Deutschland. Eine andere Möglichkeit sind Bürgerräte. Dabei wird eine für die Bevölkerung repräsentative Gruppe zusammengestellt – per Losverfahren, aber ausgewählt nach bestimmten Kriterien wie Alter, Geschlecht oder Einkommen –, die sich dann über ein festgelegtes Thema austauscht, abstimmt und die Entscheidungsträger berät. Das gibt es schon auf kommunaler Ebene in Österreich, aber auch auf nationaler Ebene in Irland, und auch der Deutsche Bundestag setzt Bürgerräte ein. Die Idee: Komplizierte und kontroverse Themen in einem offenen Meinungsaustausch zu diskutieren, damit den Bürgern die Möglichkeit einer demokratischen Beteiligung zu geben und sie so für Politik zu begeistern. Denn wenn Bürger die Lust an der Demokratie verlieren und überfordert mit politischen Themen sind, wächst der Wunsch nach Einfachheit und vermeintlich klaren Antworten – so entsteht ein Nährboden für populistische Parolen, gerade auch unter jungen Leuten.

Populisten inszenieren sich gerne als Opfer, sind aber meistens nur schlechte Verlierer …

Die Trendstudie »Jugend in Deutschland 2024« zeigt, dass junge Menschen so pessimistisch sind wie noch nie und sich das Potenzial für rechtspopulistische Einstellungen auch bei dieser Gruppe deutlich verstärkt hat.[15] Welch Ironie, dass Populismus populär geworden ist! Doch warum sind rechtspopulistische Haltungen so erfolgreich? Wer ist dafür besonders anfällig? Und was heißt Populismus eigentlich genau?

Im politischen Diskurs wird der Begriff »Populismus« häufig benutzt, oft werfen sich Politiker gegenseitig vor, »populistische Forderungen« zu verbreiten – meistens, um die Ernsthaftigkeit der Inhalte des Anderen infrage zu stellen. Man könnte sagen, dass der populistische Grundgedanke auf einem ganz einfachen Prinzip basiert: Wir gegen die Anderen. Das können zum Beispiel Arbeiter gegen sogenannte »Sozialschmarotzer« sein, Deutsche gegen Flüchtlinge, das Volk gegen die Elite oder auch Amerikaner gegen Mexikaner.

Die Bundeszentrale für politische Bildung definiert vier Kernattribute, die den Populismus ausmachen: das Volk, die gemeinsame Identität, eine zentrale Führungsfigur und die Organisation als Bewegung.[16]

Populismus leitet sich vom lateinischen Wort »populus« ab, was »das Volk« bedeutet, oder »die Leute«. Populisten entwerfen die Idee einer gleichartigen Bevölkerung, also quasi einer Mehrheit mit ähnlicher Herkunft und Sozialisation, die aus Menschen besteht, die im Kern alle dasselbe wollen und die sich unterdrückt fühlen. Dieses Bild entspricht allerdings nicht der Realität, denn eine liberale Demokratie zeichnet sich ja gerade durch unterschiedliche Bevölkerungsgruppen mit unterschiedlichen Interessen und Meinungen aus und legt keine bestimmte Weltanschauung als gesellschaftliche Norm fest. Abgesehen natürlich von den Grundwerten, die in unserer Verfassung, dem Grundgesetz, verankert sind und die – nach dem Scheitern der Weimarer Republik und nach zwölf Jahren nationalsozialistischer Terrorherrschaft – seit dem 23. Mai 1949 das Fundament unseres Zusammenlebens bilden. Eine große Errungenschaft, denn die 146 Artikel des Grundgesetzes beinhalten auch die in den ersten 19 Artikeln festgehaltenen Grundrechte, unter anderem die Meinungs- und Pressefreiheit, Religionsfreiheit, das Versammlungs- und Demonstrationsrecht oder die Gleichberechtigung. Essenziell ist der erste Artikel: »Die Würde des Menschen ist unantastbar. Sie zu achten und zu schützen ist Verpflichtung aller staatlichen Gewalt.«

Darüber hinaus aber gibt es keine Vorgaben, wie ein »normaler« Bürger sich zu verhalten und wie ein »normales« Leben auszusehen hat. Doch gerade diese Normalitätsfiktion nutzen Populisten, um sich abzugrenzen, sie bezeichnen zum Beispiel Vorschläge zur Bekämpfung des Klimawandels als »Öko-Diktatur«, Ideen zur Gleichstellung von Minderheiten als »Woke-Diktatur« und verkaufen sich dann als »wahre Demokraten«, die nur die Rückkehr zur »Normalität« fordern. Aus diesem Grund behaupten populistische Anführer, im Sinne »des Volkes« zu agieren. Ob es der Kampfspruch »Wir sind das Volk« ist, der auf Wahlplakaten der AfD zu sehen war, die Aussage von Donald Trump, der schon 2017 in seiner ersten Antrittsrede als US-Präsident versprach: »Wir nehmen die Macht von Washington, D. C., und geben sie an euch, das Volk, zurück«, oder der Chef der niederländischen Partei für die Freiheit (PVV), der mit dem Slogan »eigen Volk eerst« warb:[17] Die Identität des Volkes wird erschaffen durch Abgrenzung zu anderen. Denn erst dadurch wird klar, wer zur auserkorenen Gemeinschaft gehört und wer nicht. Zwei Gruppen sind dabei als Gegner besonders präsent: Zum einen steht »das Volk« einer sogenannten Elite gegenüber. Das können Politiker sein, Altparteien, das System, die »Diktatur« der EU, die Wissenschaft – sie alle werden als korrupt, abgehoben und nur am Machterhalt interessiert dargestellt und sie haben sich vermeintlich zusammengeschlossen, um »das Volk« zu unterdrücken. Zum anderen sind es soziale, kulturelle, religiöse oder sprachliche Minderheiten, bei Rechtspopulisten zum Beispiel die Migranten, die als Sündenböcke für alle möglichen Missstände verantwortlich gemacht werden. Typisch für Populisten ist, dass sie sich als Bewegung organisieren, die in Abgrenzung zur politischen Konkurrenz den Begriff der »Partei« meidet und sich eher als Bund, Liste, Front oder eben Bewegung bezeichnet. Populisten inszenieren sich gerne als Menschen aus dem Volk und häufig als Opfer, die von »den Medien« falsch verstanden und falsch zitiert werden.

Was alle Bewegungen dieser Art eint ist das Versprechen einfacher Lösungen für komplexe Probleme. Sie geben vor, besser zu wissen, was »das Volk« will, und versprechen, den »Volkswillen« gegen alle Widerstände und »faule Kompromisse« durchzusetzen. Die Realität ist eine andere. In der Politik – etwa in den gesellschaftlichen Debatten oder auch bei der Bildung einer Regierungskoalition – existieren unterschiedliche Meinungen, Forderungen und Lösungsansätze, die Kompromisse erfordern, die zwar leider nicht *alle* Seiten komplett zufriedenstellen, dafür aber auch *keine* Meinung völlig außer Acht lassen. Es ist ein Mittelweg, der bei manchen Menschen offenbar so viel Frustration auslöst, dass sie das demokratische System an sich infrage stellen, weil sie ihre ganz persönliche Meinung nicht ausreichend genug vertreten sehen. Ob es purer Egoismus, eine zu hohe Erwartungshaltung gegenüber dem Staat oder Fehler der etablierten Parteien sind, die dazu führen, dass Menschen neuen Parteien folgen, populistischen Thesen verfallen oder diese verbreiten, darf jeder selbst beurteilen.

Der Brexit – eine von vielen schlechten Erfindungen aus England. Kommt gleich nach Pommes mit Essig …

Ein anschauliches Beispiel für erfolgreichen Populismus ist der Brexit. Anhand des Austritts Großbritanniens aus der EU lassen sich die klassischen Strategien von Populisten gut nachzeichnen. Zunächst die Abgrenzung: das

»wir« gegen »die anderen«, die Briten gegen die EU. Dann das Schaffen einer gemeinsamen Identität. Nigel Farage, damals Vorsitzender der rechtspopulistischen Partei UKIP, hatte da das britische Nationalgefühl im Blick. Er gab vor, ein kulinarisches Kulturgut, nämlich *fish & chips*, schützen zu wollen. Dazu forderte Farage, sich durch einen EU-Austritt die Kontrolle über die Fischfangquoten in britischen Gewässern zurückzuholen. Das hörten die Fischer gern und über 90 Prozent von ihnen stimmten für den Brexit.[18] Was Farage allerdings nicht erwähnte, war, dass die britische Regierung ca. die Hälfte der Fangquoten längst an ausländische Flotten verkauft hatte, als es noch gar keine EU-Regeln dazu gab. Zudem verbreiteten die Populisten Lügen über den britischen Finanzierungsbeitrag zur EU, dass nämlich eine Rekordsumme von 350 Millionen britische Pfund jede Woche nach Brüssel fließen würde, die man doch besser in den englischen Gesundheitsdienst investieren könnte. Tatsächlich gingen aber nach Abzug des Briten-Rabatts und der Geldflüsse aus Brüssel nach Großbritannien nur 160 Millionen Pfund pro Woche an die EU. Aber als die Slogans dieser Kampagne, auf Busse geklebt, permanent durchs Land gefahren wurden, begannen die Menschen, diese »alternativen Fakten« zu glauben. Der spätere britische Premierminister Boris Johnson hat übrigens nach dem Referendum zugegeben, dass die Kampagne irreführend gewesen war. Doch zu diesem Zeitpunkt war der Brexit längst beschlossen. Im Nachhinein zeigt sich, dass der EU-Ausstieg eine harte Zäsur war. Angesichts der negativen wirtschaftlichen Auswirkungen des Brexits für Großbritannien ist kein weiteres EU-Mitgliedsland diesen Weg gegangen. Erklärte EU-Gegner wie Marine Le Pen in Frankreich oder Giorgia Meloni in Italien haben sich vom Gedanken eines EU-Austritts verabschiedet oder machen ihn zumindest politisch nicht mehr zum Thema. Großbritannien wurde durch den Brexit extrem gespalten, eine Mehrheit der Bürger hält ihn mittlerweile für einen Fehler. Und eine neue Studie belegt, dass der Handel zwischen Großbritannien und der EU immer mehr einbricht, was negative wirtschaftliche Folgen hat.[19]

Das Beispiel zeigt, dass Populisten »alternative Fakten«, also falsche, erlogene oder einseitige Informationen, nutzen, um von ihren Ideen zu überzeugen. Es zeigt leider auch, wie gut es funktionieren kann, mit Aufreger-Thesen und Lügen Menschen zu radikalisieren und von einer »Wahrheit« zu überzeugen, die in Wirklichkeit keine ist.

Nationalisten glauben an die Überlegenheit der eigenen Nation ... irgendwie komisch. Denn rein inhaltlich haben es Nationalisten ja nicht so mit dem Wort »überlegen« ...

Mit dem Erfolg von Populisten und dem Verteufeln von internationalen Bündnissen und internationalem Handel geht häufig eine zunehmende Begeisterung für den Nationalismus einher – einer Weltanschauung, die die eigene Nation überhöht und andere Nationen (und damit auch andere Personengruppen) abwertet und die der deutsche Verfassungsschutz als »Widerspruch zum universalen Gleichheitsprinzip« bezeichnet.[20] Das heißt im Kern, dass der Gleichheitsgrundsatz unseres Grundgesetzes es verbietet, dass sich bestimmte Personengruppen höher stellen und damit andere aufgrund von zum Beispiel ethnischer Zugehörigkeit, Religion oder sexueller Orientierung herabwürdigen und ausschließen.

Für eine tiefergehende Diskussion lohnt sich hier ein kurzer Blick auf die Entstehungsgeschichte des Nationalismus, die bis in die Zeit des 18. und 19. Jahrhunderts zurückgeht:

Damals lehnten sich viele Menschen gegen die Feudalherrschaft, die Einteilung der Bevölkerung in Stände und die Vorrechte des Adels auf und forderten politische Mitsprache, Bürgerrechte und die Gleichbehandlung aller Menschen. Um diese zu vereinen, entstand der Gedanke einer gemeinsamen Nation mit gemeinsamen Interessen und festgelegten Grenzen. Die nationale Identität wurde durch eine gemeinsame Sprache, Geschichte, Kultur und Symbole, aber auch durch kollektive Gegner gestärkt. In der Folge breiteten sich der Nationalismus und die Ideen der Freiheit und Gleichheit im 19. Jahrhundert in Europa aus, und das führte dazu, dass sich neue Staaten gründeten. Die nationale Einheit und ein damit zum Teil einhergehender Glaube an die Überlegenheit der eigenen Nation bedeuteten aber auch, dass kleinere Kulturen unterdrückt wurden und sich Konflikte mit anderen Nationen entwickelten, weil einzelne Staaten einen Anspruch auf Vorherrschaft erhoben.

Zwar hat der Nationalismus auch Fortschrittliches und Einigendes geschaffen: Er brachte auf der einen Seite moderne Republiken mit einem funktionierenden politischen System hervor, einen modernen Verfassungs- und Rechtsstaat, allgemeines Wahlrecht, eine Parteiendemokratie, gesellschaftliche Teilhabe und auch den Sozialstaat mit moderner Daseinsvorsorge. Doch die Frage ist: Hängen diese Errungenschaften tatsächlich mit der Existenz eines Nationalstaates zusammen oder ist es Zufall, dass sie sich in der gleichen Epoche durchgesetzt haben?

Auf der anderen Seite stehen bekanntlich die negativen Auswirkungen: Nationalistische Machthaber verhalten sich häufig expansiv und versuchen ihr Territorium zu erweitern, was meistens zu Krieg führt. Das zeigte sich auch bei den beiden Weltkriegen. Nationalisten wollen sich abgrenzen und Andersdenkende aussperren, was ein gleichberechtigtes, harmonisches Zusammenleben unterschiedlicher Nationsgenossen kaum möglich macht. Häufig führte Nationalismus zu unbarmherziger Ausgrenzung. In den USA wurden Farbige ausgeschlossen, in Großbritannien Iren und Katholiken, in Deutschland gipfelte der Nationalismus in mörderischen Konsequenzen für Millionen Juden, Sinti und Roma, Homosexuelle und Menschen mit Behinderung.[21]

Deshalb scheint es der bessere Weg zu sein, eine Ordnung zu schaffen, die ein friedliches Miteinander ermöglicht – unter Wahrung der Menschen- und Grundrechte, in einer funktionierenden Demokratie und in einem föderalistischen System, das die Herrschaft dezentralisiert. Deutschland ist ein Beispiel dafür, dass so ein System funktionieren kann.

Trotzdem verfallen viele Menschen den Ideen des Nationalismus. Nach Einschätzung des Politikwissenschaftlers Albrecht von Lucke erleben wir gerade einen *backlash*, eine Rückkehr zu konservativen Wertevorstellungen. Denn die große Hoffnung, dass wir alle zu einer großen gemeinsamen Welt zusammenwachsen und – wie es der US-amerikanische Politologe Francis Fukuyama 1992 vorhersagte – mit dem Siegeszug der Demokratie und Marktwirtschaft irgendwann im positiven Sinne das »Ende der Geschichte«, nämlich global eine Ära des Friedens und Wohlstands erreichen würden, hat sich nicht erfüllt. Stattdessen sind wir geplagt von neuen Konflikten und Kriegen, von einem Zuwachs an Komplexität, Unbeständigkeit und Unsicherheit. Diese Faktoren führen zu einer Sehnsucht nach Abgrenzung, nach Heimat, nach Beschränkung und einem sicheren Hort, nach Überschaubarkeit und Planbarkeit. Indem sie die Komplexität extrem reduzieren und eine vermeintliche Übersichtlichkeit schaffen, nutzen viele rechtspopulistische Politiker diese Sehnsucht aus, um an der Macht zu bleiben oder ihre Macht zu vergrößern. Sie schotten den eigenen Staat nach außen hin ab, schüren eine generelle Islamfeindlichkeit, warnen vor den großen Gefahren der Migration, verteufeln die Eliten und kosmopolitisch eingestellte Menschen und machen für sämtliche Probleme unserer Zeit die Globalisierung verantwortlich. Gleichzeitig unterbreiten sie den Bürgern, die sich von aktuellen Entwicklungen wie einer Pandemie, der Flüchtlingskrise oder einer geschwächten Wirtschaft bedroht fühlen, das vermeintlich gute Angebot eines Nationalstaats als »safe space«.[22]

»America first«, Donald Trumps Wahlspruch, ist ein gutes Beispiel dafür. Trump, der das eigene Land an oberste Stelle setzt und vorgibt, es wieder stark machen zu wollen, erklärte in seiner ersten Amtszeit Einwanderer aus lateinamerikanischen Staaten zur Bedrohung, verbot Muslimen die Einreise, legte sich in Handelsfragen mit China und Europa an, kündigte Abkommen und stellte die NATO infrage, um die Abschottungsfantasien seiner Wähler zu befriedigen. In Deutschland führte die Angst vor Veränderung, vor den gesellschaftlichen und wirtschaftlichen Folgen der Corona-Pandemie, vor Zuwanderung und der grenzenlosen Ausweitung der Befugnisse der EU zur Entwicklung und zum Erfolg der AfD. Auch hier wird mit den bekannten Mitteln gearbeitet: Nationalisten erklären sich und ihre Gefolgschaft zu Opfern, betonen die Erfahrung einer ungerechten Demütigung und greifen den Gegner an, wobei sie das Volk klar von den »Volksfeinden« abgrenzen – meist sind das abstrakte Gruppen wie die »Eliten«, der »Mainstream«, »Volksverräter«, eine »Flut« von Flüchtlingen, eine »Lawine« der Islamisten etc. Im Hinblick auf Migration warnen sie vor einer geplanten »Umvolkung« beziehungsweise einem »Bevölkerungsaustausch«. Die Identität der Menschen steht dabei im Mittelpunkt.

Zusammenfassend kann man sagen, dass sich Populismus und Nationalismus in vielerlei Hinsicht ähneln, gerade in der politischen Sprache. Der Populismus legt den Fokus allerdings vor allem auf den Konflikt zwischen »Volk« und »Elite« und kann zum Beispiel mit Forderungen nach mehr sozialer Gerechtigkeit sowohl linksgerichtet als auch rechtsgerichtet sein, während der Nationalismus die nationale Identität und Souveränität betont, in der Regel rechtsgerichtet ist und zu Spannungen mit anderen Ländern führen kann.

Was haben Cookies auf Websites und die Demokratie gemeinsam? – Es braucht genügend Menschen, die sie akzeptieren …

Noch mal kurzgefasst: Der Nationalismus kann zu Feindseligkeiten zwischen den verschiedenen Gruppen einer Gesellschaft führen, weil er dazu neigt, andere Gruppen zu diskriminieren beziehungsweise Minderheiten zu unterdrücken oder zu verfolgen. Nationalisten nutzen Populismus, um ihre politischen Ziele zu erreichen – unter anderem indem sie nationale Gefühle mobilisieren und das Volk als eine homogene Einheit darstellen, das einer abgehobenen und korrupten Elite gegenübersteht. Populisten neigen zur Vereinfachung und Emotionalisierung und bieten oft einfache Lösungen für komplexe Probleme an, Lösungen, die es in der Realität so aber meistens nicht gibt. Populismus kann die Demokratie zwar auch positiv beeinflussen, wirkt sich aber zumeist negativ aus. Er kann etwa zu mehr Beteiligung und Kontrolle der politischen Entscheidungsträger anregen und Menschen motivieren, die sich von etablierten Parteien nicht vertreten fühlen, und so das Interesse an politischen Entwicklungen erhöhen. Durch die Vereinfachung und Emotionalisierung werden politische Debatten aber extrem zugespitzt, Schwarz-Weiß-Bilder von der Realität beziehungsweise eine Aufteilung in Gut und Böse erzeugt, die es in der Realität nicht gibt. Das kann Misstrauen gegenüber demokratischen Institutionen und Medien erzeugen, was Kompromissfindung und einen faktenbasierten Diskurs erschwert. Beides brauchen wir aber in einer immer komplexer werdenden Welt. Rechtspopulismus hat stets einen negativen Einfluss auf die politische Kultur. Er basiert darauf, eine Rangordnung zwischen einem homogenen »Volk« und den »Fremden« herzustellen, was klar gegen das Gleichheitsprinzip der Menschenrechte verstößt und damit gegen unser Grundgesetz und die demokratischen Prinzipien.

Damit bleibt die Frage: Ist unsere Demokratie aktuell in Gefahr? Demokratien sind grundsätzlich zerbrechlich, und es gibt Demokratien, die als gefährdet angesehen werden, weil dort zwar Wahlen stattfinden, aber andere Grundsätze einer liberalen Demokratie wie Freiheitsrechte oder die Gewaltenkontrolle verletzt werden. Die Nichtregierungsorganisation »Freedom House« veröffentlicht jedes Jahr einen Bericht, in dem sie die politischen Rechte und bürgerlichen Freiheiten in allen Staaten der Erde bewertet und diese als »frei«, »teilweise frei« oder »unfrei« einstuft. Liberale Demokratien sind demnach »frei«, als »teilweise frei« gelten elektorale Demokratien, in denen die Bürger zumindest regelmäßig durch freie und faire Wahlen über die Regierung bestimmen dürfen, in denen man sich aber weniger auf andere demokratische Prinzipien wie Rechtsstaatlichkeit oder Meinungsfreiheit konzentriert. Die Türkei mit 33 und Russland mit nur 13 von 100 Punkten gelten als »nicht frei«. Auch in Ungarn sieht man die Demokratie in der Krise, weil rechtspopulistische Parteien an der Macht sind, die die Unabhängigkeit der Justiz und die Grundrechte eingeschränkt haben, das Land gilt laut »Freedom House« nur als »teilweise frei« (65 Punkte). Deutschland liegt mit 93 Punkten relativ weit oben, aber immer noch einige Punkte hinter dem Spitzenreiter Finnland mit 100 Punkten.[23] Demokratien müssen sich heutzutage großen Herausforderungen stellen: Die zunehmende Migration, wirtschaftliche Krisen, der Klimawandel oder neue Pandemien sind nur einige davon. Gleichzeitig zeigt sich die Demokratie aber resilient, also belastbar und anpassungsfähig, und ist in der Lage, sich gegen Angriffe zu verteidigen.

Die Globalisierung, EU-Gesetze und auch die Corona-Pandemie haben zwar dafür gesorgt, dass nationale Parlamente an Macht verloren haben, teils mangelte es aber an demokratischer Legitimierung, weil beispielsweise die Europäische Kommission, die Gesetze einbringt, nicht direkt vom Volk gewählt wird, sondern die Mitglieder von den Regierungen der Mitgliedsstaaten nominiert und vom Europäischen Parlament bestätigt werden. Zudem wurden Corona-Maßnahmen per Rechtsverordnung erlassen, die keine vorherige Abstimmung in den Parlamenten benötigten. Auf der anderen Seite haben Verwaltungsgerichte ihre Stärke in Zeiten der Corona-Krise gezeigt und allzu heftigen Freiheitsbeschränkungen einen Riegel vorgeschoben.

Immer weniger Deutsche gehen wählen – sind sie etwa enttäuscht, dass es in einem Wahllokal nichts zu essen gibt?

Die Wahlbeteiligung in Deutschland ist zwar seit der Wahl im Jahr 1972 mit 91,1 Prozent stetig zurückgegangen, zuletzt aber wieder leicht angestiegen – auf 76,4 Prozent im Jahr 2021[24]. Zudem lag die Wahlbeteiligung bei den Landtagswahlen 2024 in Sachsen mit 74,4 Prozent so hoch wie noch nie seit 1990. Vor allem die Volksparteien haben zwar Mitglieder verloren, gleichzeitig haben sich die Menschen aber in politischen Nichtregierungsorganisationen, wie zum Beispiel »Fridays for Future«, engagiert oder ein Ehrenamt übernommen. In den vergangenen 20 Jahren ist der Anteil der freiwillig Engagierten gestiegen.[25] Sicher zeigen die Wahlerfolge rechtspopulistischer Parteien, dass die etablierten Parteien an Stärke verlieren, die extremen Parteien haben Deutschland aber weder komplett im Griff noch stellt sich der größte Teil der Bevölkerung gegen die demokratische Grundordnung. Das Potsdamer Treffen Ende 2023 von AfD-Politikern, Rechtsradikalen und Unternehmern, die offenbar die Vertreibung von Millionen von Menschen aus Deutschland planten, darf durchaus beunruhigen, gleichzeitig gingen aber Millionen von Bürgern auf die Straße, um mit Entschiedenheit für die Demokratie einzutreten.

Und es gibt noch weitere Gründe, die für die Wehrhaftigkeit der Demokratie sprechen – also eine Demokratie, die in der Lage ist, sich vor Bedrohungen aller Art zu schützen: Einige der Bestimmungen, die in unserem Grundgesetz festgeschrieben sind, sollen niemals aufgehoben werden können, das legt die »Ewigkeitsklausel« (Art. 79 Abs. 3) fest. Diese gilt unter anderem für Artikel 1, »Die Würde des Menschen ist unantastbar«, und auch für die Feststellung, dass Deutschland ein föderaler Staat ist. Wichtig in einer Demokratie ist auch die Verteilung der Macht, keine Gruppe in der Gesellschaft soll so mächtig werden, dass sie andere beherrschen kann, die Machtressourcen in Politik, Gesellschaft und Wirtschaft müssen also breit gestreut sein. Militärische und polizeiliche Gewalt muss dabei effektiv kontrolliert werden können. Begünstigend ist eine marktwirtschaftliche Ordnung der Wirtschaft, die Freiheit und Wettbewerb mit Maßnahmen kombiniert, die soziale Gerechtigkeit, Sicherheit und Chancengleichheit gewährleisten.

Für eine starke Demokratie braucht es zudem eine politische Kultur, die den demokratischen Prozess, die Austragung von Konflikten und die Findung von Kompromissen unterstützt und die dafür sorgt, dass die Bürger die Demokratie akzeptieren. Letzteres ist extrem wichtig, denn wenn die Bürger die Demokratie und ihre Institutionen nicht anerkennen, gerät sie in Gefahr. Das zeigen zum Beispiel die Erfahrungen der Weimarer Republik, von der man sagt, dass sie eine Demokratie ohne Demokraten war. Neben den Schwächen der Verfassung, politischer Instabilität und der Weltwirtschaftskrise führte auch der Mangel an breiter gesellschaftlicher Unterstützung für die demokratische Ordnung dazu, dass die Machtergreifung Hitlers und der Nationalsozialisten und damit die Errichtung einer totalitären Diktatur möglich wurden.

Wichtig für eine starke Demokratie ist ein ausgeprägter Pluralismus in der Gesellschaft, also die Anerkennung einer Vielzahl von Kulturen, Lebensweisen, Religionen und ethnischen Gruppen. Positiv wirken sich auch eine demokratieförderliche internationale Lage und die Aufnahme eines Staates in militärische Bündnisse und internationale Organisationen aus.[26]

Nach Ereignissen wie den antisemitischen beziehungsweise rassistischen Anschlägen von Halle 2019, Hanau 2020 oder der Ermordung des Kasseler Regierungspräsidenten Walter Lübcke, islamistisch motivierten Terroranschlägen oder dem Versuch, im Rahmen der Proteste gegen die Corona-Politik das Reichstagsgebäude zu erstürmen, fordern jetzt viele Menschen – im Gegensatz zu früher, als viele die Sorge vor einem Missbrauch des Staats- und Verfassungsschutzes umtrieb –, endlich von verfügbaren Rechtsmitteln Gebrauch zu machen. Dazu gehört die schon angesprochene Ewigkeitsklausel aber auch die Möglichkeit, Parteien oder sonstige Organisationen zu verbieten, die auf die Beseitigung der freiheitlich-demokratischen Grundordnung abzielen und hinarbeiten (Art. 21 Abs. 2 Grundgesetz), wie es gerade rund um die Partei AfD diskutiert wird.

Auch aufgrund historischer Erfahrungen mit Diktaturen wie im Nationalsozialismus und zur Zeit der DDR, als freie Parteien verboten waren und die Macht nur eine einzige Partei innehatte, ist Parteienvielfalt besonders bedeutsam für unsere Demokratie. Daher dürfen politische Parteien nur unter besonderen Voraussetzungen verboten werden – und zwar dann, wenn sie gegen unsere Verfassung verstoßen. In Artikel 21, Absatz 2 des Grundgesetzes heißt es: »Parteien, die nach ihren Zielen oder nach dem Verhalten ihrer Anhänger darauf ausgehen, die freiheitliche demokratische Grundordnung zu beeinträchtigen oder zu beseitigen oder den Bestand der Bundesrepublik Deutschland zu gefährden, sind verfassungswidrig.«[27] Doch die Hürden für ein Verbot sind hoch, das zeigt das jüngste Verfahren gegen die NPD, die sich inzwischen »Die Heimat« nennt, bei dem sich das Bundesverfassungsgericht 2017 gegen ein Verbot aussprach. Und zwar *obwohl* die Partei ein Konzept vertritt, das »auf die Beseitigung der bestehenden freiheitlichen demokratischen Grundordnung gerichtet ist und das die bestehende Verfassungsordnung durch einen an der ethnisch definierten ‚Volksgemeinschaft‘ ausgerichteten autoritären Nationalstaat ersetzen will«. Allerdings fehle es der Partei an Gewicht, diese Ziele auch in die Tat umzusetzen. Wenn eine Partei also nicht über die entsprechende Wirkmacht verfügt, gebe es trotz inhaltlicher Verfassungswidrigkeit keinen Grund, diese zu verbieten.[28] Damit eine Partei verboten werden kann, muss sich aus ihren Zielen ergeben, dass sie die Aufhebung der demokratischen Grundordnung, wie zum Beispiel die Achtung von Grund- und Menschenrechten, des Demokratieprinzips oder des Rechtstaatsprinzips, anstrebt. Dazu muss ein planvolles Handeln ersichtlich sein und es muss auch Anhaltspunkte dafür geben, dass dieses Handeln zum Erfolg führen könnte. Die öffentlichen Debatten über ein mögliches Parteienverbot spiegeln zudem einen demokratischen Abwägungsprozess wider, der gesellschaftliche Kräfte aktivieren kann.

Ende 2024 hat sich eine Mehrheit im Bundestag darauf geeinigt, das Bundesverfassungsgericht besser zu schützen. Denn bislang waren bestimmte Strukturen des Bundesverfassungsgerichts in einfachen Gesetzen wie dem Bundesverfassungsgerichtsgesetz verankert. Dazu gehören die Zahl der Richter sowie deren maximale Amtszeit von 12 Jahren und die Altersgrenze von 68 Jahren. Diese Gesetze konnte der Bundestag mit einfacher Mehrheit ändern. Jetzt sind die Regeln, die das Bundesverfassungsgericht betreffen, im Grundgesetz verankert. Für eine Änderung des Grundgesetzes braucht es nun eine Zweidrittelmehrheit in Bundestag und Bundesrat. Der Hintergrund: Wenn autoritäre Parteien die Macht übernehmen, versuchen sie meist, Institutionen der liberalen Demokratie wie oberste Gerichte zu beschränken oder in ihrem Sinne umzugestalten, sodass zentrale demokratische Prinzipien wie etwa das der gegenseitigen Gewaltenkontrolle unterlaufen werden.

Eine weitere Möglichkeit, die Demokratie zu stärken, ist politische Bildung, um demokratische Werte zu festigen und extremistischen Einstellungen vorzubeugen.

Dazu gehört natürlich auch, allen Menschen die Bedeutung von Wahlen nahezubringen. Das Wahlrecht ist ein grundlegendes Recht und Privileg in einer Demokratie. So können Bürger Macht ausüben und Politiker abwählen, wenn sie sich nicht mehr ausreichend mit ihren Interessen repräsentiert fühlen. Die Parteien konkurrieren im politischen Prozess ständig um die Gunst der Wähler und versuchen, diese von ihren politischen Ideen zu überzeugen. Das gilt sowohl für die regierenden Parteien als auch für die Opposition, die die Arbeit einer Regierung während der Amtszeit kritisch begleitet und dann ein alternatives Programm präsentiert, um die Wähler ihrerseits für sich zu gewinnen. Weil die Amtszeiten in einer Demokratie immer zeitlich begrenzt sind und regelmäßig neue Wahlen stattfinden, befinden sich die Parteien in einem ständigen Wettbewerb, um sich selbst zu legitimieren – frei nach dem Motto: Nach der Wahl ist vor der Wahl! Und auch wenn manchmal der Eindruck entsteht, dass sämtliche Politiker scheinbar das Gleiche wollen, ist eher das Gegenteil der Fall. Die Ziele sowie die Konzepte der Parteien, um gesetzte Ziele zu erreichen, sind extrem unterschiedlich, das zeigen die Parteiprogramme. Und das Argument, dass keine Partei exakt das will, was man sich als individueller Wähler wünscht, sollte nicht gelten – denn alles, was in einer Gesellschaft passiert, ist komplex, die Probleme genauso wie die Lösungen. Unser Leben ist von Kompromissen geprägt, und auch wenn das nicht immer zufriedenstellend ist, dürfte es doch besser sein, die Kompromisse mitzugestalten, als ihnen einfach nur ausgeliefert zu sein. So funktioniert eine Demokratie! Und nicht zu wählen, ist immer die schlechtere Option, denn jede Stimme, die nicht abgegeben wird, stärkt implizit die extremistischen Parteien. Wer wählen geht, übernimmt Verantwortung für die Zukunft und kann diese aktiv mitgestalten. Zum anderen sollten wir uns bewusst sein, dass die Möglichkeit einer freien Wahl ein Privileg ist. Denn noch immer gibt es Länder, in denen allgemeine, freie, geheime, gleiche und unmittelbare Wahlen nicht stattfinden. Auch Länder, in denen es zu Wahlbetrug kommt, weil Wahlzettel gefälscht oder Wähler bestochen werden, sind traurige Realität. Wer kein Kreuzchen macht, lässt andere darüber entscheiden, wer das Sagen hat! Daher zählt jede Stimme, da sie den Ausgang von Wahlen beeinflussen kann, insbesondere bei knappen Ergebnissen.

Um zum Schluss den Bogen zum Anfang des Kapitels zu schlagen: Wie fällt das Fazit zu einer vermeintlichen Demokratiekrise und der Demokratie als Staatsform nun aus?

Es gibt Faktoren, die unsere Demokratie gefährden. Dazu gehören der Aufstieg rechtspopulistischer Parteien und der Anstieg antidemokratischer Positionen in der Gesellschaft, eine teilweise abnehmende Wahlbeteiligung, mangelndes Vertrauen in die Institutionen und der Machtverlust der Parlamente. Insgesamt unterstützt die große Mehrheit der Deutschen aber die Demokratie und möchte in keinem anderen politischen System leben. Auch wenn die Wahlbeteiligung teils abnimmt, engagieren sich die Menschen, vor allem junge Leute, auf andere Art und Weise politisch. Zudem ist unsere Demokratie wehrhaft und verfügt über Instrumente, um demokratische Werte zu verteidigen und eine Abschaffung der Demokratie zu verhindern.

Es gibt viele Gründe, die für die Demokratie als Herrschaftsform sprechen. Sie garantiert Freiheit und Grundrechte, Entscheidungen basieren auf dem Willen der Mehrheit, Minderheiten werden berücksichtigt, Gesetze gelten gleichermaßen für alle Bürger, die Gewaltenteilung sichert die Unabhängigkeit und freie Wahlen bieten die Möglichkeit, Macht nur auf Zeit zu vergeben.

Es gibt aber auch Kritik an der Demokratie: Sie ist langsam und teils schwerfällig, nicht alle Bürger beteiligen sich gleichermaßen, oft stehen kurzfristige Wahlversprechen im Vordergrund, während langfristige unpopuläre Maßnahmen vermieden werden, zudem ist die Demokratie anfällig für Populismus. Die Demokratie ist also nicht perfekt, bietet aber einen Kompromiss zwischen individueller Freiheit, Mitbestimmung und Stabilität, während autoritäre Systeme zwar kurzfristig effizient sein können, es fehlt ihnen aber an Legitimität und der Fähigkeit, auf die Bedürfnisse der Menschen einzugehen.

Ein Fazit kann also nur folgendermaßen aussehen: Eine Demokratie erfordert eine ständige Auseinandersetzung und ein Streben nach Verbesserung – daran dürfen wir arbeiten!

Und die Parteien?

Formal sind in Deutschland alle Parteien demokratisch, da alle im Bundestag vertretenen Parteien demokratischen Grundsätzen entsprechen müssen – so legt es Artikel 21, Absatz 1 des Grundgesetzes fest. Zudem schreibt das Parteiengesetz vor, dass die innere Organisation einer Partei demokratisch sein muss. Das betrifft die demokratischen Strukturen an sich, die Kandidatenaufstellung, die Debattenkultur und den Einfluss von Parteiflügeln – und doch gibt es in der gelebten Demokratie durchaus Unterschiede. Parteien mit einer offenen Debattenkultur und Mitgliederbeteiligung gelten als demokratischer, während andere wegen Intransparenz oder undemokratischer Tendenzen in der Kritik stehen. In allen Parteien sind Frauen, Jüngere und Personen mit geringerer Bildung unterrepräsentiert.[29]

Die **CDU/CSU** gilt als relativ hierarchisch organisiert. Oft werden Entscheidungen von kleinen Führungsgruppen getroffen, vor allem in der CSU, und sie ist traditionell auch stärker von Führungspersönlichkeiten geprägt. Sie hat aber damit begonnen, mehr Mitglieder einzubeziehen, da gerade die Junge Union mehr Basisbeteiligung fordert. Der Frauenanteil bei der CDU liegt bei 26,6 Prozent, bei der CSU bei 21,6 Prozent.

Die **SPD** hat eine lange Tradition der innerparteilichen Demokratie, Mitgliederentscheide prägen die Entscheidungen mit – beispielsweise die Annahme von Koalitionsverträgen oder die Vorsitzendenwahl der Bundespartei oder von Landesverbänden. Die Basis wird stark eingebunden und verschiedene Flügel sorgen für Meinungsvielfalt. Oft gibt es aber Vermittlungsprobleme zwischen der Basis und Regierungsrealitäten. Frauen sind in der SPD mit 33,1 Prozent vertreten.

Als besonders basisdemokratisch gelten die **Grünen**, Abstimmungen auf Parteitagen sind zentraler Bestandteil der Entscheidungsfindung und haben großen Einfluss auf die Politik. Es gibt einen intensiven Dialog zwischen Parteispitze und Basis. Außerdem waren die Grünen Vorreiter bei der Frauenquote, die inzwischen aber auch in anderen Parteien eingeführt wurde. Der Frauenanteil in der Partei liegt bei 42,3 Prozent. In Regierungsverantwortung wird allerdings manchmal von den basisdemokratischen Prinzipen abgewichen.

Die **FDP** ist traditionell eher elitär und von einer starken Führung geprägt. Eine Diskussionskultur ist vorhanden, aber weniger ausgeprägt als in anderen Parteien. Delegiertenversammlungen und Parteitage sind entscheidend für die Parteipolitik. Die geringe Basisbeteiligung wird als Demokratiedefizit kritisiert. Der Frauenanteil liegt bei 20,1 Prozent.

Die **Linke** ist stark basisorientiert, wichtige Beschlüsse werden durch Parteitage und über Mitgliederentscheide getroffen, die Diskussionskultur ist ausgeprägt, aber häufig ideologisch grundiert, interne Konflikte zwischen gemäßigten und radikaleren Strömungen erschweren die Einigung. Der Frauenanteil ist im Vergleich zu den anderen Parteien mit 36,8 Prozent relativ hoch.[30]

Formal ist die **AfD** demokratisch organisiert, praktisch aber von internen Machtkämpfen geprägt, Entscheidungsträger fokussieren sich stark auf die eigenen Strömungen. Für die Ausrichtung der Partei sind Parteitage mit Delegierten maßgeblich, es gibt allerdings eine starke innerparteiliche Opposition. Der Verfassungsschutz führt die Partei als rechtsextremistischen Verdachtsfall, zudem gelten mehr als 10.000 Mitglieder als potenziell extremistisch. Außerdem wurden die Landesverbände Thüringen, Sachsen und Sachsen-Anhalt als erwiesen rechtsextrem eingestuft, neun weitere Landesverbände gelten als Verdachtsfälle. Dass die gesamte AfD vom bloßen Verdachtsfall durch das Bundesamt für Verfassungsschutz zu »gesichert extremistisch und verfassungsfeindlich« hochgestuft wird, gilt als wahrscheinlich, wird derzeit aber noch geprüft. Frauen sind in der Partei eher wenig repräsentiert, ihr Anteil liegt bei 18,7 Prozent.

Das Bündnis Sahra Wagenknecht, kurz **BSW**, ist die jüngste Partei, die sich in ihrer Struktur und demokratischen Praxis noch entwickelt. Die formalen Strukturen sind vorhanden, es bleibt aber abzuwarten, wie sich die innerparteiliche Demokratie in der Praxis ausprägen wird. Wagenknechts absolut dominierende Rolle in ihrer Partei ist zumindest geeignet, Fragen im Hinblick auf deren demokratische Verfasstheit aufzuwerfen.

KAPITEL 2

»Das Versagen der Ampel hat die Populisten stark gemacht!«

Interview mit Albrecht von Lucke

Albrecht von Lucke ist Politikwissenschaftler, Jurist und Redakteur der renommierten *Blätter für deutsche und internationale Politik*, außerdem Autor mehrerer politischer Sachbücher.

Das vorzeitige Aus der Ampel mit dem damit verbundenen Politikstil – welche Auswirkungen wird diese Krise langfristig auf das politische Geschehen in Deutschland haben?

Albrecht von Lucke: Die Stillosigkeit des Endes war symptomatisch für diese Koalition. Dass diese drei Parteien, die sich am Anfang selbst pompös als Fortschritts- und Zukunftskoalition bezeichneten und damit große Erwartungen weckten, sich nach drei Jahren nur noch gegenseitig angriffen – und zwar stetig zunehmend –, war natürlich ein Desaster. Eine Eskalation der Kakofonie. Wobei es vor allem die FDP gewesen ist, die von Anfang an als »Opposition in der Regierung« vor allem gegen die Grünen agiert hat. Allerdings hat der Bundeskanzler während dieser drei Jahre die von ihm versprochene Führungskraft vermissen lassen. Und indem er am Ende seinen Finanzminister Lindner hochkant aus der Koalition rausschmiss, trug er maßgeblich dazu bei, dass sich die FDP vom Täter zum Opfer umetikettieren konnte. Bei so einem dramatischen, stillosen Höhepunkt ist die Frustration über ein solches Experiment natürlich groß. Das hat es so in der Bundesrepublik Deutschland noch nicht gegeben. Der Umgang miteinander, gerade mit diesem krachenden Ende, spricht jedenfalls nicht dafür, dass solche Koalitionen aus Parteien, die eigentlich nicht zusammengehören, künftig die Regel werden sollten. In der Zukunft muss das besser funktionieren oder wir müssen uns davon verabschieden und zu anderen Lösungen kommen.

Welche alternativen Lösungen könnten das sein?

AvL: Beispielsweise Minderheitsregierungen wie auf Landesebene in Sachsen. Dann können Parteien, die besser zueinander passen, sich ihre Mehrheiten suchen. Das ist die Alternative, wenn es auch alles andere als einfach ist. Ich kann mir das durchaus vorstellen, sogar im Bund. Es könnte ja sein, dass es die klassische Mehrheit einer vermeintlichen großen Koalition, die ja schon lange keine große Koalition mehr ist, irgendwann nicht mehr geben wird. In den 1960-ern erzielten CDU/CSU und SPD gemeinsam noch über 90 Prozent der Stimmen, heute ist diese Koalition auf annähernd 50 Prozent geschrumpft. Das ist das fundamentale Neue, sodass man eigentlich gar nicht mehr von zwei Volksparteien sprechen kann. In weiten Teilen des Landes ist die SPD eine Kleinpartei, bei den letzten Landtagswahlen im Osten musste sie Angst haben, überhaupt ins Parlament zu kommen. Wir erleben also eine Zerrüttung unseres alten Wahlsystems. Vor diesem Hintergrund wäre es möglich, dass es nicht mehr für eine Koalition aus CDU/CSU und SPD reicht – vielleicht noch nicht in 2025, aber nach weiteren vier Jahren, in denen die Ränder weiter wachsen und die Mitte schrumpft, die von Rechtsradikalen und Populisten, also von AfD und BSW, in die Zange genommen wird. Dann müssen wir vielleicht schon in nicht so ferner Zukunft auch im Bund, und nicht nur in den Ländern, über die Notwendigkeit einer Minderheitsregierung sprechen.

Vom Ampel-Aus haben zunächst vor allem die Parteien der Ränder profitiert, insbesondere die AfD. Welche Gefahr bringt das mit sich?

AvL: Die AfD hat ja nicht primär vom Ende der Ampel profitiert, sondern von der ganzen Zeit der Ampel-Koalition, das ist das Fatale. Dass die Ampel-Koalition permanent stritt, erzeugte den Sog zu den radikalen Rändern. So wurde die reine Protesthaltung immer stärker, unter dem Motto: »Die Ampel muss weg« (übrigens genauso wie es früher hieß, dass Merkel weg müsse). Aufgrund dieser Unzufriedenheit ist die AfD stetig gewachsen. Nach der Bundestagswahl 2021 lag sie noch bei 10,4 Prozent, jetzt ist der Wert bald doppelt so hoch. Im Kern hat also das Versagen der Ampel die Populisten oder sogar die Rechtsradikalen gestärkt. Wenn wir künftig immer wieder solche Streitkoalitionen haben, werden uns die Ränder explodieren. 2025 mag das noch gut gehen, aber wie wird das 2029 aussehen? Ich habe da große Sorgen.

Man sollte meinen, dass die beteiligten Ampel-Parteien das hätten wissen können ...

AvL: Schauen wir zurück auf den Beginn der Ampel-Koalition: Damals hat Finanzminister Lindner gesagt, er sehe die Rolle der FDP in der Ampel als Korrektiv gegen zwei linke Parteien. Als die FDP realisierte, dass das nicht funktionierte, sondern ihre Werte bei Wahlen wie in den Umfragen immer schlechter wurden, hat sie den eigenen Kurs radikalisiert – in der Hoffnung zu wachsen, indem sie die anderen schlecht aussehen lässt. Aber diese Rechnung ist nicht aufgegangen. Am Ende ist Christian Lindner zum Opfer seines eigenen Satzes »Es ist besser nicht zu regieren, als falsch zu regieren« geworden, mit dem er 2017 die Jamaika-Verhandlung hatte platzen lassen. Letztlich wollte fast niemand mehr diese Ampel-Regierung noch haben, was die FDP schließlich veranlasste, gezielt auf das Ende der Ampel hinzuwirken.
Was wir daraus lernen können: Es ist ein großer Trugschluss zu glauben, dass Parteien sich in solchen Koalitionen auf Kosten der anderen profilieren können. Solche Zustände gab es früher in diesen Dimensionen nicht. Gerhart Baum, der ehemalige FDP-Innenminister unter Helmut Schmidt, hat über die Ampel gesagt, er könne sich nicht vorstellen, dass seine FDP damals der SPD so auf der Nase herumgetanzt wäre. Nicht unter einem Kanzler Helmut Schmidt. Aber Olaf Scholz hat nicht interveniert, es gab keine klare Führung, obwohl er sie ja gerade versprochen hatte.

Haben das ständige Gezanke der Ampel und die fehlenden Einigungen auch dazu geführt, dass die Menschen auf populistische Parolen hereinfallen und der Wunsch nach starker Führung und im Extremfall sogar nach autokratischen Machthabern aufkommt?

AvL: Absolut! Wenn die Leute an der Regierungsfähigkeit der Regierenden zweifeln und das Vertrauen in die Regierung verlieren, gewinnen die Randparteien. Das kann man aus der Ampel lernen. Und wenn die Menschen sogar die Machtlosigkeit der Institutionen erleben, sie das Gefühl haben, dass der Staat nicht mehr nach Gesetz und Ordnung funktioniert, dann nimmt der Zug zu einem populistischen, autoritären Führer immer mehr an Fahrt auf.

Das zeigt sich auch unter anderem in der Leipziger Autoritarismus-Studie von 2024: Die Zustimmung zur Demokratie nimmt ab. Gleichzeitig treten wieder mehr Menschen in Parteien ein. Woran liegt das?

AvL: Bei so einem Dreierbündnis ist es für die einzelnen Parteien schwer, die eigenen Konturen deutlich herauszuarbeiten. Und wenn zusätzlich die Regierungsarbeit nicht klappt, ist die Frustration bei den Menschen riesig. Insofern wurde das Ende der Ampel-Koalition auch als eine regelrechte Befreiung empfunden: Weil die Parteien jetzt wieder klarer für etwas stehen konnten, stiegen die Mitgliederzahlen, nahm das Interesse an der Politik schlagartig wieder zu. Die Menschen sehnten sich offensichtlich danach, dass wieder eindeutige Position bezogen werden, dass wieder Tacheles geredet wird.

Müssen Parteien sich eher abgrenzen oder braucht es ein größeres Miteinander? Aktuell scheinen sich die Parteien ja vor allem darauf zu fokussieren, mit wem sie nicht zusammenarbeiten wollen?

AvL: Diese »Ausschließeritis« unter Demokraten ist ausgesprochen schädlich, wie wir gerade in Ostdeutschland sehen, wo Mehrheitsregierungen kaum mehr zustande kommen. Dabei hätte es ja gerade auf Landesebene durchaus die Möglichkeit gegeben, dass beispielsweise die CDU mit Hilfe der Linken eine Regierung bildet. Der Unvereinbarkeitsbeschluss der CDU hat das aber verhindert. Das kann man zwar aus historischen Gründen verstehen, aber ein linker Ministerpräsident wie Bodo Ramelow hat Thüringen über zehn Jahre lang seriös regiert. Und außerdem ist er christlicher als viele CDU-Leute, trotzdem hat man mit ihm nicht koaliert. Dieses Ausschließen macht Koalitionen unmöglich und führt dann eben zu Minderheitsregierungen. Aber unabhängig davon, ob es jetzt bunte Dreier-

Koalitionen oder Minderheitsregierungen sind: Es braucht eine neue Kultur des Kompromisses. Denn auch Minderheitsregierungen müssen sich ja Mehrheiten organisieren. Und dabei geht es darum, das Wohl des Landes über das Parteiinteresse zu stellen. Es geht dann viel mehr um die Sache, um Argumente, um das Gewinnen von Mitstreitern und die Bereitschaft zum Kompromiss. Vielleicht auch jenseits der Fraktionsdisziplin, die ja vorgibt, dass einzelne Abgeordnete genauso abstimmen wie der Rest der Fraktion. Das kann auch eine Chance für die Demokratie sein. Natürlich hatte und hat die Fraktionsdisziplin eine Berechtigung in der klassischen Form einer Mehrheitsregierung, es gab ja Situationen, etwa die erste Bundesregierung unter Konrad Adenauer, da hatte die Regierung nur eine Stimme Mehrheit, da brauchte man alle und damit auch die Fraktionsdisziplin. Auch wenn das natürlich eine Institution ist, die man eigentlich schon immer kritisch betrachten konnte, denn im Grundgesetz steht bekanntlich, dass der Abgeordnete nur seinem Gewissen verpflichtet ist, und nicht einer Fraktionsdisziplin.

Wie geht man dann aber im Falle von Minderheitsregierungen mit Stimmen der extremen Parteien um, die man möglicherweise bekommt, auch wenn man sie gar nicht will?

AvL: Die braucht man dann ja nicht zwingend, wenn die anderen Stimmen reichen. Direkt an eigenen Gesetzesvorhaben beteiligen sollte man sie jedenfalls nicht. Und schon gar nicht an der Regierung, auch wenn das gegenwärtig zum Teil durchaus gefordert wird. Wie soll denn beispielsweise eine demokratische Partei wie die CDU mit einer vom Verfassungsschutz als erwiesen rechtsextremistisch eingestuften Partei wie der AfD koalieren? Damit würde man sich selbst desavouieren und, schlimmer noch, eine extremistische Partei salonfähig machen, das halte ich für hoch problematisch. Allerdings bin ich auch nicht für ein politisches Verbot der AfD, man muss solche Parteien politisch stellen – also kein Verbot, aber eine harte inhaltliche Auseinandersetzung! Und bislang gibt es ja durchaus auch Möglichkeiten, jenseits der AfD zu regieren. Noch, das sollte man nie vergessen, wählen auch im Osten zwei Drittel nicht die AfD. Man kann mit ihnen reden, aber eben nicht mehr. Man kann Argumente im Parlament hören und diese dann entkräften. Darin müssen die anderen Parteien allerdings erheblich besser werden.

In Österreich wird eine Zusammenarbeit mit der rechtspopulistischen FPÖ von der kommenden Regierung gerade wieder ausgeschlossen; das war aber nicht immer so, die FPÖ war schon mehrfach an Regierungen beteiligt. Welche Schlüsse kann man daraus ziehen?

AvL: Das Beispiel Österreich lehrt: Wenn man Rechtsradikale an die Regierung bringt, werden sie salonfähig und erreichen irgendwann – auch durch die Schwäche der anderen – die Mehrheit. Das ist übrigens nicht nur in Österreich zu sehen, sondern auch in den Niederlanden. Und auch wenn die FPÖ zwischendurch, also nach einer Regierungsbeteiligung, auch mal geschrumpft ist, ist sie jetzt die stärkste Partei. Damit stellt sich am Ende die Frage, ob man bereit ist, eine Koalition einzugehen, in der eine rechtsradikale Partei den Kanzler stellt. Schon aus historischen Gründen, also der Geschichte des Scheiterns der Weimarer Republik, bin ich ganz dagegen. Ich sehe Österreich eher als ein Beispiel dafür, dass man solche Parteien erst gar nicht an Regierungen beteiligen darf. So kann man zumindest versuchen zu verhindern, dass Rechtspopulisten immer stärker werden.

Es ist nachvollziehbar, dass die Bürger mit einer bestimmten Regierung oder einzelnen Politikern nicht einverstanden sind. Aber warum zweifeln sie grundsätzlich am System Demokratie? Und gäbe es dazu aus Ihrer Sicht überhaupt eine Alternative?

AvL: Zunächst dürfen wir nicht übersehen, dass die Politik heute einer dramatischen Vielzahl von Krisen ausgesetzt ist, die kaum zu bewältigen sind. Daher stammt ja auch der mittlerweile geläufige Begriff der »Polykrise«. Und diese enorme Krisenhaftigkeit trifft auf ein politisches System, das wir fast alle über Jahrzehnte sträflich vernachlässigt haben, abgesehen von denjenigen, die die Mühe auf sich genommen haben, in Parteien zu gehen und wirklich Politik zu machen. Also genau im Sinne von Max Weber, die Mühen der Ebene auf sich zu nehmen und harte Bretter langsam zu bohren, mit Augenmaß und Leidenschaft. Die meisten anderen haben sich in den letzten 30 Jahren nach dem vermeintlichen Ende der Geschichte mit dem Fall der Mauer im Jahr 1989 doch von der Politik ziemlich abgewandt, immer in der Annahme, dass die Demokratie nicht mehr gefährdet sein wird, weil sich genug Demokraten finden werden, die sich für die *res publica*, also für die öffentliche Sache, einsetzen. Heute müssen wir genau das Gegenteil feststellen: Die Demokratie ist von außen gefährdet, und zwar mittlerweile nicht nur aus dem Osten, sondern auch aus dem Westen, von Putin und von Trump. Und sie ist aus dem Inneren heraus gefährdet, von Höcke bis Wagenknecht. Und daneben stehen viele Andere weitgehend teilnahmslos und gleichgültig jenseits der Politik – oder zum Teil auch, weil sie gar nicht wissen, was es bedeutet, sich für die Demokratie und damit auch für unseren Staat einzusetzen.

Die Frage »Verstehen Sie Staat?«, die gleichzeitig der Titel dieses Buches ist, würden viele Menschen vermutlich mit »nein« beantworten. Was muss Ihrer Ansicht nach passieren, damit sich das ändert?

AvL: Erstmal müssen wir begreifen, dass wir alle Teil des Staates und damit auch für diesen zuständig sind. Das ist es, was der Philosoph Jürgen Habermas als Verfassungspatriotismus bezeichnet. Ohne einen solchen, ohne eine demokratische Grundüberzeugung und die Bereitschaft, sich für die Demokratie einzusetzen, ist eine jede Demokratie auf Sand gebaut. Das meint das bekannte Böckenförde-Diktum des ehemaligen Bundesverfassungsrichters Ernst-Wolfgang Böckenförde. Es besagt, dass jede Demokratie von Voraussetzungen lebt, die sie nicht aus sich selbst heraus erzeugen kann, nämlich vor allem von demokratischer Gesinnung.
Die Bundesrepublik mit ihrem Grundgesetz ist die freiheitliche Antwort auf den Faschismus. Aber auch und vor allem mit ihren Parteien. Das bedeutet heute, dass die Parteien die Menschen wieder stärker erreichen müssen. Und umgekehrt, sich die Menschen wieder stärker für die demokratischen Parteien interessieren müssen.

Setzt Ihrer Meinung nach also ein stärkerer Staat und eine gefestigtere Demokratie auch stärkere Parteien voraus?

AvL: Das halte ich in der Tat für entscheidend. Wobei die Parteien nach dem eigentlichen Verständnis des Grundgesetzes ja gar nicht Teil des Staatsapparates im engeren Sinne sind, sondern in der Mitte der Gesellschaft liegende Gewalten, die zwischen Bürger und Staat vermitteln. Es war ja gut, dass zu Beginn des Jahres 2024 Hunderttausende gegen die AfD und ihre Pläne zur Remigration demonstriert haben. Aber Demonstrationen allein machen noch keine Demokratie. Also, so toll es war, wie viele Menschen im vergangenen Jahr für die Demokratie und gegen Rechtsextremismus auf die Straße gegangen sind – die Kernfrage ist: Wie kommen wir wieder zu stärkeren demokratischen Parteien, die den Rechtsradikalen argumentativ klar überlegen sind, und damit zu einem stärkeren, handlungsfähigen Staat?

Das aber kann nur funktionieren, wenn wir uns selbst stärker beteiligen. Genau wie die Konrad Adenauers und Helmut Schmidts, die nach 1945 aus der Erfahrung des Nationalsozialismus die neuen Volksparteien gegründet haben. Denn wir erleben ja gerade ein Scheitern unserer demokratischen Volksparteien und ein Wachstum der Anti-Demokraten. Und da reicht es nicht, nur dagegen zu protestieren, sondern wir müssen die Parteien wieder stark machen, sprich: uns parteipolitisch engagieren.

Denn wir haben nicht die guten, überzeugenden Politiker, die wir eigentlich bräuchten. Jedenfalls sind es nicht genug! Und zum Teil können sie sich der Anti-Demokraten gar nicht erwehren. Heute können Politiker und ihre Helfer im Wahlkampf in Teilen der Republik kaum mehr Plakate kleben, ohne verprügelt zu werden. Und zum Teil mussten gerade im Osten der Republik Bürgermeister und Landräte schon ihr politisches Amt aufgeben, ja sogar ihren Wohnsitz wechseln, um ihre Familien zu schützen. Hier wird aus dem politischen Gegner der politische Feind, den man mit allen Mitteln bekämpft. Das geht an die Wurzel der Demokratie und das müssen wir unbedingt ändern. Wir müssen also endlich von der passiven Haltung des Politik-Konsumenten zu einer aktiven Rolle kommen, um die Demokratie zu verteidigen. Vom *bourgeois* zum *citoyen*! Nur wenn wir endlich anfangen, uns selbst in Parteien zu engagieren oder jedenfalls die zu verteidigen, die dies tun und dafür massiven Drohungen oder gar Körperverletzung ausgesetzt sind, nur dann werden wir unsere Demokratie wirklich verteidigen können. Denn am Ende gilt der eine Satz: Die Anti-Demokraten sind immer nur so stark, wie die Demokraten schwach sind. Es liegt also in unserer Hand, die Demokratie zu verteidigen.

KAPITEL 3

Ein Vorurteil kommt selten allein

Migration, Asylrecht und Kriminalität

Die Menschen sorgen sich wegen zu viel Migration. Wäre ja auch unangenehm, wenn sich jemand nach ein paar Jahren in Deutschland besser artikulieren könnte als 90 Prozent der Kommentarschreiber bei Facebook ...

Eines der Themen, zu denen es großen Diskussionsbedarf gibt, ist zurzeit sicherlich die Migration – ausgelöst durch die vielen Sorgen, die die Menschen diesbezüglich umtreiben, und die Fragen, die sich dazu stellen: Gibt es gegenwärtig eine ungewöhnlich hohe Migration? Sind Deutschlands Grenzen sicher? Werden unsere Gesetze umgesetzt und sind die aktuell geltenden ausreichend? Steht die Angst vor Migration im Einklang mit der Realität und was läuft in diesem Politikfeld falsch, beziehungsweise welche Lösungen sind überhaupt durchsetzbar? Was steckt hinter den politischen Zielen? Welche Rolle spielt die Entwicklungshilfe? Welche Vorteile hat Migration? Aber vor allem: Warum triggert dieses Thema viele Menschen so sehr?

Letzteres haben Experten der Humboldt-Universität zu Berlin um den Soziologen Steffen Mau untersucht. In ihrem Buch *Triggerpunkte: Konsens und Konflikt in der Gegenwartsgesellschaft* kommen sie zwar zum Schluss, dass sich die Lagerbildung beim Thema Migration gar nicht so zugespitzt hat wie es scheint. Dennoch heben sie vier Bereiche hervor, bei denen sich die Stimmung aufheizt und es möglich ist, dass der Konsens in Dissens umschlägt. Erstens: Ungleichbehandlung, wenn Menschen also annehmen, dass es für bestimmte Gruppen Sonderrechte gibt, diese beispielsweise vom

Sozialsystem mehr profitieren als andere. Zweitens: die Vorstellung des Einzelnen von »Normalität«, also die Diskussion darum, ob man Migranten als kulturelle Bereicherung oder als »fremd« wahrnimmt; als Teil einer lebendigen Gesellschaft oder einer Community, die sich abschottet. Drittens: die Befürchtung der Entgrenzung; wenn der Eindruck entsteht, die Migrationsbewegung sei nicht mehr unter Kontrolle oder vorher bestehende Grenzen würden nicht mehr gelten. Viertens: die Verhaltenszumutung, also die Frage, wer für einen Integrationserfolg oder -misserfolg verantwortlich ist, die Migranten selbst oder die Gesellschaft.[1] Und da sind wir schon mitten in der Diskussion! Es geht um Sicherheit, Gerechtigkeit und Verteilung, aber natürlich auch um die Bereitschaft, sich tiefgreifend mit diesem Thema zu befassen und zu verstehen, wie komplex es ist. Das wollen wir gemeinsam versuchen.

Fangen wir von vorne an: Was ist Migration eigentlich? Denn bei der Definition des Begriffs geht die Unsicherheit ja schon los. Migration bedeutet erstmal nur die längerfristige Verlegung des Lebensmittelpunktes über eine größere Entfernung und administrative Grenze hinweg. Das kann also ein Umzug vom Dorf in die Stadt sein, von einem Bundesland zum nächsten oder eben in ein anderes Land. Wie weit der Ort entfernt und wie groß der Zeitraum sein muss, ist nicht ganz klar definiert, wobei die Vereinten Nationen sagen: Wenn jemand länger als drei Monate in einem anderen Land lebt, handelt es sich um Kurzzeitmigration, ab einem Jahr um dauerhafte Migration. Die Gründe dafür können ganz unterschiedlich sein: der Wunsch nach einem guten Job oder einer besseren Ausbildung, die Gründung einer Familie, die Flucht vor Verfolgung und Gewalt oder schlicht die Lust auf ein Abenteuer.[2] Flüchtlinge sind also auch Migranten, aber dazu später mehr. Zunächst erst einmal der Blick darauf, dass Migration keinesfalls eine neue »Erfindung« ist. Migration gab es schon zu Beginn der Menschheitsgeschichte – und der Anteil an Migranten unter den Menschen ist auch nicht wesentlich gestiegen. Dazu direkt eine beeindruckende Zahl: Laut World Migration Report 2024 gibt es weltweit 281 Millionen internationale Migranten,[3] das sind nur 3,6 Prozent der Weltbevölkerung, darunter befinden sich zudem noch 71,2 Millionen Binnenflüchtlinge, also solche, die innerhalb des eigenen Landes die Region gewechselt haben. Das heißt im Umkehrschluss, dass der allergrößte Teil der Menschen, nämlich mehr als 96,4 Prozent, in dem Land leben, in dem sie geboren wurden. Insgesamt hat die Zahl der Migranten zwar zugenommen, 1960 gab es in absoluten Zahlen noch weit weniger Migranten, nämlich rund 93 Millionen, allerdings ist die Weltbevölkerung ja auch gewachsen. 1960 waren es noch 3 Milliarden, heute leben mehr als 8 Milliarden Menschen auf der Erde. Der Anteil von Migranten an der Weltbevölkerung ist demnach von 3,1 Prozent im Jahr 1960 auf heute 3,6 Prozent gestiegen, also einigermaßen konstant geblieben. Was sich allerdings verändert hat, sind die Wanderungsmuster und vor allem die Bewegungsrichtung – gerade aus westlicher und europäischer Sicht. Kurzgefasst haben sich nämlich ab dem 15. Jahrhundert vor allem die Europäer aufgemacht, um weit entfernte Gebiete zu besiedeln, in Amerika, aber auch in Afrika und Asien. Um Erlaubnis gebeten haben die Siedler die Ureinwohner jedoch nicht, zudem wurden während der europäischen Kolonialherrschaft im Rahmen des transatlantischen Sklavenhandels auch noch Millionen von Afrikanern nach Amerika verschleppt. Auch nach der Unabhängigkeit der Vereinigten Staaten zog es weiter Europäer nach Übersee. Erst nach dem Zweiten Weltkrieg und mit einer boomenden Wirtschaft verloren die Europäer das Interesse am Auswandern und Westeuropa wurde von einer Herkunftsregion der Migranten zu einem beliebten Migrationsziel. Viele europäische Länder warben in den 1950er- und 1960er-Jahren Gastarbeiter an, zunächst in Südeuropa, später auch in der Türkei. Gleichzeitig nahm das Migrationsgeschehen von Lateinamerika nach Nordamerika und später nach Europa zu, auch die Golfstaaten wurden Ziel von Migration, und vor einigen Jahrzehnten begannen Asiaten, sich auf den Weg zu machen.

Wir können also festhalten: Am Gesamtumfang der Migration hat sich wenig verändert, dafür aber an der Richtung. Die Zuwanderungszahlen von Menschen nicht-europäischer Herkunft nach Europa haben zugenommen[4], was Bürger hierzulande vor allem in Großstädten und Grenzregionen zu spüren bekommen. In ländlichen Regionen und in Ostdeutschland ist der Anteil der Zuwanderer verhältnismäßig gering. Insgesamt lebten Ende 2023 knapp 14 Millionen Menschen ohne deutsche Staatsbürgerschaft in Deutschland, die meisten davon in Nordrhein-Westfalen.

Gut 5,3 Millionen davon sind EU-Bürger, rund 6,7 Millionen haben einen Aufenthaltstitel – dürfen also ganz offiziell hier sein –, gut 700.000 haben einen Antrag auf einen Aufenthaltstitel gestellt, ohne Aufenthaltstitel leben ca. 1,1 Millionen Menschen in Deutschland. Was das im Einzelnen bedeutet, dazu später mehr. Erwähnenswert beim Blick auf Migration ist Folgendes: Wenn Menschen den Ort wechseln, findet die Migration meistens innerhalb des eigenen Landes statt – das nennt man dann Binnenmigration. Zum einen ist es teurer, in ein anderes Land auszuwandern, zum anderen bleiben die meisten Menschen einfach gerne in der Nähe ihrer Heimat. Weltweit leben rund 83 Prozent der Weltbevölkerung in ihrer Geburtsregion, 13 Prozent sind Binnenmigranten, sind also beispielsweise innerhalb des eigenen Staates vom Land in die Stadt gezogen, nur etwas mehr als 3 Prozent sind internationale Migranten und 0,3 Prozent Geflüchtete.[5]

Hier lohnt es sich, noch mal die Begriffe zu unterscheiden: Wie schon erläutert sind internationale Migranten Menschen, die nicht in dem Land leben, in dem sie geboren wurden – entweder freiwillig, aufgrund ihres Jobs, der Berufsausbildung oder der Familie, oder unfreiwillig, weil sie ihr Heimatland wegen der Androhung von Gewalt oder Verfolgung verlassen mussten. Die Motive, die zu einer Migrationsentscheidung führen, sind vielfältig und häufig auch eine Kombination aus mehreren Ursachen. Der Begriff »Flüchtling« bezeichnet aber nur eine bestimmte Gruppe von Menschen, nämlich jene, die unter die Genfer Flüchtlingskonvention fallen, die mittlerweile weltweit 149 von 195 Ländern unterschrieben haben. Diese wurde 1951 verabschiedet, zunächst um europäische Flüchtlinge nach dem Zweiten Weltkrieg zu schützen, später, mit einem Erweiterungsprotokoll von 1967, auch Flüchtlinge weltweit.[6] Die Kernidee: Wer in seinem Heimatland nicht sicher ist, soll in einem anderen Land Schutz finden! Die Konvention legt unter anderem fest, was genau ein Flüchtling ist, welchen Schutz er genießt und welche Pflichten die Aufnahmeländer haben. Demnach ist ein Flüchtling eine Person, die aus begründeter Furcht vor Verfolgung wegen ihrer Rasse, Religion, Nationalität, Zugehörigkeit zu einer bestimmten Gruppe oder ihrer politischen Überzeugung ihr Land verlassen hat. Aus der Konvention ergeben sich auch Rechte: Ein Flüchtling darf nicht in das Land zurückgeschickt werden, in dem ihm Gefahr droht, und darf nicht anders behandelt werden als andere im Land lebende Ausländer. Er genießt also zum Beispiel das Recht auf Arbeit, medizinische Versorgung, Bildung, den Zugang zu Gerichten sowie die Möglichkeit, sich im Aufnahmeland frei bewegen zu dürfen. Auch dürfen Flüchtlinge nicht für die illegale Einreise in das Hoheitsgebiets eines Staates bestraft werden. Die Länder, die die Konvention unterschrieben haben, müssen also Flüchtlinge aufnehmen, ihnen Schutz gewähren und ihre Rechte respektieren. Die Konvention ist rechtlich bindend. Das heißt, Geflüchtete können in den Ländern, in die sie gekommen sind, ihre Rechte geltend machen, haben aber auch Pflichten, sie müssen natürlich die Gesetze des Asyllandes achten. Was passiert, wenn sie das nicht tun, darauf gehen wir später noch ein.

Kritiker bemängeln, dass sich einige Länder nicht an die Konvention halten, indem sie Migranten an den EU-Außengrenzen mit sogenannten Pushbacks zurückdrängen, wenn sie etwa Flüchtlingsboote ohne vorherige Asylprüfung in Richtung Türkei zurücktreiben – was ein illegaler Vorgang ist. Insgesamt hat die Konvention aber seit ihrer Verabschiedung laut dem Flüchtlingshilfswerk der Vereinten Nationen zum Schutz von Millionen Menschen beigetragen, über 50 Millionen Menschen allein durch Unterstützung des Flüchtlingshilfswerks.[7]

Ein weiterer Kritikpunkt: Die Regeln wurden vor langer Zeit formuliert und nicht an die aktuelle Flüchtlingskrise angepasst, weil zum Beispiel mit dem Klimawandel und der Zerstörung wirtschaftlicher Grundlagen in den Heimatländern neue Fluchtursachen hinzukamen. Auch Kriege sind laut Definition kein ausreichender Grund für den Flüchtlingsstatus, die Konvention schützt nicht vor Krieg allein, es braucht dazu noch einen konkreten Grund, warum ein Mensch verfolgt wird. Das liegt daran, dass die Konvention ursprünglich für politisch Verfolgte konzipiert wurde. Kriegs- und Bürgerkriegsflüchtlinge erhalten aber in vielen Ländern einen »subsidiären Schutz«, der ebenfalls auf dem Prinzip der Nicht-Zurückweisung (Non-Refoulement) basiert. Das bedeutet, dass die Menschen nicht in Länder zurückgeschickt werden dürfen, in denen sie existenziellen Lebensrisiken ausgesetzt sind. Dieses Prinzip ist Grundlage vieler Abkommen, die auch Deutschland unterschrieben hat. Nach dem Angriff Russlands auf die Ukraine 2022 hat die EU beispielsweise entschieden, dass Flüchtlinge von dort außerhalb des Asylsystems dank der »Massenzustrom-Richtlinie« vorübergehend Schutz erhalten. Sie müssen keines der üblichen, meist langwierigen Asylverfahren durchlaufen, stattdessen bekommen sie automatisch einen Aufenthaltsstatus. Diese EU-Richtlinie wurde Anfang März 2022 aktiviert, mehrfach verlängert und gilt zunächst bis März 2026. Laut dem Ausländerzentralregister (AZR) leben zurzeit etwa 1,2 Millionen ukrainische Kriegsflüchtlinge in Deutschland. Der Migrationsforscher Franck Düvell geht allerdings davon aus, dass es etwas weniger sind, nämlich 900.000 Geflüchtete, weil 686.000 von ihnen Bürgergeld beziehen, weitere 56.500 »Grundsicherung im Alter und bei Erwerbsminderung« erhalten und 113.000 geflüchtete Ukrainer als sozialversicherungspflichtig Beschäftigte gemeldet sind, also hier arbeiten.[8] Der Sinn der Massenzustrom-Richtlinie der EU ist es, großen

Flüchtlingsbewegungen vorübergehend schnell Schutz zu bieten und sie solidarisch auf die EU-Staaten zu verteilen, ohne die regulären Asylsysteme zu überfordern. Davon zu unterscheiden sind sogenannte »Kontingentflüchtlinge«. Auch sie erhalten auf der Basis festgelegter Kontingente direkten Zugang zu einem Schutzstatus, meist im Rahmen humanitärer Programme und in Zusammenarbeit mit Organisationen wie dem Flüchtlingshilfswerk der Vereinten Nationen. Hier geht es aber um die meist langfristige Umsiedlung besonders schutzbedürftiger Personen.

Menschen haben Angst, dass Geflüchtete ihnen Jobs wegnehmen, die sie ohnehin nicht machen wollen …

Wie läuft es nun generell ab, wenn Menschen aus ihren Heimatländern flüchten und nach Europa kommen? Zunächst einmal kann nicht einfach jeder die Grenzen überqueren und nach eigenem Gutdünken von einem Land ins andere reisen. Denn für die Einreise in Länder der Europäischen Union gelten für Nicht-EU-Bürger strenge Regeln, die im Schengener Grenzkodex festgeschrieben sind und sowohl für Reisende als auch für Migranten gelten. Es heißt beispielsweise, dass Außengrenzen nur an zugelassenen Übergangsstellen überschritten werden dürfen und dafür bestimmte Dokumente erforderlich sind. In der Praxis sind aber die meisten EU-Staaten und auch einige Nicht-EU-Staaten wie die Schweiz und Norwegen Teil des Schengenraums. Das heißt, systematische Grenzkontrollen an den Binnengrenzen, also Grenzen zwischen Ländern, die Teil des gemeinsamen EU-Gebietes sind, wurden abgeschafft, um EU-Bürgern Reisefreiheit zu ermöglichen. Die Menschen also, die es geschafft haben, die Außengrenzen der EU zu passieren, können sich frei über die Binnengrenzen hinwegbewegen. Deshalb wird immer wieder über verschärfte Grenzkontrollen diskutiert, die ja zeitweise eingeführt wurden – nach den Terroranschlägen von Paris und der Flüchtlingskrise im Jahr 2015, während der Covid-19-Pandemie, während der Fußball-EM 2024 oder zuletzt Ende 2024 zur Bekämpfung irregulärer Migration. Doch wann sind Kontrollen erlaubt? An den EU-Außengrenzen sind systematische Kontrollen Pflicht, an den Binnengrenzen können sie nur vorübergehend durchgeführt werden, wenn außergewöhnliche Umstände eintreten: etwa eine Gefährdung der öffentlichen Ordnung und Sicherheit durch Terror oder Großveranstaltungen, durch Migrationsdruck oder unkontrollierbare Zustände an den Außengrenzen. Die Kontrollen müssen mit der EU abgestimmt und verhältnismäßig sein und sind erst einmal für 30 Tage erlaubt, dürfen aber auf bis zu sechs Monate verlängert werden.

Was passiert dann aber, wenn Menschen in Kontrollen geraten?

In Deutschland gilt, dass ein Ausländer, der unerlaubt einreisen will, an der Grenze zurückgewiesen werden kann.[9] Andererseits hat jede asylsuchende Person nach dem deutschen und europäischen Recht einen Anspruch auf die individuelle Prüfung des Antrags. Zudem hat sie ein Recht auf Schutz vor Zurückweisung, wenn im Herkunftsland Verfolgung oder schwere Gefahr droht (wie vorher schon angesprochen: Non-Refoulement). So sieht es die Genfer Flüchtlingskonvention vor, aber auch die Europäische Menschenrechtskonvention schützt vor unmenschlicher Behandlung. Das heißt: Ohne Prüfung darf an der Grenze niemand zurückgewiesen werden, wenn er um Asyl bittet. Diese Bestimmung würde übrigens auch die immer wieder diskutierte Forderung nach einer Obergrenze für Flüchtlinge betreffen. Um diese durchzusetzen, bräuchte es eine Abschaffung des individuellen Asylrechts, das ginge offiziell aber nur, wenn Deutschland aus der Genfer Flüchtlingskonvention, aus der Europäischen Menschenrechtskonvention und sogar aus der EU austreten würde. Denn das Gebot des Non-Refoulements, dass also niemand in ein Land abgeschoben werden darf, in dem Verfolgung, Folter oder unmenschliche Behandlung droht, ist ein menschenrechtlicher Standard, der in vielen Verträgen enthalten ist, auch in der EU-Grundrechtecharta. Das Folterverbot wird sogar als »zwingendes Völkerrecht« angesehen, was bedeutet, dass es unabhängig von konkreten völkerrechtlichen Verträgen gilt und nicht einfach aufgekündigt werden kann – so urteilt die Völkerrechtlerin Nora Markard.[10] Eine Aufnahmegrenze, die ja ein bestimmtes Kontingent bedeuten würde, könnte sich also immer nur auf eine *zusätzliche* Anzahl von Flüchtlingen beziehen und nicht auf eine reduzierte, weil es eben völkerrechtlich und unionsrechtlich verboten ist, einen Asylsuchenden zurückzuweisen. Ist eine systematische Zurückweisung von Flüchtlingen also überhaupt nicht möglich? Diesbezüglich wird auch immer wieder die Frage diskutiert, ob ein Staat die Möglichkeit hat, eine Notlage auszurufen, weil er sich wegen der hohen Flüchtlingszahlen in einem Ausnahmezustand befindet. Richtig ist: Der Anteil der Asylbewerber an der Gesamtbevölkerung ist in den vergangenen Jahren gestiegen, in Deutschland von gut 1.200 in 2020 auf 3.900 in 2023 – bezogen auf eine Million Einwohner[11]; in absoluten Zahlen waren das in 2023 knapp 330.000.[12] Das hat

Folgen, vor allem für die betroffenen Kommunen, die vor erheblichen Herausforderungen stehen. Vielen fehlt es an ausreichenden Unterkünften, und nach der Erstunterbringung gibt es zu wenig bezahlbaren Wohnraum. Die Bearbeitung von Asylanträgen, Anträgen auf Sozialhilfe und Integrationsmaßnahmen bringt Behörden an ihre Grenzen. Der Zuwachs an Flüchtlingskindern erfordert den Einsatz zusätzlicher Pädagogen an Kindergärten und Schulen, beispielsweise für die Sprachförderung. Auch die Integration in den Arbeitsmarkt sowie die kulturelle Integration bringen Probleme mit sich: Flüchtlinge werden in Deutschland zwar basierend auf Bevölkerungsgröße und Wirtschaftskraft über den sogenannten »Königsteiner Schlüssel« möglichst fair auf die Bundesländer verteilt, innerhalb der Länder sind einige Städte und Gemeinden aber übermäßig belastet, weil der Schlüssel nicht berücksichtigt, wo es tatsächlich freie Kapazitäten gibt. Zudem ziehen Flüchtlinge häufig in andere Regionen um, was die ursprüngliche Verteilung untergräbt. Zwar gibt es für anerkannte Flüchtlinge eine Wohnsitzauflage, nach der sie bis zu drei Jahre in dem Bundesland wohnen bleiben müssen, in dem ihr Asylverfahren durchgeführt wurde, aber nicht alle Bundesländer setzen die Auflage durch.

Außerdem gilt sie als umstritten. Kritiker fordern, dass die Bundesländer bei der Verteilung lieber stärker auf die Situation am Arbeits- und Wohnungsmarkt achten sollten. Insgesamt bleiben die Flüchtlingszahlen aber in den meisten EU-Staaten im niedrigen einstelligen Bereich, in Deutschland ist der Anteil von Geflüchteten und Asylbewerbern an der Gesamtbevölkerung von 0,6 Prozent im Jahr 2014 auf 3,7 Prozent 2024 geklettert, in Italien im gleichen Zeitraum von 0,2 auf 0,8 Prozent. Den stärksten Anstieg gab es 2022 durch den Beginn des Kriegs in der Ukraine.[13] In absoluten Zahlen ist Deutschland im EU-Vergleich das Hauptzielland von Fluchtmigration, vor Spanien, Frankreich, Italien und Polen.[14] Wenn man die Zahlen aber ins Verhältnis zur Bevölkerungsdichte setzt, liegt Zypern mit 78,6 Geflüchteten pro 1.000 Einwohnern vorne, nach Tschechien (36,0), Deutschland (35,5) und Österreich (32,9).[15]

Eine Notlage könnten die EU-Staaten nur nach Artikel 72 des »Vertrags über die Arbeitsweise der europäischen Union« ausrufen. Dieser Artikel wird allerdings extrem eng ausgelegt – bislang hat der Europäische Gerichtshof in allen entschiedenen Fällen eine Notlage verneint.[16]

Trotz allem kommt es an den EU-Binnengrenzen immer wieder zu Zurückweisungen. Diese sind rechtswidrig, wie der Europäische Gerichtshof für Menschenrechte[17] in Straßburg und auch der Europäische Gerichtshof[18] in Luxemburg zuletzt wieder bestätigt haben.

Wie ist aber der offizielle Weg für Menschen, die nach Europa kommen wollen? Damit sie einen Asylantrag stellen können, müssen sie, wie schon erwähnt, erst einmal nach Europa einreisen, was legal nur mit einem Visum möglich ist. Auf ein Visum haben Menschen aus Krisengebieten aber meist keine Chance – zum einen werden diplomatische Vertretungen dort oft geschlossen, zum anderen ist die Vergabe eines Visums nach dem EU-Visakodex an strenge Bedingungen geknüpft. Man konnte beobachten, dass die Zahl der an Syrer ausgestellten Visa nach Beginn des Bürgerkriegs in Syrien stark gesunken ist.[19] Ohne ein Visum ist es aber nicht möglich, ein Flugzeug nach Europa zu besteigen. Deshalb kommen viele Menschen illegal auf anderem Wege nach Europa und riskieren dabei nicht selten ihr Leben. Sobald sich ein Asylsuchender im Hoheitsgebiet eines Mitgliedsstaats befindet, muss der Staat zunächst die Zuständigkeit für ein Asylverfahren prüfen. Hier kommt jetzt das »Gemeinsame Europäische Asylsystem« (GEAS) ins Spiel. Nach dem Dublin-Übereinkommen von 1990 und der Dublin-III-Verordnung von 2013, die alle EU-Mitgliedsstaaten sowie Norwegen, Lichtenstein, Island und die Schweiz betrifft, gilt Folgendes: Das Asylverfahren soll in dem Land eröffnet werden, in dem der Flüchtling zum ersten Mal europäischen Boden betreten oder von dem er ein Einreisevisum erteilt bekommen hat. Damit soll verhindert werden, dass Flüchtlinge ohne Registrierung durch Europa reisen oder sich Zuständigkeitskonflikte zwischen den Staaten ergeben. Flüchtlinge müssen – zum Beispiel durch die Abnahme von Fingerabdrücken – erkennungsdienstlich registriert werden und die Daten werden im sogenannten EURODAC-System festgehalten. In den jeweiligen Ländern sind dafür eigene Behörden zuständig, in Deutschland ist es das Bundesamt für Migration und Flüchtlinge (BAMF). Das Problem ist die hohe Belastung von Ländern an den EU-Außengrenzen. Denn zu den gängigsten Fluchtrouten gehören die Mittelmeerroute, auf der Flüchtlinge vor allem in Italien, Griechenland oder Spanien ankommen, oder die Balkanroute, auf der die Menschen beispielsweise über die Türkei nach Griechenland oder Bulgarien oder über Nordmazedonien nach Serbien gelangen, um von dort die EU-Länder Kroatien und Ungarn zu erreichen. Mit der zunehmenden Sicherung der Grenzen in Ungarn und Kroatien hat sich auch Bosnien-Herzegowina als Transitland etabliert. Hier zeigen sich jetzt die ersten Probleme: In den Grenzregionen sind die Bedingungen für die Menschen häufig extrem schlecht. Zum einen kommt es zu Pushbacks und gewaltsamen Zurückweisungen, zum anderen fehlt es an passenden Unterkünften und einer angemessenen Verwaltung durch die Behörden. Die organisatorischen und hygienischen Zustände in den Flüchtlingslagern sind teilweise katastrophal und die Asylverfahren dauern unzumutbar lange. Auch wenn es offiziell einheitliche europäische Asylverfahrens- und Aufnahmerichtlinien gibt, gibt es dafür in der Realität keine Garantie.

Ein funktionierendes Dublin-III-Verfahren wäre für Deutschland natürlich spitze! Sehr wenige Geflüchtete reisen über Borkum in die EU ein …

Wir halten also fest: Nach den bestehenden Regeln müssen die Länder, die an den Außengrenzen der EU liegen, unverhältnismäßig viele Asylanträge bearbeiten, weil die Dublin-III-Regeln bislang nicht ausreichen, um eine gerechte Verteilung von Flüchtlingen zu gewährleisten – ein großes Streitthema innerhalb der EU. Nach der Flüchtlingskrise 2015 wurde zwar ein Umverteilungsmechanismus beschlossen, der aber wegen des Widerstands einiger Staaten wie Ungarn und Polen nicht umgesetzt wurde. Das hatte zur Folge, dass südliche EU-Länder Flüchtlinge ohne Registrierung haben weiterreisen lassen. Die Überlastung der betroffenen Staaten hat dazu geführt, dass während der Flüchtlingskrise 2015 viele Menschen ohne Registrierung nach Zentral- und Nordeuropa, unter anderem nach Deutschland, weitergereist sind, was das Dublin-III-Abkommen quasi außer Kraft gesetzt hat.

2016 haben die EU-Staaten auch deshalb ein Abkommen mit der Türkei geschlossen, um illegale Einreisen zu verringern. Demnach sollen Migranten, die irregulär von der Türkei auf die griechischen Inseln gelangen und keinen Anspruch auf Asyl haben, in die Türkei zurückgebracht werden. Für jeden syrischen Flüchtling, der in die Türkei zurückgeht, darf im Gegenzug ein anderer syrischer Flüchtling aus der Türkei legal in die EU umgesiedelt werden – um den Migrantenstrom zu kontrollieren und den Menschen eine legale Möglichkeit zu geben, nach Europa zu gelangen. Zudem hat die EU der Türkei finanzielle Hilfen zugesagt, um die Lebensbedingungen der syrischen Flüchtlinge in der Türkei zu verbessern. Durch die Rückführungen und die Schaffung legaler Migrationswege sollte vor allem das System der Schleuser zerschlagen werden. Schleuser haben, auch aufgrund von Einreisebeschränkungen für Arbeitsmigranten, Asylsuchende und Angehörige, ein lukratives Geschäftsmodell entwickelt: Menschenschmuggel als Dienstleistung. Migranten, darunter Flüchtlinge, bezahlen einen Schleuser, der sie über die Grenze bringen soll. Je länger die Routen sind, desto mehr Gefahren bergen diese Touren. Immer wieder kommt es zu Unfällen und Katastrophen, bei denen nicht seetüchtige oder überfüllte Boote auf hoher See sinken und Menschen ertrinken oder Migranten in der Wüste verdursten oder erstickt in Lastwägen enden. Für viele Menschen, die solche mörderischen Strapazen auf sich nehmen und dafür noch viel Geld bezahlen, ist die Flucht nicht nur ein verzweifelter Versuch, einem Krieg oder anderen Gefahren zu entkommen, sondern häufig geht es auch darum, in eine bessere Zukunft zu investieren – oder vielleicht eine Kombination aus beidem. Versuche, die nicht selten scheitern: Laut der Internationalen Organisation für Migration (IOM) sind weltweit zwischen 2014 und 2022 mindestens 53.000 Menschen bei der Migration gestorben, davon 25.000 im Mittelmeer.[20] Das Kerngeschäft der Schleuser ist es allerdings, die Migranten heil über die Grenze zu bringen. Der sogenannte 1:1-Mechanismus des Türkei-Abkommens sollte also irreguläre Migranten abschrecken, legale Migrationswege fördern und die EU-Außengrenzen entlasten. Die tatsächliche Wirksamkeit und auch die ethische Vertretbarkeit gelten aber als umstritten. Menschenrechtsorganisationen kritisieren, dass die Türkei kein sicheres Drittland sei und Rückführungen gegen internationales Recht verstießen. Als sichere Drittstaaten gelten solche, in denen die Einhaltung der Genfer Flüchtlingskonvention und der Europäischen Menschenrechtskonvention gewährleistet ist und wo davon ausgegangen werden kann, dass keine staatliche Verfolgung zu befürchten ist und dass der Staat grundsätzlich vor nichtstaatlicher Verfolgung schützen kann. Menschen, die aus solchen Staaten eingereist sind, können sich nicht auf das im Grundgesetz verankerte Asylrecht berufen.

Davon zu unterscheiden sind die sicheren Herkunftsstaaten, also Länder, bei denen gesetzlich davon ausgegangen wird, dass dort keine politische Verfolgung oder unmenschliche Behandlung droht. Laut dem Bundesamt für Migration und Flüchtlinge (BAMF) gehören dazu Albanien, Bosnien und Herzegowina, Georgien, Ghana, Kosovo, Mazedonien, Montenegro, die Republik Moldau, der Senegal und Serbien.[21] Bei Asylsuchenden aus diesen Staaten wird der Antrag in einem beschleunigten Verfahren bearbeitet. Die Türkei hat die Genfer Flüchtlingskonvention zwar ratifiziert, allerdings mit geografischen Einschränkungen, das heißt, dass der volle Flüchtlingsstatus nur Menschen aus Europa gewährt wird; Geflüchtete aus anderen Regionen genießen lediglich eingeschränkten Schutz. Befürworter des EU-Türkei-Deals verweisen auf die gesunkene Zahl von Menschen, die sich von der Türkei aus auf den Weg nach Griechenland gemacht hätten. Kritiker sagen jedoch, der Rückgang der Zahlen sei nicht allein auf das Abkommen zurückzuführen, sondern auch auf die Schließung der sogenannten Balkanroute.

Das Dublin-Verfahren ist kompliziert.
In der Realität funktioniert es ungefähr genauso gut,
wie der Putzplan in einer WG ...

Aber wieder zurück zum Dublin-III-Verfahren: Die Regel besagt ja, dass genau das Land für das Asylverfahren zuständig ist, in dem der Flüchtling erstmalig registriert wurde. Das heißt im Umkehrschluss, dass Flüchtlinge, die bereits in einem anderen Land registriert wurden, auch dorthin zurücküberstellt werden dürfen. Doch das scheitert häufig. Schauen wir uns das genauer an: Wenn jemand in Deutschland einen Asylantrag stellt, wird zunächst in einer Dublin-Anhörung nach Hinweisen gesucht, die auf die Anwendbarkeit der Dublin-Regel schließen lassen, also Treffer in der EURODAC-Datenbank, in der Datenbank des Europäischen Visa-Informationssystems (VIS; falls für jemanden ein Visum ausgestellt wurde) oder Belege über die Reiseroute wie Bootstickets. Nun könnte sich bei der Prüfung des Verfahrens erweisen, dass Italien für das Asylverfahren zuständig ist, dabei müssen aber Ausnahmen beachtet werden: Für unbegleitete Minderjährige oder Menschen mit Familienangehörigen, die in Deutschland Schutz genießen oder beantragt haben, gilt die Regel nicht. Auch wenn das Land, in das der Asylsuchende überstellt werden soll, keine angemessene Unterbringung garantieren kann, erschwert das die Rückführung. Griechenland und Italien, die häufig als Ersteinreiseländer gelten, sind vielfach überlastet. Berichte über menschenunwürdige Zustände und unzureichende Versorgung in den Flüchtlingsunterkünften führen dann dazu, dass Gerichte Rückführungen dorthin untersagen. Wenn das BAMF aber zweifelsfrei feststellt, dass ein anderes Land zuständig ist, wird der Asylantrag als unzulässig abgelehnt und innerhalb einer bestimmten Frist ein Übernahmeersuchen an das entsprechende Land gestellt. Wird die dafür anberaumte Frist (zwei oder drei Monate) nicht eingehalten, ist Deutschland doch wieder zuständig für das Asylverfahren. Wenn der Zielstaat dem Gesuch zustimmt, was nicht immer der Fall ist, weil EU-Staaten mit Außengrenzen nicht immer kooperieren, muss Deutschland den Asylsuchenden innerhalb von sechs Monaten überstellen. Verstreicht die Frist, ist Deutschland automatisch wieder zuständig. Sitzt der Asylsuchende in Straf- oder Untersuchungshaft, kann die Frist verlängert werden, ebenso wenn dieser als »flüchtig« gilt. Was das genau bedeutet, bewerten die Bundesländer unterschiedlich, das kann zutreffen, wenn die Person beim ersten Abschiebungsversuch nicht angetroffen wird, es kann sich aber auch um mehrere Tage Abgängigkeit handeln. Klar ist – kurzfristig können sich Asylsuchende der drohenden Abschiebung entziehen, leben dann aber auch mit der Angst, später entdeckt und doch abgeschoben zu werden.

Aber klappt es grundsätzlich mit den Überstellungen? Da ist die klare Antwort: Nein! Im Jahr 2023 gab es fast 75.000 Übernahmeersuche Deutschlands nach der Dublin-III-Verordnung, über 55.000 davon wurde zugestimmt, aber es kam nur zu gut 5.000 Überstellungen.[22] Umgekehrt gab es im Jahr 2023 gut 15.000 Übernahmeersuche anderer Mitgliedsstaaten an Deutschland. Bei knapp 10.000 wurde zugestimmt, überstellt wurden gut 4.000. Die Quote der durchgeführten Überstellungen ist hier also wesentlich höher. Insgesamt kann man festhalten, dass Überstellungen oft an einer Kombination aus bürokratischen, rechtlichen, humanitären und politischen Hindernissen scheitern.

Um auf die Herausforderungen und Unzulänglichkeiten des bisherigen Systems zu reagieren – beispielsweise auf die ungerechte Lastenverteilung und mangelnde Solidarität zwischen den Mitgliedsstaaten, ineffiziente Asylverfahren, die Zunahme irregulärer Migration und menschenunwürdige Bedingungen für die Asylsuchenden –, hat die EU Mitte 2024 neue, deutlich schärfere Asylregeln beschlossen. Dabei gibt es vor allem drei große Neuerungen: Erstens soll es an den Außengrenzen Grenzverfahren geben, die es möglich machen, Asylsuchende direkt von dort aus abzuschieben. Diese Schnellverfahren sollen für Menschen gelten, die aus einem Land kommen, für das es keine große Chance gibt, dass dem Asylantrag stattgegeben wird – darunter solche, die aus sicheren Herkunftsstaaten stammen oder die über sichere Drittstaaten eingereist sind. Auch Personen, die keine Dokumente vorweisen können, oder Personen, die ein Risiko für die Sicherheit darstellen, sollen diese Grenzverfahren durchlaufen. Die Asylsuchenden sollen dazu bis zum Abschluss des Verfahrens in an den Grenzen geplanten Einrichtungen festgehalten werden. Dafür sind 30.000 Plätze vorgesehen, ob diese ausreichen oder womöglich in kürzester Zeit überlastet wären, ist nicht abzusehen.

Zweitens sollen die Standards für Drittstaaten gesenkt werden, das heißt, es könnten Länder als sicher eingestuft werden, die es nur auf dem Papier sind. Zwar muss der Staat eine gewisse Sicherheit bieten, die Ratifizierung der Genfer Flüchtlingskonvention ist aber keine Bedingung. Zudem soll es künftig ausreichen, dass nur Teile eines Landes sicher sind. Letzteres gilt aber als rechtlich umstritten, der Europäische Gerichtshofs urteilte Ende 2024, dass nicht nur ein Teil eines Gebietes als sicher bestimmt werden darf.[23] Der Asylsuchende muss allerdings eine Verbindung zu dem sicheren Drittstaat haben, zum Beispiel Familie, einen längeren Aufenthalt oder die Durchreise durch den Staat. Eine Abschiebung in ein Land, das der Asylsuchende vorher noch nie gesehen hat, ist nicht vorgesehen. Hier wäre das sogenannte Ruanda-Modell zu nennen, das Großbritannien, welches ja kein EU-Land mehr ist, eingeführt hatte: Das Abkommen sah vor, dass Asylsuchende, die irregulär nach Großbritannien gekommen waren, nach Ruanda gebracht werden konnten, um dort Asyl zu beantragen und gegebenenfalls Schutz zu erhalten. Mittlerweile hat der britische Premier Keir Starmer das umstrittene Ruanda-Projekt aber gestoppt. Welche Länder künftig in der EU noch als sichere Drittstaaten gelten, ist bislang nicht endgültig geregelt, eine Liste soll erarbeitet werden.

Drittens soll es einen Solidaritätsmechanismus geben. Zwar bleibt es grundsätzlich so, dass das Land der ersten Einreise für den Asylantrag zuständig ist und Fingerabdrücke und Fotos in der EURODAC-Datenbank hinterlegen muss. Wenn die Ersteinreisestaaten aber unter einem erhöhten Migrationsdruck stehen, können sie die anderen Mitgliedsstaaten um Hilfe bitten. Dazu soll die Europäische Kommission einen Bericht erstellen, auf dessen Grundlage ein Verteilungsschlüssel erarbeitet wird. So sollen mindestens 30.000 Schutzsuchende verteilt und 600 Millionen Euro für Aufnahmemaßnahmen bereitgestellt werden. Staaten, die keine Menschen aufnehmen wollen, können sich allerdings freikaufen oder alternativ Grenzbeamte bereitstellen. Die neuen Regeln müssen die Mitgliedsstaaten innerhalb von zwei Jahren umsetzen. Kritiker bemängeln, dass die Reform die Situation an den Außengrenzen nicht verbessern und nur zu größerem menschlichen Leid führen werde, insbesondere durch die Unterbringung von Asylsuchenden in Lagern unter haftähnlichen Bedingungen. Befürworter sehen die EU als endlich handlungsfähig an.

Schauen wir nun darauf, was passiert, wenn die Asylsuchenden nach Deutschland kommen. Hier wird – wenn Deutschland nach der Dublin-III-Verordnung zuständig ist – geprüft, ob jemand ein Recht auf Asyl hat oder nicht. Ende 2023 hielten sich übrigens knapp 3,2 Millionen Schutzsuchende in Deutschland auf, darunter fallen diejenigen mit laufendem Asylverfahren, Menschen, denen ein befristeter oder unbefristeter Schutz gewährt wurde, und solche, die sich trotz Ablehnung noch im Land aufhalten. Die meisten kamen aus der Ukraine, gefolgt von Syrien, Afghanistan, dem Irak und der Türkei. Bei der übergroßen Mehrheit war der Schutzstatus anerkannt. Von den etwa 711.000 Syrern wurden zum Beispiel nur 6.600 abgelehnt, bei den gut 322.000 Afghanen knapp 14.000.[24] Also darf der Großteil der Schutzsuchenden ganz offiziell in Deutschland bleiben. Grundsätzlich gibt es eine positive Entscheidung, wenn der Antragssteller nach Artikel 16a des Grundgesetzes asylberechtigt oder Flüchtling nach der Genfer Flüchtlingskonvention ist. Dann erhält er ein Aufenthaltsrecht für drei Jahre und auch eine Arbeitserlaubnis. Danach wird noch einmal geprüft. Wenn die Bedingungen für Asyl weiter gegeben sind, kann der Antragssteller ein dauerhaftes Bleiberecht erhalten. Fällt die Entscheidung negativ aus, weil es keinen plausiblen Grund für Asyl gibt oder der Kandidat aus einem sicheren Drittstaat kommt, muss er Deutschland verlassen – das heißt, er ist »ausreisepflichtig« und kann auch abgeschoben werden. Dagegen können Betroffene innerhalb einer bestimmten Frist klagen und behalten bis zum Gerichtsurteil eine Aufenthaltsgestattung. Wenn eine Abschiebung aus anderen Gründen nicht möglich ist, gelten sie als geduldet. Menschen, die nicht als Flüchtlinge anerkannt werden und kein Asyl bekommen, können vorübergehend subsidiären Schutz erhalten. Das kann der Fall sein, wenn im Heimatland Gefahr durch Krieg, Folter oder die Todesstrafe droht. Asylsuchende, die sich noch im Asylverfahren befinden, dürfen frühestens nach drei Monaten Aufenthalt in Deutschland arbeiten, ebenso wie Menschen, die geduldet werden. Nicht arbeiten dürfen Flüchtlinge, solange sie verpflichtet sind, in einer Aufnahmeeinrichtung zu wohnen.

Der Staat kann auf das Brot-Bett-Seife-Prinzip setzen. Da werden sich Geflüchtete schnell nach ihrem Luxusleben im Krisengebiet zurücksehnen ...

Wie steht es um die finanzielle Versorgung? Anerkannte Flüchtlinge haben dieselben Rechte wie deutsche Staatsbürger, sie können also Bürgergeld beantragen – darunter fallen Flüchtlinge nach der Genfer Flüchtlingskonvention oder Personen mit subsidiären Schutzstatus. Asylbewerber bekommen weniger Leistungen, und zwar über das Asylbewerberleistungsgesetz, darunter fallen auch Geduldete. Nur Geduldete, die länger als 18 Monate in Deutschland leben und besonderen Integrationswillen zeigen, bekommen sogenannte »Analogleistungen«, angelehnt an die Sozialhilfe. Anerkannte Flüchtlinge erhalten demnach gut 560 Euro monatliche Unterstützung, Asylbewerber und Geduldete ca. zwischen 150 und 220 Euro.[25] In diesem Zusammenhang wurde auch schon der Vorschlag diskutiert, nicht anerkannten Flüchtlingen die Sozialleistungen zu kürzen oder ganz zu streichen, zum Beispiel Asylbewerbern, für deren Verfahren nach dem Dublin-III-Abkommen ein anderer EU-Staat zuständig ist, für deren Lebensunterhalt aber Deutschland aufkommt. Doch was bedeuten die geforderten »null Euro«? Der Staat kann die Leistungen für bestimmte Ausreisepflichtige schon jetzt kürzen, allerdings nicht ganz streichen, sondern nur auf das Nötigste beschränken, nämlich auf Unterkunft, Nahrung, Hygieneartikel und Medikamente (das »Bett-Brot-Seife-Prinzip«). Das könnte man möglicherweise auch auf Dublin-Fälle anwenden. Allerdings sagt das Bundesverfassungsgericht, dass ein Absenken der Leistungen unter das physische und soziokulturelle Existenzminimum nicht erlaubt ist. Kritiker befürchten zudem, dass Betroffene dann noch eher Gefahr laufen, in die Kriminalität abzurutschen.

Was passiert aber grundsätzlich, wenn jemand ausreisepflichtig ist, also nicht in Deutschland bleiben darf? Dann gibt es eine Frist für eine freiwillige Ausreise, in der Regel sind das 30 Tage. Abgelehnte Asylbewerber aus sicheren Herkunftsstaaten haben nur eine Woche Zeit. Zu Abschiebungen, notfalls auch gewaltsam, durch die Bundes- und Länderpolizei kommt es erst dann, wenn der Betroffene der Ausreisepflicht nicht nachgekommen ist. Abschiebungen sind sehr aufwendig und teuer. Wenn dafür ein Flugzeug gechartert werden muss, kostet das in der Regel einen fünfstelligen Betrag pro Person. Deshalb ist eine freiwillige Ausreise die bessere Option, die das BAMF auch finanziell mit bis zu 1.200 Euro unterstützt. Ein Ansporn, der teils auch funktioniert und laut einiger Migrationsexperten erhöht werden sollte, weil die Summe, die pro Person aufgewendet werden muss, immer noch weitaus geringer ausfallen würde als die Kosten für einen Charterflug oder für Sozialleistungen in Deutschland. Apropos Geld: In den sozialen Medien wurde über das sogenannte »Handgeld« in Höhe von 1.000 Euro diskutiert, das Straftäter bekommen haben, die nach Afghanistan abgeschoben wurden. Der Grund dafür ist, ein mögliches Abschiebeverbot zu verhindern. Mit dem Geld soll den Ausreisepflichtigen für einen Übergangszeitraum ein menschenwürdiges Existenzminimum gewährleistet werden. Der Hintergrund dafür war die Klage eines afghanischen Ausreisepflichtigen, die das Bundesverwaltungsgericht so entschieden hatte, dass eine Abschiebung möglich ist, wenn das Existenzminimum für einen absehbaren Zeitraum gesichert ist.[26]

Im Jahr 2023 wurden gut 16.000 Menschen abgeschoben – ausreisepflichtig waren rund 242.000, davon galten allerdings gut 193.000 als geduldet. Knapp 30.000 Menschen sind freiwillig ausgereist, eine ähnlich hohe Zahl an Abschiebungen ist gescheitert.[27] Doch warum scheitern so viele Abschiebungen? Grundsätzlich darf nicht abgeschoben werden, wenn dem Ausreisepflichtigen im Heimatland Verfolgung, Folter oder die Todesstrafe drohen. Aber auch, wenn jemand gerade eine qualifizierte Berufsausbildung absolviert, ein minderjähriges Kind mit einer Aufenthaltserlaubnis hat, schwerwiegend erkrankt ist oder die nötigen Papiere fehlen. Wenn zum Beispiel das Zielland die Dokumente nicht zur Verfügung stellt, weil Deutschland keine guten diplomatischen Beziehungen zu dem Land hat, kann eine Abschiebung vorübergehend ausgesetzt werden.

Um Abschiebung zu entgehen, tauchen Ausreisepflichtige häufig unter. Meistens tarnen sie sich als alleinerziehende Mütter. Denn niemand erhält in Deutschland weniger Beachtung …

Ein weiterer Grund: Die ausreisepflichtigen Personen können einfach nicht gefunden werden. Sie tauchen oft unter, um Überstellungsfristen zu umgehen oder sich der Abschiebung zu entziehen. Das hat in der Vergangenheit auch deshalb funktioniert, weil sie durch Warnungen in den sozialen Medien erahnen konnten, wann die Abschiebung stattfinden würde. Es gibt nur wenige Fluggesellschaften, die Abschiebeflüge durchführen – und die ungewöhnlichen Flugrouten waren bekannt. Mittlerweile werden Abschiebeflüge nicht mehr angekündigt.

Die Behörden beklagen auch, dass sie generell nicht über genügend Personal verfügen, um die Ausreisepflichtigen zu suchen und zu finden. Dazu kommt, dass für eine Abschiebung mehrere Behörden zuständig sind: Die Ausländerbehörde kümmert sich um die nötigen Papiere, das BAMF entscheidet über den Asylantrag, die Landespolizei muss die Geflüchteten abholen, die Bundespolizei muss sie am Flughafen in Empfang nehmen – auch am Zuständigkeitschaos können Abschiebungen scheitern.

Oft verweigert der Zielstaat die Aufnahme der abgeschobenen Personen, weil es etwa mit dem betreffenden Land kein Rückführungsabkommen gibt. Solche Migrationsabkommen können Abschiebungen erleichtern. In der Regel basieren sie auf einem einfachen Konzept: Das Herkunftsland verpflichtet sich, eigene Staatsangehörige, die sich irregulär in einem anderen Land aufhalten, zurückzunehmen. Im Gegenzug bekommt es finanzielle Unterstützung und/oder die Möglichkeit, eigene Staatsangehörige auf legalem Weg nach Deutschland einreisen zu lassen, zum Beispiel für eine Ausbildung oder um einen Arbeitsplatz zu bekommen. Das Problem dabei ist, dass es solche Abkommen meist mit Ländern gibt, die für die Asylstatistik kaum eine Rolle spielen, wie Indien oder Marokko. Der Großteil der Flüchtlinge kommt aber aus Syrien und der Türkei. Für das Bürgerkriegsland Syrien gab es aber einen Abschiebestopp. Denn: Ist das Heimatland nicht sicher, gibt es auch keine Abschiebungen dorthin. In Syrien gibt es Aufstände und es tobt ein Bürgerkrieg, Zurückkehrende werden oftmals festgenommen und in Gefängnisse gesteckt, in denen sie nicht selten gefoltert werden. Es gibt zwar Gegenden, in denen die Verhältnisse etwas geordneter sind, beispielsweise im Nordosten des Landes, aber auch dort ist es nicht wirklich sicher. Dennoch haben Länder wie Österreich, Dänemark oder Griechenland zuletzt gefordert, die Sicherheitslage in Syrien neu zu bewerten und zumindest Teile Syriens als sicher zu deklarieren. Auch in Deutschland wird geprüft, ob Abschiebungen von Syrern gelingen könnten. Politisch bleibt hier aber die Frage, mit wem ein Abkommen verhandeln werden muss. Den Großteil Syriens hatte bis Ende 2024 Machthaber Assad kontrolliert, direkte Verhandlungen mit ihm lehnte Deutschland aber wegen der Menschenrechtsverletzungen aus völkerrechtlich-moralischen Gründen ab – gleiches gilt beispielsweise für die Taliban in Afghanistan. Trotzdem gibt es weiterhin die Diskussion über die Möglichkeit von Abschiebungen nach Syrien, insbesondere von Straftätern. Denn wenn Einwanderer oder Geflüchtete sich nicht an unsere Gesetze halten, straffällig werden oder extremistische Ideologien verbreiten, kann die Ausländerbehörde einen Aufenthaltstitel entziehen – was zu einer Ausweisung führt. Ausgewiesene Personen müssen, wie schon gesagt, Deutschland verlassen und können abgeschoben werden, wenn sie der Ausreisepflicht nicht nachkommen. Eine Ausweisung kann laut Aufenthaltsgesetz dann verfügt werden, wenn »die öffentliche Sicherheit und Ordnung oder die freiheitliche demokratische Grundordnung gefährdet« ist.[28] Die Behörden müssen allerdings immer im Einzelfall prüfen, ob das »Ausweisungsinteresse« oder das »Bleibeinteresse« überwiegt. Wenn jemand schwere Straftaten begangen, zu Hass gegen Teile der Bevölkerung aufgerufen hat oder einer terroristischen Organisation angehört, kann ein schwerwiegendes Ausweisungsinteresse bestehen. Bei Menschen, die in Deutschland geboren wurden, hier länger als fünf Jahre gelebt oder familiäre Verbindungen haben, gilt ein Bleibeinteresse als hoch. Ist jemand unmittelbar ausreisepflichtig, will Deutschland aber nicht verlassen, kann eine Abschiebehaft verhängt werden. Allerdings nur, wenn keine andere Möglichkeit gesehen wird, die Ausreise durchzusetzen, oder wenn erhebliche Fluchtgefahr besteht.[29]

Schauen wir auf ein paar Beispiele: Zunächst die Messerattacke von Solingen mit drei Toten im Jahr 2024. Der Tatverdächtige Syrer sollte bereits 2023 nach Bulgarien abgeschoben werden. Er war offenbar 2022 über Bulgarien in die EU eingereist und hatte in Bielefeld einen Asylantrag gestellt. Weil laut Dublin-III-Abkommen Bulgarien zuständig war, hatte Deutschland ein Übernahmegesuch gestellt, was auch angenommen wurde. In der Folge war der Mann aber offenbar untergetaucht, die sechsmonatige Überstellfrist lief ab und er erhielt subsidiären Schutz, mit dem er zunächst in Deutschland bleiben durfte. Auch der afghanische Flüchtling, der in Mannheim Menschen mit einem Messer angriff und einen Polizisten tötete, stand unter subsidiärem Schutz. Der Asylantrag des Attentäters Anis Amri, der im Jahr 2016 den Anschlag auf dem Berliner Weihnachtsmarkt verübte und 12 Menschen tötete und der zuvor von den Behörden schon als Gefährder geführt wurde, war abgelehnt worden. Allerdings wurde er vorübergehend geduldet, hätte dann aber abgeschoben werden können. Doch die nötigen Dokumente aus Tunesien wurden tragischerweise erst einen Tag nach dem Anschlag ausgestellt.

Die Beispiele zeigen, dass die jeweiligen Fälle zwar individuell sehr unterschiedlich sind, dennoch gibt es eine Gemeinsamkeit: Die Taten wurden durch junge, männliche Täter aus dem Ausland verübt. Doch kann man daraus schließen, dass vermehrte Zuwanderung Deutschland unsicherer macht? Ist die Herkunft ausschlaggebend dafür, dass jemand kriminell wird?

Diese Frage ist nicht ganz einfach zu beantworten. In diesem Zusammenhang wird immer wieder über die polizeiliche Kriminalstatistik diskutiert: Demnach haben Kriminalität und Gewalt in Deutschland im Jahr 2023 zugenommen, auffällig ist dabei ein tatsächlicher Anstieg der Zahl der nichtdeutschen Tatverdächtigen.[30] Ermittelt wurde gegen 2,2 Millionen Verdächtige, 41 Prozent davon waren Ausländer. Allerdings umfassen die 41 Prozent auch Taten, die nur Nicht-Deutsche betreffen, wie aufenthaltsrechtliche Vergehen. Ohne Letztere sinkt die Zahl auf 34 Prozent – dennoch bleibt der Anteil der Ausländer an der Kriminalitätsrate in Deutschland größer als deren Anteil an der Bevölkerung, der nur 15 Prozent beträgt. Wichtig zu erwähnen: In dieser Statistik werden nur Tatverdächtige angegeben, keine tatsächlich überführten Täter. Das ist deshalb relevant, weil Soziologen davon ausgehen, dass nicht alle Menschen auf die gleiche Art und Weise ins Visier von Ermittlern geraten. Ausländer werden demnach zum einen häufiger von Polizeibeamten kontrolliert, man spricht hier von *racial profiling*, und zum anderen auch häufiger angezeigt, was die erhöhte Nennung von Ausländern in der Statistik erklärt – unabhängig davon, ob diese eine Tat begangen haben oder nicht. Außerdem erfasst die Statistik nicht nur die Menschen ohne deutschen Pass, die in Deutschland leben, sondern auch Touristen, Pendler, Durchreisende und Banden der organisierten Kriminalität, die nur ein- und ausreisen, um Straftaten zu begehen.

Tatsächlich gibt es aber bestimmte Faktoren, die dazu führen können, dass jemand kriminell wird: zum Beispiel das Alter und das Geschlecht. Insgesamt fallen junge Männer viel häufiger durch Straftaten auf als andere Bevölkerungsgruppen, Männer sind dreimal so häufig tatverdächtig wie Frauen – und zwar völlig unabhängig davon, welcher Nationalität sie angehören. Und Asylbewerber sind eben größtenteils junge Männer. Auch die soziale Herkunft und der wirtschaftliche Hintergrund sowie der Bildungsstand spielen eine Rolle dabei, wie schnell jemand Gefahr läuft, kriminell zu werden, ebenso wie eigene Gewalterfahrungen. Viele Flüchtlinge kommen aus Gegenden, in denen Krieg und Chaos herrschen, haben einen niedrigen Bildungs- und Sozialstatus, und wenn sie in den Herkunftsländern gearbeitet haben, dann oft in untergeordneter Stellung. Zudem ist es auch maßgebend, unter welchen Voraussetzungen jemand geflüchtet ist. War die Einwanderung längerfristig geplant oder erfolgte eine Fluchtmigration aufgrund einer Notlage, also in großer Eile und ohne die nötige Vorbereitung? Und auch die kulturelle Orientierung spielt eine Rolle – patriarchale Strukturen, ein diskriminierendes Frauenbild und die Frage, ob Gewalt nicht doch ein legitimes Mittel der Auseinandersetzung ist, begünstigen die Entstehung von Kriminalität. Diese Denkmuster gibt es aber auch noch in Deutschland, so ist die Vergewaltigung in der Ehe erst seit 1997 ein Straftatbestand. Die Herkunft ist demnach nicht maßgeblich dafür verantwortlich, dass jemand kriminell wird, sondern bestimmte Faktoren wie das Geschlecht, das Alter, der Bildungsstand und die wirtschaftliche Situation spielen zusammen. Diese Faktoren treten allerdings bei bestimmten Einwanderungsgruppen überproportional häufig auf.

Es geht also weniger darum, ob jemand aus einem bestimmten Land kommt, sondern eher darum, wer kommt. Unter den geflüchteten Ukrainern sind zum Beispiel auffallend wenig Kriminelle – was auch daran liegt, dass überwiegend Frauen und Kinder unter den Flüchtlingen sind, ihr Aufenthaltsstatus von vornherein klar war, viele Geflüchtete privat untergebracht wurden und sie die Möglichkeit hatten, zu arbeiten und damit am normalen Alltag hierzulande teilzuhaben.

Denn auch die Lebensbedingungen für Flüchtlinge und Asylbewerber in Deutschland können sich darauf auswirken, ob jemand Gefahr läuft, in ein kriminelles Umfeld abzudriften: Es macht einen großen Unterschied, ob jemand seine Zukunft planen und arbeiten kann, oder ewig auf eine Entscheidung im Asylverfahren warten und in einer Duldung verharren muss, ob er eine eigene Wohnung findet oder in Sammelunterkünften eng mit anderen zusammenleben muss, was Konflikte begünstigt. Und es gibt natürlich auch noch andere diskriminierende Faktoren, die eine Integration erschweren: Bestehende Vorurteile, die Benachteiligung von Menschen mit Migrationshintergrund im Bildungssystem und auf dem Arbeitsmarkt oder die fehlende Anerkennung von Abschlüssen können dafür sorgen, dass Integration nicht funktioniert. Die polizeiliche Kriminalstatistik fasst also Menschen zusammen, die eigentlich nur gemeinsam haben, dass sie keinen deutschen Pass besitzen, über die Hintergründe, auf die bestimmte Verhaltensweisen zurückzuführen sind, sagt sie nichts aus. Dennoch hat die Politik Konsequenzen gezogen, um irreguläre Migration zu begrenzen, unter anderem soll es schnellere Rückführungen und Abschiebungen von Straftätern und Gefährdern geben.

Insgesamt werden Forderungen, die Migration zu begrenzen, lauter, entweder, indem man Asylgesetze verschärft, oder die Lebensbedingungen in den Herkunftsländern verbessert – durch Armutsbekämpfung und die Förderung der wirtschaftlichen Entwicklung. Der Kerngedanke: Wenn es den Menschen in ihrem Heimatland besser geht, haben sie keinen Grund mehr, sich auf eine gefährliche Reise nach Europa zu begeben. Offensichtlich kann aber auch genau das Gegenteil der Fall sein: Zunehmende wirtschaftliche Entwicklung führt zu noch mehr Auswanderung. Menschen, die von extremer Armut betroffen sind, haben keine Möglichkeit, ihr Land zu verlassen. Es fehlen die finanziellen Mittel, die es braucht, um zum Beispiel Schlepper zu bezahlen, Grenzbeamte zu bestechen und eine Unterkunft zu finden. Mit zunehmendem Wohlstand weitet sich der Horizont, bessere Bildung und der Zugang zu sozialen Medien tragen dazu bei, dass der Wunsch entsteht, vom Land in die Stadt oder auch ins Ausland zu ziehen, um dort eine bessere Ausbildung oder Arbeit zu bekommen. Erst wenn dann eine bestimmte Schwelle wirtschaftlicher Entwicklung überschritten ist, verringert sich die Migration wieder.[31] Der Migrationsforscher Michael A. Clemens hat berechnet, dass dieser Wendepunkt bei einem Pro-Kopf-Einkommen zwischen 5.000 und 8.000 Dollar pro Jahr liegt.[32] Das soll im Umkehrschluss keinesfalls heißen, dass Entwicklungshilfe nicht sinnvoll ist, da sie zweifellos Erfolge mit sich bringt, wie an der gesunkenen Kindersterblichkeit in Afrika gut sichtbar ist.

Im Hinblick auf die Verschärfung der Gesetze wird häufig auf andere Länder verwiesen, etwa auf die restriktive Flüchtlingspolitik in Dänemark, die darauf setzt, es Asylbewerbern möglichst unbequem zu machen. Flüchtlinge bekommen nur befristete Aufenthaltstitel, der Familiennachzug ist eingeschränkt, Ausreisepflichtige landen in Abschiebegefängnissen außerhalb der Stadt, das Land hat bestimmte Teile Syriens als sicher eingestuft, es gibt Abschiebeprämien von bis zu 5.400 Euro und permanente Kontrollen an der Grenze zu Deutschland. Allerdings ließen sich solche Verschärfungen in Deutschland gar nicht umsetzen: Zum einen sind dauerhafte Grenzkontrollen laut EU-Recht rechtswidrig, zum anderen hat Dänemark ganz praktisch gesehen auch nur eine Landesgrenze mit unter 100 Kilometern Länge, nämlich die zu Deutschland, und eine Seegrenze zu Schweden. Deutschland hingegen ist umgeben von neun Staaten und langen Grenzen, was Kontrollen ungleich aufwendiger macht. Außerdem hat Dänemark beim Eintritt in die EU Sonderregeln ausgehandelt, deshalb gelten dort verschiedene EU-Richtlinien nicht.

Die Wirtschaft setzt auf Migranten. Ohne Geflüchtete könnte es nämlich sein, dass die Wirtschaft flüchtet. Ins Ausland …

Insgesamt steht häufig die illegale Migration im Fokus der Diskussion in Deutschland, die große Mehrheit der Migranten kommt allerdings legal ins Land. Das liegt auch an der hiesigen Nachfrage nach Arbeitskräften. Zwar gibt es die unterschiedlichsten Gründe, warum Menschen ihr Land verlassen, manche kommen im Rahmen des Familiennachzugs, andere wollen im Ausland studieren und natürlich sind viele auf der Suche nach Schutz. Doch auch Letztere flüchten lieber in Länder, in denen sie arbeiten und von dem verdienten Geld besser leben können. Und auch wenn etliche Politiker europaweit versprechen, »Grenzen dicht zu machen«, schien in der Realität lange Zeit eher das Gegenteil der Fall gewesen zu sein. Der niederländische Migrationsforscher Hein de Haas hat dazu eine interessante Untersuchung durchgeführt. Er analysierte, inwieweit sich die Ein- und Auswanderungspolitik in 45 Staaten zwischen 1900 und 2014 verändert hat, und entgegen der verbreiteten Annahme, dass die Gesetze, die Zuwanderungspolitik betreffend, strenger wurden, sind die Zuwanderungsbestimmungen immer lockerer geworden. Zwar wurde teilweise die Grenzsicherung verstärkt, um illegale Migranten und Asylsuchende abzuhalten, doch was die Öffnung der Arbeitsmärkte, die Anwerbung von Arbeitsmigranten und die Vergabe von Arbeitserlaubnissen, Familien- und Studentenvisa angeht, wurden die Regeln entschärft.[33] Als Gründe sind Arbeitskräftemangel und wirtschaftliche Interessen zu nennen. Denn in Europa und auch hierzulande werden sowohl Fachkräfte als auch geringqualifizierte Arbeitskräfte nachgefragt, ganz einfach weil Migranten Tätigkeiten übernehmen, zu denen Einheimische nicht mehr bereit sind. Unter anderem die zunehmende Bildung und der Rückgang der Geburtenraten haben dazu geführt, dass insbesondere die Zahl heimischer geringqualifizierter Arbeitskräfte zurückgegangen ist. Arbeitgeber und Personalagenturen werben aktiv um Arbeiter aus dem Ausland, denn einen Bedarf gibt es auf allen Ebenen – unter anderem in der Landwirtschaft, in den Fabriken, bei der Hausarbeit, der

Lebensmittelverarbeitung, aber auch in den Ausbildungsberufen wie zum Beispiel bei Pflegekräften, Installateuren, Köchen oder Schreinern[34] werden Arbeitskräfte gebraucht. Und diese Personalsuche im Ausland läuft häufig unter dem Radar der Öffentlichkeit.

Hier zeigen sich also die unterschiedlichen Interessen in der Migrationspolitik: Die Menschenrechte von Ausländern müssen geschützt werden, ein Teil der Öffentlichkeit wünscht sich eine stärkere Kontrolle und Begrenzung der Einwanderung und die Unternehmen wollen wirtschaftliche Offenheit.

Zusammenfassend bleibt zu sagen, dass das Thema Migration sehr komplex ist. Insgesamt hat die Zahl der Asylanträge in den vergangenen drei Jahren zwar zugenommen – insbesondere wegen des Kriegs in der Ukraine –, liegt aber immer noch weit unterhalb der Zahlen von 2016 und hat in 2024 wieder abgenommen.[35] Deutschland braucht aus wirtschaftlichen, demografischen und sozialen Gründen Migration und betreibt als weltoffenes und liberales Land eine Asylpolitik, die an das deutsche Asylgesetz, die EU-Asylregeln und das Völkerrecht gebunden ist. Dennoch gibt es in vielerlei Hinsicht Verbesserungspotenzial, gerade was eine gelungene Integration von Flüchtlingen angeht, die gleichzeitig eine größere Sicherheit gewährleistet. Eine gelungene Integration erfordert die Anpassungsfähigkeit von Flüchtlingen und der Aufnahmegesellschaft, damit Geflüchtete aktiv am Leben des Landes teilnehmen können. Ein Asylverfahren stellt eine große Herausforderung dar, Geflüchtete müssen sich in einer neuen Umgebung zurechtfinden, eine neue Sprache lernen, gerade unbegleitete Minderjährige fühlen sich oft allein gelassen. Gleichzeitig kommt der Stimmung in der Bevölkerung eine große Bedeutung zu. Gelungene Integration ist ein langer Prozess. Verbesserungspotenzial gibt es diesbezüglich im Hinblick auf die schnellere Bearbeitung von Asylverfahren, aber auch bei Überstellungen und Abschiebungen – insbesondere bei Straftätern ist noch Luft nach oben. Und in der Diskussion um die Fehler in der Migrationspolitik darf auch nicht vergessen werden: Es gibt unzählige Erfolgsgeschichten gelungener Integration!

Und die Parteien?

Für die **Union** besteht Integration aus Fördern und Fordern. Sie betont die Notwendigkeit einer kontrollierten Zuwanderung und will irreguläre Migration begrenzen, unter anderem durch konsequente Grenzkontrollen, dort sollen auch Menschen zurückgewiesen werden. Dazu sollen weitere Länder zu sicheren Herkunftsländern erklärt werden. Abschiebungen nach Syrien und Afghanistan sollen wieder möglich sein. CDU/CSU unterstützten eine Reform des europäischen Asylsystems, plädieren für schnellere Verfahren und konsequente Rückführungen abgelehnter Asylbewerber. Der Familiennachzug für subsidiär Schutzberechtigte soll wegfallen, genau wie freiwillige Aufnahmeprogramme. Sozialleistungen für Ausreisepflichtige werden nach dem Grundsatz »Bett, Brot und Seife« gewährt. Sachleistungen sollen Vorrang vor Geldleistungen haben.

Die **SPD** setzt auf eine humane Asylpolitik und betont die Bedeutung der Integration von Geflüchteten. Die Partei will illegale Migration eindämmen und Straftäter konsequent abschieben. Sie spricht sich gegen die Verlagerung von Asylverfahren in Drittstaaten aus. Der Familiennachzug soll nicht ausgesetzt werden, da er wichtig sei für Integration. Die SPD will Programme fördern, die die freiwillige Rückkehr von Migranten in ihre Herkunftsländer unterstützen. Wer keinen Schutzstatus erhält, sich aber in Arbeitsmarkt und Gesellschaft integriert, soll die Möglichkeit zu einem »Spurwechsel« bekommen. Die Partei unterstützt das GEAS, will beschleunigte Asylverfahren und die EU-Außengrenzen stärker schützen, Pushbacks darf es nicht geben. Rückführungen sollen human erfolgen.

Für die **Grünen** bleibt Deutschland ein Einwanderungsland und daher wehrt sich gegen Abschottung. Die Partei unterscheidet zwar zwischen Flucht- und Arbeitsmigration, setzt sich aber für den Ansatz des »Spurwechsels« ein. Die Partei will eine pragmatische Flucht- und Migrationspolitik, die Humanität und Ordnung verbindet und setzt auf ein beratendes Gremium mit Experten aus Wissenschaft, Forschung, kommunaler Praxis und Betroffenen. Kommunen sollen mit einer Integrationsoffensive finanziell stärker unterstützt werden, u. a. für Integrations- und Sprachkurse. Arbeitsverbote sollen abgebaut und Verfahren beschleunigt werden. Die Grünen verteidigen das Grundrecht auf Asyl und stehen zu den Verpflichtungen durch die Genfer Flüchtlingskonvention und sind für schnelle und faire Verfahren. Wer kein Anrecht auf Asyl hat, soll zügig ausreisen, freiwillige Rückkehr hat dabei Vorrang. Straftäter sollen nach Verbüßung ihrer Straftaten prioritär rückgeführt werden. Die Reform der EU-Asylregeln will die Partei auf nationaler Ebene umsetzen, gegen illegale Pushbacks soll konsequent vorgegangen werden. Die Grünen setzen auf die Zusammenarbeit mit Dritt- und Transitstaaten und die Möglichkeit sicherer Migrationswege. Dauerhafte stationäre Binnengrenzkontrollen lehnen die Grünen ab, rechtsstaatliche Kontrollen und Registrierung an den Außengrenzen sind für die Partei unabdingbar.

Die **FDP** fordert ein modernes, unbürokratisches Einwanderungsverfahren auf Basis des neuen Fachkräfteeinwanderungsgesetzes. Qualifizierte Zuwanderung soll nach dem Vorbild erfolgreicher Einwanderungsländer wie Kanada, Australien und Neuseeland gefördert werden. Zugleich steht die FDP für eine geordnete Migrationspolitik, mit klaren Regeln, die auch durchgesetzt werden. Nicht jeder hat das Recht zu bleiben, aber wer bleiben darf, soll schneller in den Arbeitsmarkt integriert werden. Asylbewerberleistungen sollen über eine Bezahlkarte ausgegeben werden, nicht als Bargeld. Gegen ausreisepflichtige Ausländer und Gefährder soll es härtere Maßnahmen geben. Schutzsuchende, für die ein anderer Staat zuständig ist, sollen keinen Anspruch auf Sozialleistungen haben. Zurückweisungen an der deutschen Grenze müssen bei Migranten aus anderen »Dublin-Staaten« eingeführt werden, bis die Rückführungen in den jeweils für das Asylverfahren zuständigen EU-Staat zuverlässiger funktionieren und der EU-Außengrenzschutz effektiv ist. Nach Syrien und Afghanistan soll abgeschoben werden können.

Die **Linke** steht für ein uneingeschränktes Recht auf Asyl. Sie tritt dafür ein, dass die Genfer Flüchtlingskonvention und die Europäische Menschrechtskonvention eingehalten werden. Das Gemeinsame Europäische Asylsystem (GEAS) lehnt die Partei ab. Die Partei will legale und sichere Fluchtwege und lehnt Lager an den Grenzen, Schnellverfahren und Inhaftierung von Schutzsuchenden ab, fordert das Ende von Abschiebungen und Abschiebehaft und eine umfassende Unterstützung von Flüchtlingen und der Kommunen. Letztere sollen aus einem Willkommensfonds Mittel für die Integration der Geflüchteten und den einen Ausbau der allgemeinen Daseinsvorsorge erhalten. Die Unterbringungen in Massenunterkünften soll beendet und dezentral organisiert, das Asylbewerberleistungsgesetz abgeschafft werden. Die Partei fordert ein Bleiberecht für Menschen mit unsicherem Aufenthaltsstatus, Wahlrecht spätestens nach fünf Jahren in Deutschland und einen schnellen Zugang zum Arbeitsmarkt. Abschlüsse sollen schneller anerkannt werden. Sie fordert ein Partizipationsgesetz und einen Partizipationsrat, um Menschen mit Migrationsgeschichte angemessen in der Gesellschaft zu beteiligen.

Die **AfD** ist für eine strikte Begrenzung von Migration, lehnt die aktuelle Asylpolitik ab und fordert eine drastische Reduzierung von Migranten.

Sie will sich im Rahmen eines »Opt-Outs« nicht länger an der gemeinsamen Politik der EU im Bereich Asyl, subsidiärer Schutz und vorübergehender Schutz beteiligen. Die Bundespolizei soll als Grenzbehörde eingesetzt werden, um illegale Einreisen wirksam zu unterbinden und illegal einreisende Personen konsequent an der Grenze zurückweisen zu können. Außerdem will sie eine konsequente Abschiebepolitik. Der Rechtsanspruch auf Aufnahme zum Zweck des Asylverfahrens wird auf Personen, die unmittelbar und konkret bedroht sind, beschränkt. Die Zuwanderung qualifizierter Fachkräfte begrüßt die Partei. Der UN-Migrations- und UN-Flüchtlingspakt sollen aufgekündigt und sowohl die Genfer Flüchtlingskonvention als auch die Europäische Menschenrechtskonvention reformiert werden.

Das **BSW** lehnt rechtsextreme, rassistische und gewaltbereite Ideologien ab. Zuwanderung befürwortet die Partei zwar grundsätzlich, aber nur so lange, wie die Infrastruktur des Landes nicht überfordert und Integration gewährleistet wird. Das BSW unterstützt den Anspruch auf Asyl, sieht in Migration aber nicht die Lösung für das Problem der Armut auf der Welt. Asylverfahren sollen außerhalb der EU-Außengrenzen in sicheren Drittstaaten stattfinden. Das BSW will illegale Migration eindämmen und Maßnahmen zu Begrenzung der Zuwanderung und unterstützt Kontrollen an den deutschen Außengrenzen. Wer aus einem Drittstaat einreist, soll kein Recht auf Aufenthalt haben – und damit auch keinen Anspruch auf Leistungen. Menschen, die durch Gewaltdelikte auffallen, will die Partei abschieben.

KAPITEL 4

»Wir haben aus historischer Erfahrung ein Grundrecht auf Asyl und eine Verantwortung – die sollten wir ernst nehmen!«

Interview mit dem Konfliktforscher Andreas Zick

Andreas Zick ist seit 2013 Direktor des Instituts für interdisziplinäre Konflikt- und Gewaltforschung an der Uni Bielefeld, Professor für Sozialisation und Autor mehrerer Sachbücher.

Früher sind die Europäer ausgewandert und haben fremde Gebiete besiedelt – und das in einem größeren Ausmaß als die Migrationsbewegungen heute. Jetzt hat sich die Migrationsrichtung geändert, nämlich nach Europa. Kann man da nicht sagen: fair enough!?

Andreas Zick: Schön wär's, wenn wir das so einfach ausbalancieren könnten! Wir haben halt gerade eine aufgeheizte Debatte. Migration hat es immer gegeben, man könnte auch sagen: Wir stammen alle von den Afrikanern ab, müsste das nicht den Rassismus mindern? So funktioniert es leider nicht. Die Migrationsbewegungen pendeln immer mal hier hin und da hin – gerade liegen die Ursachen bei Kriegen, Krisen und Krankheiten. Wir könnten aus einer ökonomischen Perspektive aber durchaus sagen: fair enough, denn der wirtschaftliche Erfolg Europas basiert auch darauf, dass bestimmte Länder ausgebeutet wurden. Da darf man sich eigentlich nicht wundern, dass daraus Migration entsteht. Noch besser wäre es aber, Migration als ein vollkommen normales Geschehen zu betrachten und es Populisten nicht zu überlassen, Migration zu skandalisieren. Studien zeigen, dass Migration ein politisch hochexplosives Thema ist, das sich zu einfach »triggern« und skandalisieren lässt. Erschwerend kommt hinzu, dass wir in Europa nach polarisierenden Debatten weniger an Lösungen der Probleme als vielmehr an einem Punkt sind, an dem die europäische Einheit gar nicht mehr funktioniert, die Pläne in Nationalismus und nationale Alleingänge zerfallen, weil wir Migration nicht als normal und damit als gemeinsame Sache ansehen.

Wieso haben die Menschen so wenig Verständnis?

AZ: Weil es in Europa nie ein Teil der Normalpolitik war. Wir haben der Idee von nationalen Grenzen und Identitäten nichts entgegengesetzt. Die ethnisch-kulturellen und rassistischen Vorurteile steigen gerade wieder an und Parteien gewinnen Wahlen, wenn sie das Thema Migration kurz vorher auf die Agenda setzen. Selbst etablierte Parteien schwimmen auf der Welle der Rechten; auf den Wahlplakaten, selbst wenn es um lokale Wahlen geht, stehen Slogans wie »Illegale Migration stoppen«, dabei wissen die meisten Menschen eher nicht, was legal oder illegal genau bedeutet und differenzieren nicht. Wir könnten auch angesichts der Bedeutung und Dimension, die Migration für die Zukunft der Gesellschaft, den ökonomischen Erfolg und politische Konflikte hat, eine Bundesbeauftragte einsetzen. Immerhin ist es ein Bereich, der eine gesamte Gesellschaft zerlegen kann! Wir haben zwar ein Bundesamt, aber für den gesellschaftspolitischen Bereich kein Migrationsministerium, das Modelle entwickelt, die den Bürgern zeigen, wie die Lage ist, Belastungen und Kapazitäten genau ermittelt und politische Prozesse steuert. Zugleich ist das Wissensdefizit in der Bevölkerung riesig. Wir sagen zwar, wir sind ein Einwanderungsland, aber das bildet sich nicht in der Bedeutung ab, die dem Thema in Politik und Gesellschaft beigemessen wird, und kann von Populisten und Extremisten zu leicht vorgeführt werden. Und es gibt eine Differenz zwischen dem, was die Wirtschaft möchte – die sagt schon seit Mitte der 1980er-Jahre, dass wir Migranten brauchen, um die Wirtschaft am Laufen zu halten –, und dem, was politisch kommuniziert wird und was Teile der Bevölkerung möchten.

Und diese Differenz wird nicht aufgelöst?

AZ: Die Politik kann damit ja Empörungspunkte sammeln, insbesondere in Zeiten von Wahlen – und so bleiben die Einstellungen der Menschen undifferenziert. Das hat sich jüngst nach dem Solinger Attentat im August 2024 gezeigt; zwar ein Fall von extremistischem Terror, aber er führte schnell zu einer generellen Debatte über illegale Migration und Migranten. Die Forschung zeigt immer wieder, wie Bürger von solchen Einzelfällen auf die Gesamtheit des Migrationsgeschehens verallgemeinern. Wenn dann Politik nicht differenziert, verstärkt sich eine vorurteilsgeladene Debatte, die sich von konkreten Lösungsvorschlägen entfernt. Das wieder verstärkt ein unnötig migrationsfeindliches und vorurteilsgeladenes Klima der vermeintlichen Einwanderungsgesellschaft. In unseren Studien zeigt sich dann, wie sehr das Zusammenleben mit Menschen mit Migrationsgeschichte generell als konfliktreich wahrgenommen wird, selbst wenn es gut läuft und alle von Migration profitieren, denn immerhin gibt es ja massive Integrationserfolge. Ein Drittel der Bundesrepublik ist migrantisch, wir haben uns enorm entwickelt, was die Integrationsfähigkeit und die Qualität der Integrationsangebote angeht. Wir sind divers geworden, es gibt diese Normalität. In der globalen Betrachtung tun wir aber immer so, als könnten wir Migration einfach ein- und ausschalten und in gut und schlecht unterteilen. Wir wollen die »gute Arbeitsmigration«, aber keine illegale Flucht, und dabei übersehen wir, dass auch unter den Geflüchteten vielleicht Menschen mit extrem guten Kapazitäten sind. Das zeigt sich dann, wenn Geflüchteten die Teilnahme erleichtert wird. Ein aktuelles Beispiel? Das Institut für Arbeitsmarkt- und Berufsforschung sagt, dass ukrainische Flüchtlinge gute Voraussetzungen mitbringen und mittlerweile 17 Prozent von ihnen arbeiten, die Hälfte einen Sprachkurs besucht und 60 Prozent in eigenen Wohnungen wohnen.

Warum haben wir dann dennoch ein Problem?

AZ: Uns fehlt ein Zukunftsmodell von Migration, die Verwaltung ist nicht auf längerfristige Migration und die damit verbundenen Teilhabeprozesse wie auch das Konfliktmanagement ausgerichtet. Das überlastet dann immer wieder Kreise und Kommunen, wenn es zu Verteilungskonflikten kommt. Es gab jahrelang Konflikte und Polarisierungen, die gar nicht nötig waren – und so richtig lernt man nicht daraus! Jetzt ist immerhin mal angekommen, dass man die Leute früher in Arbeit bringen muss, aber insgesamt braucht es im Bund und in den Ländern mehr Kapazitäten. Braucht es mehr Autonomie der Kreise? Wäre ein Solidaritätszuschlag für besonders belastete Regionen eine Option? Darüber müssen wir sprechen!

Wie groß ist denn der Anteil irregulärer Migration?

AZ: Das ist kaum zuverlässig einzuschätzen. Die behördlich geschätzte Mindestzahl liegt bei 56.000 Personen, die 2022 in Deutschland lebten. Die Dunkelziffer wird höher eingeschätzt. Insgesamt ist sie viel geringer, als viele denken und glauben angesichts der Prominenz des Themas bei Wahlkämpfen. Aber es handelt sich eben um illegale Migration, und da wir Migration und Integration auch unter ein Sicherheitsparadigma stellen, wird jede Abweichung und jedes kriminelle Delikt von Illegalen mit besonderer Aufmerksamkeit nachverfolgt und lässt sich umso leichter politisch ausschlachten. Der Sieg des Rechtspopulismus, der vor allem auf Sicherheit setzt, basiert darauf. Deshalb dringt es nicht durch, dass der Anteil irregulärer Migration klein ist. Der Fokus liegt nicht auf der funktionierenden Integration und der vorhandenen Kontrolle, sondern auf Unsicherheit und Konflikten.

Gibt es aus Ihrer Sicht einen Zusammenhang zwischen islamischem Extremismus und Migration?

AZ: Erst einmal sind für islamistische Terrorgruppen, selbst wenn sie vom Ausland aus operieren, Geflüchtete interessant. 2016/17 fand in den Flüchtlingsunterkünften eine Rekrutierung statt. Die Terrormiliz Islamischer Staat hat ganz bewusst dazu aufgerufen, unter den Geflüchteten zu suchen, insbesondere über Online-Netzwerke. Und unter den Geflüchteten gibt es anfällige Menschen, die mit großen Hoffnungen kommen, dann aber lange in den Unterkünften sitzen. Eigentlich verfügen wir über die notwendigen Instrumente, um in die Unterkünfte zu gehen und Menschen ausfindig zu machen, die sehr belastet sind und im Netz vielleicht an den falschen Stellen suchen. Und zwar ohne dass wir da einen Vorverdacht äußern müssen. Das ist eine Frage von sozialer, psychologischer Krisenarbeit – die wir aber leider gerade runterfahren. Es wird massiv gespart und das ist dramatisch! Da sind Leute, deren Hoffnung zerplatzt ist, die unsere Sprache nicht sprechen, die allein sind und jung – das macht sie für islamistische Gruppen attraktiv und auch für die organisierte Kriminalität und den Drogenhandel.

Das heißt, mit schnellerer und besserer Integration könnte man Kriminalität und Extremismus verhindern?

AZ: Ja! Früher schon wurde die Frage aufgeworfen, ob die Leute aus einem Kulturkreis kommen, der nicht passt, und ob bestimmte Kulturkreise für Aggression und Gewalt möglicherweise anfälliger sind, vielleicht wegen bestimmter Männlichkeitsvorstellungen. Die Forschung gibt das aber nicht her! Diese Frage könnte man ja auch mal zu häuslicher Gewalt in Deutschland stellen. Demnach würden wir hier einem Volk angehören, das sehr zu sexualisierter Gewalt neigt, weil das Ausmaß hier sehr groß ist. Wir können nicht bestimmten Völkern eine höhere Gewaltbereitschaft zuordnen, sondern müssen uns schon anstrengen, die Ursachen genauer zu bestimmen. Fakt ist: Viele der Geflüchteten kommen aus extrem armen Verhältnissen, was einige Menschen anfällig macht, Armut mit Kriminalität zu beheben, wenn es die Möglichkeit gibt. Andere haben extreme Gewalt erlebt, die sich vererben und mit einer höheren Gewaltbilligung einhergehen kann. Aber auch hier sind die jeweiligen Lebensverläufe unterschiedlich. Viele der rekrutierten Täter kommen aus großen Familien. Anis Amri, der im Jahr 2016 auf dem Weihnachtsmarkt am Breitscheidplatz in Berlin mit einem gestohlenen Lastwagen 12 Menschen tötete und zahlreiche verletzte, war eines der vielen Kinder, das in der Erziehung nicht besonders viel Unterstützung bekommen hat. Er war schon früh kriminell. Er war in der Drogenbeschaffung sowie in extremistischen Gruppen, hat alle möglichen Jobs gemacht. Wenn man die anderen Täter anschaut, gibt es da ein ähnliches Muster: Psychisch sehr belastet, einsam, sinnsuchend – und dann bekommen sie ein Angebot von außen. Für Extremisten ist es viel schwieriger, solche Menschen anzuwerben, wenn es keine zentralen Unterbringungen gibt. Es bleibt also die Frage: Wurde genügend in die Prävention investiert? Denn man kann diese Menschen finden, das gehört zum Integrationsprozess dazu. Die Vorstellung, dass Menschen hierherkommen, kurz abgecheckt werden, sie nur schnell Deutsch lernen und das war's, ist leider naiv! Dazu kommt: Im islamistischen Bereich gab es auch viele Deutsche, die hier aufgewachsen sind, die auch angeworben wurden. Wir müssen also mehr in Prävention investieren! Schauen Sie auf die große Anzahl von Geduldeten. Da schlummert ein enormes Potenzial von Leuten, von denen man überhaupt nicht weiß, wo landen die?

Wir haben demnach kein Flüchtlings-, sondern ein Integrationsproblem?

AZ: Ja – wie auch ein Gewaltpräventionsproblem, und wir dulden ein zu hohes Risiko! Wir reden viel über Migration, aber wenn es um Risikominimierung geht, wird wenig investiert und die Hoffnung auf die Abschiebung von kriminellen und extremistischen Personen hochgetrieben. Da werden Kommunen und Kreise sich selbst überlassen. Und das in Zeiten von Mehrfachkrisen! Wir müssen diese Menschen früher ansprechen, mehr unterstützen und dürfen dabei nicht nach dem Faktor Flucht gucken, sondern nach der individuellen Biografie. Mit den Geflüchteten aus der Ukraine funktioniert es ja auch. Oder mit den zweiten und dritten Generationen der ehemaligen Gastarbeiter – die verzeichnen doch auch unglaubliche Erfolge! Es braucht ein Krisenmodell und einen Blick dafür, wo die Sollbruchstellen sind. Wir haben Drogenhandel und Menschenhandel – im Bereich der Prostitution werden geflohene Frauen benutzt. In den 1960er-Jahren, in Zeiten der Gastarbeiter, haben viele Unternehmen Ideen entwickelt, wie sie das Lernen verbessern können – Ford hat extrem viel angeworben und Lernwerkstätten gehabt, Maßnahmen entwickelt, damit Menschen schnell und gut arbeiten. Das gibt es heute nicht.

Sind denn die Menschen, die nicht arbeiten, deutlich gefährdeter?

AZ: Ja, das ist ein großes Problem. Es gibt unter den Geflüchteten einige, die nicht in Arbeit gekommen sind, obwohl sie einen Platz hätten haben können. Einige sind auf den illegalen Arbeitsmarkt gegangen, sind von kriminellen Gruppen angeheuert worden. Das hat sich aber insgesamt auch verbessert. Früher hieß es immer, wir müssen den Menschen die Arbeit vorenthalten, weil sie dazu führt, dass die Leute bleiben und dann kann man sie nicht mehr abschieben. Heute sind wir da flexibler, und die Kommunen, die Menschen in die Arbeit bringen, haben auch weniger Probleme.

Spielen kulturelle Unterschiede gar keine Rolle?

AZ: Doch, bestimmte Männlichkeitsbilder spielen eine Rolle, die der kulturelle Kontext vermittelt, aber auf einen Kulturcharakter zu setzen, ist falsch und das gilt ja auch für uns Deutsche selbst. Es macht natürlich einen Unterschied, ob jemand ein Armuts- oder Gewaltproblem mitbringt, aus einem archaischen Kulturkreis stammt, aus Istanbul oder aus einem ultrakonservativen Dorf. Wie groß sind die Bildungsdefizite? Das spielt mit rein, kann man aber keiner Kultur zuschreiben.

Trotzdem haben manche Menschen den Eindruck, dass der Staat nicht funktioniert, dass Abschiebungen scheitern, Behörden nicht über genügend Personal verfügen. Können Sie den Ärger der Leute verstehen?

AZ: Ich kann nachvollziehen, dass Leute denken: Da kommt einer zu uns, läuft hier mit einem Messer rum, greift Menschen an, das mit der Migration ist keine gute Idee. Ich kann auch verstehen, dass Kommunen Brandbriefe schreiben, weil sie mit der Verwaltung nicht hinterherkommen. Aber das sollte nicht den Populismus befördern, der rechtlich nicht geprüfte Ideen sowie Vorurteile und verzerrte Wirklichkeitswahrnehmungen in den Raum stellt, sondern ermuntern, politisch bessere Pläne zu entwickeln! Schauen Sie nach Afghanistan: Man kann das Land doch nicht einfach verlassen, die westliche Unterstützung aufgeben, das Land ins Chaos stürzen und hinterher denken: Jetzt können wir dahin Leute abschieben. So funktioniert Abschiebepolitik nicht! Klar, Kriminalität ist ein Abschiebegrund – es wurden ja Straftäter nach Afghanistan abgeschoben, aber in dem Moment, wo einer von denen dort hingerichtet wird, haben wir hier ein Menschenrechtsproblem.

Nun wird der eine oder andere sagen: Wieso ist das Leben eines Straftäters – im Extremfall einer, der hier Menschen töten könnte – wichtiger als das der Bundesbürger? Um es mal zugespitzt zu formulieren: Bei der Aussage, »entweder der bringt hier Menschen um oder in seiner Heimat wird sein eigenes Leben bedroht«, würden viele sagen, »Mir doch egal, was dem passiert, Hauptsache, wir sind hier sicher!«

AZ: Individuell kann ich gut verstehen, dass Leuten das durch den Kopf geht, aber so funktioniert unser Rechtssystem nicht. Unser Rechtssystem ist ein anderes und es schützt uns auch selbst. So ist das in der Demokratie – dass eben kein Einzelner über Leben und Tod entscheidet. Und das ist auch gut so! Sonst hätten wir viele Menschen gegen das Recht abgeschoben. Zum Glück haben wir eine Gewaltenteilung, die relativ gut funktioniert, auch wenn die Politik das manchmal nicht mag. Aber wir können ja nicht den Volkszorn und die Meinung zum Maßstab machen! Denn bei den meisten Tätern, die migrantisch sind, ist die Wahrscheinlichkeit, dass sie nach einer Abschiebung verfolgt werden, relativ hoch. Wir werden auch mit Abschiebung nicht alle Probleme lösen. Wir haben ein Problem mit Resozialisierung und bei der Strafverfolgung, das ist richtig. Aber die großen Themen, bei denen dann hartes Durchgreifen und Abschiebung gefordert wurden, waren die Berliner und Kölner Silvesternächte. Wir wissen jedoch nicht, was mit den Leuten passiert ist, wie viele im Gefängnis sind, wer abgeschoben wurde. Wir verfolgen die Geschichten gar nicht, dabei sind die ja zum großen Teil aufgeklärt worden. Wenn man da mal genauer hinschaut, kommt der Glaube an den Rechtsstaat auch zurück! Und Abschiebung funktioniert nicht, solange die Verträge mit den anderen Ländern nicht funktionieren. Wir haben autoritäre Staaten, die Migration als Waffe benutzen und Abschiebung als Geschäft betrachten.

Heißt das, solange wir ein offener, liberaler Staat sein wollen, der verfolgten Menschen hilft und sich an internationale Gesetze halten will, sind die lauten Forderungen nach Abschiebungen und Obergrenzen nur populistische Scheindebatten?

AZ: Ganz genau! Dennoch ist in allen Bereichen Luft nach oben – bei den Abschiebungen, was den Verwaltungsaufwand und das Personal angeht. Gleichzeitig müssen wir den Institutionen vertrauen, dass sie Wege und Lösungen finden. Die Verfahren gehören natürlich auf die politische Agenda und wir könnten uns fragen, ob es reicht, ein Bundesamt für Migration und Flüchtlinge und eine Beauftragte der Bundesregierung für Migration zu haben. Ich habe da meine Zweifel, dass die gegenwärtigen Institutionen ausreichen! Die Instrumente im Bereich der Integration und der Steuerung und Regulation von Migration können besser werden. Es braucht dazu eine andere und umfangreichere Migrationspolitik. Das umso mehr, als wir von autoritären und rechten Regimen umgeben sind, die nach politischem Kalkül national die Grenzen zumachen oder Leute durchlassen. Der Sieg des Rechtspopulismus heißt auch, dass Ungarn gar nicht mehr aufnimmt, sondern die Menschen durchwinkt und damit andere Staaten überlastet. Russland, Weißrussland und viele andere Länder benutzen Migration als Drohung und Waffe. Die Lösung kann keine rechtspopulistische sein, die ist ja Teil unseres Problems! Es sei denn, wir wollen einen europäischen Grenzzaun. Nach allen Erfahrungen der Migrationsforschung sind Menschen in Not aber erfinderisch. Zudem haben wir aus historischer Erfahrung ein Grundrecht auf Asyl und damit eine Verantwortung – und die sollten wir auch ernst nehmen! Sonst könnten wir auch sagen, wir weichen das Recht auf und bearbeiten die Fälle sexualisierter Gewalt gegen Frauen nicht. Wollen wir das? Ich denke nicht!

KAPITEL 5

Wirtschaft

Wie steht es um das Aufstiegsversprechen in Deutschland?

Die Wirtschaft muss wieder wachsen. Um den Konsum zu steigern, feiern wir Weihnachten demnächst also viermal im Jahr …

»Schaffe, schaffe, Häusle baue!« – Kaum ein anderer Satz beschreibt den Lebensstil der Deutschen so gut wie dieser. Mit harter Arbeit, Erfindergeist, Perfektion und Anpassungsfähigkeit ist Deutschland gelungen, wovon andere Länder nur träumen: Produkte herzustellen, die in aller Welt gefragt sind und zu den besten ihrer Art gehören. Weltkonzerne wie Volkswagen, Bosch, Daimler, BASF, SAP und viele mehr sind durch diese Tugenden entstanden. Die meisten dieser Unternehmen wurden bereits in der Kaiserzeit gegründet und überlebten zwei Weltkriege. Inzwischen sind wir, gemessen an der Höhe des Bruttoinlandsprodukts, also nach allen geschaffenen Waren und Dienstleistungen im Land, die drittgrößte Volkswirtschaft der Welt, hinter USA und China. Mehr als 4 Billionen Euro beträgt unser BIP. Und das mit »nur« rund 80 Millionen Einwohnern – nicht so schlecht! In den USA leben 345 Millionen, in China gut 1,4 Milliarden Menschen.[1]

Die wirtschaftliche Stärke Deutschlands hat dafür gesorgt, dass es den Menschen hierzulande immer besser ging. Autos wurden zum Massenprodukt, genauso wie Einfamilienhäuser, und die Menschen blickten zuversichtlich in die Zukunft. Deutschland – ein Aufstiegsversprechen: Nach der Gründung der Bundesrepublik 1949 ging es los mit dem Wirtschaftswunder, die Geschäfte florierten, der Boom ebnete den Weg für den Traum vom sozialen Aufstieg für alle. Dazu trug auch ein duales Ausbildungssystem bei, das Praxis und Theorie verband. Jeder, der hart arbeitete und sich bildete, konnte darauf hoffen, dass der zunehmende Erfolg zu Wohlstand und Anerkennung führen würde. Dieser Wunsch erfüllte sich für Millionen von Bürgern. Menschen aus Arbeiterfamilien stiegen in die Mittelschicht auf, die Facharbeiter von morgen wurden zu den Ingenieuren und Führungskräften von übermorgen.

Die Energiegewinnung war das Gerüst für die deutsche Wirtschaft und damit auch der Motor, der das Aufstiegsversprechen am Laufen hielt. In den Jahren des Wirtschaftswunders, also in den 1950er- und 1960er-Jahren, war Kohle der wichtigste Rohstoff und ermöglichte den Aufschwung der deutschen Industrie. Kohle aus dem Ruhrgebiet fütterte die gigantischen Werke der Stahlindustrie, der Chemieindustrie und der Automobilproduktion mit Energie. Ohne diese Energiequelle wäre Deutschland wohl kaum zu einer der stärksten Industrienationen der Welt aufgestiegen. Besonders vorteilhaft am Rohstoff Kohle war, dass er zuverlässig und in großen Mengen verfügbar war. Durch die Ölkrisen in den 1970er-Jahren geriet der Energiemix allerdings in die Kritik. Die Abhängigkeit von den fossilen Brennstoffen, die in der Vergangenheit die Grundlage des Wohlstands waren, wurde plötzlich zu einem Risiko. Aufgrund der unsicheren Lage und der Preisexplosionen begann man in Deutschland, Kernkraftwerke zu bauen. Kernkraft galt als verlässlich und der in den Reaktoren produzierte Strom war schnell und in großen Mengen verfügbar – ein zeitweise wesentlicher Faktor bei der Energieversorgung, der Auswirkungen auf verschiedene wirtschaftliche Bereiche, zum Beispiel auf die Energiepreise, die Entwicklung der Industrie und auf technische Innovationen, hatte. Allerdings waren die wirtschaftlichen Vorteile durch die anfallenden Kosten für die Entsorgung von Atommüll und den späteren Rückbau der Atomkraftwerke sowie die politische und gesellschaftliche Ablehnung begrenzt. Mit dem Ausstieg aus der Kernkraft im Jahr 2023 sind in Deutschland erneuerbare Energien in den Vordergrund getreten. Europa ist in Bezug auf die Nutzung der Kernenergie stark gespalten. Während Länder wie Frankreich, Polen und Finnland auf Atomenergie setzen, haben Deutschland, Spanien und Österreich den Ausstieg beschlossen oder wollen keine neuen Reaktoren bauen. Die Energieversorgung – sie bleibt entscheidend für den Wohlstand im Industriestandort Deutschland.

Auch heute noch ist unser Land eine Industrienation, das Leben der Menschen ist weiterhin von Wohlstand geprägt. Wir befinden uns immer noch unter den Top Ten der Länder mit der höchsten Lebensqualität, wenn auch nur noch auf Platz 7. Ganz vorne liegen Dänemark, Schweden und die Schweiz.[2] Und der Aufstieg auf der sozialen Leiter lässt sich laut einer internationalen Studie in Deutschland leichter bewältigen als beispielsweise im Sehnsuchtsland USA, wo nach wie vor der amerikanische Traum den Sprung »vom Tellerwäscher zum Millionär« verspricht. Eine Untersuchung ergibt jedoch, dass es heute einfacher ist, den amerikanischen Traum in Dänemark, Australien oder in Deutschland zu verwirklichen, als in den USA selbst. Im Kern ging es in der Studie darum, wie lange Armut über Generationen hinweg fortbestehen kann, und diese sogenannte intergenerationale Armut ist in den USA viermal so stark verbreitet wie in Deutschland.[3] Allerdings lässt die soziale Mobilität im Berufsstatus, also die Möglichkeit, die soziale Position innerhalb einer Gesellschaft zu verändern, laut einer DIW-Studie zu wünschen übrig. Der Anteil der Personen, die einen ähnlichen Berufsstatus haben wie ihre Eltern, hat sich nur wenig verändert. Auch der Anteil der Auf- und Abstiege ist konstant geblieben. Immerhin steigen mehr Personen auf als ab[4].

Unser Wohlstand basiert auf Autos, Maschinenbau und Elektrotechnik - klingt nach dem typischen Wunschzettel eines Mannes über 40 …

Stehen wir also eigentlich noch ganz gut da? Oder sind unser Wohlstand, unsere Lebensqualität und damit auch das Aufstiegsversprechen in Gefahr? In weiterer Folge unser Komfort, unsere Mobilität, unsere Immobilien und auch unsere gut bezahlten Arbeitsplätze? Letztere bilden die Grundlage für unseren Wohlstand. Sie ermöglichen es uns Rücklagen zu bilden, ein Eigenheim zu bauen, coole Autos zu fahren, zu reisen und vieles mehr, was sich ein Großteil der Menschen im Rest der Welt nicht leisten kann. Ausschlaggebend dafür ist die industrielle Produktion in Deutschland: der Maschinenbau, die Automobilindustrie, die chemisch-pharmazeutische Industrie und die Elektrotechnikbranche – all diese Sektoren bilden das Fundament unseres Wohlstands. Für gut bezahlte Arbeitsplätze sorgen auch mittelständische Unternehmen, oft »Hidden Champions«, die in der Regel nicht börsennotiert, sondern inhabergeführt und in ihrer Branche Marktführer sind und einen Jahresumsatz von bis zu 3 Milliarden Euro erwirtschaften. Diese der Öffentlichkeit teils unbekannten Weltmarktführer, die häufig in der Provinz angesiedelt sind, wurden oft führend in Nischenmarkt-Segmenten, und das europa- oder sogar weltweit, wie es das *Gabler Wirtschaftslexikon* beschreibt.[5] Deutschland ist mit Abstand das Land mit den meisten Hidden Champions. Von weltweit rund 3.400 waren im Jahr 2020 noch fast 1.600 Hidden Champions aus Deutschland. Gefolgt von 350 davon in den USA und 283 in Japan.[6] Rund 80 Prozent der deutschen Hidden Champions sind aus dem verarbeitenden Gewerbe, das sind alle Industrie- und Handwerksbetriebe, die Rohstoffe und Zwischenprodukte weiterverarbeiten.

Doch ist die Industrie für den Wohlstand relevanter als beispielsweise Dienstleistungsbetriebe? Einiges spricht dafür: Zum einen treibt die Industrie Innovationen voran und fördert somit die Wettbewerbsfähigkeit unseres Landes. Die starke – und hochspezialisierte – industrielle Basis sorgt dafür, dass Deutschland hochwertige Güter herstellen kann, die international gefragt und konkurrenzfähig sind. Die Exportstärke, also die Fähigkeit der Wirtschaft, große Mengen an Waren und Dienstleistungen ins Ausland verkaufen zu können, ist ein Indikator für die Wettbewerbsfähigkeit der heimischen Wirtschaft auf globalen Märkten und trägt wesentlich zum wirtschaftlichen Wohlstand bei. Der Export sorgt für einen Zufluss von Kapital und ermöglicht gutbezahlte Jobs und sprudelnde Steuer- und Sozialversicherungseinnahmen, durch die auch Renten, Schulen, Straßen, Sozialarbeiter, Krankenversicherung und alles, was der Staat sonst noch so leistet, finanziert werden. Die starke industrielle Basis trägt aber auch zur Schaffung von Wertschöpfungsketten bei – also dem Weg eines Produkts von der Rohstoffgewinnung über die Herstellung bis zum Verkauf – und stärkt dadurch Wirtschaftsbereiche wie Forschung und Entwicklung, Infrastruktur und Dienstleistungen. Die hohe Industriequote, der Anteil der Industrie an der gesamten Wertschöpfung, sorgt für einen Aufschwung bei den Zulieferern und Dienstleistern. Das zeigt sich besonders deutlich bei der Automobilindustrie: Es gibt Bäcker, die täglich Brötchen zum Frühstück in die Werke liefern, Zulieferer, die Schrauben, Sitze und vieles mehr produzieren, oder auch Eventplaner, die die Präsentation eines neuen Fahrzeugmodells organisieren. Insgesamt verdienen also sehr viele Menschen an den Produkten, die von Deutschland aus in die ganze Welt exportiert werden.

Die vier größten Industriebranchen hierzulande waren im Jahr 2022 die Automobilindustrie (509 Milliarden Euro Umsatz), der Maschinenbau (269 Milliarden Euro Umsatz), die chemisch-pharmazeutische Industrie (261 Milliarden Euro Umsatz) und die Elektrotechnik (220 Milliarden Euro

Umsatz).[7] Die Automobilindustrie ist mit Abstand die umsatzstärkste Branche und ein starker Pfeiler der deutschen Wirtschaft. Sie beschäftigte 2023 rund 779.000 Menschen[8] und indirekt noch etliche mehr. Der Maschinenbau gilt als Schlüsselindustrie und ist bekannt für seine Exportstärke, mit etwa 60 Prozent des Umsatzes aus dem Ausland. Die deutsche chemisch-pharmazeutische Industrie ist weltweit die viertgrößte ihrer Art und trägt etwa ein Drittel zum gesamten Umsatz der chemischen Industrie in der EU bei.[9]

Viele fragen sich, wie lange der Wohlstand wohl noch TÜV hat …

Wie man sieht: Die Erfolge der deutschen Wirtschaft seit dem Ende des Zweiten Weltkriegs sind nicht von der Hand zu weisen, aber nun sind sie möglicherweise gefährdet. Denn es scheint so, als würde sich Deutschland auf seiner Wirtschaftskraft ausruhen, während andere Länder nach immer mehr streben – nach mehr Marktanteilen und mehr Profit. Gleichzeitig sinkt die deutsche Wettbewerbsfähigkeit. Das Schweizer Wirtschaftsinstitut IMD untersucht seit 35 Jahren die Wettbewerbsfähigkeit unterschiedlicher Länder im Vergleich zueinander. Deutschland fällt seit Jahren in diesem Ranking immer weiter zurück. Während es von 2006 (Platz 25) bis 2014 (Platz 6) bergauf ging, erleben wir seit 2014 einen massiven Absturz auf Platz 24 im Jahr 2024.[10] Daher dürfte es auch nicht überraschen, dass es aktuell kein Wachstum der deutschen Wirtschaft gibt. Im Jahr 2023 schrumpfte die Wirtschaft sogar um 0,3 Prozent.[11] Und auch für 2024 hatte die Bundesregierung mit einer Schrumpfung um 0,2 Prozent gerechnet.

Die Ursachen für Deutschlands Wettbewerbsschwäche sind vielfältig: Das wohl größte Problem dürften momentan die hohen Produktionskosten sein. Sowohl die Energiekosten als auch die Personalkosten und die Abgabenbelastung, also Steuern und Sozialabgaben, sind in Deutschland sehr hoch. Seit dem Beginn des Ukraine-Kriegs sind die Energiekosten – insbesondere für die Wirtschaft – enorm gestiegen.[12] Dies liegt zum einen an der Verknappung des Angebots durch ausbleibende Lieferungen aus Russland, und zum anderen an der Energiewende, das heißt am Wechsel zu einer nachhaltigen Energieversorgung mittels erneuerbarer Energien.

Die Befürworter der Energiewende würden an dieser Stelle argumentieren, dass die Erzeugung von Strom aus erneuerbaren Energien pro Kilowattstunde weniger kostet, was auch durchaus zutrifft. Laut Berechnungen des

Fraunhofer-Instituts kostet die Erzeugung von Strom aus Wind- und Sonnenenergie zwischen 4,1 und 22,5 Cent pro Kilowattstunde, je nach Standort und Größe der Anlage. Am teuersten sind kleine Photovoltaikanlagen auf dem Dach mit Batteriespeicher (9,1 bis 22,5 Cent pro Kilowattstunde). Am günstigsten ist Solarenergie auf Freiflächen ohne Batterie (4,1 bis 6,9 Cent pro Kilowattstunde). Am teuersten dagegen ist laut der Studie die Erzeugung von Strom aus Kernkraft (13,6 bis 49 Cent pro Kilowattstunde).[13]

Kritiker der Energiewende wenden ein, dass für die Bewertung aber nicht nur die Entstehungskosten des Stroms entscheidend sind, sondern auch die Kosten für den Betrieb des Stromnetzes. Man kann also sagen: Je weniger komplex das Stromnetz ist, desto weniger Kosten entstehen. Dies ist ein Vorteil der konventionellen Energiegewinnung aus fossilen Rohstoffen wie Öl, Kohle und Gas und auch der Kernkraft. Konventionelle Rohstoffe liefern zuverlässig eine berechenbare Menge an Energie. Das ist bei den erneuerbaren Energien anders, da Wind und Sonne nicht immer und gleichbleibend verfügbar sind. Im Sommer scheint viel Sonne und es weht wenig Wind. Im Winter kann es zu sogenannten Dunkelflauten kommen, wo weder Wind noch Sonne zur Energiegewinnung zur Verfügung stehen. Der ehemalige Präsident des Ifo-Instituts in München, Hans-Werner Sinn, nannte den Strom aus erneuerbaren Energien daher »Flatterstrom«.[14] Auch der Ort der Erzeugung ist von Bedeutung: Während im Norden Deutschlands viel Windstrom produziert wird, befinden sich die Unternehmen, die den Strom benötigen, eher im Süden der Republik. Um den Strom dorthin zu transportieren, müssen ober- oder unterirdische Leitungen verlegt werden. Das kostet Geld, das am Ende der Kunde über die sogenannten Netzentgelte an den Stromnetzbetreiber bezahlt. Von 2023 auf 2024 stiegen die Netzentgelte um 21 Prozent von 9,5 auf 11,5 Cent pro Kilowattstunde.[15] Eine Studie der Unternehmensberatung McKinsey schätzt, dass bis 2035 die Kosten bei 24 Cent pro Kilowattstunde liegen werden.[16]

Ein weiterer Kostenfaktor, der durch die Energiewende in die Höhe getrieben wird, ist das Netzengpass-Management, auch »Redispatch« genannt. Kurz erklärt: Wenn es Instabilitäten im Stromnetz gibt, kann man diese ausgleichen. Liefern zum Beispiel Wind und Sonne an einem Tag mehr Strom, als gerade benötigt wird, müssen Windräder abgestellt oder der Strom in andere Länder umgeleitet werden. Umgekehrt müssen bei einer Dunkelflaute mehr Kraftwerke angeschaltet oder große Abnehmer vom Netz genommen werden. Das muss so sein, damit die Spannung im Netz konstant bleibt und das Stromnetz nicht kollabiert. Im Jahr 2023 kosteten diese Maßnahmen insgesamt 3,2 Milliarden Euro.[17]

Auch Steuern und Abgaben werden auf die Energiepreise erhoben. Insbesondere der in den nächsten Jahren immer weiter steigende CO_2-Preis wird höhere Energiepreise bewirken. Der CO_2-Preis ist ein umweltpolitisches Instrument, das dafür sorgen soll, dass die Emissionen von CO_2, also Kohlendioxid, verringert werden, indem für den Ausstoß des Treibhausgases Steuern erhoben werden. Durch die Verteuerung von CO_2-Emissionen sollen Verbraucher und Unternehmen motiviert werden, den Energieverbrauch zu reduzieren und auf umweltfreundlichere Alternativen umzusteigen. Für Unternehmen mit hohem Energieverbrauch führt der CO_2-Preis zu höheren Produktionskosten, da fossile Rohstoffe in den nächsten Jahrzehnten nicht wegzudenken sind, gleichzeitig aber auch die Energiegewinnung aus den erneuerbaren Energien teuer ist. Denn zusätzlich zur Produktion der erneuerbaren Energien müssen sogenannte Back-Up-Kraftwerke bereitgestellt werden, um Dunkelflauten zu kompensieren. Die Kosten dafür beziffert das Energiewirtschaftliche Institut der Universität Köln auf 60 Milliarden Euro.[18]

Die Kosten für die gesamte Energiewende sind also hoch. Schätzungen des Handelsblatt Research Institute gehen bis zum Jahr 2045 von Kosten in Höhe von 1,1 Billionen Euro aus.[19] Prof. Dr. André Thess, Physiker an der Universität Stuttgart, schätzt die Kosten auf bis zu 10 Billionen.[20] Diese Kostensteigerungen, von denen niemand genau weiß, wie hoch sie tatsächlich ausfallen werden, verunsichern die Wirtschaft und insbesondere die energieintensive Industrie.

Und Verunsicherung sorgt in der Wirtschaft traditionell für Zurückhaltung bei Investitionsentscheidungen. Viele bedeutende Unternehmen zögern nicht nur, sie investieren bewusst nicht in Deutschland, sondern im Ausland. Sowohl 2021, 2022 und 2023 musste Deutschland hohe Kapitalabflüsse verkraften. Das Institut der deutschen Wirtschaft schreibt dazu: »Nur rund 22 Milliarden Euro haben ausländische Unternehmen im Jahr 2023 in Deutschland investiert – so wenig wie seit zehn Jahren nicht mehr. Insgesamt lagen die Netto-Abflüsse im vergangenen Jahr bei 94 Milliarden Euro. Der Wert gibt die Differenz zwischen Investitionen deutscher Unternehmen im Ausland und ausländischer Unternehmen in Deutschland an. Nur in den beiden Vorjahren, 2021 (100 Milliarden Euro) und 2022 (125 Milliarden Euro), war mehr Geld aus Deutschland abgeflossen. Die wiederholt hohen

Netto-Abflüsse deuten darauf hin, dass es sich nicht um Ausnahmeerscheinungen, sondern um erste Symptome einer Deindustrialisierung handelt.«[21]

Eine Deindustrialisierung beschreibt den Prozess, bei dem der Anteil der Industrieproduktion an der Gesamtwirtschaft abnimmt. Zeigen kann sich das durch die Schließung von Fabriken und den Abbau von Arbeitsplätzen – so haben beispielsweise VW und Ford angekündigt, Werke zu schließen.

Deutschland hat zu hohe Energiekosten. Leider ist es nicht damit getan, aufs Duschen zu verzichten und den Waschlappen zu benutzen ...

Der von der Politik unter anderem mit der Energiewende angestrebte Prozess, Deutschland und damit auch unsere Wirtschaft und Produktion klimaneutral umzubauen, dürfte eine enorme Herausforderung werden. Bei den klimafreundlichen Technologien ist nicht absehbar, ob diese preislich international wettbewerbsfähig sein werden. Insbesondere weil es danach aussieht, dass für viele Entwicklungsländer der wirtschaftliche Erfolg deutlich wichtiger ist als Klimaneutralität und sie daher vermutlich eher auf fossile Rohstoffe setzen werden. Prof. Hans-Werner Sinn von der Ludwig-Maximilians-Universität München hat in diesem Zusammenhang bereits 2008 auf den Effekt hingewiesen, dass die erneuerbaren Energien ja nur zum bestehenden Gesamtangebot an Energie hinzukommen. Solange aber weiterhin im gleichen Ausmaß Öl gefördert wird, würde der Ölpreis weniger stark ansteigen. Damit bleibe der Rohstoff Öl attraktiver für Länder wie Indien oder China, was vermutlich dafür sorgen würde, dass diese Länder ihren Konsum an fossilen Brennstoffen erhöhen würden. »Was wir sparen, verbrauchen sie. Die Emission von CO_2 und die Gefahr der Erderwärmung ändern sich nicht«, so Hans-Werner Sinn. [22] Internationale Abkommen mit den aufsteigenden Schwellenländern fallen diesbezüglich auch deshalb so schwer, weil man ihnen schlecht vorwerfen oder verbieten kann, dass sie von genau den fossilen Rohstoffen profitieren wollen, denen die westlichen Nationen ihren Wohlstand zu verdanken haben.

Aber nicht nur die Energiepreise lassen Deutschland im internationalen Vergleich schlecht aussehen. Auch die Kosten für die Beschäftigten sind bei uns erheblich. Eine Arbeitsstunde kostete den Arbeitgeber 2023 im Durchschnitt 41,30 Euro. Damit liegt Deutschland auf Platz sechs im europäischen

Vergleich. Das sind rund 30 Prozent mehr als im EU-Durchschnitt (31,80 Euro).[23] Für die Arbeitnehmer sind die hohen Zahlen aber nur auf der Lohnabrechnung sichtbar, denn Deutschland hat – nach Belgien – die zweithöchste Steuer- und Abgabenquote.[24] Bei durchschnittlichem Bruttolohn zahlt ein kinderloser Single durchschnittlich 47,9 Prozent, ein Ehepaar mit zwei Kindern 33,1 Prozent Sozialabgaben und Steuern. Der Nettolohn dürfte am Ende des Monats in Zukunft noch geringer ausfallen, da die Sozialabgaben weiter steigen. Im Übrigen zahlen Arbeitgeber neben dem Bruttolohn noch den Arbeitgeberanteil für die Sozialversicherung, rund 20 Prozent des auf der Lohnabrechnung ausgewiesenen Bruttobetrags.[25]

Eine weitere Herausforderung für die deutsche Wirtschaft ist die Demografie, die Bevölkerungsentwicklung in unserem Land. Die sehr geburtenstarke Generation der Baby-Boomer (geboren 1957 bis 1968[26]) beginnt in Rente zu gehen. Somit fehlen diese Jahrgänge als Arbeitskräfte. Da die Baby-Boomer deutlich weniger geburtenstarke Jahrgänge produziert haben, wird es in Zukunft also weniger Arbeitskräfte geben. Das Institut der deutschen Wirtschaft geht davon aus, dass bis zum Jahr 2030 3 Millionen weniger Menschen arbeiten werden. Damit gehen 4,5 Milliarden Arbeitsstunden verloren. Die Renten und die Pflegekosten für die Baby-Boomer müssen dann von weniger Arbeitnehmern bezahlt werden. Das demografische Problem wird dadurch verstärkt, dass der freien Wirtschaft durch die öffentliche Hand, also durch den Staat, eine hohe Zahl an Arbeitskräften entzogen wird. Das Ifo-Institut stellt dazu fest: »Die Beschäftigung im öffentlichen Dienst nimmt stetig zu. Bereits seit 2008 wächst der öffentliche Dienst schneller als die Bevölkerung, insbesondere auf Landesebene und in den Kommunen. Während im Jahr 2008 noch 55 Beschäftigte je 1.000 Einwohner im öffentlichen Dienst beschäftigt waren, waren es im Jahr 2022 rund 62. Dies entspricht einem Anstieg von 13 Prozent.«[27] Während also der freien Wirtschaft Arbeitskräfte fehlen, um Wertschöpfung zu betreiben, bindet der Staat immer mehr Personen.

Deutschland und die Bürokratie – die vielleicht toxischste Beziehung, die zwei nicht-menschliche Partner haben können ...

Auch die Bürokratie setzt der deutschen Wirtschaft enorm zu. Laut einer Studie des Ifo-Instituts liegen hier die Kosten jährlich bei 146 Milliarden Euro. Der Leiter der Studie, Oliver Falck, sagt dazu: »Würde Deutschland bei der Digitalisierung der öffentlichen Verwaltung auf das Niveau von Dänemark aufschließen, wäre die Wirtschaftsleistung um 96 Milliarden Euro pro Jahr höher.«[28] Das Problem ist der Politik durchaus bekannt, und keine Partei wird müde, Bürokratieabbau und Digitalisierung zu versprechen. Es gibt sogar den Nationalen Normenkontrollrat. Seine Aufgabe: »Er setzt sich für weniger Bürokratie, bessere Gesetze und eine digitale Verwaltung ein. Der NKR überprüft, welche Kosten neue Gesetze verursachen, ob praxistauglichere Alternativen bestehen und wie eine gute digitale Ausführung erreicht werden kann.«[29] Im aktuellen Bericht ist vom versprochenen Bürokratieabbau leider wenig zu spüren: 2010 gab es 1.668 Bundesgesetze mit 43.085 Einzelnormen und 2.655 Rechtsverordnungen mit 36.850 Einzelnormen. Scheinbar nicht genug, denn im Jahr 2022 waren es dann 1.773 Bundesgesetze mit 50.738 Einzelnormen und 2.795 Verordnungen mit 42.590 Einzelnormen.[30]

Angesichts all dieser Probleme ist es kein Wunder, dass es inzwischen fast täglich Meldungen über Stellenabbau und Insolvenzen gibt. Besonders aufhorchen ließ im Herbst 2024 die Meldung, dass Volkswagen Stellenabbau und Werksschließungen plant. Die seit 1994 bestehende Beschäftigungsgarantie wurde vom Vorstand aufgekündigt.[31] Auch bei anderen namhaften Betrieben wie zum Beispiel ZF Friedrichshafen, Bosch, Thyssen-Krupp, Schaeffler und vielen weiteren, werden Arbeitsplätze abgebaut oder ins Ausland verlagert – alles Firmen, mit denen das deutsche Aufstiegsversprechen eng verknüpft war. Während der Rest der Welt sich also für die Zukunft fit macht und neue Technologien entwickelt, scheint es so, als würde Deutschland nur vor sich hindümpeln und sich auf dem Erreichten ausruhen. In keinem anderen Industrieland gibt es im Moment so schlechte wirtschaftliche Aussichten. Unter den G7-Industrienationen prognostiziert der internationale Währungsfonds Deutschland für 2024 das niedrigste Wirtschaftswachstum: 0 Prozent. Die Politik sollte sich darüber im Klaren sein, dass sie sich den wirtschaftlichen Niedergang nicht leisten kann und die Rahmenbedingungen dringend ändern muss. Denn ohne gutbezahlte Jobs, profitable Unternehmen und die daraus resultierenden Steuern und Abgaben wird es eine Herkulesaufgabe, den Sozialstaat aufrechtzuerhalten und den Wohlstand zu sichern. Das deutsche Aufstiegsversprechen sollte kein Abstiegsversprechen werden.

Eine besonders aufrüttelnde Studie zum Schluss: Der Thinktank ECIPE schreibt: »Unabhängig davon, welcher Maßstab für den Vergleich des BIP und des Wirtschaftswachstums verwendet wird, ist der Wohlstandsunterschied zwischen der EU und den USA erheblich gewachsen. Wenn der Trend anhält, wird die Wohlstandslücke zwischen dem durchschnittlichen Amerikaner und Europäer im Jahr 2035 genauso groß sein wie die heutige zwischen dem durchschnittlichen Europäer und Inder.«[32]

Und die Parteien?

Die **Union** möchte Deutschland wieder wettbewerbsfähiger machen. Die Unternehmenssteuerbelastung soll auf maximal 25 Prozent gesenkt, der Rest-Soli abgeschafft und Abschreibungen und Verlustverrechnung verbessert werden. Das Lieferkettengesetz soll es nicht mehr geben. Außerdem soll weniger subventioniert werden. Die Stromsteuer und Netzentgelte will die Union absenken. 3,5 Prozent des BIP sollen für Forschung und Entwicklung aufgewendet werden. Die Partei ist für weniger Bürokratie, aber mehr Wettbewerbsfähigkeit.

Für mehr Wirtschaftswachstum setzt die **SPD** auf Investitionen. Sie schlägt dafür einen Deutschlandfonds vor, ausgestattet mit 100 Milliarden Euro, um in Wärmenetze oder in den Wohnungsbau zu investieren. Unternehmen, die in Geräte oder Technologien investieren, sollen steuerlich begünstigt werden, in Höhe von 10 Prozent der Anschaffungssumme. Die SPD möchte erneuerbare Energien weiter ausbauen. Um Arbeitsplätze zu sichern, will die Partei die Netzentgelte auf 3 Cent pro Kilowattstunde begrenzen. Um das Demografieproblem zu lösen, sollen inländische Arbeitskräfte bei der Weiterbildung unterstützt, Arbeitskräfte aus dem Ausland angeworben und das Fachkräfteeinwanderungsgesetz weiterentwickelt werden.

Die **Grünen** setzen auf einen Deutschlandfonds für eine neue Investitionspolitik, daraus sollen das Bahnnetz, die Schulen und Kitas saniert werden, zudem die Kosten für die Netzentgelte bezahlt und die Stromsteuer auf das europäische Minimum gesenkt werden. Die Partei ist für eine klimaneutrale Modernisierung der Wirtschaft, das Wasserstoffkernnetz soll zügig aufgebaut, die Erzeugung von grünem Wasserstoff gefördert werden. Zudem wollen die Grünen die Bürokratie abbauen, unter anderem indem Anträge vereinfacht und die Verwaltung digitalisiert wird. Die Partei will eine auf fünf Jahre befristete Investitionsprämie von 10 Prozent, die mit der Steuerschuld der Unternehmen verrechnet werden soll. Deutschland soll für Arbeitskräfte aus aller Welt attraktiv werden. Es soll es die Möglichkeit geben, ein Arbeitsvisum online zu beantragen, eine digitale Einwanderungsagentur soll den Einwanderungsprozess erleichtern. Deutschland soll 3,5 Prozent der Wirtschaftsleistung in Forschung und Entwicklung investieren. Die EU-Lieferkettenrichtlinie wollen die Grünen schnell in deutsches Recht übertragen.

Die **FDP** setzt sich für mehr Wachstum und weniger Bürokratie ein, das deutsche Lieferkettengesetz sowie die EU-Lieferkettenrichtlinie lehnt die Partei ab. Die Stromsteuer soll für alle gesenkt, das Energieangebot erhöht werden. Die FDP will die Rückkehr zu einer Kultur, die Leistung, harte Arbeit und Unternehmertum fördert. Die Partei will das nationale Klimaziel 2045 durch das europäische Klimaziel 2050 ersetzen, um der Wirtschaft eine längere Übergangszeit beim Umstieg auf klimaneutrale Technologien zu ermöglichen. Subventionen sollen zugunsten einer breiten Entlastung bei Steuern und Abgaben massiv abgebaut werden. Die FDP setzt sich für eine kosteneffiziente marktwirtschaftliche Klimapolitik durch den europäischen CO_2-Emissionsrechtehandel ein.

Die **Linke** möchte die Rechte der Beschäftigten in Betrieben stärken und mehr Mitspracherecht ermöglichen. Sie will, dass die Wirtschaft sozialen und ökologischen Zielen folgt, mit den verbleibenden Ressourcen haushaltet und für die Bedürfnisse der Menschen arbeitet. Die Klimaneutralität der Wirtschaft soll durch klare Vorgaben und Förderung von Alternativen erreicht werden. So sollen klimaschädliche Produkte begrenzt, aber Nachfrage für Schienen- und Bus-Bahn-Produktion geschaffen werden. Die Beschäftigten in Transformationsbranchen sollen eine Job- und Einkommensgarantie und Weiterbildungsangebote erhalten. Gewerkschaften sollen in Transformationsräten an der Steuerung des Wirtschaftsumbaus beteiligt werden. Gehalt und Boni von Managern sollen nicht mehr als das 20-fache der untersten Einkommen eines Unternehmens betragen dürfen. 200 Milliarden sollen in den klimaneutralen Umbau gesteckt werden. Die Partei fordert eine Übergewinnsteuer, die die Extragewinne der Konzerne mit 90 Prozent besteuert, außerdem ein starkes Lieferkettengesetz.

Für die **AfD** sind zentrale Prinzipien Eigentum, Eigenverantwortlichkeit und freie Preisbildung. Wirtschaftliche Sanktionen hält die Partei grundsätzlich für falsch. Sie möchte den geplanten Umbau der Industrie hin zur Klimaneutralität beenden und Subventionen dafür abschaffen. Zudem will sie den Ausstieg aus Kohle und Kernkraft rückgängig machen, zudem wieder russisches Gas importieren und die Wirtschaftssanktionen gegen Russland aufheben. Weiterhin soll es keine Subventionen für erneuerbare Energien geben, diese sollen nach marktwirtschaftlichen Prinzipien genutzt bzw. errichtet werden. Außerdem soll Bürokratie abgebaut und das Lieferkettengesetz abgeschafft werden. Die AfD will aus der EU und dem Euro-System austreten.

Das **BSW** setzt auf eine innovative Wirtschaft mit fairem Wettbewerb und gut bezahlten sicheren Arbeitsplätzen. Die Partei unterstützt einen Zukunftsfonds zur Förderung heimischer Unternehmen und Start-Ups und lehnt Subventionen für Konzerne aus Übersee ab. Energie soll preiswert sein, den CO_2-Preis will die Partei abschaffen und wieder Gas aus Russland importieren. Weiterhin sollen die Verbraucher für die Kosten der Netzentgelte staatliche Unterstützung erhalten

KAPITEL 6

Sollten Reiche mehr bezahlen?

Wie funktioniert unser Steuer- und Abgabensystem?

Steuern sind das Fundament unserer Gesellschaft. Sie finanzieren zum Beispiel die Parkbänke, auf denen wir sitzen können, während wir uns über Steuern beschweren …

Wir zahlen sie im Supermarkt, an der Tankstelle, im Restaurant, beim Rauchen, und jeden Monat werden sie uns automatisch vom Gehalt abgezogen: die Steuern. Sie scheinen allgegenwärtig zu sein und ständiger Streitpunkt in Politik und Gesellschaft.

Steuern und andere Abgaben wie Renten- und Krankenversicherungsbeiträge sind von entscheidender Bedeutung für unsere Gesellschaft. Sie finanzieren das Bildungs- und Gesundheitssystem, die Infrastruktur oder soziale Sicherungssysteme. Also Bereiche, die unser aller Leben beeinflussen. Aber wie gerecht ist dieses System? Wann sind Steuern zu hoch und wann zu niedrig? In einer Zeit, in der die Diskussion über Umverteilung, Klimaschutz und Digitalisierung an Intensität gewinnt, benötigt der Staat vermeintlich immer mehr Geld.

In diesem Kapitel wollen wir einen genaueren Blick auf das deutsche Abgabensystem werfen: Wie funktioniert es und was müsste sich ändern?

Abgaben gibt es, seit die ersten umfassenderen Herrschaftsstrukturen entstanden sind.[1] Schon im Mittelalter mussten die Untertanen Abgaben an den Adel entrichten, um zum Beispiel Kriege oder den prunkvollen Hofstaat zu finanzieren. Experten gehen sogar davon aus, dass die hohen Steuern unter anderem die Französische Revolution 1789 auslösten.[2] Die Erhöhung der Zölle auf ausländische Lebensmittel führte dazu, dass die Lebensmittelpreise stiegen. Das traf besonders die Ärmsten und sorgte für sozialen Sprengstoff. Immens hohe Steuern können also die Menschen derart in Rage bringen, dass es zu Revolutionen kommt!

Während Steuern und Abgaben in der Vergangenheit dafür gedacht waren, grundlegende Staatsaufgaben – zum Beispiel die innere und äußere Sicherheit oder den Justizapparat – zu finanzieren, dienen sie heutzutage zusätzlich als Umverteilungs- und Lenkungsinstrument.[3] Der Umverteilungsmechanismus bedeutet in dem Zusammenhang, dass mit Steuern Sozialleistungen finanziert werden. Das Geld fließt also von den Gutverdienern zu den sozial Bedürftigen und wird damit umverteilt. Das wohl beste Beispiel für den Lenkungsmechanismus ist die Tabaksteuer: Eine Schachtel Zigaretten wird immer teurer, sodass viele Menschen aus Kostengründen mit dem Rauchen aufhören oder gar nicht erst damit anfangen. Der Staat nutzt die Steuer also, um bestimmte Ziele zu erreichen. In diesem Fall soll der Konsum von Tabakwaren reduziert werden, um Gesundheitskosten, die als Folge des Rauchens entstehen, zu senken.

Als mit der Erhebung von Steuern begonnen wurde, zahlten alle Menschen den gleichen Steuersatz, unabhängig von der Einkommenshöhe. Das ist inzwischen anders. Spätestens mit den »Erzberger'schen Steuer- und Finanzreformen« nach dem Ersten Weltkrieg, wurde in Deutschland ein progressives Steuersystem eingeführt.

Mit Blick auf den eigenen Steuerbescheid denken Viele: Das ist ja ein ganz schön dickes Fundament ...

Progressives Steuersystem bedeutet, dass Menschen, die über ein höheres Einkommen verfügen, prozentual mehr Geld an den Staat abgeben als die mit einem geringeren Einkommen. Das funktioniert so: Es gibt Grenzsteuertabellen, in denen festgelegt ist, für welches Einkommen welcher Prozentsatz an Steuern fällig wird. Dabei wird nicht der höchste Steuersatz für das gesamte Einkommen fällig, sondern die Versteuerung staffelt sich.[4] Bis Ende 2024 griff der Eingangssteuersatz von 14 Prozent ab einem Jahresverdienst von 11.784 Euro bei Alleinstehenden – darunter ist keine Einkommenssteuer fällig.[5] Dies ist der sogenannte Grundfreibetrag, der dafür sorgt, dass Einkommen bis zu dieser festgelegten Höhe komplett steuerfrei bleiben. Es gibt zusätzlich zum Grundfreibetrag noch weitere Freibeträge wie den

Kinderfreibetrag oder für Arbeitnehmer die Werbungskostenpauschale, sodass der Verdienst ohne Steuerbelastung noch höher sein kann. Jeder Euro, der über diesen Betrag hinaus verdient wird, muss versteuert werden. Mit zunehmendem Einkommen nimmt der Steuersatz gleitend zu. Ab knapp 66.000 Euro Einkommen gilt für Ledige der sogenannte Spitzensteuersatz von 42 Prozent, ab einem Jahreseinkommen von rund 277.000 Euro gibt es den sogenannten Reichensteuersatz von 45 Prozent, danach steigt der Steuersatz nicht mehr weiter, egal wie viel jemand verdient.[6] Über diese Staffelung ergibt sich der persönliche Durchschnittssteuersatz, also der, den man im Durchschnitt auf sein gesamtes Einkommen zahlt.

Im Dezember 2024 hat ein breites Bündnis im Bundestag beschlossen, den Grundfreibetrag auf 12.096 Euro anzuheben und auch die anderen Eckwerte so zu verschieben, dass höhere Steuersätze erst später greifen. Diese Maßnahmen sollen die »kalte Progression« eindämmen – ein Phänomen, das der progressive Steuersatz mit sich bringt. Er kann in Verbindung mit Inflation dazu führen, dass Steuerzahler mehr Steuern zahlen, obwohl sie real – also nach Berücksichtigung der Inflation – gar nicht mehr verdienen. Der Verein Vereinigte Lohnsteuerhilfe e. V. hat das am Beispiel eines Singles vorgerechnet, der in Steuerklasse 1 eingestuft ist und 3.500 Euro brutto pro Monat verdient. Bei einer Gehaltserhöhung von 3 Prozent ergeben sich 105 Euro mehr Bruttogehalt im Monat. Allerdings bleiben netto von den 105 Euro nur 57,43 Euro übrig. Denn während das Bruttogehalt um 3 Prozent steigt, klettert das Nettogehalt nur um 2,47 Prozent. Das liegt daran, dass bei einem Einkommen von 3.605 Euro ein höherer Steuersatz gilt als bei 3.500 Euro. Die Steuerbelastung wächst also prozentual stärker an als das Bruttoeinkommen. In Zahlen: Der durchschnittliche Steuersatz steigt durch die Gehaltserhöhung von 14,55 Prozent auf 14,9 Prozent (ohne Kirchensteuer).[7] Die kalte Progression ist besonders für niedrige und mittlere Einkommen ein Problem, da die Steuersätze besonders bei Arbeitnehmern mit geringeren Einkommen schnell stark ansteigen. Sie werden also im Vergleich zu denen mit höherem Einkommen besonders stark belastet – was als ungerecht empfunden wird. Für Menschen mit hohem Einkommen sind die Auswirkungen dagegen moderat, da sie bereits höhere Steuersätze bezahlen, sodass die kalte Progression weniger ins Gewicht fällt. Zudem können sie die Folgen der Inflation besser kompensieren, da ihr verfügbares Einkommen generell höher ist. Insgesamt kann man festhalten, dass die kalte Progression ohne Anpassung des Steuertarifs an die Inflation zu einer schleichenden Steuererhöhung führt, ein Effekt, der für Menschen mit geringem Einkommen zu einer Verschlechterung der finanziellen Situation führen kann.

Ein anderes Thema, das im Rahmen der Steuerbelastung immer wieder in der Diskussion steht, ist das Ehegattensplitting, das die Zeitschrift *Emma* spitz den »Hausfrauenbonus« nennt. Dabei geht es um Steuervorteile, die verheiratete Paare genießen, wenn ein Partner deutlich mehr verdient als der andere. In der Regel ist das in Deutschland allen Gleichberechtigungsverlautbarungen zum Trotz immer noch der Mann – spätestens wenn Kinder im Spiel sind. Das kann dazu führen, dass Frauen zu Hause bleiben, weil sich wegen der Steuerklassenkonstellation für die Frau die »Arbeit nicht lohnt«. Das Prinzip: Wenn die Einkommen in einer Ehe stark unterschiedlich sind, wählen Paare die Steuerklassen 3 und 5. Derjenige mit dem geringeren Einkommen hat durch die Steuerklasse 5 höhere steuerliche Abzüge, der mit größerem Einkommen profitiert durch die geringere Klasse 3. Das höhere Einkommen, das ohne Ehegattensplitting überproportional hoch besteuert wird, wird durch das geringere Einkommen des anderen quasi abgefedert. Denn durch das Ehegattensplitting muss nicht jeder Ehepartner für sein Einkommen allein Steuern zahlen, sondern das Einkommen von beiden wird addiert und dann halbiert. Für die jeweilige Summe wird die Einkommensteuer fällig und am Ende wieder verdoppelt. Es entsteht also ein sogenanntes Splitting-Einkommen (50 Prozent des Gesamteinkommens), das die Grundlage für die Steuerberechnung bildet.

Nehmen wir ein Beispiel: Wenn bei einem Ehepaar der Mann 120.000 Euro verdient und die Frau nicht arbeitet, müsste er mit Steuerklasse 1, die für ledige Personen gilt, laut Steuerrechner des Bundesfinanzministeriums 33.423 Euro Steuern bezahlen.[8] Sind die beiden verheiratet, wählt der Mann Steuerklasse 3, die Frau Steuerklasse 5, was für sie in diesem Fall egal ist, weil sie ja nicht arbeitet. Demnach zahlt der Mann über die günstigere Steuerklasse 3 nur noch 23.528 Euro Steuern – also 9.895 Euro weniger! Ein zweites Beispiel: Einer der beiden Eheleute arbeitet Vollzeit bei einem Gehalt von 45.000, der andere verdient in Teilzeit 15.000 Euro. Wenn die beiden nicht zusammen veranlagt werden, zahlt derjenige mit dem höheren Einkommen rund 9.500 Euro und der andere rund 700 Euro Steuern. Bei einer gemeinsamen Steuererklärung zahlen sie 850 Euro weniger Steuern.[9] Der maximale Splittingvorteil beträgt knapp

19.000 Euro.[10] Verdienen die Eheleute ein ähnlich hohes Einkommen, können beide Steuerklasse 4 auswählen, die den Grundstein dafür legt, dass die Einkommen gemeinsam veranlagt werden – was im Vergleich zu Steuerklasse I steuerliche Vorteile mit sich bringt.

Eine weitere Möglichkeit ist, dass beide Ehepartner in die Steuerklasse 4 »mit Faktor« eingestuft werden, die zu einer gerechteren Verteilung der Steuerlast zwischen den Ehepartnern mit ungleichem Einkommen führen soll. Der Faktor stellt den Anteil dar, den jeder Partner entsprechend seinem Einkommen zur gemeinsamen Steuerlast beiträgt. Wer also nur 20 Prozent zum Einkommen beiträgt, braucht demnach auch nur 20 Prozent der gemeinsamen Lohnsteuer zu zahlen, und nicht mehr 50 Prozent. Damit haben die Eheleute jeden Monat mehr Netto vom Brutto. Die Ampel-Koalition hatte Mitte 2024 eine Reform auf den Weg gebracht, nach der Ehepaare ab Januar 2030 automatisch beide in Steuerklasse 4 mit dem Faktorverfahren kommen. Der Ehegattensplitting-Vorteil bleibt aber bestehen. Das Ehegattensplitting ist umstritten: Befürworter betonen, dass dadurch Ehe und Familie besonders geschützt werden und Paare in der Ehe selbst entscheiden können, wie sie Familien- und Erwerbsarbeit untereinander aufteilen. Mit einer Abschaffung des Ehegattensplittings würden sehr viele Paare deutlich mehr Steuern bezahlen müssen. Kritiker bemängeln, dass es ungerecht gegenüber Alleinerziehenden und Paaren ist, die nicht verheiratet sind. Zudem erhöht es den Anreiz für Mütter, wenig zu verdienen und damit dem Arbeitsmarkt fernzubleiben. Weil die Mütter in so einem Fall weniger in die Sozialkassen einzahlen, erhöht sich die Abhängigkeit vom Partner, was sich im Fall einer Scheidung rächen und im Alter zu Armut führen kann. Außer in Deutschland gibt es das Ehegattensplitting in Europa nur noch in Luxemburg und Polen.

Neben den Steuern müssen auch noch Sozialabgaben geleistet werden, wie zum Beispiel an die Kranken- oder die Rentenversicherung, die jeweils zur Hälfte vom Arbeitgeber und Arbeitnehmer bezahlt werden. Die Sozialabgaben verlaufen nicht progressiv, sondern sind für alle Arbeitnehmer prozentual gleich hoch, berechnen sich also nach dem Gesamteinkommen. Sie sind durch die sogenannte Beitragsbemessungsgrenze gedeckelt,[11] erhöhen sich ab einem gewissen Einkommen nicht mehr. Die Beitragsbemessungsgrenze für die Kranken- und Pflegeversicherung liegt 2025 bei einem Einkommen von 66.150 Euro jährlich. Wer mehr verdient, zahlt den gleichen Betrag wie jemand, der 66.150 Euro im Jahr verdient, unabhängig davon, ob er mit seinem Einkommen zum Beispiel 10.000 Euro oder 1.000.000 Euro über der Bemessungsgrenze liegt.

Reiche sollen mehr zum Wohl der Allgemeinheit beitragen. Und damit ist nicht gemeint, vor dem Abflug nett aus dem Privatjet zu winken ...

In Artikel 14 des Grundgesetzes steht, dass reiche Menschen in einer Solidargemeinschaft mehr zum Wohl der Allgemeinheit beitragen sollten als Arme. Dort kann man lesen: »Eigentum verpflichtet. Sein Gebrauch soll zugleich dem Wohle der Allgemeinheit dienen.«[12] Wer mehr hat, soll also, relativ gesehen, mehr an die Allgemeinheit abgeben. Starke Schultern sollen mehr tragen als die Schwachen! Wie viel mehr diejenigen abgeben sollen, die in guten wirtschaftlichen Verhältnissen leben, ist Gegenstand hitziger Kontroversen. Besonders die niedrige Besteuerung von Vermögen wird von vielen Experten kritisch bewertet. Denn die Vermögen sind in Deutschland extrem ungleich verteilt: Die reichsten 10 Prozent der Deutschen besitzen mehr als die Hälfte des gesamten Nettovermögens,[13] so das Deutsche Institut für Wirtschaftsforschung. Der Präsident des Instituts, Marcel Fratzscher, kritisiert, dass in Deutschland alle Vermögen zusammengerechnet mit durchschnittlich nur 0,4 Prozent besteuert werden.[14] Doch was sind eigentlich Vermögen und welche werden erfasst? Zu den materiellen Vermögenswerten zählen physische Güter, das können Immobilien, Fahrzeuge, Maschinen oder Warenbestände sein. Zu den Finanzwerten gehören Bargeld, Bankguthaben oder Wertpapiere. Es gibt aber auch immaterielle Werte wie Rechte und Patente oder digitale Vermögenswerte wie Kryptowährungen. Je nach Art des Vermögens und der jeweiligen Steuerart werden Vermögenswerte unterschiedlich besteuert. Nicht alle sind direkt steuerpflichtig, können aber im Zusammenhang mit den unterschiedlichen Steuerarten relevant werden.

Zu den direkten Steuern gehört die Grundsteuer. Ihr unterliegen Gebäude und Grundstücke. Für die Erbschaftssteuer sind beispielsweise Immobilien, Kapitalvermögen wie Bankguthaben oder Aktien, Sachwerte wie Schmuck oder Autos und Unternehmensvermögen wie Geschäftsanteile relevant. Erträge aus Zinsen oder Kursgewinne aus Wertpapieren unterliegen der Kapitalertragssteuer; Gewinne aus Unternehmensvermögen der veranlagten Einkommens-, beziehungsweise Kapitalertrags-, Körperschafts-

und Gewerbesteuer. Es gibt aber auch Vermögenswerte, die in Deutschland nicht direkt steuerlich erfasst werden. Dazu gehören selbstgenutzte Immobilien (außer durch die Grundsteuer), private Kunstsammlungen, solange sie nicht verkauft oder gewerblich genutzt werden, oder persönliches Eigentum wie Möbel, Kleidung und Haushaltsgegenstände – sie sind also steuerfrei. Insgesamt sind die Steuern, die Vermögen betreffen, eher niedrig und erfassen nicht alle Vermögensgegenstände. Arbeit hingegen wird im Vergleich – wenn man Steuern und Sozialabgaben zusammenrechnet – deutlich höher besteuert.

Deshalb wird in Deutschland immer wieder über eine Vermögenssteuer diskutiert, die es in Deutschland auch schon mal gegeben hat: Sie wurde von 1923 bis 1996 erhoben, dann aber vom Bundesverfassungsgesetz für verfassungswidrig erklärt, weil sie gegen den Gleichheitsgrundsatz verstieß. Die nicht aktualisierten Immobilienwerte – es gab nur eine Einheitsbewertung von 1964 – führten nämlich dazu, dass der Wert von Grundstücken und Immobilien nicht mehr angemessen berechnet werden konnte. Das hatte zur Folge, dass Immobilien im Vergleich zu anderen Vermögenswerten niedriger besteuert wurden, was zu einer nicht gerechtfertigten steuerlichen Bevorzugung führte. Die Vermögenssteuer wurde also wegen einer ungerechten Behandlung von Vermögenswerten für verfassungswidrig erklärt, nicht wegen einer prinzipiellen Ungleichbehandlung von Personen. Das heißt, dass eine Neueinführung durchaus denkbar und verfassungskonform sein könnte, wenn die Bemessungsgrundlage angepasst würde.[15] Doch wie funktioniert eine Vermögenssteuer? Die Vermögenssteuer ist eine Substanzsteuer – ob man sie bezahlen muss und in welcher Höhe, hängt davon ab, ob man Vermögen besitzt und um welche Werte es sich handelt. Das können Immobilien, Unternehmen, Yachten, Kunstgegenstände, Schmuck oder auch Geld sein. Die Vermögenswerte werden dann mit einem bestimmten Prozentsatz besteuert. Die Steuer ist unabhängig vom Gewinn – das heißt, sie wird immer fällig, ähnlich wie zum Beispiel die KFZ-Steuer, die wir bezahlen müssen, egal ob wir unser Auto fahren oder es in der Garage steht (es sei denn, es wäre abgemeldet). Was spricht nun für oder gegen eine Vermögenssteuer? Befürworter der Vermögenssteuer argumentieren, dass die Wohlhabenden durch die Steuer mehr in die Pflicht genommen werden und so die Kluft zwischen Arm und Reich verringert werden kann, die zusätzlichen Einnahmen den Staat entlasten und mehr Investitionen in Bildung, Infrastruktur und Soziales fließen können. Gegner sehen in der

Vermögenssteuer eine Doppelbesteuerung, weil Vermögen aus bereits versteuertem Einkommen entsteht, und kritisieren den hohen Verwaltungsaufwand, da die Bewertung von Vermögenswerten, vor allem von Immobilien oder Kunstwerken, aufwendig und teuer ist. Zudem könnten die Reichen ihr Vermögen ins Ausland verlagern und sich damit einer Besteuerung hierzulande entziehen. Außerdem, so argumentieren die Kritiker, würde eine Vermögenssteuer Unternehmen belasten, weil sie die Steuer auch dann entrichten müssten, wenn die Geschäfte gerade nicht gut liefen. Dies wiederum hätte Einfluss auf das Arbeitsplatzangebot, weil die höheren Steuern dazu führen würden, dass nötige Investitionen nicht getätigt oder Teile der Produktion ins Ausland verlegt würden. Ob man nun dafür oder dagegen ist – seit der Abschaffung der Vermögenssteuer werden immer wieder Vorschläge zu deren Wiederbelebung diskutiert. Marcel Fratzscher vom Deutschen Institut für Wirtschaftsforschung spricht sich dafür aus, Vermögen von mehr als 100 Millionen Euro zu besteuern, weil dadurch zusätzliches Geld zur Verfügung stünde, das in Bildung, Infrastruktur oder Klimaschutz investiert werden könnte.[16] Das Institut der deutschen Wirtschaft hält eine Vermögenssteuer dagegen für riskant und sieht darin eine Gefährdung des Wirtschaftsstandorts Deutschland. Das Institut gibt an, dass bereits eine Vermögenssteuer von 1 Prozent dazu führen könnte, dass Unternehmen über 10 Prozent weniger von dem Teil ihres Gewinns zur Verfügung hätten, der für Investitionen gedacht war.[17] Der Blick ins Ausland zeigt, dass es eine Vermögenssteuer nur noch in wenigen Ländern gibt, darunter Frankreich, Norwegen oder die Schweiz. In vielen Ländern wurde die Steuer in den vergangenen Jahren abgeschafft oder, wie in Deutschland, ausgesetzt, etwa in Italien, Österreich oder den Niederlanden.[18] In Deutschland ist die Mehrheit für die Wiedereinführung einer Vermögenssteuer: Laut einer Forsa-Umfrage im Jahr 2024 halten 62 Prozent der Menschen eine Abgabe auf Vermögen über 1 Million Euro bei Privatpersonen und Unternehmen für sinnvoll.[19]

Knapp die Hälfte der Vermögen in Deutschland wird nicht erarbeitet, sondern vererbt. Schade eigentlich, dass bei den Stellenanzeigen so selten ein Job als »Firmenerbe« ausgeschrieben ist …

Eine weitere Steuer, über die viel diskutiert wird, ist die Erbschaftssteuer – nicht nur, weil knapp die Hälfte der Vermögen in Deutschland nicht erarbeitet, sondern vererbt werden, sondern auch, weil einzelne Regelungen der Erbschaftssteuer verfassungswidrig sind, wie das Bundesverfassungsgericht beziehungsweise der Bundesfinanzhof 2006,[20] 2014[21] und zuletzt 2017[22] geurteilt haben. Insgesamt erben in Deutschland relativ wenige Menschen – laut einer Untersuchung des Deutschen Instituts für Wirtschaftsforschung von 2021 hatte nur jeder Zehnte der Befragten innerhalb der 15 Jahre zuvor etwas geerbt oder etwas geschenkt bekommen. Und die reichsten 20 Prozent der Deutschen erben drei- oder viermal so viel wie alle anderen. Es profitieren also vor allem diejenigen von Erbschaften oder Schenkungen, die sowieso schon vermögend sind. Der durchschnittliche Betrag, der in Deutschland vererbt wird, liegt bei 32.000 Euro.[23] Schätzungen zufolge beläuft sich das gesamte Erbvolumen, einschließlich Schenkungen, auf etwa 400 Milliarden Euro pro Jahr.[24] So haben es das Deutsche Institut für Wirtschaftsforschung (DIW) und das Wirtschafts- und Sozialwissenschaftliche Institut (WSI) ausgerechnet.

Statistiken der staatlichen Institutionen zeigen jedoch, dass die steuerlich erfassten Vermögensübertragungen durch Erbschaften und Schenkungen im Jahr 2023 nur bei 121,5 Milliarden Euro lagen, ein Anstieg von 19,8 Prozent im Vergleich zum Vorjahr,[25] wobei die Schenkungen mit 60,3 Milliarden Euro einen erheblichen Anteil ausmachten.[26] Die Zahlen zeigen, dass es eine deutliche Diskrepanz zwischen den geschätzten und den steuerlich erfassten Beträgen gibt. Der Grund: Viele Erbschaften fallen unter die Freibeträge, sind daher nicht steuerpflichtig und erscheinen nicht in den offiziellen Statistiken.

Die Einnahmen aus der Erbschafts- und Schenkungssteuer beliefen sich 2023 auf 11,8 Milliarden Euro – ein Plus von 3,9 Prozent im Vergleich zum Vorjahr.[27] Insgesamt aber nicht besonders viel, wenn man sich anschaut, wie hoch der Gesamtbetrag an Steuern ist, den der deutsche Staat im Jahr 2023 eingenommen hat: 916 Milliarden Euro.[28]

Der Verein Finanzwende e. V. kritisiert die gegenwärtige Form der Erbschaftssteuer als ungerecht, da bei größeren Erbschaften niedrigere Steuern gezahlt werden: Bei Erbschaften und Schenkungen von über 20 Millionen Euro ist ein durchschnittlicher Steuersatz von 2,8 Prozent fällig, wohingegen bei Erbschaften und Schenkungen unter 20 Millionen die Belastung bei durchschnittlich 9 Prozent liegt. Hier sehen wir also das Gegenteil einer progressiven Besteuerung. Das liegt daran, dass es für große Vermögen umfangreiche Ausnahmen und Freibeträge gibt, insbesondere für Betriebs- und

Immobilienvermögen. Diese Ausnahmen sind auch der Grund dafür, dass die derzeitige Berechnung der Erbschaftssteuer teils verfassungswidrig ist. Die Politik versuchte sich daher mehrmals ohne Erfolg an Reformen der Erbschaftssteuer.[29]

Einige Experten – darunter Katja Rietzler vom Institut für Makroökonomie und Konjunkturforschung (IMK) – fordern daher, die Freibeträge abzuschaffen und hohe Schenkungen und Erbschaften progressiv, und damit stärker zu besteuern.[30] Die Freibeträge variieren extrem, so können Ehepartner ein Vermögen von 500.000 Euro steuerfrei erhalten, für Eltern gelten nur 100.000, für Geschwister 20.000 Euro. Es gibt aber auch Stimmen, die die Erbschaftssteuer abschaffen oder absenken wollen. Christian Ramthun, Korrespondent im Hauptstadtbüro der *Wirtschaftswoche*, nennt die Erbschaftssteuer eine »Todessteuer« und kritisiert, dass der Staat nicht das Recht habe, Vermögen, das zu Lebzeiten aus versteuertem Geld aufgebaut wurde, nochmals zu versteuern.[31]

Der Vorstand der Stiftung Familienunternehmen, Rainer Kirchdörfer, plädiert in einem Interview mit der *ZEIT* für ein Beibehalten der Ausnahmen für große Betriebsvermögen, da er die Übertragung von Familienunternehmen an die nächste Generation als Grundlage unseres Wohlstands sieht und eine zu hohe Besteuerung diese Basis gefährden würde.[32]

Die Haltungen zur Erbschaftssteuer sind also ziemlich gegensätzlich. Zusammengefasst halten die Befürworter der Erbschaftssteuer geerbtes Vermögen für ein leistungsloses, unverdientes Einkommen. Sie sehen größere Teile dieses Vermögens beim Staat besser aufgehoben beziehungsweise wollen diese zum Wohl der Allgemeinheit einsetzen. Die Gegner einer Erbschaftssteuer sehen das Erben als Grundlage für die Bewahrung von Familientraditionen an, die eine der Säulen unseres Wohlstands ist. Auch wird es als Recht des Erblassers angesehen, über den Verbleib seines Vermögens nach seinem Ableben entscheiden zu dürfen.

Es gibt eine Kaffeesteuer. Aber keine Angst: Auf der Steuererklärung muss man nicht angeben, ob Hafer-, Mandel- oder Kuhmilch …

Neben den direkten Steuern, die individuell berechnet werden und die jeder Steuerzahler entweder auf dem Steuerbescheid oder der Gehaltsabrechnung sieht, gibt es auch die indirekten Steuern. Dazu gehören die bereits angesprochene Tabaksteuer, die Mineralölsteuer, die Kaffeesteuer, die Stromsteuer oder die Umsatzsteuer, die übrigens ein knappes Drittel der gesamten Steuereinnahmen des Staates ausmacht. Die indirekten Steuern sind für jeden Konsumenten gleich hoch, ganz unabhängig vom Gehalt. Sie wirken regressiv, belasten also Haushalte, die nur wenig Geld zur Verfügung haben, stärker, da diese prozentual mehr von ihrem Einkommen an indirekten Steuern zahlen, weil sie in der Regel nahezu ihr gesamtes Einkommen ausgeben und kaum sparen. Hier wird ersichtlich, dass das deutsche Steuersystem nicht durchgehend progressiv ist. Während Menschen mit höheren Einkommen bei direkten Steuern stärker belastet werden, trifft die Last der indirekten Steuern vor allem Geringverdiener. Insgesamt ist die Debatte um die Steuern stark geprägt vom persönlichen Gerechtigkeitsempfinden. Daher dürfte es sehr schwierig sein, ein System zu entwickeln, mit dem jeder Bürger zufrieden ist.

Und die Parteien?

Die **Union** möchte Menschen mit niedrigen und mittleren Einkommen entlasten. Der Einkommensteuertarif soll schrittweise gesenkt werden und der Spitzensteuersatz später greifen. Die Sozialversicherungsbeiträge sollen sinken und wieder Richtung 40 Prozent gehen. Überstundenzuschläge bei Vollzeitarbeit bleiben steuerfrei. Die Mehrwertsteuer für die Gastronomie wollen CDU/CSU – wie während der Pandemie – wieder auf 7 Prozent senken. Die Unternehmenssteuern sollen gesenkt werden, um Investitionen zu ermöglichen. Bei der Grunderwerbs- und Erbschaftssteuer setzt die Union auf höhere Freibeträge. Eine Vermögenssteuer lehnt sie ab, auch das Ehegattensplitting soll bleiben.

Die **SPD** möchte die Einkommenssteuer für Spitzenverdiener erhöhen. Für mittlere und geringe Einkommen soll sie abgesenkt werden, sodass 95 Prozent der Bürger weniger Steuern zahlen. Außerdem strebt die Partei eine gerechte Erbschaftssteuer und die Wiedereinführung einer Vermögenssteuer an – mit einem maßvollen, einheitlichen Steuersatz von 1 Prozent für sehr hohe Vermögen an. Der Soli soll in seiner jetzigen Form beibehalten werden. Die SPD möchte die Mehrwertsteuer auf Lebensmittel dauerhaft senken – von 7 auf 5 Prozent.

Die **Grünen** setzen auf eine globale Milliardärs-Steuer, eine fairere Erbschaftssteuer, eine gerechte Immobilienbesteuerung ohne Schlupflöcher oder eine Vermögenssteuer. Die Arbeitnehmerpauschbeträge in der Einkommenserklärung sollen auf 1.500 Euro angehoben werden. Für Alleinerziehende und Menschen mit niedrigen Einkommen soll es Steuergutschriften geben. Das Ehegattensplitting soll geschlechtergerecht reformiert werden, für Neu-Ehen soll es eine individuelle Besteuerung mit übertragbarem Grundfreibetrag geben, für bestehende Ehen ändert sich nichts. Die Steuerlast von Alleinerziehenden soll durch einen Freibetrag gesenkt werden.

Die **FDP** möchte die Steuerlast für die Bürger und Unternehmen reduzieren. Der Solidaritätszuschlag soll für alle entfallen. Die Einkommensteuer braucht einen »Tarif auf Rädern«, der sich jedes Jahr automatisch an die Inflation anpasst und die kalte Progression zuverlässig ausgleicht. Der Spitzensteuersatz soll erst bei deutlich höheren Einkommen fällig werden, wodurch der gesamte Tarif auch für geringere Einkommen flacher verlaufen würde. Zur Wiederherstellung der Wettbewerbsfähigkeit der deutschen Wirtschaft will die FDP die Unternehmenssteuern von derzeit rund 30 Prozent auf 25 Prozent senken. Die Einführung einer Vermögensteuer lehnt die FDP ab.

Die **Linke** möchte Umverteilung stärken und Milliardäre abschaffen. Sie will den Freibetrag in der Einkommensteuer auf 16.800 Euro erhöhen, damit würden alle entlastet, die bis etwa 6.800 Euro brutto verdienen. Hohe Einkommen oberhalb von knapp 300.000 Euro werden dafür stärker belastet. Bei der Erbschaftsteuer setzt die Linke auf die Abschaffung der Ausnahmen und einen höheren Spitzensteuersatz für Millionenerbschaften. Die Partei möchte eine Übergewinnsteuer und die Wiedereinführung der Vermögensteuer. Der Steuersatz soll von 1 Prozent für Vermögen oberhalb von 1 Million bis 5 Prozent für Vermögen oberhalb von 50 Millionen betragen. Für Vermögen oberhalb von 1 Milliarde Euro ist ein Sondersteuersatz von 12 Prozent vorgesehen. Für Betriebsvermögen sollen Freibeträge von 5 Millionen Euro gelten. Die Körperschaftssteuer soll auf 25 Prozent erhöht werden. Außerdem ist die Linke für europaweite Mindestsätze für Unternehmenssteuern, um Steueroasen auszutrocknen. Förderung durch den Staat und die Gesellschaft soll nicht nur Ehepaaren, sondern allen zugutekommen, die mit Kindern oder Pflegebedürftigen leben. Die Linke will das Ehegattensplitting durch eine Individualbesteuerung ersetzten, wobei das nicht ausgeschöpfte steuerliche Existenzminimum zwischen Eheleuten bzw. Lebenspartner*innen übertragbar sein soll. Die Ehe soll durch Wahlverwandtschaften und Co-Elternschaft ergänzt werden. Die Mehrwertsteuer für Grundnahrungsmittel und für Bus und Bahn soll abgeschafft werden.

Die **AfD** möchte das Steuersystem umfassend reformieren. Sie fordert analog zur Schuldenbremse eine verbindliche Steuer- und Abgabenbremse im Grundgesetz. Der progressive Anstieg der Einkommenssteuer soll durch Steuerstufen abgelöst werden, die geringe und mittleren Einkommen entlastet, zum Beispiel durch die Abschaffung der CO_2-Abgabe und der Erhöhung des einkommensteuerlichen Grundfreibetrags auf 15.000 Euro. Das Ehegattensplitting soll durch ein Familiensplitting ergänzt werden, bei dem das Einkommen auf alle Familienmitglieder verteilt wird. Für Unternehmen sollen zum Beispiel Substanzsteuern und der Solidaritätsbeitrag abgeschafft werden. Außerdem sollen Erbschafts- und Schenkungssteuer gestrichen werden, eine Reaktivierung der Vermögenssteuer soll es nicht geben.

Das **BSW** will eine große Steuer- und Abgabenreform, die Geringverdiener und die Mittelschicht entlastet. Außerdem eine Besteuerung auf Großvermögen über 100 Millionen Euro und höhere Steuern auf Aktienrückkäufe und ausgeschüttete Gewinne. Das BSW setzt sich für den Erhalt des Ehegattensplittings ein und will die Steuerbelastung für verheiratete Paare gering halten.

KAPITEL 7

Das bisschen Haushalt kann so schlimm nicht sein

Bundeshaushalt und Schuldenbremse

Im Haushaltsstreit haben Habeck und Lindner sich sogar Briefe geschrieben. Hätte man diese Bromance verfilmt, dann wohl unter dem Titel »PS: Ich hasse dich!«

Über kaum etwas anderes wurde im politischen Berlin in den vergangenen Jahren so viel gestritten wie über den Haushalt. Kein Wunder, es ging ja auch ums Geld! Im Haushaltsplan finden sich bekanntlich die Einnahmen und Ausgaben des Staates. Daraus ergibt sich, wie viel Geld die Regierung ausgeben will und wofür. Und jedes Ministerium, ob es das Verteidigungs-, das Familien- oder das Innenministerium ist, möchte dabei möglichst viel Geld für die eigenen Projekte herausschlagen. Das kennen wir so ähnlich auch von zu Hause: Auch in unserer privaten Haushaltskasse gibt es jeden Monat eine verfügbare Summe, die wir ausgeben können – für fixe Kosten wie Miete, Strom, Kreditraten oder Versicherungen und für variable Ausgaben, beispielsweise Urlaub, Kleidung oder Spielzeug. Und was gekauft werden soll, darüber gibt es auch in manch einer Familie Streit. Im weitesten Sinne sieht das beim Staat ähnlich aus, auch wenn das Schauspiel, das uns die Ampel-Regierung in der letzten Legislaturperiode geboten hat, durchaus ein Außergewöhnliches war. Es bestand aus Forderungen, Ablehnungen, Kompromissen, Diskussionen, Vetos, Briefen, Reaktionen, Fragen, geplanten und abgesagten Pressekonferenzen – und Machtworten! Puh, was für ein Hickhack!

Die Kurzfassung beginnt im Frühjahr 2023 mit einem ungewöhnlichen Briefwechsel zwischen Finanzminister Lindner und Wirtschaftsminister Habeck. Letzterer, eigentlich per du mit Lindner, verschickt einen Brief mit der Anrede »Sehr geehrter Kollege« und zeigt sich mit den Etat-Eckwerten, also den Budgets der Ministerien, die das Finanzministerium vorgelegt hat, unzufrieden – sorgt er sich doch um seine grünen Herzensprojekte. Lindner antwortet mit Ironie und Belehrungen, und von da an gibt es immer wieder Ärger um die Finanzen. Weil die Ampel sich uneins über die Ausgaben ist, muss die Präsentation des Haushalts abgesagt werden, Lindner schwört die Ministerien aufs Sparen ein. Zum Beispiel muss Familienministerin Paus beim Elterngeld kürzen und schießt später mit einer Blockade eines Steuerpakets des Finanzministers zurück. Wieder wird eine Pressekonferenz abgesagt, am Ende gibt Paus auf und Lindner bekommt seinen Willen – die Stimmung in der Koalition ist dafür mehr als verhagelt. Das ändert sich verständlicherweise nicht, als nun auch noch das Bundesverfassungsgericht Ende 2023 die gesamte Haushaltsplanung durcheinanderwirft, einen Tag bevor der Bundeshaushalt 2024 beschlossen werden soll. Der Knackpunkt: 60 Milliarden Euro, die eigentlich dafür gedacht waren, die Folgen der Corona-Krise besser bewältigen zu können. Weil das Geld während der Pandemie aber nicht ausgegeben wurde, wollte die Koalition es für einen Klimafonds nutzen und hatte dafür einen Nachtragshaushalt rückwirkend für das Jahr 2021 beschlossen. Das Bundesverfassungsgericht wertete dieses Manöver aber als Verstoß gegen das Grundgesetz. Langer Rede kurzer Sinn: Am Ende fehlen fast 30 Milliarden Euro. Geplante Einsparungen treffen die Bauern, die daraufhin wütend auf die Straße gehen und sogar Wirtschaftsminister Habeck auflauern, als der nach seinem Weihnachtsurlaub von einer Fähre wieder an Land gehen will. Da die Ministerien 2023 aber nicht alle eingeplanten Gelder ausgeben, freut sich die Regierung schlussendlich über mehr Geld als gedacht und kann einen Teil der Einschnitte für die Bauern zurücknehmen. Der Haushalt 2024 kann kommen!

Im Jahr 2024 folgt dann das nächste Kapitel des Haushaltsdramas, erneuter Streit um fehlendes Geld. Der Schnelldurchlauf: Es gibt wieder einen Brief und Forderungen nach »gemeinsamen Kraftanstrengungen«, der Kanzler bestellt die Minister ein, SPD und Grüne wollen mehr Schulden machen, die FDP sperrt sich, Christian Lindner gerät mit Olaf Scholz aneinander, es gibt eine Einigung, die wieder platzt – gefolgt von einem immerhin kleiner werdenden Finanzloch, neuen Vorschlägen, Gutachten, Rüffeln, einer weiteren Nicht-Einigung und dann einem dramatischen Finale: zunächst ein Etat-Entwurf mit einer bestehenden Finanzierungslücke von 12 Milliarden Euro. Der Haushalt 2025 sollte nun insgesamt rund 489 Milliarden Euro umfassen. Ein kurzer Vergleich zu den Vorjahren: 2023 waren es rund 457 Milliarden, im Pandemiejahr 2021 deutlich mehr, nämlich 557 Milliarden. Insgesamt ist der Haushalt seit den 1960er-Jahren bis heute stetig gewachsen. Im Jahr 2025 sollte, wie auch in den Jahren zuvor, der größte Teil der geplanten Ausgaben, nämlich rund 179 Milliarden Euro, in den Posten Arbeit und Soziales fließen (mehr als zwei Drittel davon waren für die Renten-Finanzierung geplant), gefolgt von rund 53 Milliarden, die für Verteidigung, und rund 50 Milliarden Euro, die für Digitales und Verkehr ausgegeben werden sollten.[1] Doch am Ende wurde aus ein bisschen Haushalt dann kein bisschen Haushalt. Statt einer Einigung gab es nämlich einen großen Knall, der das Ende der Koalition zur Folge hatte – damit fiel der Haushalt 2025 mangels Mehrheit im Bundestag bis auf Weiteres aus. Was diese chaotische Geschichte zeigt? Haushaltsbeziehungsstatus kompliziert!

Die Finanzen waren das größte Streitthema der Ampel. Ganz in der Tradition der altbekannten Regel: Die meisten Unfälle passieren im Haushalt ...

Aber wie kommt der Haushalt nun zustande? Im Kern geht es um alle Einnahmen und Ausgaben, die für das folgende Jahr anstehen. Im Haushaltsentwurf ist also aufgelistet, wie viel Geld die Regierung ausgeben will – und vor allem wofür. Es ist sozusagen das Regierungsprogramm, dargestellt in Zahlen. Dabei unterscheidet man feste Ausgaben, zum Beispiel für Personal oder auch Kosten für die Rentenversicherung, und Ausgaben, über die eine Regierung flexibel entscheiden und damit zeigen kann, welche politischen Akzente sie setzen und welche Ausgaben sie sich leisten will. Aus dem Haushaltsentwurf 2025 ging hervor, dass die damals noch bestehende Ampel-Koalition die Wirtschaft ankurbeln, Sozialleistungen erhalten und die internationale Sicherheitslage im Blick behalten wollte. Beispielsweise sollte das Verteidigungsministerium mehr Geld bekommen, um die NATO-Vorgabe einzuhalten, mindestens 2 Prozent der jährlichen Wirtschaftsleistung für Verteidigung auszugeben. Bundespolizei und Sicherheitsbehörden sollten gestärkt und das Kindergeld erhöht werden, außerdem waren steuerliche

Entlastungen geplant. Das ist aber nur eine sehr grobe Zusammenfassung der Schwerpunkte.

Grundsätzlich enthält der Haushaltsplan extrem viele Posten, deshalb hat er auch rund 2.500 Seiten und ist in einen Gesamtplan und mehrere Einzelpläne gegliedert. In Letzteren werden für jedes Ministerium die Einnahmen und Ausgaben detailliert angegeben.

Geld bekommt der Staat vor allem durch Steuern, die Bürger und Unternehmen zahlen, dazu zählen die Tabak- und Alkoholsteuer aber auch andere Abgaben wie etwa der Solidaritätszuschlag. Im Jahr 2023 waren das insgesamt 915,8 Milliarden Euro, dahinter verbergen sich Einnahmen von Bund, Ländern und Gemeinden.[2] Weil der Haushalt aber immer für das Folgejahr geplant wird, muss das Finanzministerium schon vorher absehen können, wie viel Geld ungefähr eingenommen werden wird. Deshalb schauen sich Sachverständige die gesamtwirtschaftliche Entwicklung an und schätzen die Steuereinnahmen. Wenn es dem Land gerade gut geht, gehen die Experten davon aus, dass Unternehmen mehr Gewinne machen und somit mehr Unternehmenssteuern bezahlen. Wenn viele Menschen gute Jobs haben, zahlen sie mehr Einkommenssteuern, und wenn die Deutschen mehr Geld auf dem Konto haben, geben sie auch mehr aus, was sich positiv auf die Einnahmen aus der Mehrwertsteuer auswirkt, die ja auf fast alles erhoben wird, was wir kaufen. Das heißt, in solchen Jahren gehen die Experten von höheren Steuereinnahmen aus.

Trotzdem ist es in den meisten Jahren so, dass die Einnahmen nicht ausreichen, um alle geplanten Vorhaben umzusetzen, dann muss der Staat zur Finanzierung Kredite aufnehmen, also Schulden machen. Wie hoch sich der Staat verschulden darf, ist über das Grundgesetz geregelt, aber auch über Vorgaben der Europäischen Union, dem Staatenbündnis aus 27 Mitgliedsstaaten, die gemeinsame politische Ziele verfolgen und zu dem auch Deutschland gehört. Der Grund für gemeinsame europäische Regeln zur Staatsverschuldung ist die Europäische Währungsunion. Davor hatte jedes Land seine eigene Währung, Deutschland zum Beispiel die D-Mark. Die Gründungsstaaten der EU haben sich aber schon 1992 mit dem Vertrag von Maastricht auf eine europäische Zentralbank und eine gemeinsame Währung geeinigt: den Euro. Um die Stabilität der gemeinsamen Währung zu garantieren, wurden verschiedene Regeln festgelegt, an die sich die Länder, die den Euro haben wollen, halten müssen. Dazu gehören auch gesunde Staatsfinanzen. Demnach darf die Schuldenquote einen Wert von 60 Prozent nicht übersteigen, das heißt, die Höhe der Staatsschulden muss unter 60 Prozent des Bruttoinlandsprodukts (BIP) liegen, die jährliche Neuverschuldung bei maximal 3 Prozent des BIP.

Das Bruttoinlandsprodukt erfasst den Wert aller Waren- und Dienstleistungen, die in einem Land in einem bestimmten Zeitraum produziert beziehungsweise erbracht werden, von Brötchen bis Beratungsdienstleistungen. Nehmen wir ein vereinfachtes Beispiel: Wenn das BIP von Deutschland 4 Billionen Euro pro Jahr betragen würde, dürften die Staatsschulden nicht höher als 2,4 Billionen Euro und die Neuverschuldung nicht höher als 0,12 Billionen Euro, also 120 Milliarden Euro, jährlich sein. Das sind Zahlen, da kann einem schwindelig werden, oder?

Typische Befürworter der Schuldenbremse stehen einfach total aufs Bremsen, außer vielleicht beim Tempolimit ...

Weil die Staatsschulden unter anderem wegen der Finanz- und Wirtschaftskrise in den Jahren ab 2007 viel zu hoch waren, hat Deutschland sich mit der 2009 im Grundgesetz festgeschriebenen Schuldenbremse[3] noch strengere Regeln auferlegt, um die Politiker zu noch größerer Sparsamkeit zu zwingen. Mit der Schuldenbremse wird festgelegt, dass die jährliche Schuldenaufnahme durch den Bundeshaushalt nur 0,35 Prozent des Bruttoinlandsprodukts betragen darf. Zugleich gilt für die Länder durch die Schuldenbremse seit 2020 faktisch ein Neuverschuldungsverbot, vielmehr dürfen sie keine konjunkturunabhängigen Schulden mehr machen. Im oben genannten Beispiel wären es dann nicht mehr 120 Milliarden, sondern nur noch 14 Milliarden, die die Bundesregierung an neuen Schulden aufnehmen dürfte.

Die Schuldenbremse hat dazu geführt, dass das Staatsdefizit ab 2011 nur minimal war. Zeitgleich sind aber die Staatsausgaben ab 2011 nicht gesunken, sondern gestiegen. Trotzdem kam es von 2014 bis 2019 sogar zur sogenannten »Schwarzen Null«, das heißt, dass gar keine neuen Schulden gemacht wurden, die Einnahmen des Staates also die Ausgaben deckten. Anders gesagt, die gestiegenen Staatsausgaben wurden durch höhere Einnahmen aus Steuern gedeckt, und nicht durch Schulden finanziert. Übrigens handelt es sich bei der »Schwarzen Null« nur um ein politisches Ziel, das im Gegensatz zur Schuldenbremse nicht im Grundgesetz festgeschrieben ist, aber bis zur Corona-Pandemie freiwillig eingehalten wurde. 2020 aber wurde die Schuldenbremse dann wegen der Pandemie ausgesetzt. Auch das ist laut Grundgesetz in Ausnahmefällen erlaubt. Bei Naturkatastrophen, unverschuldeten Notlagen und für den Fall einer Rezession darf der Staat trotz Schuldenbremse in größerem Umfang neue Schulden machen. Dazu braucht es allerdings einen Beschluss der Mehrheit der Mitglieder des Bundestages, so regelt es Artikel 115, Absatz 2 des Grundgesetzes. Das war in den Jahren 2020 bis 2023 der Fall, anfangs, um auf die Notlage der Corona-Pandemie zu reagieren, später dann auf die Folgen des russischen Angriffskrieges gegen die Ukraine und die daraus resultierende Energiekrise.

Neben dem regulären Haushalt gibt es auch noch Sondervermögen, also Nebenhaushalte, die eingerichtet werden, um umfangreiche und mehrjährige Maßnahmen für einen ganz bestimmten Zweck zu finanzieren. Diese werden wirtschaftlich getrennt vom übrigen Bundesvermögen verwaltet und auch abgerechnet. Die finanziellen Mittel dafür können aus den eigenen Einnahmen oder dem normalen Haushalt stammen – und es dürfen dafür auch Kredite aufgenommen werden. Ein Beispiel dafür ist das Sondervermögen für die Bundeswehr, auch um den Vorgaben des Verteidigungsbündnisses NATO gerecht zu werden. 2002 wurde ja innerhalb der NATO das »Zwei-Prozent-Ziel« gesetzt, das vorsieht, dass Mitglieder des Bündnisses einen angemessenen Anteil ihrer finanziellen Mittel in die Verteidigung investieren. Als Richtwert gelten 2 Prozent des Bruttoinlandsprodukts. Deutschland hat der NATO für 2024 rund 90 Milliarden Euro an Verteidigungsausgaben gemeldet, das sind etwas über 2 Prozent des Bruttoinlandsprodukts. Laut Bundeshaushalt 2024 sind für die Verteidigung aber nur rund 50 Milliarden Euro vorgesehen, sodass der fehlende Rest aus dem Sondervermögen aufgestockt werden muss.

Wie viel und wofür der Staat auch immer Geld ausgeben will – auf Basis der geschätzten Einnahmen und nachdem die jeweiligen Ministerien ihre geplanten Projekte und die damit zusammenhängenden Kosten angemeldet haben, erstellt das Finanzministerium einen Haushaltsentwurf, der von der Bundesregierung beraten und beschlossen werden muss. Im Anschluss muss der Entwurf den Bundestag und den Bundesrat durchlaufen, um am Ende in Kraft treten zu können. Der Bundesrat kann allerdings lediglich Bedenken zum Ausdruck bringen, die finale Entscheidungshoheit liegt beim Bundestag.

Wenn eine Regierung im laufenden Haushaltsjahr feststellt, dass der geplante Haushalt zur Finanzierung nicht ausreicht, hat die Regierung die

Möglichkeit, mit ihrer Mehrheit im Bundestag einen Nachtragshaushalt zu beschließen, als nachträgliche Änderung eines bereits vom Parlament beschlossenen Bundeshaushalts. Gründe dafür können sein, dass sich zum Beispiel unvorhersehbare Konflikte wie ein Krieg oder eine andere Krise entwickelt haben, oder es bei bestimmten Vorhaben nicht wirklich klar ist, wie viel Geld dafür benötigt wird. Im Hinblick auf die Migration etwa lässt sich schwer sagen, wie viele Flüchtlinge kommen, wie lange sie bleiben oder wer die anstehenden Kosten trägt – Bund, Länder oder Gemeinden.

Aber wie steht es nun um den deutschen Haushalt und unsere Staatsschulden – auch im internationalen Vergleich? Mithilfe der sogenannten Schuldenuhr können wir uns sekundengenau anschauen, wie hoch die Schulden gerade liegen. Einen öffentlich zugänglichen Zähler gibt es am Eingang der Zentrale der Interessenvereinigung »Bund der Steuerzahler Deutschland« in Berlin. Neben der von diesem Verein vorausgesagten Staatsverschuldung wird auch die Zunahme der Staatsschulden pro Sekunde angezeigt. Die Zahlen sind auch online einsehbar.[4] Wenn man Deutschlands Staatsschulden auf alle Einwohner des Landes umlegen würde, käme eine Pro-Kopf-Verschuldung von knapp 30.000 Euro heraus (Stand November 2024). Gar nicht so wenig! Im internationalen Vergleich steht Deutschland, was die Staatsverschuldung angeht, aber nicht schlecht da. Während sich die Staaten weltweit eher wieder mehr verschulden, wird die Schuldenquote in Deutschland vermutlich vom aktuellen Niveau von 62,9 Prozent (2023) schrittweise zurückgehen und künftig wieder unterhalb der EU-Grenze von 60 Prozent der Wirtschaftsleistung liegen. Die Staatsverschuldung vieler EU-Mitgliedsstaaten liegt deutlich über dieser Obergrenze, darunter Schwergewichte wie Frankreich und Italien, der EU-weite Durchschnitt lag im ersten Quartal 2024 bei 82 Prozent.[5]

Aber ist es sinnvoll, wenn Staaten Schulden machen, oder nicht? Darüber gibt es immer wieder Diskussionen. Und so manch einer neigt dazu, von Privathaushalten auf den Staat zu schließen. Wenn also Privatpersonen nicht dauerhaft über ihre Verhältnisse leben können, dann darf der Staat das auch nicht – so der moralische Appell! Die Frage ist nur, ob man Privathaushalte mit öffentlichen Haushalten gleichsetzen kann. Sparen hat in Deutschland – dank der Sparkassen – ja eine lange Tradition, war das 19. Jahrhundert doch geprägt von einer bürgerlichen Tugend der Sparsamkeit. Beispiele dafür sind die Einführung des Weltspartags 1924/25 nach der bitteren Erfahrung der Geldentwertung zu Beginn der Weimarer Republik,

Sparen für den Wiederaufbau Deutschlands nach dem Zweiten Weltkrieg, oder auch das Idealbild der sparsamen Hausfrau und sparsamen Kleinfamilie in den 1960er-Jahren.[6]

In Deutschland wird viel gespart – nur die Schweizer sparen deutlich mehr. Die Schweiz ist hier der absolute Experte – vor allem beim Sparen von deutschen Steuern …

Gespart wird in Deutschland tatsächlich mehr als in anderen EU-Ländern. Die deutschen Haushalte haben im Jahr 2023 10,4 Prozent ihres Einkommens gespart, viel mehr als die Bürger vieler anderer Industriestaaten. Die Österreicher liegen zum Beispiel bei 9,0 Prozent, die US-Amerikaner bei 4,7 Prozent, die Italiener bei 0,3 Prozent, die Schweizer allerdings bei stolzen 19,4 Prozent. Eine Sparquote von 10,4 Prozent bedeutet, dass die privaten Haushalte von 100 Euro an verfügbarem Einkommen 10 Euro und 40 Cent sparen.[7]

Allerdings läuft das Sparen in einem Privathaushalt etwas anders ab als in einem Staatshaushalt. Angenommen wir wollen uns auf Pump ein Auto kaufen, dann sparen wir nicht erst die gesamte Summe, sondern wir nehmen einen Kredit bei der Bank auf, kaufen unser Auto und zahlen den Kredit in regelmäßigen Raten inklusive der Zinsen an das Geldinstitut zurück. Der Staat hingegen nimmt keine Bankkredite auf, sondern finanziert sich über Staatsanleihen, die an der Börse gehandelt werden. Die Bürger können Staatsanleihen kaufen, verleihen damit ihr Geld über einen festgelegten Zeitraum an den Staat, zum Beispiel über drei, zehn oder dreißig Jahre, und bekommen dafür Zinsen. Wenn der Zeitpunkt kommt, an dem der Staat die Anleihen zurückzahlen muss, gibt er in der Regel neue Anleihen in gleicher Höhe aus, um die Rückzahlung der laufenden Anleihe zu finanzieren. Diesen Vorgang nennt man »Überwälzung« der Schulden. Wenn also keine *neuen* Schulden aufgenommen werden, bleibt der Schuldenberg einfach so groß wie vorher. Denn im Vergleich zu privaten Haushalten, die sich häufig wünschen, ihre Schulden irgendwann komplett getilgt zu haben, etwa vor Eintritt ins Rentenalter, das ein verringertes Einkommen mit sich bringt, gibt es für den Staat natürlich keine »Rente« und daher ist er auch nicht gezwungen, seine Schulden vollständig abzubauen. Stattdessen investiert der Staat in Straßen oder Schulen, verbessert damit die Infrastruktur und hofft, Investitionen attraktiv zu machen und das Wirtschaftswachstum anzukurbeln. Das hilft ihm, aus den Schulden »herauszuwachsen«. Der Wert einer in der Zukunft anstehenden Zahlung sinkt nämlich relativ mit stärkerem Wirtschaftswachstum und höherer Inflation, also dem Anstieg der Preise. Das heißt, dass 10 Millionen Euro heute einen anderen Wert haben als in 30 Jahren. Wenn man von einer durchschnittlichen Inflationsrate von 2 Prozent und einem durchschnittlichen Wirtschaftswachstum von 1 Prozent pro Jahr ausgeht, beläuft sich der Gegenwartswert einer heute ausgegebenen 30-jährigen zinsfreien Staatsanleihe in Höhe von 10 Millionen auf lediglich 4,1 Millionen Euro.[8] Das bedeutet natürlich trotzdem nicht, dass der Staat völlig maßlos mit Geld um sich werfen kann. Sinnvoll ist es, sich an der Schuldenquote zu orientieren. Sie gibt Staatsschulden in Prozent der jährlichen Wirtschaftsleistung an. Viele Ökonomen gehen davon aus, dass ein Staat eine nachhaltige Schuldenpolitik betreibt, wenn sich die Schuldenquote auf einem gewissen Niveau stabilisiert. Solange das der Fall ist, könnte demnach eine Regierung auch dauerhaft mehr ausgeben, als sie einnimmt. Die Frage, ab welchem Wert die Schuldenquote für ein Land gefährlich werden kann, ist unter Ökonomen umstritten. Wenn die Verschuldung und die Zinsbelastung aber immer weiter steigt, kann eine Staatspleite drohen. Doch was heißt das eigentlich?

Bei einem Unternehmen ist es leichter zu erklären, was eine Pleite bedeutet: Die Firma kann Rechnungen oder Zinsen nicht mehr bezahlen und erhält auch von den Banken keine Kredite mehr. Meist folgt dann eine Insolvenz, also die gerichtlich festgestellte fehlende Fähigkeit, Schulden oder Verbindlichkeiten zu begleichen. Wenn das Unternehmen nicht mehr zu retten ist, wird es in der Regel aufgelöst. Ein Staat hingegen verschwindet nicht einfach von der Landkarte. Und ab wann ein Staat genau als bankrott gilt, dafür gibt es keine ganz klaren Vorgaben. Aber wenn ein Land sehr hohe Schulden hat, immer neue Kredite aufnehmen muss, um alte Schulden zu begleichen oder Ausgaben zu finanzieren, und wenn es Kredite nur noch zu sehr hohen Zinsen bekommt, sodass die Schuldenquote immer schneller steigt, sind das Anzeichen, die darauf hindeuten, dass eine Staatspleite zumindest drohen könnte. Dabei ist es entscheidend, wie die Finanzmärkte die Situation eines Landes einschätzen. Denn wenn sie nicht mehr daran glauben, dass ein Staat seine Schulden dauerhaft und sicher bedienen kann, ist das gefährlich.

Die Zinsen sind ein gutes Stichwort: Denn auch wenn die Staatverschuldung nicht komplett abgebaut werden muss, bleiben die Zinskosten. Wenn man die Zinsausgaben ins Verhältnis zu den Steuereinnahmen setzt, ergibt sich die Zins-Steuer-Quote. Diese ist bis zum Jahr 2022 gefallen. 2022 kam es zur Zinswende, die Europäische Zentralbank (EZB) hat das Zinsniveau sehr stark angehoben, konkret von 0,5 Prozent im Juli 2022 auf 4,5 Prozent im September 2023. Damit wurden Kredite wieder teurer und Sparer haben wieder Zinsen auf ihre Geldanlagen bekommen. Dies führte im Umkehrschluss dazu, dass mehr Geld aus dem Bundeshaushalt verwendet werden musste, um die Zinsen der Staatsschulden zu bedienen. Seit dem Hoch im September 2023 sinken die Zentralbankzinsen zwar wieder, liegen aber Stand Oktober 2024 immer noch über dem Niveau von Ende 2008.

Befürworter des Schuldenmachens sehen in Niedrigzinszeiten einen guten Zeitpunkt, um sich zu verschulden, weil sich das Schuldenmachen dann quasi lohnt, wenn die Zinsen kleiner sind als die Wirtschaftswachstumsrate. Dagegen spricht, dass sich das Verhältnis von Zinsen und Wirtschaftswachstum schnell ändern kann und es sich somit um eine unsichere Wette auf die Zukunft handle.

Um die aktuelle Situation einordnen zu können sei erwähnt, dass im November 2024 der jährliche Zins auf zehnjährige Staatsanleihen bei 2,1 Prozent seitens des Staates liegt. Das Wirtschaftswachstum bewegt sich zeitgleich um 0 Prozent.

Häufig wird die Frage gestellt, inwieweit nachfolgende Generationen unter der Schuldenbelastung leiden.

Grundsätzlich geht es bei der Generationengerechtigkeit darum, dass Ressourcen und Lebenschancen unter den Generationen gerecht verteilt werden. Das heißt, dass nachfolgende Generationen nicht durch politische Entscheidungen der heutigen Generation benachteiligt werden – in diesem Fall also durch übermäßige Schulden. Die Belastung hängt davon ab, ob die künftigen Generationen von dem geliehenen Geld und den damit getätigten Ausgaben profitieren oder nicht. Man unterscheidet dabei zwischen konsumtiven und investiven Ausgaben. Konsumtive sind solche, die im laufenden Haushaltsjahr von Nutzen sind, zum Beispiel Entlastungspakete für die Bürger während der Energiekrise oder Zuschüsse zum Deutschlandticket – also Geld, das einmalig ausgegeben wird und dann weg ist. Investive Ausgaben sollen perspektivisch einen Effekt haben, einen Mehrwert in der Zukunft liefern, also etwa Investitionen in Bildung oder den Straßenverkehr. Und von Vermögenswerten wie Straßen oder Schulen haben ja auch die künftigen Generationen etwas. Der Investitionsbedarf in Deutschland ist jedenfalls riesig: Einer aktuellen Studie des Instituts der deutschen Wirtschaft und des Instituts für Makroökonomie und Konjunkturforschung (IMK) der Hans-Böckler-Stiftung zufolge kommen Experten zu dem Schluss, dass Deutschland 600 Milliarden Euro benötigt, um in den nächsten zehn Jahren das Bildungssystem sowie den Zustand von Straßen und Schieneninfrastruktur zu verbessern, den Investitionsstau in den Kommunen zu beheben und in Klimaschutz und Wohnungsbau zu investieren.[9]

Bleibt die Frage, ob die Schuldenbremse im Grundgesetz in ihrer jetzigen Form sinnvoll ist, eine Reform wird jedenfalls immer wieder diskutiert. Für die Schuldenbremse spricht, dass sie zu einer nachhaltigen Haushaltsführung zwingt, was das Risiko einer exzessiven Staatsverschuldung und daraus folgender Krisen verringert. Zudem führen hohe Staatsschulden zu wachsenden Zinszahlungen, die den Spielraum für Investitionen einschränken können. Außerdem wird die Schuldenbremse als ein Instrument für mehr Fairness gegenüber den nachfolgenden Generationen angesehen. Kritiker der Schuldenbremse bemängeln dagegen das Ausbremsen dringend benötigter Investitionen in Infrastruktur, Bildung, Digitalisierung und Klimaschutz, denn ohne Investitionen tragen nachfolgende Generationen nicht nur die Zinslast, sondern auch die Folgen schlechter Infrastruktur und vernachlässigter ökologischer Probleme. Außerdem würde die Schuldenbremse die nötige Flexibilität vermindern, die es braucht, um auf Krisen reagieren zu können. Ein möglicher Mittelweg wäre nicht die Abschaffung, sondern eine Reform der Schuldenbremse, diesbezüglich wird die Einführung der sogenannten goldenen Regel diskutiert, die besagt, dass Zukunftsinvestitionen kreditfinanziert werden dürfen, die Schuldenbremse aber für konsumtive Ausgaben wie die Rente weiter gelten soll. Somit würde man dann wieder zu der Regelung zurückkehren, die zwischen 1969 und 2009 sogar im Grundgesetz verankert war.

Eine Studie der Bertelsmann-Stiftung kommt aktuell zu dem Schluss, dass die konsumtiven Ausgaben, also zum Beispiel für Beschäftige im öffentlichen Dienst und Sozialausgaben, in den letzten Jahrzehnten deutlich stärker gewachsen sind als die Gesamtwirtschaft. Gleichzeitig liegen die öffentlichen Nettoanlageinvestitionen seit 1997 nahe null, demnach kompensiert der Staat lediglich den Verschleiß der bestehenden Infrastruktur. Dazu kommt, dass Deutschland vor großen Herausforderungen steht: Um die Verteidigungsfähigkeit zu stärken, braucht es eine Erhöhung des Verteidigungsetats; auch der demografische Wandel erfordert höhere finanzielle Mittel für das Sozialversicherungssystem; es braucht Investitionen in die Digitalisierung, die Bildung und die Forschung. Daher empfehlen die Experten wegen der niedrigen Schuldenquote eine Kreditfinanzierung der Investitionen und damit eine maßvolle Reform der Schuldenregel im Grundgesetz.[10]

Und was sagt die Bevölkerung? Laut einer Umfrage von Mitte 2024 will eine knappe Mehrheit der Deutschen an der Schuldenbremse festhalten.[11] Da die Schuldenbremse im Grundgesetz verankert ist, bräuchte es für eine Reform eine Zwei-Drittel-Mehrheit in Bundestag und Bundesrat.

Neben der Entscheidung, wie viel Geld für welchen Zweck ausgegeben werden soll, gilt es zu überlegen, wie sinnvoll bestimmte Ausgaben sind. Das überprüft der Bundesrechnungshof. Er schaut sich die gesamte Haushalts- und Wirtschafsführung des Bundes an und beanstandet unter anderem, wenn Gelder nicht für den Zweck ausgegeben werden, für den sie eigentlich vorgesehen waren, oder die Wirkung von bestimmten Programmen nicht nachweisbar ist. Der Bundesrechnungshof ist unabhängig und nur dem Gesetz unterworfen. Zusätzlich schaut der Bund der Steuerzahler dem Staat auf die Finger – eine Lobbyorganisation, die nicht nur die schon oben genannte Schuldenuhr betreibt, sondern auch jährlich das sogenannte *Schwarzbuch* herausbringt, in dem Fälle öffentlicher Geldverschwendung aufgelistet sind, über die sich viele Menschen ärgern dürften.[12] Ob es teure Baumaßnahmen sind, uferlose Kostenexplosionen oder auch kuriose Projekte – es handelt sich um solche Investitionen, bei denen zumindest laut Bund der Steuerzahler nicht verantwortungsvoll mit Steuergeldern umgegangen worden ist. Ein Beispiel aus dem *Schwarzbuch* 2024/25: Eine millionenschwere Brücke für Fledermäuse, die es den Tieren ermöglichen soll, sicher eine Autobahn zu überqueren. Ob Fledermäuse aber so eine Brücke überhaupt nutzen? Unklar. Immerhin, auch Radfahrer sollen die Brücke queren dürfen, für sie gibt es allerdings bereits eine Brücke ein paar hundert Meter weiter. Nun denn.

Und die Parteien?

Die **Union** hält an der Schuldenbremse des Grundgesetzes fest. Die Schulden von heute sind nach Ansicht der Partei die Steuererhöhungen von morgen.

Die **SPD** fordert, dass die Schuldenbremse, die im Programm Schuldenregel heißt und das Streitthema in der Ampel-Regierung war, so reformiert wird, dass sie Investitionen in die Zukunft und Wohlstand nicht behindert.

Die **Grünen** befürworten eine Reform der Schuldenbremse, vor allem, um in Klimaschutz, Infrastruktur und Bildung zu investieren. Trotzdem soll die Gesamtverschuldung dauerhaft tragfähig bleiben. Bei konsumtiven Ausgaben soll es bei den strikten Regeln bleiben. So soll beispielsweise die Sanierung eines Schulgebäudes kreditfinanziert werden, Gehälter für Lehrer aus dem regulären Etat kommen.

Für die **FDP** ist die Schuldenbremse ein zentrales Element für solide Staatsfinanzen und Generationengerechtigkeit. Die Partei lehnt es ab, die Schuldenbremse zu lockern oder zu reformieren. Investitionen des Bundes sind auch unter der Schuldenbremse möglich. Seit der Corona-Pandemie ist die Staatsquote deutlich zu hoch. Der Staat muss sich wieder auf seine wesentlichen Aufgaben konzentrieren: Innere und äußere Sicherheit, hervorragende Bildung, eine schlanke und digitale Verwaltung, moderne Infrastruktur, eine zuverlässige und zielgenaue soziale Absicherung bei Bedürftigkeit.

Die **Linke** kritisiert die Schuldenbremse scharf und fordert deren Abschaffung, weil sie notwendige Investitionen in Bildung, Infrastruktur und einen klimagerechten Umbau der Gesellschaft verhindere. Sie will zurück zur »Goldenen Regel«, wonach Investitionen über Kredite finanziert werden können. Hinzu kommen für die Bundesländer Einnahmen aus der Vermögensteuer, die nach dem Konzept der Linken bei 108 Milliarden Euro pro Jahr lägen.

Die **AfD** fordert eine Steuern- und Abgabenobergrenze und will den Staatsverbrauch senken. Sie befürwortet die Schuldenbremse und kritisiert deren Aussetzung in Krisenzeiten. Die AfD strebt die schwarze Null an. Sie fordert eine Haushaltsdisziplin, die ohne zusätzliche Verschuldung auskommt, und die Einführung eines Straftatbestands für Haushaltsuntreue. Die Partei will Subventionen abbauen oder zeitlich befristen.

Das **BSW** kritisiert die Schuldenbremse als hinderlich für notwendige staatliche Investitionen. Sahra Wagenknecht ist für eine Reform, um mehr finanzielle Spielräume zu schaffen – insbesondere Investitionen für Brücken, Straßen, Schienen, Schulen, Wohnungen und Netze sollen aus der Schuldenbremse ausgeklammert werden.

KAPITEL 8

»Wir haben den Schuss noch nicht gehört! Der Erfolg hat uns träge und faul gemacht!«

Interview mit Ökonom Marcel Fratzscher und Unternehmerin Sarna Röser

Die Interviews wurden nacheinander und unabhängig voneinander geführt.

Interview mit Marcel Fratzscher
Marcel Fratzscher ist Präsident des Deutschen Instituts für Wirtschaftsforschung (DIW) Berlin), Professor für Makroökonomie an der Humboldt-Universität zu Berlin, außerdem Wissenschaftler, Autor und Kolumnist zu wirtschafts- und gesellschaftspolitischen Themen

Es steht nicht gut um die deutsche Wirtschaft, kein Wachstum seit zwei Jahren, die Schlüsselindustrien verzeichnen einen schleppenden Absatz, Werke werden geschlossen und Stellen gestrichen. Wie dramatisch ist die Lage aus Ihrer Sicht?

Marcel Fratzscher: Die Wahrnehmung ist schlimmer als die Realität. Ich will die Probleme nicht kleinreden, aber sie sind nicht konjunktureller Natur, sondern eher strukturell im Hinblick auf die kommenden zehn Jahre. Die Arbeitslosenquote ist gering, sie steigt zwar leicht, aber die Aussichten für den Arbeitsmarkt sind positiv. Einige Industriezweige sind hart getroffen, darunter die Bauwirtschaft, aber andere Dienstleistungsbereiche wachsen. Wir haben eine wirtschaftliche Stagnation, keine tiefe Krise.

Meine Sorge ist, ob wir es schaffen, uns auf die strukturellen Transformationen vorzubereiten, um in fünf oder zehn Jahren wettbewerbsfähig zu sein.

Worin liegen die Ursachen für die Stagnation? Rächt sich der Investitionsstau oder hapert es an den generellen Rahmenbedingungen?

MF: Mich stört, dass alle mit dem Finger auf den Staat zeigen. Schauen wir auf die Automobilbranche, beispielsweise Volkswagen. Da liegt die Verantwortung zu 80 oder 90 Prozent beim Management und nicht bei der Politik. Die haben in Sachen Dieselskandal betrogen, Vertrauen verspielt, sich in eine viel zu starke Abhängigkeit von China begeben und die technologische Transformation verschlafen. Bei vielen mittelständischen Unternehmen war das anders, aber auch da wurde zu wenig in Digitalisierung investiert. Wir sind in Deutschland Opfer des eigenen Erfolgs. Die 2010er-Jahre waren ein goldenes Jahrzehnt mit starkem Wachstum, riesigen Profiten. Aber Erfolg macht häufig träge und faul. Veränderungen hätte man vor zehn Jahren umsetzen müssen. Wir brauchen bessere Rahmenbedingungen, aber insgesamt liegt die Verantwortung bei der Politik, der Wirtschaft und der Gesellschaft.

Der Bundesverband der deutschen Industrie spricht von einem Investitionsbedarf von 1,4 Billionen bis zum Jahr 2030, sehen Sie das ähnlich?

MF: Das sind Schätzungen, die ich für realistisch halte, über sechs Jahre sind das knapp 200 Milliarden an zusätzlichen Investitionen pro Jahr, 5 Prozent der jährlichen Wirtschaftsleistung. Das sind 20 Prozent öffentliche und 80 Prozent private Investitionen, der Staat und die Unternehmen müssen ihren Teil dazu beitragen.

In dem Zusammenhang steht die Schuldenbremse im Fokus. Brauchen wir eine Reform?

MF: So wie die Schuldenbremse jetzt ist, ist sie kontraproduktiv, eine Zukunftsbremse. Auch deshalb erfordert es massive Investitionen in die Infrastruktur. Dank der Schuldenbremse ist dafür kein Geld vorhanden und kann auch nicht durch Einsparungen bei der Rente, bei Sozialausgaben, bei schädlichen Subventionen generiert werden. Ohne die Schuldenbremse auszusetzen, durch eine Notlage, so wie es ja im Grundgesetz vorgesehen ist, oder eine Reform wird Deutschland nicht zukunftsfähig werden. Doch der politische Wille dafür fehlt.

Wäre es ein guter Mittelweg, die Schuldenbremse zu reformieren, um nur investive Investitionen möglich zu machen?

MF: Eine Veränderung im Grundgesetz würde sicherlich zwei Jahre dauern, das wird nicht schnell gehen und die Zeit hat Deutschland nicht. Da braucht es eine Ausnahme durch eine Notlage. Bei einer Reform sollte man in der Tat konsumtive Ausgaben ausnehmen, außerdem sollte man sie so umgestalten, dass man in schlechten Zeiten mehr finanzielle Mittel zur Verfügung hat, in guten Zeiten aber mehr sparen muss. Es braucht vielfältigere Möglichkeiten, sich gegen Krisen zu stemmen. Und eine Reform müsste die Interessen künftiger Generationen stärker berücksichtigen.

Wenn man sich die Staatsschulden im weltweiten Vergleich anschaut, sind sie in anderen Ländern höher, warum scheuen wir uns in Deutschland so sehr vor dem Schuldenmachen?

MF: Wir haben andere Werte. Frei nach dem Motto: Was kann gut daran sein, in der Schuld eines anderen zu stehen?! Doch wenn der Staat heute 100 Euro in Bildung investiert und dafür Schulden macht, erhöht das ja nicht nur den Wohlstand, sondern auch finanziell rechnet es sich, weil wissenschaftliche Studien zeigen, dass wir pro 100 Euro langfristig 200 bis 300 Euro an zusätzlichen Steuereinnahmen zurückbekommen. Außerdem haben wir einen Verteilungskampf. Die älteren Generationen, vor allem die Babyboomer, wollen nichts von ihrem Wohlstand einbüßen. Sie haben konsumiert, anstatt in Infrastruktur, in Klimaschutz und Bildung zu investieren, und wollen jetzt nicht weniger haben. Dagegen kann die junge Generation nicht anstinken.

Kritiker des Schuldenmachens sagen, wenn Deutschland sich nicht an die Regeln hält, sinkt die Disziplin auch in anderen europäischen Ländern und dann haben wir bald wieder eine europäische Finanzkrise?

MF: Ich wäre ja froh, wenn Deutschland seine Schuldenbremse aufgeben würde und nur die europäischen Regeln respektieren müsste. Die geben sehr viel mehr Spielraum. Die deutsche Schuldenbremse erlaubt so gut wie keine Neuverschuldung. Das ist masochistisch. Mit den europäischen Regeln wären wir ein großes Stück weiter.

Die Frage ist, ob man Investitionen auch aus dem Haushalt stemmen könnte, allerdings wird uns ja allein die Verteidigung sehr viel mehr kosten. An welcher Stelle könnte man denn sparen?

MF: Das größte Potenzial liegt bei den Subventionen für fossile Energieträger, der Staat subventioniert da in einer Größenordnung von 60 Milliarden Euro im Jahr. Flugkerosin wird nicht besteuert, Diesel weniger, das Dienstwagenprivileg. Oder Steuerausnahmen für Spitzenverdiener bei der Erbschaftssteuer: Menschen, die über 100 Millionen Euro erben und so gut wie nichts an Erbschaftssteuer zahlen – da könnte man Fairness schaffen. Das könnte einen Teil der Lücke schließen.

Viel Geld aus dem Haushalt geht in die Rente, eine heilige Kuh in Deutschland, wenn man nüchtern da drauf schaut: Wir leben alle länger, brauchen länger Rente – müssen wir nicht länger arbeiten?

MF: Ja! Wir brauchen eine grundlegende Rentenreform. Das Rentenpaket II, das nicht verabschiedet wurde, hat ein richtiges Element, nämlich, dass man das Rentenniveau stabilisiert, also den Menschen, die eh schon wenig haben, nicht noch weniger gibt. Schlecht ist aber, dass man damit die jüngere Generation deutlich stärker belastet, weil die Beiträge deutlich höher ausfallen. Es braucht eine kluge Rentenreform ohne Umverteilung von jung zu alt! Und wir brauchen ein höheres Renteneintrittsalter. Das geht nicht für alle, es können schon heute nicht alle bis 66 oder 67 durchhalten, weil sie erwerbsunfähig werden. Aber wir brauchen mehr Flexibilität. Es gibt viele Menschen, die länger arbeiten wollen und die auch von den Unternehmen gebraucht werden. Und wir müssen natürlich mehr Menschen in Arbeit bringen. Die Menschen müssen produktiver sein, mehr verdienen, dann profitieren durch das Umlagesystem auch die Älteren. Die Erwerbstätigkeit von Frauen, Zuwanderung, Integration von Flüchtlingen – da liegen riesige Potenziale!

Christian Lindner hat den Vorschlag gemacht, im Bereich Migration zu sparen, dabei müssten wir dort ja eher mehr investieren als weniger?

MF: Bei der Integration von Flüchtlingen zu sparen ist ein populistischer Vorschlag. Man hat die Leistungen ja schon gekürzt, indem man den Zeitraum, bis Menschen beispielsweise den vollen Zugang zu Gesundheitsleistungen haben, verlängert hat. Damit kann man kurzfristig etwas sparen, aber gar nicht so viel, wie immer behauptet wird. Vielmehr führt so etwas zu schlechterer Integration und das heißt, Menschen kommen später in Arbeit, verdienen weniger, sind auf den Sozialstaat angewiesen. Das ist wirklich das Dümmste, was man machen kann.

Die Wirtschaft wünscht sich Migration – und da brauchen wir ja nicht nur Fachkräfte, sondern auch Geringqualifizierte, oder? Wie viele Zuwanderer brauchen wir denn?

MF: Es ist schwierig, eine konkrete Zahl zu nennen. Wir haben heute ungefähr 1,7 Millionen offene Stellen, in den nächsten 10 Jahren gehen 5 Millionen Babyboomer mehr in Rente, als junge Menschen nachkommen, die Lücke wird bei knapp 6,7 Beschäftigten liegen. Das wird viele Unternehmen in die Insolvenz treiben, weil ohne Arbeitskräfte funktioniert es nicht! Da könnte man draus ableiten, dass wir jedes Jahr ungefähr 400.000 zusätzliche Menschen aus dem Ausland brauchen: Natürlich Fachkräfte, IT-Programmierer, Ingenieure, Pflegekräfte, aber auch Menschen mit einfachen Qualifikationen, die auf dem Bau arbeiten, in der Gastronomie, im Einzelhandel und in vielen anderen Bereichen. Auch die 3,5 Millionen Schutzsuchenden, die heute in Deutschland sind, können alle ohne Ausnahme im Arbeitsmarkt unterkommen, ohne dass ein Nachteil für deutsche Beschäftigte entsteht. Ganz im Gegenteil: Sie profitieren davon, wenn Geflüchtete in den Arbeitsmarkt kommen, weil die Unternehmen besser funktionieren und alle profitieren.

Schauen wir noch auf das Bürgergeld, bei dem es auch die Diskussionen gibt, ob man es kürzen sollte, um zum Arbeiten zu motivieren?

MF: Das Argument, dass es sich nicht lohnt zu arbeiten, weil das Bürgergeld so hoch ist, ist ja wissenschaftlich widerlegt. Der Abstand zum Mindestlohn zwischen jemandem, der Bürgergeld bezieht, und jemandem, der arbeitet, ist seit 2015 größer geworden. In jedem Fall, ohne Ausnahme, verdient jemand, der arbeitet, immer mehr als jemand, der das nicht tut. Kann man da sparen? Kurzfristig schon, langfristig kostet es aber mehr Geld. Ein Drittel aller Bürgergeldbezieher sind Kinder und Jugendliche, nämlich 1,7 der 5,5 Bürgergeldbezieher. Wenn man diesen Familien noch weniger Geld gibt und sie noch weiter an den Rand der Gesellschaft treibt, reduziert man die soziale Teilhabe, verschlechtert die Bildungschancen und die Möglichkeit, auf dem Arbeitsmarkt Fuß zu fassen.

Zum Teil werben Parteien mit 15 Euro Mindestlohn, wäre so ein sprunghafter Anstieg für die Wirtschaft verkraftbar?

MF: Für die Wirtschaft als Ganzes, ja. Wir haben offene Stellen – und zwar nicht nur im Bereich der Hochqualifizierten, sondern in der Gastronomie, im Einzelhandel, in vielen Berufszweigen, wo niedrige Löhne gezahlt werden. Gesamtwirtschaftlich würde dadurch keine Arbeitslosigkeit entstehen. Was wir aus wissenschaftlichen Studien wissen: Mit der Einführung des Mindestlohns 2015 und der Erhöhung danach ist eine Verschiebung eingetreten. Manche Beschäftigte haben die Arbeitgeber gewechselt, weil es Unternehmen gab, die den Mindestlohn zahlen konnten. Es wird aber einzelne Unternehmen und Branchen geben, in denen ein Mindestlohn von 15 Euro nicht machbar ist. Das ist hart. Aber aus der Perspektive der Beschäftigten ist es gut, weil sie mehr verdienen, mehr soziale Teilhabe genießen, ihre Kinder besser unterstützen können, sie die Sozialsysteme entlasten können.

Wir haben auf der eine Seite offene Stellen, auf der anderen Seite Arbeitslose, warum matcht das nicht?

MF: Wir haben Arbeitskräftemangel, da ist die Gastronomie ein schönes Beispiel: Die Arbeit dort ist anspruchsvoll, stressig, mit schwierigen

Arbeitszeiten, da sagen viele, ich möchte ordentlich entlohnt werden. Andererseits haben wir viele Geflüchtete, und wenn man sich anschaut, wer diese Art der Arbeit übernimmt, sind es doch meist die Menschen mit Migrationsgeschichte. Über die sollten wir nicht schimpfen, wir brauchen sie. Und mit der richtigen Unterstützung und den finanziellen Mitteln kann man auch Lücken schließen.

Kann man jungen Leuten noch versprechen, dass sie eine sorgenfreie Zukunft haben werden?

MF: Wir sind privilegiert in diesem Land! Bei all den berechtigten Zukunftsängsten sollten wir nicht vergessen, wie viel Glück wir haben, dass wir in diesem Land geboren sind und hier leben dürfen – was Frieden, Stabilität, Freiheit, Sozialsysteme, Sicherheit und wirtschaftlichen Wohlstand betrifft. Aber ich verstehe, dass Menschen sich Sorgen machen, ob die Jobs in der Zukunft sicher sind, die Lebensgrundlage dank des Klimawandels nicht schwindet, dazu kommen soziale Konflikte und Kriege, das müssen wir ernst nehmen.

Was erwarten Sie von einer neuen Regierung?

MF: Wenig. Demokratien sind meistens erst dann in der Lage, Reformen umzusetzen, wenn sie mit dem Rücken zur Wand stehen. 2024 hat mir eines gezeigt: Wir haben hier den Schuss noch nicht gehört. Wir haben noch nicht verstanden, dass wir grundlegende Änderungen brauchen. Die Konflikte, die die Ampel-Regierung zu Fall gebracht haben, werden auch eine neue Regierung beschäftigen. Ich hoffe aber, dass zumindest die Kommunikation, die Verbindlichkeit, die Verlässlichkeit sich bessert.

Interview mit Sarna Röser

Sarna Röser ist Familienunternehmerin, Aufsichtsrätin, Beirätin, Initiatorin von »Unternehmer in Bewegung« (UiB) und ehemalige Bundesvorsitzende des Wirtschaftsverbandes DIE JUNGEN UNTERNEHMER.

Wie steht es aus Ihrer Sicht um die Wirtschaft in Deutschland?

Sarna Röser: Aus meiner Sicht steht die Warnmeldung klar auf »Rot«. Und was wir mit der letzten Regierung erlebt haben, war »Realitätsverweigerung at its best«! Die Industriestaaten-Organisation OECD meldet, dass Deutschland auch 2025 wieder Schlusslicht der Industrieländer mit einem mickrigen Wachstum von 0,7 Prozent sein wird. Die Zahl der Unternehmer, die Insolvenz anmelden, ist so alarmierend hoch wie zuletzt 2010. Die Unternehmen müssen in der Folge Hunderttausende Arbeitsplätze abbauen! Die Hauptstadtpolitik und ihre Experten sollten sich endlich ein Bild der Unternehmen vor Ort machen, damit die dramatische Lage deutlich wird. Die Unternehmen müssen erst einmal überleben, um überhaupt wettbewerbsfähig zu sein!

Wie ist es zu dieser Situation gekommen?

SR: Unsere Wirtschaft hat einige Krisen verkraften müssen: Die Corona-Pandemie oder der furchtbare Angriff Russlands auf die Ukraine mit der daraus resultierenden Energiekrise. Jedoch dürfen auch nicht die ideologisch motivierten politischen Eingriffe vergessen werden, die der deutschen Wirtschaft das Leben schwer machen. Ein Beispiel ist hier das ideologisch aufgeladene Lieferkettengesetz – ein Bürokratiemonster! Hinzu kommen weitere bürokratische Zwänge, hohe Energiepreise und die hohe Steuerbelastung, da bleibt nicht viel Spielraum für die Unternehmen.

Wie stehen Sie zur Schuldenbremse?

SR: Die Schuldenbremse hat das Ziel, die Staatsverschuldung einzudämmen. Wäre Deutschland ein Unternehmen, wäre schnell klar, dass es kein Geld ausgeben kann, das es nicht eingenommen hat. Falls doch, lautet die Konsequenz: Insolvenz! Seit 2020 hat die Politik keinen ausgeglichenen Haushalt mehr erreicht und jetzt soll der gesetzliche Rahmen, der den

Politikern Grenzen setzt, reformiert oder sogar ausgesetzt werden? Das ist unverantwortlich und auch keinem Bürger oder Unternehmer mehr zu erklären. Die Steuereinnahmen sind auf einem Rekordhoch! Und die Politik schafft es dennoch nicht, die Ausgaben zu priorisieren. Deutschland hat kein Einnahmen-, sondern ein Ausgabenproblem! Eine solide Finanzpolitik sollte nicht als »Zukunftsbremse« diffamiert werden, sondern als das gesehen werden, was sie ist: Die Grundlage jeden wirtschaftlichen Erfolgs in der Zukunft!

Eine Reform wäre keine Option?

SR: Aus meiner Sicht braucht es keine Reform und keinen halb-garen Mittelweg, sondern einen Strukturwechsel. Wenn man beginnt, die links-ideologischen, nicht-investiven Ausgaben zu streichen, sind auch mehr Mittel für die investiven Investitionen vorhanden. So haben wir ausreichend Mittel, um den Sozialstaat zu sichern und in unsere Zukunft zu investieren.

Sind Schulden denn so schlimm? Andere Länder haben höhere Schulden?

SR: Ich denke nicht, dass es zielführend ist, Staatsschulden anderer Länder mit unseren zu vergleichen. Jedes Land sollte im Rahmen seiner Möglichkeiten handeln. Unsere Schuldenbremse leistet einen wichtigen Beitrag zur Generationengerechtigkeit. Zwei Beispiele dafür, wohin eine ausufernde Schuldenpolitik führen kann: Zum einen haben wir vor einigen Jahren die Euro- und Finanzkrise überstehen müssen. Sollte es zu einem zweiten Griechenland kommen, steht die gesamte EU vor dem Aus.

Wenn Deutschland sich nicht an die Regeln hält, könnten andere europäische Länder nachziehen?

SR: Deutschland wird auf der ganzen Welt als diszipliniertes Land wahrgenommen, auch wenn unser Ruf in den vergangenen Jahren massiv gelitten hat. Ein Deutschland mit soliden Staatsfinanzen ist für Europa als Ganzes von Vorteil. Das Ziel muss doch sein, eine bestmögliche, solide Finanzpolitik auf dem Kontinent zu etablieren, die sich an die gegebenen Spielregeln hält. Wenn wir einem Schuldenwettbewerb zustimmen, kann das zu einem späteren Zeitpunkt zu schweren Verwerfungen führen. Dieses Risiko sollten wir nicht eingehen!

Dann müssen wir Investitionen aus dem Haushalt stemmen. An welchen Stellen könnte gespart werden?

SR: Im Bundeshaushalt fallen einige große Posten auf, bei denen mittelfristig sicher einige Milliarden Euro eingespart werden könnten. Bis zu 30 Milliarden Euro sind auf Bundesebene für das Thema Flucht und Migration verplant. Auch die Entwicklungshilfe gehört zumindest teilweise auf den Prüfstand. Natürlich kann es hier auch sinnvolle Projekte geben, teils wirken diese Ausgaben jedoch nicht mehr zeitgemäß. Hinzu sollten die Bürgergeld-Zahlungen auch mit Blick auf das Lohn-Abstandsgebot gegengeprüft werden, ebenso die Subventionszahlungen. Die Subventionspolitik der Ampel-Regierung hat zunehmend auf Klima- und Umweltpolitik gesetzt, um die Klimaschutzziele der Nachhaltigkeitsstrategie einzuhalten. Eine Strategie, die für das Unternehmertum und den Mittelstand oftmals zum Zwang wird. Hier sollte wieder mehr auf Eigenverantwortung gesetzt und das Geld für wichtigere Posten eingeplant werden.

Viel Geld geht in die Rente – die heilige Kuh in Deutschland. Doch der demografische Wandel ist Realität. Sollten wir länger arbeiten?

SR: Als heilige Kuh würde ich eher die Pension betiteln als die viel zu geringe Rente. Allein der Zuwachs von Beamtenstellen unter der Ampel-Regierung beläuft sich auf rund 11.500 neue Posten! Der Staat wird weiter aufgebläht, immer mehr Beauftragte, mehr Stabstellen, mehr Ministerien und öffentliche Institutionen. Das ist doch verrückt. Die Menschen, die unser Land und unsere Wirtschaft am Laufen halten, sind auf eine stabile Rente und eine abgesicherte Zukunft angewiesen. Die Rententhematik ist gravierend, wenn man die letzten Jahre betrachtet. Das Rentenniveau sank zuletzt auf 48 Prozent. Die Durchschnittsrente lag 2023 bei rund 1.543 Euro brutto nach 45 Beitragsjahren. Beamte können im Vergleich über 71 Prozent ihres letzten Gehalts bei 40 Jahren Dienstzeit bekommen. Die Durchschnittspension lag 2023 bei rund 2.630 Euro. Es braucht dringend ein höheres Rentenniveau und eine umfassende Reform – kein weiteres »Reförmchen«. Es sollte unter anderem über andere Anlagemodelle nachgedacht werden, beispielsweise über den aktienbasierten Ansatz aus Schweden. Andere Länder sind uns hier voraus – Österreich und Schweden sind Positivbeispiele.

Christian Lindner hat den Bereich Migration ins Auge gefasst, um zu sparen …

SR: Lindners Vorschlag ist realistisch, man sollte in jedem Bereich schauen, ob es Einsparungen geben kann. Ganz klar muss man an dieser Stelle aber auch qualifizierte Fachkräftezuwanderung und unkontrollierte Masseneinwanderung differenzieren. Natürlich braucht die deutsche Wirtschaft qualifizierte Fachkräfte aus aller Welt, die umfängliche Förderung erhalten sollten. Daher sind hier Investitionen sicherlich zielführend. Jedoch konnten wir die letzten Jahre sehen, dass eben nicht nur Fachkräfte nach Deutschland kommen, sondern im Zuge der teils ungeregelten Massenzuwanderung auch viele Menschen ohne berufliche Qualifikation in unseren Sozialstaat eingewandert sind – anstatt in unseren Arbeitsmarkt. Lassen Sie mich ein Beispiel nennen: Fast jeder zweite Bürgergeldempfänger hat keine deutsche Staatsangehörigkeit. Die Debatte, ob wir an dieser Stelle nicht viel Geld einsparen könnten, muss erlaubt sein, ohne direkt in eine rechte Ecke gestellt zu werden.

Dennoch wünscht sich die Wirtschaft Migration …

SR: Die Wirtschaft wünscht sich Stabilität und Wachstum, was geordnete Fach- und Arbeitskräfte-Migration beinhaltet und nicht unkontrollierte Masseneinwanderung.
Die Politik sollte den Unternehmen mehr Freiheit und Eigenverantwortung für den Fortschritt in Technologie und künstlicher Intelligenz ermöglichen. Beides wird unseren Arbeitsmarkt nicht nur effizienter und produktiver machen, sondern die Folgen des demografischen Wandels abmildern. Gute Beispiele dafür sind schon Länder wie Südkorea und Singapur, die beispielsweise führende Länder in der Robotik sind.
Als weiteren Stichpunkt möchte ich noch auf die ungenutzte Arbeitskraft hinweisen, die sich bereits im Land befindet und arbeiten könnte, aber derzeit nicht im Arbeitsmarkt aktiv ist. Deutschland besitzt hier ein enormes ungenutztes Potenzial bei Älteren und Frauen, was über gezielte Anspra-

che, Angebote und bessere Infrastruktur (gerade in der Betreuung) aktiviert werden könnte.

Wie stehen Sie zum Bürgergeld?

SR: Das Bürgergeld ist eine Illusion ohne positiven Effekt für Deutschland. Menschen sind im Schnitt länger in der Arbeitslosigkeit und strapazieren damit die arbeitende Bevölkerung. Bürger, die zumutbare Arbeit aus Bequemlichkeit ablehnen, sollten sanktioniert werden – Leistungskürzung bei Arbeitsverweigerung. Deutschland muss endlich zurück zum Leistungsprinzip! Ich halte auch die aktuelle Debatte über eine Prämie bei Jobannahme für ungerecht gegenüber der ohnehin schon arbeitenden Bevölkerung. Anstatt den Diskurs immer auf Benachteiligung zu lenken, sollte die Eigenverantwortung in den Fokus rücken. Bürgergeld darf nicht an jeden verteilt werden, der kann, aber nicht will. Sondern nur fallweise für kranke, eingeschränkte und hilfsbedürftige Menschen, die nicht Teil des Arbeitsmarktes »sein können«.

Wäre ein Mindestlohn von 15 Euro machbar?

SR: Deutschland hat schon jetzt einen hohen Mindestlohn. Natürlich möchte ich eine faire und gute Bezahlung für die Arbeitnehmer in unserem Land. Große Industrieunternehmen und viele Mittelständler zahlen schon jetzt mehr Stundenlohn als den gesetzlichen Mindestlohn. Eine rechtsbindende Vorschrift über einen weiterhin steigenden Mindestlohn ist aber für kleine Unternehmen, besonders in ländlichen Regionen, eine finanzielle und existenzielle Herausforderung. Unter Umständen kann ein Kleinbetrieb den höheren Mindestlohn nicht mehr bezahlen und als Konsequenz keinen der Arbeiter mehr beschäftigen. Zielführender für alle wären Steuererleichterungen.

Wir haben auf der eine Seite offene Stellen, auf der anderen Seite Arbeitslose, warum matcht das nicht?

SR: Wir müssen hier genau betrachten, in welchen Regionen in Deutschland die offenen Stellen sind und wo die Menschen, die für diese Stellen qualifiziert sind, leben. Ein Beispiel: Laut aktuellen Zahlen des Bundesministeriums für Arbeit und Soziales waren in Deutschland im Sommer dieses Jahrs rund 34.000 Personen auf Fachkräfteniveau im Bereich Tourismus arbeitslos gemeldet. Demgegenüber stehen 16.000 offene gemeldete Stellen. Das bedeutet, jede offene Stelle könnte theoretisch doppelt besetzt werden. Im selben Bericht wird die Zahl offener Stellen für ungelernte Helfer auf 35.000 taxiert. In diesem Arbeitsbereich gibt es zeitlich 217.000 Arbeitslose. Diese Zahlen verdeutlichen doch das Problem: Der Staat bietet zu wenig Anreize und Unterstützungsleistungen, um die Menschen mobil zu machen und diese gezielt in Arbeit zu bringen.

Wie sorgenfrei können junge Menschen noch in die Zukunft schauen?

SR: Sorgenfrei würde ich nicht sagen. Ich verstehe auch die Zukunftsangst vieler Jugendlicher, schließlich hat sie die Politik in den letzten Jahren sicherlich mehr enttäuscht als zufriedengestellt. Es liegt jetzt an Politik, Wirtschaft und der Gesellschaft unser Land wieder auf den richtigen Weg zu bringen. Deutschland mag wirtschaftlich und sozial angeknackst sein, doch nach wie vor liegen unglaubliche Potenziale in unserem Land! Daher kann ich jedem jungen Menschen nur zurufen: »Sei mutig, steh für deine Überzeugungen und Prinzipien ein und lass dir nicht erzählen, die derzeitige Lage sei alternativlos.« Deutschland kann wieder ein wirtschaftliches und starkes Land werden, dafür braucht es den Willen zu mutigen und radikalen Kurskorrekturen!

Ihre Wünsche für eine neue Regierung?

SR: Eine neue Regierung muss weg von gelenkter Planwirtschaft, Zwängen und zunehmender Bürokratie und wieder hin zur freien Marktwirtschaft. Sie muss Debatten in alle Richtungen führen und Konsens- statt Verbotspolitik machen. Die künftige Regierungskoalition muss pragmatisch, realitätsnah und nicht ideologiegetrieben regieren. Deutschland braucht wieder eine verlässliche, stabile und freiheitliche Regierung, die eine »Vision für Deutschland« aufzeigen kann und die die Menschen wieder für unser wunderbares Land begeistert!

KAPITEL 9

Massentierhaltung

Das traurige Geschäft mit Lebewesen

Die Deutschen lieben Fleisch. Nicht ohne Grund heißt es schon im Grundgesetz: »Die Würde des Nackensteaks ist unantastbar« ...

In Österreich ist es das »Wiener Schnitzel«, in Teilen Deutschlands die »Königsberger Klopse«, in Bayern die »Weißwuascht«. Viele Nationalgerichte basieren auf Fleisch. Und somit wachsen immer noch die meisten von uns damit auf, dass das Essen von Fleisch einfach dazugehört. Es liegt schön verpackt im Supermarktregal oder hinter der Theke. Welchen Leidensweg das Tier, von dem das Fleisch stammt, bis dahin zurückgelegt hat, darüber denkt kaum jemand nach. Wie wäre es eigentlich, wenn man sich das Kalb, bevor es zum Schnitzel wird, lebendig aussuchen und zuschauen müsste, wie es vor unseren Augen geschlachtet wird? Würde es uns dann immer noch so gut schmecken? Oder wäre Fleischessen plötzlich nur etwas für die Harten, die Gefühlskalten? Wenn der Besuch in einem Schlachthof oder einem Nutztier-Betrieb zu den Pflichtausflügen in den Schulen gehören würde und auf abgepacktem Fleisch oder an der Fleischtheke Fotos von leidenden Tieren zu sehen wären, dann hätte das vermutlich Auswirkungen auf den Fleischkonsum an sich und vor allem auch auf die Auswahl des Fleisches. Fleisch ist in Deutschland in Massen zu kaufen, also wird es auch in Massen produziert. Die Zustände in den Schlachtbetrieben sorgen seit Jahren für Diskussionen, im Privaten wie auch in der Politik. Es gibt kaum ein Thema, bei dem so unterschiedliche Interessen aufeinanderprallen. Die Landwirte klagen über zu geringe Einnahmen. Viele Verbraucher würden mehr Tierwohl zwar zustimmen, sind aber nicht bereit, jeden Preis dafür zu bezahlen. Und die Politik knickt ein vor der mächtigen Fleischlobby.

Vor über 2 Millionen Jahren haben unsere Vorfahren angefangen, Fleisch zu essen. Für die Entwicklung unseres Gehirns spielte es eine große Rolle und damals hatte das Jagen von Tieren Vorteile gegenüber der pflanzlichen Ernährung. Heute kaufen wir das Fleisch in der Regel einfach im Supermarkt. Das Jagen und Töten einzelner Tiere hat sich zu einer industriellen Massenproduktion entwickelt, und Tiere für den Fleischkonsum zu töten, ist gesellschaftsfähig. Kein Wunder, denn das Leid der Tiere ist nicht sichtbar. Die Zeiten, in denen Schweine auf dem Markt geschlachtet wurden, sind lange vorbei. Das Tierleid wird in unserer Gesellschaft einfach ausgeblendet, ebenso wie alle anderen negativen Auswirkungen des übermäßigen Fleischkonsums auf die Gesundheit, auf Umwelt und Klima. Dass in China Hunde auf dem Teller landen, finden wir befremdlich, gar abartig. Dass Schweine, Hühner und Rinder hier zu Tausenden auf wenig Platz dahinvegetieren, mit Krankheiten und Verletzungen, bis sie geschlachtet werden, nehmen wir dagegen hin. Die Sozialpsychologin Melanie Joy hat sich mit der Frage beschäftigt, warum wir überhaupt Fleisch essen.[1] Sie fragte ihre Studenten, warum sie Hunde lieben und Schweine essen. Was wäre Ihre Antwort? Ja, genau, wahrscheinlich sagen Sie: »Weil man es so kennt!« Laut Aussagen von Wissenschaftlern der Uni Stanford ist das ein ständiger »Automatismus der Verleugnung«, der über die Masse funktioniert.[2] Nach wie vor essen die meisten Menschen Fleisch, also ist es okay, wenn ich es auch mache. Die Bedingungen dafür gebe ja nicht ich vor, sondern die Politik. Wir Autorinnen nehmen uns da nicht aus. Auch wir essen Fleisch, insofern ist das hier kein Plädoyer für eine rein pflanzenbasierte Ernährung, es bleibt aber eine sehr interessante gesellschaftliche Frage. Wer beurteilt denn, ob Tier-Verzehr moralisch, ethisch in Ordnung ist? Schon der Philosoph Aristoteles hat sich darüber Gedanken gemacht. Er kam zu dem Schluss, dass »die Tiere nur um des Menschen Willen existieren, Pflanzen nur um der Tiere Willen«. Der österreichische Philosoph und Kulturwissenschaftler Thomas Macho spricht in der heutigen Zeit von einer Entfremdung gegenüber den Tieren. Er unterscheidet zwischen zwei Welten, in denen wir leben. Die eine, in der wir unsere Haustiere lieben, unseren Kindern Disney-Tierfilme zeigen, in der Fleisch essen rein zu sein scheint, da das Tierleid und der blutige Schlachtvorgang in der anderen Welt passieren, von der wir aber nichts mitbekommen.[3]

Die Anfänge der sogenannten Massentierhaltung in Deutschland gehen in die 1970er-Jahre zurück. Dort tauchte der Begriff das erste Mal in einer Verordnung auf. Es ging darum, dass ab einer bestimmten Anzahl von Tieren in Betrieben gewisse Hygienemaßnahmen eingehalten werden mussten. Diese Art der Tierhaltung galt als besonders modern, denn im Vordergrund stand allein die Wirtschaftlichkeit. Tiere galten also als reine Ware. Es ging nicht um Tierwohl, sondern nur darum, in möglichst kurzer Zeit viel Fleisch zum Verzehr herzustellen. Außerdem sollte sich jeder Haushalt Fleisch leisten können. Inzwischen ist der Begriff der Massentierhaltung negativ besetzt. Er wird deshalb gerne von Tierschützern, Politikern oder auch Medien verwendet. Landwirte hören ihn nicht gerne, denn er impliziert, dass es hierbei nicht um artgerechte Haltung geht. Ab welcher Größe oder ab wie vielen Tieren ein Betrieb unter Massentierhaltung fällt, ist nicht genau definiert.[4] Inzwischen ist es aber längst unumstritten, dass sich an weiten Teilen der Tierhaltung in Deutschland, wie auch in anderen Ländern, etwas ändern muss. Das bisherige Vorgehen ist nicht vereinbar mit dem, was wir heute über Tiere wissen – über ihre Bedürfnisse und auch Gefühle. Wissenschaftler können nämlich durch interessante Experimente auf Emotionen bei Nutztieren wie Kühen oder Schweinen schließen.[5] Schweine werden von den Experten gerne als »rosa Hunde« bezeichnet. Sie gelten als intelligent und gesellig. Und als Wesen mit eigener Persönlichkeit sind sie den Hunden, den besten Freunden der Menschen, sehr nah. Forscher haben herausgefunden, dass zufriedene Schweine anders grunzen. Konkret sind die Grunzer in positiven Situationen kürzer und variabler. Mithilfe von KI konnten sie die Tierlaute entschlüsseln – mit erstaunlichen Ergebnissen: Nicht nur im Freiland gab es die meisten Glücksrufe, sondern auch da, wo die Tiere ein besonderes Verhältnis zu ihrem Mäster hatten, der sie mehrmals am Tag besuchte.[6] Die Schweine haben also eine Art Beziehung zu ihm aufgebaut. Tests haben auch gezeigt, dass Schweine auf das Leid von Artgenossen reagieren, indem sie sie aus Notsituationen befreien. Auch Milchkühe können demnach so etwas wie Freundschaften entwickeln. Die Anwesenheit der Kuh-Freundin kann beruhigend wirken, die Trennung von ihr hingegen wird als Stress empfunden. Das gilt auch für die Trennung von Kuh und Kalb, mittlerweile gibt es immerhin einen kleinen Trend zur muttergebundenen Kälberaufzucht. Wenn es nach den Wissenschaftlern geht, sollten solche Erkenntnisse bei der Tierhaltung berücksichtigt werden. Es wäre ein Schritt in Richtung mehr Tierwohl. Für Milchkühe wäre es demnach wichtig, zum Beispiel Gruppen stabil zu halten. In der Praxis sieht es aber bislang oft so aus, dass Milchkühe mehrmals im Jahr ihre Gruppe wechseln müssen – je nach Alter oder danach, wie viel Milch sie abgegeben haben. Das ist laut Experten purer Stress für die Tiere.[7] Im EU-Recht steht schon lange, dass Tiere fühlende Wesen sind, für die der Mensch eine ethische Verantwortung hat.[8] Es gilt, Leiden zu verhindern! Waren Tiere früher rechtlich den Sachen gleichgesetzt, ist das in den meisten Ländern der EU nicht mehr so, auch in Deutschland. Besonders in den letzten Jahren wurden bestehende Tierschutzgesetze verschärft. Deutschland hat mit die strengsten – allerdings nur auf dem Papier, nicht in der Anwendung. Seit 2002 ist Tierschutz sogar im Grundgesetz verankert, das gibt es in keinem anderen EU-Land. Leider führt das aber nicht dazu, dass es den Tieren hier besonders gut geht: Oft werden Ausnahmen von Gesetzen zugelassen, Kontrollen bleiben aus oder aufgedeckte Missstände führen nicht zu Konsequenzen. Der Bund für Umwelt und Naturschutz Deutschland (BUND) setzt sich seit Jahren dafür ein, dass die Gesetze für die Tierhaltung in der Landwirtschaft verschärft werden.[9] In der Umsetzung von Tierschutzgesetzen sind Österreich und Schweden weltweit führend. Sie gelten als die Länder mit dem größten Tierwohl, gerade im Nutztierbereich.[10] Es gibt aber immer noch Länder, in denen Tierschutz so gut wie keine Rolle spielt. Das ist zum Beispiel in China und Indien so.

In Deutschland gibt es 200 Millionen Nutztiere. Wer bei dieser Zahl Schäfchen zählen will, schläft wahrscheinlich drei Jahre am Stück durch …

Insgesamt werden in Deutschland über 200 Millionen Nutztiere gehalten. Die meisten davon sind Hühner, gefolgt von Schweinen und Rindern.[11] Größtenteils leben sie in Massentierhaltung, auch »Intensivtierhaltung« oder »industrielle Tierhaltung« genannt. Wie viele Tiere das im Einzelnen sind, hängt von der Tierart ab. Grundsätzlich kann man sagen, dass in den vergangenen Jahren die Zahl der Betriebe weniger geworden ist, dafür aber der Tierbestand der verbliebenen Höfe größer.

Was das genau für die Tiere heißt, wie die Realität für Rinder, Schweine und Hühner aussieht, das wird in Deutschland alle zehn Jahre geprüft. Die letzten Zahlen des Statistischen Bundesamts stammen aus dem Jahr 2020. Bei Rindern ist positiv festzuhalten, dass die Anbindehaltung im Vergleich zu 2010 deutlich zurückgegangen ist, sie kommt aber immer noch vor – in etwa auf jedem zehnten Haltungsplatz. Das betrifft rund 1,1 Millionen von 11,5 Millionen Rindern.[12] Ungefähr die Hälfte davon sind Milchkühe. Bei der Anbindehaltung sind die Tiere im Stall am Hals fixiert, können kaum einen Schritt machen und sich oft aus Platzgründen noch nicht einmal hinlegen. Die meisten Rinder stehen im Laufstall. Wie viel Platz sie dort haben, hängt von der Zahl der Tiere insgesamt ab. Aber auch sie sehen selten Grün. Die Zahl der Tiere, die Zugang zur Weide haben, ist sogar zurückgegangen. Nicht einmal jedes dritte Rind darf laut Landwirtschaftszählung auf der Weide grasen (31 Prozent).

Schweine werden meistens auf sogenannten Vollspalten gehalten. Diese Form der Haltung hat in den letzten Jahren sogar wieder zugenommen. Vollspalten sind Betonböden mit Spalten, durch die Kot und Urin fallen. Fress- und Liegebereiche mit Stroh haben die wenigsten Tiere. Auch Auslauf bekommt nur jedes hundertste Schwein. Nach einer Studie der Organisation Foodwatch leidet fast die Hälfte der Schweine in Nutztier-Betrieben unter Krankheiten wie Lungenentzündungen oder Abszessen.[13]

Hühner werden zum einen wegen ihres Fleisches gezüchtet, das sind die Masthähnchen, oder wegen der Eier, also die Legehennen. Unterschieden wird zwischen Bio-, Freiland-, Boden- und Käfighaltung. Bei der Eier-Kennzeichnung ist es genau andersherum als bei der Kennzeichnung von Rinder- oder Schweinefleisch. Bio-Haltung hat die Ziffer 0, Freiland 1, Boden 2 und Käfig 3. Das Haltungsschema ist bei allen Tierarten sehr komplex. Es gibt Unterschiede zum Beispiel beim Haltungsplatz, bei Futter und Beschäftigung. Allein die Kennziffer sagt nicht immer etwas darüber aus, wie es den Tieren im Einzelnen geht. Grundsätzlich kann man sich merken, dass die Bio- und Freilandhaltung höhere Anforderungen erfüllen muss als Bodenhaltung. Aber auch die meisten Bio-Hennen leben in Massentierhaltung. Es sind dann zwar weniger Hennen als in konventioneller Massentierhaltung, aber immer noch Tausende. Wem Tierwohl am Herzen liegt und wer die Möglichkeit hat, sollte bei lokalen Bauern kaufen, wo man sehen kann, wie die Tiere gehalten werden.

Betrachten wir einmal die Hauptunterschiede: Bio-Hühner haben immer Zugang ins Freie und auch im Stall den meisten Platz. Das Futter muss aus biologischem Anbau kommen und der Einsatz von Antibiotika ist stark beschränkt. In der konventionellen Haltung ist Freilandhaltung die vergleichsweise tiergerechteste. Hier können die Hühner am ehesten ihren natürlichen Bedürfnissen nachgehen. Sie müssen tagsüber nach draußen können, pro Huhn gibt es draußen ein paar Quadratmeter Platz, sodass die Tiere die Möglichkeit haben zu picken, zu scharren und im Sand zu baden. Im Stall aber ist wenig Platz. Es sind die gleichen Bedingungen wie bei der Bodenhaltung. Freilandhaltung hat zwar zugenommen, sie liegt aber immer noch bei nur 31 Prozent. Zwei Drittel der Legehennen leben in Bodenhaltung, was wenig Platz und keine frische Luft bedeutet. Käfighaltung ist in Deutschland seit 2010 verboten. Eine Übergangsfrist gab es für die sogenannte Kleingruppenhaltung, was auch nur eine Käfighaltung war, aber auch die ist von Ende 2025 an nicht mehr erlaubt. Es können jedoch importierte Eier aus Käfighaltung in industriell verarbeiteten Lebensmitteln enthalten sein, also zum Beispiel in Eiernudeln. Die Hersteller müssen das bislang nicht deutlich machen. Tierschützer fordern deshalb, dass das für den Verbraucher über eine Kennzeichnungspflicht auch bei anderen verarbeiteten tierischen Produkten erkennbar wird. Wer also sichergehen will, dass er Unternehmen, die Eier aus Käfighaltung verwenden, nicht unterstützt, sollte Bio-Lebensmittel kaufen. Außerdem gibt es auf verschiedenen Tierschutzseiten im Internet eine Auflistung von Firmen, die keine Eier aus Käfighaltung verarbeiten.[14]

Je nachdem in welcher Haltung die Hühner leben, sind auch die Vorgaben für das Tierfutter unterschiedlich. Wie wichtig strengere Regeln wären, zeigt einer der größten Lebensmittelskandale in Deutschland, der Dioxinskandal im Jahr 2011. Damals hatten Hühner mit Dioxin verseuchtes Futter bekommen. Massentötungen waren die Folge. Tausende Eier mussten aus dem Handel zurückgerufen werden. Hier waren zwar auch Bio-Eier betroffen, aber deutlich weniger als Eier aus konventioneller Haltung. Mit strengeren Vorgaben der Politik und Kontrollen wäre ein Skandal in diesem Ausmaß laut Experten vermeidbar gewesen.

Jedes Jahr werden in Deutschland über 600 Millionen Hühner geschlachtet. Bei der Geflügelproduktion ist in Deutschland Niedersachsen führend. Ob Legehennen oder Masthähnchen, hinter der Aufzucht von Hühnern verbirgt sich sehr viel Tierleid, da es auch aufgrund der Beliebtheit von Eiern und Hühnerfleisch allein um Effizienz geht. Wie sich eine andauernde Legebelastung auf die Tiere auswirkt, kann sich jeder auf den Tierschutzseiten ansehen.

Wer über die traurige Realität nichts hören möchte, überspringt am besten den nächsten Absatz, denn im Sinne der Aufklärung schauen wir mal genauer auf das kurze Leben eines Masthähnchens, das meist auf Geflügelfarmen mit Zehntausenden Tieren gezüchtet wird, wo Platz Mangelware ist.[15] Auf einen Quadratmeter kommen im günstigsten Fall bis zu 18 Hühner, je nach Mastdauer sind es mehr, das heißt, jedes Huhn hat nur so viel Platz, wie ein DIN-A5-Blatt groß ist. Die Tiere leben meist in geschlossenen Ställen ohne Zugang zu frischer Luft, mit künstlichem Licht und automatischen Trinkvorrichtungen. Frische Luft gibt es bei Masthähnchen erst im Bio-Bereich, der gerade mal 1,4 Prozent der gesamten deutschen Produktion von Geflügelfleisch ausmacht.[16] Um den Profit zu steigern, müssen die Tiere für ein schlachtreifes Gewicht schnell an Masse zunehmen. Je nach Mast muss das Gewicht in maximal 42 Tagen erreicht sein. Ein Küken wiegt bei der Geburt etwa 40 Gramm, bei der Langmast mit 42 Tagen wird es mit rund 2,5 Kilogramm geschlachtet – das heißt, innerhalb von sechs Wochen nimmt es mehr als das 60-Fache seines Körpergewichts zu. So schnell können sich die Gelenke der Tiere gar nicht entwickeln: Entzündungen und Knochendeformationen sind häufige Folgen. Hinzu kommen durch den Stress Atembeschwerden oder plötzliches Herzversagen. Für den Schlachthof werden die Tiere in Gitterboxen gesteckt, kopfüber, eingefangen von meist ungelerntem Personal, schätzungsweise 1.500 Hühner pro Stunde. Oft kommen die Tiere mit Knochenbrüchen im Schlachthof an. Wie viele schon auf dem Weg sterben, darüber gibt die Industrie keine Zahlen preis. Tierschützer gehen von Millionen aus. Im Schlachthof geht die Qual dann weiter: In einem modernen Betrieb werden rund 2,5 Millionen Hühner pro Woche geschlachtet. Allein diese Zahl erübrigt weitere Details über die Zustände.

Ein weiteres Problem bei der Massentierhaltung ist der Einsatz von Antibiotika. Eigentlich sind Medikamente nur für kranke Tiere gedacht. In der konventionellen Tierhaltung werden bestimme Antibiotika aber häufig vorbeugend ins Futter gemischt – egal, ob die Tiere krank oder gesund sind. Hunderte Tonnen Antibiotika gehen somit in Deutschland jedes Jahr an Nutztiere. Laut Experten wäre das durch bessere Haltungsbedingungen vermeidbar. Problematisch dabei ist, dass zum einen Rückstände der Medikamente in Lebensmittel gelangen können, zum anderen trägt der massive Einsatz von Antibiotika in der Tierproduktion neben anderen Faktoren auch dazu bei, dass sich resistente Keime bilden können, die bei Menschen dann schwierig zu behandeln sind und auch zum Tod führen können. Fast 10.000 Todesfälle in Deutschland lassen sich jedes Jahr direkt auf Antibiotika-Resistenzen zurückführen, über 45.000 stehen in engem Zusammenhang mit resistenten Bakterien.[17] Als Wachstumsmittel in der Tiermast sind Antibiotika in der EU verboten, in anderen Ländern aber oft nicht.

Für die meisten Deutschen bedeutet artgerechte Tierhaltung: auf dem Teller neben Kartoffeln und Sauce …

Es wird viel über artgerechte Tierhaltung diskutiert und geschrieben. Natürlich ist da Augenwischerei dabei, denn egal, wie gut Tierschutzgesetze ausgestaltet sind, muss ganz klar festgehalten werden: Artgerecht und Massentierhaltung geht nicht zusammen. Letztlich geht es darum, das kleinste Übel zu finden. Das glückliche Huhn oder Schwein, zumindest bis zur Schlachtung, kann es, wenn überhaupt, nur in kleinen Betrieben geben, mit Landwirten, die sich kümmern. Experten sind sich einig, dass die Tierbestände in Deutschland kleiner werden müssen, und das nicht allein wegen des Tierwohls. Schwierig ist auch, das Tierwohl zu messen, denn bislang fehlen dazu einige Daten in Deutschland. Es gibt aber mehrere Projekte, wie zum Beispiel das »Nationale Tierwohl-Monitoring«, die sich damit beschäftigt haben und für einen besseren Überblick sorgen wollen.

Wollen wir trotzdem einmal versuchen, uns dem Thema Tierwohl zu nähern. Wie es den Tieren geht, hat nach Meinung des Bundesministeriums für Ernährung und Landwirtschaft nicht allein etwas mit der Anzahl der Tiere zu tun. Es gibt auch kleine und mittlere Höfe, bei denen es wenig artgerecht zugeht und die Tiere krank sind und/oder Verhaltensstörungen zeigen. Die Rinder zum Beispiel, die in Deutschland noch in Anbindehaltung leben, sind meist in kleineren Betrieben zu finden. Mehrere Faktoren werden beim Thema Tierwohl berücksichtigt: Wie viele Tiere werden pro Quadratmeter gehalten, wie ist die Stalleinteilung, wie können sich die Tiere beschäftigen und können sie ihre natürlichen Verhaltensweisen ausüben? Als nicht unerheblicher Faktor wird auch das Können und Engagement der Tierhalter gesehen.[18] Klar ist, dass bei Kühen Weidegänge oder bei Legehennen die Freilandnutzung schwieriger werden, je mehr Tiere ein Betrieb hat. Selbst Bio-Höfe sind, wie schon bei den Hühnern beschrieben, keine Garantie für mehr Tierwohl. Wir Verbraucher werden durch blumige Namen der Produzenten und schöne Bilder geblendet. Durch den Bio-Boom haben auch diese Betriebe inzwischen oft Tausende Tiere, die dicht an dicht stehen. Die Vorgaben sind im Bio-Bereich aber strenger. Die Tiere haben etwas mehr Platz als in herkömmlicher Haltung, kommen auch nach draußen und die Mast ist langsamer. Außerdem verfüttern die Bio-Bauern besseres Futter und es werden seltener Antibiotika gegeben, denn für Bio-Betriebe gibt es genaue Vorgaben, verboten sind Antibiotika aber nicht.[19]

Im Tierschutzgesetz ist in Paragraf 1 geregelt: »Niemand darf einem Tier ohne vernünftigen Grund Schmerzen, Leiden oder Schäden zufügen.« Paragraf 2 spricht von »verhaltensgerechter Unterbringung«. Was das in der Nutztier-Haltung bedeutet, versucht eine weitergehende Verordnung, die Tierschutz-Nutztierhaltungsverordnung, zu regeln. Sie soll den Landwirten eine Orientierung geben. Dort werden Mindeststandards festgelegt, etwa was den Platz betrifft.

Am Beispiel der Schweinehaltung können wir uns ansehen, was das bedeutet, denn sie ist, ebenso wie Hühnerhaltung, in Deutschland ein Massengeschäft. Mit gut 21 Millionen Schweinen ist Deutschland nach China, den USA, Spanien und Brasilien weltweit der fünftgrößte Schweinefleisch-Produzent.[20] Ein großer Teil davon geht in den Export – viel nach Italien und in die Niederlande. Die meisten Schweine in Deutschland leben in konventioneller Haltung, in Beständen mit mehr als 1.000 Tieren. Sie kennen damit von Geburt bis zum Schlachthof nur den Stall. Ein Mastschwein mit einem Gewicht zwischen 50 und 110 Kilogramm hat dabei noch nicht mal einen Quadratmeter Platz, 0,75 ist die gesetzliche Mindestvorgabe, die Tierschützer für viel zu wenig halten. Schweine spielen und wühlen sehr gerne, sind neugierig und brauchen Beschäftigung. Auf engem Raum und auch auf nicht geeigneten Böden können sie das nicht ausleben. Die Folge ist: Die Tiere werden oft apathisch, entwickeln Verhaltensstörungen und werden teils aggressiv. Sie verletzen dann andere Tiere, indem sie auf deren Schwänzen kauen, was nicht nur schmerzhaft ist, sondern auch zu Infektionen führen kann. In der konventionellen Tierhaltung werden den Ferkeln deshalb, um dieses Verhalten zu unterbinden, kurz nach der Geburt die Ringelschwänze teilweise abgeschnitten, kupiert, meist ohne Betäubung – obwohl das routinemäßige Kupieren von Schweineschwänzen durch EU-Recht eigentlich schon seit 1991 verboten ist. In der Praxis werden Verbote aber oft nicht umgesetzt und außerdem gibt es viele Ausnahmen, auf die sich Tierhalter berufen.[21]

Deutschland liegt nach mehreren Studien beim Thema Tierwohl im Vergleich mit anderen europäischen Ländern im Mittelfeld. Beim Tierschutz ist also noch einiges zu tun, aber die Politik ist nicht komplett untätig. Die Ampel-Koalition hatte versucht, Lücken beim Thema Tierschutz zu schließen, und 2024 eine Reform des Gesetzes auf den Weg gebracht. Vorgesehen war zum Beispiel, das Kupieren von Schwänzen bei Lämmern zu verbieten, bei Ferkeln sollte es aber mit Vorgaben erlaubt bleiben. Außerdem sollten Schlachthöfe videoüberwacht werden, sodass die Behörden leichter kontrollieren können, wie die Zustände dort sind. Auch Verbesserungen bei der Anbindehaltung von Rindern sollten kommen, aber es waren lange Übergangsfristen geplant und saisonal sollte das Anbinden erlaubt bleiben, was dem Tierschutzgesetz klar widerspricht.[22] Tierschützer hatten trotzdem Verbesserungen erwartet, während Landwirte hohe Mehrkosten fürchteten. Doch das Ampel-Aus bedeutet nun auch das Aus für die Reform des Tierschutzgesetzes.

Die Massentierhaltung – früher modern, heute verschmäht. Die Discounter-Salami ist quasi die Zigarette von heute …

Wenn viel Fleisch gegessen wird, wird auch viel produziert! Der Verbraucher kann über sein Kaufverhalten somit einiges bewirken, natürlich nur dann, wenn möglichst viele Menschen mitmachen. Nach dem »Ernährungsreport 2024«[23] ist das Bewusstsein in der Bevölkerung für Tierwohl und Nachhaltigkeit deutlich gestiegen. Über 60 Prozent der Befragten geben inzwischen an, darauf Wert zu legen. Der Fleischkonsum in Deutschland ist seit Jahren rückläufig, seit 2019 vollzieht sich diese Entwicklung vergleichsweise schnell. Es wird hierzulande demnach so wenig Fleisch gegessen wie seit 30 Jahren nicht: Im Jahr 2023 sank der Pro-Kopf-Verzehr noch mal um 430 Gramm auf 51,6 Kilogramm.[24] Das liegt vor allem daran, dass weniger Rind- und Schweinefleisch gekauft wird. Bei Geflügel ist der Trend nicht so eindeutig. Der sinkende Konsum zeigt sich vor allem bei importiertem Fleisch. Experten stellen fest, dass viele Menschen ihre Ernährung umstellen und bewusster essen. Zu dieser Entwicklung gehört auch, dass Fleischersatz-Produkte immer beliebter werden. Gerade in den letzten Jahren ist der Markt für pflanzliche Fleisch- und Milchalternativen bei uns enorm gewachsen, so stark wie in keinem anderen westeuropäischen Land.[25]

Trotz sinkender Zahlen liegt der aktuelle Pro-Kopf-Verzehr von Fleisch aber noch deutlich über dem, was die Deutsche Gesellschaft für Ernährung empfiehlt. Demnach sollten Erwachsene, wenn überhaupt, 300 Gramm Fleisch und Wurst pro Woche essen, also gut 15 Kilogramm pro Jahr. Bei Männern darf es etwas mehr sein.[26] Bei dieser Empfehlung geht es nicht um die Tiere oder um mögliches Tierwohl, sondern um die Gesundheit: Dass zu viel Fleisch ungesund ist, ist bekannt. Studien belegen, dass vor allem rotes Fleisch – also etwa Rind-, Schweine- und Lammfleisch –, wenn es zu oft auf den Teller kommt, das Risiko für bestimmte Krankheiten erhöht, hierzu gehören Schlaganfälle, Herzerkrankungen oder Brustkrebs. Die Anzahl der Vegetarier oder gar Veganer ist aber immer noch gering. In Deutschland verzichtet gerade mal jeder Zehnte gänzlich auf Fleisch. Es sind häufig Frauen unter 30 Jahren. Ganz interessant: Die meisten Vegetarier gibt es in Indien, gefolgt von der Schweiz. In Deutschland nennen sich Befragte häufig Flexitarier – also Menschen, die nicht ganz auf Fleisch verzichten wollen, es aber auch nicht im Übermaß essen.

Deutschland liegt im Mittelfeld beim Tierwohl, ist dafür aber gleichzeitig absoluter Spitzenreiter beim Schnitzelpreis …

Doch zu welchem Fleisch greifen die Kunden im Laden? Bio ist Trend – diesen Eindruck könnte man bekommen, wenn man auf die Entwicklung der letzten Jahre schaut. Es gibt immer mehr Bio-Läden und Bio-Produkte. Aber: Bio-Fleisch bleibt ein Nischenprodukt. Der Marktanteil hat sich in Deutschland zwischen 2018 und 2021 zwar verdoppelt, innerhalb der vergangenen zehn Jahre sogar verdreifacht, allerdings auf niedrigem Niveau: 2022 kamen gerade mal knapp 4 Prozent des verkauften Fleisches aus biologischer Erzeugung.[27] Das ist sogar ein Rückgang gegenüber dem Vorjahr. Konsumforscher machen dafür die im Jahr 2022 stark gestiegenen Lebensmittelpreise verantwortlich, denn Bio-Fleisch ist deutlich teurer als herkömmliches. Das ist vor allem deshalb so, weil der Bio-Bauer wegen mangelnder Nachfrage nicht alle Körperteile eines Tieres auch als Bio-Fleisch verkaufen kann. Zum Beispiel finden Schweinefüße in Bio-Qualität keinen Absatz und werden deshalb als konventionell produziertes Fleisch verkauft. Der Preis für Bio-Fleisch wird somit umgelegt auf wenige Teile und ist deshalb deutlich höher. Am Fleischpreis lässt sich gut ablesen, was die Tiere in ihrem kurzen Leben bis zur Schlachtung durchmachen mussten. Denn es ist klar: Artgerechte Haltung kostet Geld. Der Preisdruck zwingt die Betriebe aber dazu, immer mehr Tiere zu halten und an vielen Stellen Kosten zu sparen.

Ein Rechenbeispiel macht das deutlich: Allein für das Wasser und Getreide, das ein Rind bis zur Schlachtreife verbraucht, entstehen Kosten pro

Kilogramm Fleisch von rund 5 Euro. Dazu kommen Tierarztkosten für zum Beispiel Impfungen und Medikamente, Kosten für den Transport zum Schlachthof sowie für Verarbeitung und Vertrieb. Jeder, der sich jetzt die Billigangebote in vielen Supermärkten ansieht, versteht den Druck, unter dem die Bauern stehen, denn Fleisch müsste oft deutlich teurer sein, um die Kosten zu decken. Aber die Nachfrage nach Billigfleisch ist weiter sehr hoch. Das führt dazu, dass der Anteil von minderwertigem Fleisch bei den großen Supermarktketten laut der jährlichen Greenpeace-Abfrage immer noch über 80 Prozent liegt.[28] Einen Grund dafür sehen Experten in der mangelnden Erkennbarkeit der Billigprodukte. Bislang gibt es weder an den Theken noch im Selbstbedienungsbereich eine Pflicht für aussagekräftige Kennzeichnungen. Laut Konsumforschern ist Transparenz aber entscheidend dafür, dass jemand bereit ist, mehr für qualitativ hochwertiges Fleisch zu zahlen.

Ein einheitliches, verpflichtendes staatliches Label, an dem sich der Verbraucher orientieren kann, so wie es zum Beispiel Dänemark eingeführt hat, ist seit Jahren im Gespräch. Die gute Nachricht ist: Ab Sommer 2025 gibt es das auch in Deutschland, allerdings erstmal nur für Schweinefleisch. Das Gesetz dazu hat die Ampel-Koalition 2023 beschlossen. Das Label macht für den Verbraucher erkennbar, wie viel Platz die Tiere hatten, ob sie jemals frische Luft schnuppern konnten und wie die Beschäftigungsmöglichkeiten aussahen.

Die unterste Haltungsform »Stall« entspricht den gesetzlichen Mindestanforderungen, das heißt: Der Platz ist stark begrenzt. An die frische Luft kommen die Tiere nicht. Weiter geht's mit »Stall und Platz«, das bedeutet: etwas mehr Platz und Beschäftigungsmöglichkeiten für die Tiere. »Frischluftstall« bietet dann neben mehr Bewegungsmöglichkeiten zumindest eine offene Stallseite. Danach kommen als höchste Kategorien »Auslauf/Weide« und »Bio«. Bei diesen Haltungsformen sehen die Tiere dann auch mal Grün, haben besseres Beschäftigungsmaterial und die Kontrollen sind schärfer. Diese Kennzeichnungen sollen auch auf Gaststätten und Kantinen ausgeweitet werden.

Das Gute ist: Die bisherigen Haltungsstufen des Handels, das Label »Haltungsform«, hat sich dem angepasst und seit 2024 auch eine fünfte Stufe eingeführt. Seit 2019 wird das Label von vielen Händlern freiwillig verwendet. Es wird von der Initiative Tierwohl mitverantwortet. Dahinter verbirgt sich eine Kooperation aus Lebensmittelbranche, Handel und Landwirtschaft. Die höchsten Anforderungen an die Haltung haben die Bio-Labels, zum Beispiel die von Bioland oder Demeter.

Wie schon zuvor erwähnt, ist die Massentierhaltung Standard, und das auf unterstem Niveau. In den oberen Haltungsstufen gibt es kein großes Wachstum. Gerade einmal 6 Prozent des hierzulande produzierten Schweinefleischs zum Beispiel stammt aus den höheren Stufen. Das könnte sich in Zukunft ändern, durch ein Umdenken der Supermarkt-Betreiber. Der Discounter Aldi macht den Anfang: Ab 2030 soll Billigfleisch, damit sind die jetzigen Stufen 1 und 2 gemeint, aus den Regalen verschwinden. REWE Süd setzt das bei Rindfleisch an der Theke um und Edeka rückt bei immer mehr Milchprodukten von den untersten Stufen ab. Aber Achtung: Wer Wert auf Tierschutz legt, muss sich gut informieren, denn die Lebensmittelindustrie verwirrt die Verbraucher geschickt mit beschönigenden Begriffen. So ist zum Beispiel der Zusatz »kontrollierter Anbau« nicht geschützt, »kontrolliert ökologischer Anbau« dagegen schon.

Die Fleischlobby in Deutschland ist ziemlich mächtig. Das erkennt man schon daran, dass Markus Söder jeden zweiten Tag ein Foto von sich selbst mit einer Wurst auf Instagram teilt …

Wenn sich die Lebensbedingungen für Nutztiere wirklich bessern sollen, dürfen die Landwirte dabei nicht vergessen werden, denn Umstellungen kosten Geld und können sogar Existenzen gefährden. Für die Schweinehalter hat der letzte Bundesernährungs- und Landwirtschaftsminister, Cem Özdemir, eine Milliarde Euro als Anschub vorgesehen. Auf Dauer reicht das aber nicht, schon gar nicht, wenn auch andere Nutztiere subventioniert werden sollen. Experten gehen von Kosten von 4 Milliarden Euro jährlich aus.[29] Die Vorschläge, das über einen »Tierwohlcent« zu finanzieren, also eine Verbrauchssteuer auf tierische Produkte oder einen Aufschlag auf die mit 7 Prozent reduzierte Mehrwertsteuer für Fleisch, sind nicht neu. Sie liegen schon seit Jahren in einem Konzept einer Kommission um den ehemaligen Agrarminister Jochen Borchert vor.[30] Diese Pläne scheiterten bislang an der FDP. Egal über welchen Weg, es sollte sichergestellt werden, dass die bereitgestellten Mittel auch bei den Landwirten ankommen. Das ist bei einer reinen Steuer nicht der Fall, denn die fließt in den allgemeinen Bundesetat, Steuern sind nicht zweckgebunden. Damit die Bauern Planungssicherheit hätten, bräuchte es langfristige Verträge zwischen Staat und Landwirtschaft. Die Initiative Tierwohl zahlt ihren teilnehmenden Bauern Preisaufschläge. Sie hat angekündigt, dass die Programme mindestens bis 2027 gesichert sind. Die Verbraucherorganisation Foodwatch oder die Umweltorganisation Greenpeace machen sich dafür stark, dass nicht klima- und umweltschädliche tierische Produkte stark subventioniert werden, sondern pflanzliche. Ihrer Meinung nach sollte die Mehrwertsteuer auf Obst und Gemüse heruntergesetzt werden oder ganz entfallen. Denn es stellt sich die Frage, warum die Politik nicht dafür sorgt, dass gesunde Lebensmittel günstiger werden und damit sicher auch für viele Verbraucher attraktiver. Stattdessen wird weiterhin Fleisch stark subventioniert, sei es durch Steuererleichterungen oder direkte Subventionen. Das ist weder für unsere Gesundheit noch für die Umwelt oder das Klima gut und führt auch nicht zu mehr Tierwohl.

Forscher der renommierten Uni Stanford führen diese Tatsache auf die Lobbyarbeit der Fleischproduzenten zurück, die weitaus mehr in Lobbying investieren würden als Produzenten pflanzlicher Produkte. Die Fleischindustrie hat ein Interesse daran, Preise niedrig zu halten, damit sich möglichst viele Menschen oft Fleisch leisten können. Die Forscher werfen den Politikern vor, damit aktiv den Ernährungswandel auszubremsen, der in wohlhabenden Gesellschaften ihrer Meinung nach gelingen müsste.[31] Demnach ist die Summe der öffentlichen Gelder, die in der EU in die Viehzucht investiert wird, um ein Vielfaches höher als Investitionen in rein pflanzliche Produkte. In Deutschland sollen jedes Jahr etwas mehr als 13 Milliarden Euro Steuergeld in die Tierwirtschaft fließen.[32]

In Gegenden, wo es viele Viehzuchtbetriebe gibt, also zum Beispiel in Niedersachsen, Nordrhein-Westfalen und Bayern, wirkt sich das negativ auf die Qualität des Grundwassers aus – die Belastung mit Nitrat ist an vielen Stellen zu hoch. Über Gülle, die zum Düngen genutzt wird, gelangt das Nitrat ins Grundwasser und auch in die Seen. Außerdem müssen die Wasserversorger in diesen Gegenden mehr Aufwand betreiben, um sauberes Trinkwasser zu liefern, denn das wird zu großen Teilen aus dem Grundwasser gewonnen. Die höheren Kosten gibt der Wasserversorger an die Kunden weiter, das heißt, das Trinkwasser wird teurer.[33] Nitrat an sich ist für den Menschen zwar nicht giftig, es kann aber im Körper in Nitrit umgewandelt werden. Das ist vor allem für Säuglinge gesundheitsgefährdend. Reagieren Nitrite mit weiteren Stoffen, können Nitrosamine entstehen. Sie gelten als möglicherweise krebserregend.

Eine Milchkuh ist fast so umweltschädlich wie ein Auto. Der einzige Unterschied ist, dass die Milchkuh beim Kauf nicht so stark subventioniert wird …

Der Straßenverkehr und die Industrie zählen zu den größten Umweltverschmutzern in Deutschland. Aber auch die Landwirtschaft trägt ihren Teil zu den klimaschädlichen Treibhausgasen bei, also den Gasen, durch die sich die Erde immer weiter erwärmt. Neben Kohlenstoffdioxid geht es vor allem um Methan und Lachgas. Für mehr als die Hälfte der Emissionen aus der Landwirtschaft sind die Nutztiere verantwortlich.[34] Besonders Rinder gelten als »Klimasünder«. Das liegt aber nicht daran, dass außergewöhnlich viele Rinder in Deutschland gehalten werden. Es gibt weitaus mehr Schweine unter den Nutztieren als Rinder. Es liegt an deren Verdauung, die anders funktioniert als zum Beispiel bei Schweinen. Rinder produzieren Methan, das freigesetzt wird, wenn sie rülpsen und pupsen. Eins von beiden passiert spätestens alle drei Minuten. Diese Zahlen verdeutlichen, was das bedeutet: Im Jahresdurchschnitt setzt ein Wiederkäuer damit über 100 Kilogramm Methan frei. Das entspricht dem CO_2-Ausstoß eines Autos auf 18.000 Kilometer. Besonders die Milchkühe sind dabei ein Problem. Methan wird in der Erdatmosphäre zwar schneller abgebaut als Kohlendioxid, ist aber deutlich klimaschädlicher. Es entsteht auch durch den Mist, den Rinder und Schweine erzeugen. Hühner hingegen erzeugen kein Methan. Weltweit werden laut den Zahlen der Vereinten Nationen sogar 14,5 Prozent der Treibhausgase durch Viehhaltung verursacht. Das liegt nicht nur am Methan, sondern auch daran, dass viele Tiere viel Futter brauchen, und das muss schließlich angebaut werden. In Deutschland wird mehr als die Hälfte der Ackerflächen für den Anbau von Tierfutter genutzt, wie zum Beispiel die Anpflanzung von Mais. Das allein reicht aber für den in Deutschland gehaltenen Viehbestand nicht aus. Deshalb wird Futter, meist Soja, im Ausland gekauft. Das bedeutet: Für die großen Anbauflächen müssen etwa in Südamerika Urwälder gerodet werden, um Platz zu schaffen. Dabei wird jede Menge CO_2 freigesetzt. Und dann wird das Futter noch mit dem Flugzeug oder per Schiff zu uns gebracht. Klimaschädlicher geht es kaum!

Wie bereits erwähnt, schneidet unser Nachbar Österreich beim Thema Tierwohl im europäischen Vergleich besonders gut ab.[35] Das heißt nicht, dass es allen Nutztieren dort gut geht, aber es kommen wichtige Faktoren zusammen: Die Gesetze sind häufig strenger als in vielen anderen EU-Ländern und das Land ist oft schneller in der Umsetzung von EU-Vorgaben. In Österreich war etwa die konventionelle Käfighaltung von Legehennen in den sogenannten Legebatterien bereits 2009 verboten. In Deutschland dann 2010, drei Jahre bevor es in der EU Pflicht wurde. Seit 2020 ist in Österreich jegliche Art der Käfighaltung verboten, in Deutschland seit Anfang 2021. Außerdem hat die österreichische Regierung Landwirte mit gezielten Förderprogrammen motiviert, bessere Bedingungen für die Tiere zu schaffen, zum Beispiel beim Auslauf. Ab dem EU-Beitritt 1995, also seit Jahrzehnten, wird nachhaltige Landwirtschaft gefördert. Damit hat sich die Zahl der Bio-Betriebe in nur wenigen Jahren vervielfacht. In Österreich wird fast ein Drittel der bewirtschafteten Flächen von Bio-Bauern genutzt, das sind über 24.000 Betriebe, weit mehr als im viel größeren Deutschland. Das ist der höchste Anteil an Bio-Betrieben in der EU. Bei der Tierhaltung sind hier, wie bei uns auch, die Standards höher. Österreich besteht etwa zur Hälfte aus Grünland, bietet also gute Bedingungen für die Haltung von Milchkühen oder Rindern. Agrarwissenschaftler betonen darüber hinaus, dass viele Menschen in Österreich auf regionale Produkte setzen und Wert auf Tierwohl legen, sodass sich die Herstellung von Lebensmitteln guter Qualität für die Bauern lohnt. Ein wichtiger Punkt ist noch, dass die kleinen Bauern ihr Fleisch nicht über große Konzerne vertreiben, sondern es direkt an Endkunden oder die Gastronomie verkaufen.

Und es war auch »Burger King Austria«, der als Erster das fleischlose Patty eingeführt hat. Der Werbeslogan »Normal oder mit Fleisch« war revolutionär für eine Fast-Food-Kette, weil sie den vermeintlichen Standard infrage gestellt und pflanzenbasierte Ernährung als »neues Normal« dargestellt hat.

Dieses Kapitel über Massentierhaltung zeigt, wie komplex das Thema ist und was alles daran hängt. Hunderte Seiten könnte man füllen! Zum Abschluss des Kapitels möchten wir auf interessante Studien hinweisen, die zeigen, wie es sich auswirken würde, wenn wir alle komplett auf Fleisch und tierische Produkte verzichten würden. Ein Forscherteam um Marco Springmann von der Oxford-Universität[36] hat dazu sehr genaue Berechnungen angestellt. Bei der Betrachtung aller zuvor aufgeführten negativen Auswirkungen von Tierhaltung und Fleischgenuss ist im Umkehrschluss schnell klar: Eine pflanzenbasierte Ernährung würde klimaschädliche Treibhausgase deutlich reduzieren, Gesundheitskosten senken, Ackerflächen, die jetzt für die Tierfutterproduktion genutzt werden, frei machen und den Wasserverbrauch verringern. Jeder einzelne Punkt wurde genau berechnet. Wir wollen dieses Kapitel aber nicht mit vielen Zahlen abschließen. Nur eine doch sehr beeindruckende sei genannt: Etwas mehr als 8 Millionen Todesfälle pro Jahr könnten weltweit bis zum Jahr 2050 verhindert werden, wenn die Menschen auf eine rein vegane Ernährung umsteigen würden. Das sind aber eher unrealistische Szenarien.

Fleisch aus dem Labor – ist das innovativ oder der Anfang eines Zombie-Films?

Realistischer dagegen ist die Weiterentwicklung der Produktion von Fleisch im Labor. Dieses Fleisch, das man auch In-vitro-Fleisch nennt, wird durch die Kultivierung tierischer Zellen hergestellt, anstatt durch die Schlachtung von Tieren. Die Zellen werden vorher einem lebenden Tier entnommen, das dabei nicht verletzt wird. Laborfleisch ist unter anderem in Singapur, Israel und den USA zugelassen. Die EU hat diesbezüglich noch keine Freigabe gegeben, der erste Antrag wurde aber 2023 eingereicht.[37] Viele Punkte sind hier noch ungeklärt, wie zum Beispiel die Frage, wie gesund das Laborfleisch ist oder ob die nötige Akzeptanz bei den Menschen dafür vorhanden sein wird. Die Klimabilanz ist zwar besser als bei Rindfleisch, aber die Herstellung verbraucht deutlich mehr Energie.[38] Der erste Laborfleisch-Burger wurde 2013 in London vorgestellt. Seine Entwicklung hatte 250.000 Euro gekostet.

Und die Parteien?

Die **Union** will Landwirte bei artgerechter Tierhaltung für mehr Tierwohl unterstützen. So soll für eine verlässliche Finanzierung tierwohlgerechter Ställe gesorgt werden. Verbraucher sollen klar und verbindlich über Tierwohl und Herkunft tierischer Produkte informiert sein. Laborfleisch steht die Union offen gegenüber, betont aber die Bedeutung traditioneller Landwirtschaft und fordert eine Kennzeichnungspflicht.

Die **SPD** will Massentierhaltung reduzieren und fordert tiergerechte Haltungsformen durch gesetzliche Vorgaben und finanzielle Anreize. Sie unterstützt ein staatliches Tierwohl-Label und ist für strengere Kontrollen. Sie unterstützt die Forschung im Bereich Laborfleisch, ist aber für eine deutliche Kennzeichnung.

Die **Grünen** wollen die Lebensbedingungen für alle Tiere verbessern und fordern, dass insgesamt weniger Tiere besser gehalten werden. Nach der Haltungskennzeichnung für Schweinefleisch soll diese auch auf andere Tierarten ausgeweitet werden. Die Partei will die Zucht leidensfreier Tiere fördern und Qualzucht beenden. Ein Tierschutzbeauftragter soll verbindlich verankert werden. Die Dauer von Tiertransporten soll europaweit auf vier Stunden begrenzt, Schlachtmethoden im Sinne des Tierschutzes verbessert werden.

Für die **FDP** ist Tierwohl keine Frage der Stallgröße, sondern des Zustands des einzelnen Tieres. Daher hat die FDP kein grundsätzliches Problem mit Großbetrieben, staatliche Verbote der Massentierhaltung lehnt sie ab. Haltungsbedingungen sollen für die Verbraucher aber klar erkennbar sein. Die FDP setzt daher auf die Einführung eines verpflichtenden europaweiten Tierlabels. Tierschutzstandards sollen mindestens alle fünf Jahre kontrolliert werden. Die Partei befürwortet Innovationen wie Laborfleisch und fordert eine innovationsfreundliche Regulierung. Sie setzt auf den Abbau der Bürokratie für Landwirte und will Investitionen in den Tierschutz erleichtern. Eine stärkere Förderung der Biolandwirtschaft sieht sie kritisch, steuerliche Maßnahmen für pflanzliche oder gegen fleischliche Produkte lehnt die FDP ab.

Die **Linke** ist für ein Verbot von Massentierhaltung und fordert eine Wende zu ökologischer Landwirtschaft mit guten Arbeitsbedingungen für die Landwirte. Sie will strengere Tierschutzgesetze, mehr Kontrollen und höhere Strafen bei Verstößen. Qualzucht und operative Eingriffe, die nicht der Heilung, sondern vereinfachter Haltung dienen, sollen verboten werden. Die Anbinde- und Kastenstandhaltung soll abgeschafft werden, Tiere sollen ausreichend Platz und Auslauf erhalten. Die Partei will die Anzahl der Tiere pro Hektar reduzieren, lange Transporte zur Schlachtung unterbinden und sie setzt sich für ein aussagekräftiges Tierschutzsiegel ein. Die Linke steht Laborfleisch kritisch gegenüber und betont die Förderung pflanzlicher Alternativen und die Reduzierung des Fleischkonsums.

Die **AfD** unterstützt die konventionelle Massentierhaltung und lehnt staatliche Eingriffe ab, will aber den Tierschutz verbessern, insbesondere was Haltung, Transport und Schlachtung angeht. Verstöße der Landwirte sollen strafbar sein. Den Handel und die Einfuhr von Fleisch aus tierquälerischer Schlachtung, lehnt die AfD ab. Sie setzt sich für die traditionelle Landwirtschaft ein und will regionale Schlachthöfe ausbauen, Lebendtransporte sollen stark eingeschränkt werden. Die AfD begrüßt Tierwohllabel, wenn sie zu einer konkreten Verbesserung der Tierhaltung führen. Sie unterstützt gentechnikfrei erzeugte Lebensmittel. Laborfleisch steht sie kritisch gegenüber.

Das **BSW** kritisiert die konventionelle Massentierhaltung und setzt auf nachhaltige und tierfreundliche Landwirtschaft. Die Partei will strengere Tierschutzgesetze und Kontrollen. Die Entwicklung von Laborfleisch betrachtet sie kritisch und betont die Förderung regionaler und ökologischer Lebensmittelproduktion.

KAPITEL 10

»Niemand will wissen, dass sein Schnitzel intelligenter war als der eigene Zweijährige!«

Interview mit Nutztierbiologin Sandra Düpjan

Sandra Düpjan ist Verhaltensbiologin am Forschungsinstitut für Nutztierbiologie in Dummerstorf bei Rostock.

Ein eindrucksvoller Satz. Wie macht sich die Intelligenz von Schweinen denn bemerkbar und wie haben Sie das herausgefunden?

Sandra Düpjan: Man kann keine direkten Vergleiche machen, aber es gibt verschiedene Möglichkeiten, etwas über die Intelligenz herauszufinden. Ein Beispiel ist der Marshmallow-Test, bei dem es um Selbstkontrolle geht. Eigentlich wird damit bei Kindern die Fähigkeit getestet, ihre eigenen Impulse zu steuern, nämlich zu warten, um eine größere Belohnung zu bekommen. Sie haben die Wahl zwischen einem Marshmallow, das sie sofort essen können, und zweien, die sie aber erst bekommen, wenn sie die festgelegte Wartezeit aushalten. Manche Vorschulkinder können das und andere nicht. Kindergartenkinder nehmen das Marshmallow meist schon direkt in den Mund, während man ihnen die Aufgabe erklärt. Auch Schweine können lernen zu warten, um eine Belohnung zu bekommen – und zwar entsprechend früh. Sie können zwar nicht eine Viertelstunde warten, aber die 20 Sekunden, die sie aushalten können, sind vergleichsweise viel, denn Schweine sind es ja nicht gewohnt, lange zu warten.

Und das Wissen, dass das Stück Fleisch mal ein intelligentes Wesen war, wird von uns Menschen verdrängt?

SD: Ja, dieses Phänomen nennt sich kognitive Dissonanz. Man hat das Gefühl, dass man bestimmte Dinge nicht zusammenbringen kann – zum Beispiel den Gedanken, ein leidensfähiges Wesen zu töten, um es zu essen –, und deshalb wird dieser Gedanke schnell beiseitegeschoben. Dieser Faktor spielt eine große Rolle dabei, wie wir unsere Tiere behandeln und wie wir sie einschätzen. Dass wir eben für die Tiere, die wir als Nahrung betrachten, bestimmte Aspekte gar nicht zulassen, weil es nicht zu unserem Selbstbild passt, dass wir leidensfähige Wesen nur als Mittagessen oder als Zwischendurch-Snack töten würden. Das lässt die moderne Industrie auch so wunderbar zu, weil die völlig losgelöst ist von dem Stück Fleisch an der Theke. Man selbst bekommt ja gar nicht mit, was hinter dem Produkt steckt, das man im Laden kauft.

Wäre es eine gute Idee, zum Beispiel in der Schule einen Besuch eines Schlachthofs einzuplanen? Würde das etwas ändern?

SD: Ich würde eher über Aufklärung gehen als über Abschreckung. Erfahrungsgemäß funktioniert Abschreckung nur sehr kurzfristig. Das zeigen die Verbrauchszahlen oder Konsumkurven: Als es BSE (umgangssprachlich »Rinderwahnsinn«) noch gab, ist der Rindfleisch-Konsum kurz runtergegangen, dafür ist er bei Schweinen und Geflügel aber angestiegen, und nach einem Jahr war die Kurve beim Rindfleisch dann auch wieder hoch. Die Schockeffekte halten nur kurz an. Ich denke, man sollte nicht so stark emotionalisierend herangehen, auch wenn man Menschen über Emotionen packen kann. Unser Ansatz als Wissenschaftler ist eher, die Leute über ihren Verstand zu bekommen. Sie sollten einsehen, dass sie ein Konsumverhalten zeigen, das weder ihnen noch den Erzeugern noch den Tieren guttut.

Was müsste denn Ihrer Meinung nach passieren, damit das Thema noch mehr ins Bewusstsein der Menschen rückt und sich etwas verändert, zum Beispiel, dass die Konsumenten zumindest Billigfleisch nicht mehr kaufen?

SD: Wir versuchen ja, das ins Bewusstsein zu rücken. Letztlich ist das genau der Grund, warum wir unsere Forschung betreiben. Wir leisten Aufklärungsarbeit, erzählen immer wieder davon. Unsere Hoffnung ist, dass wir es schaffen können, mit Versuchen, die eigentlich aus der Human-Psychologie kommen, die Grenze zwischen Menschen und Schweinen aufzuheben, weil wir letztlich biologisch betrachtet alle nur Säugetiere sind. Und wir wollen deutlich machen, dass es zwischen Nutztieren und Haustieren eigentlich keinen Unterschied gibt – da ist nur unsere Verwendung eine andere: Ich nutze auch mein Haustier, denn wenn man ehrlich ist, hat ein Haustier kein Interesse daran, Haustier zu sein. Es dient unserem Gefühl, weil wir gerne eines an unserer Seite haben. Aber es ist eben eine andere Art von Nutzen, als wenn ich einfach gerne Würstchen, Schnitzel oder Steak esse. Wir wollen zeigen, dass Nutztiere auch leidensfähige Wesen sind, die unseren Haustieren in nichts nachstehen. Aus der Tiertrainer-Szene weiß man, dass Schweine viel einfacher und schneller zu trainieren sind als Hunde. Sie können mehr Kommandos lernen, trotzdem behandeln wir Hunde grundsätzlich anders als Schweine. Es gibt also rein biologisch und psychologisch und auch aus Tiersicht keinen Grund, diesen Unterschied zu machen. Es ist nachvollziehbar, warum wir das machen. Das ist ein Selbstschutz, deshalb finden wir auch den Gedanken, Hunde zu essen, in unserer Kultur vollkommen absurd. Da würden viele vermutlich sagen: Aber der Hund ist doch so intelligent, zu dem habe ich eine Beziehung! Diese emotionale Beziehung habe ich auch zu unseren Versuchstieren, wenn ich wochenlang mit ihnen arbeite. Und die Schweine auch zu mir, die kommen an und wollen gekrault werden. Aber diese Erfahrung machen die meisten Menschen natürlich nicht.

Heißt das, wir müssen eigentlich alle Vegetarier werden?

SD: Darum geht es mir nicht. Ich selbst bin zwar Vegetarierin, aber das war ich schon, bevor ich mit den Tieren gearbeitet habe. Eine Nutztierhaltung gehört zu einer funktionierenden Landwirtschaft dazu. Dabei geht es um geschlossene Kreisläufe. Und die kriege ich nicht hin, wenn ich keine

Nutztiere habe, weil mir der Dünger fehlt. Wir brauchen also ein gewisses Level an Nutztierhaltung, aber wir brauchen nicht annähernd so viel Fleisch und andere tierische Produkte, wie wir in Deutschland produzieren. Wir liegen locker bei der doppelten Menge von dem, was zum Beispiel von der Weltgesundheitsorganisation als gesund angesehen wird. Eigentlich ist der Fleischkonsum so hoch, dass wir uns krank essen. Also können wir uns fragen: Brauchen wir so viele Tiere? Und da bin ich der Meinung: Nein! Das sagen auch Expert:innen. Aber eine gewisse Anzahl von Tieren brauchen wir, um wieder in geschlossenen Kreisläufen arbeiten zu können. Das Problem: In Niedersachsen und NRW haben wir Tausende von Schweinen stehen, aber nicht genügend Felder, um die Gülle wegzubringen. Hier in Mecklenburg-Vorpommern haben wir zu wenig Tiere, aber sehr viel landwirtschaftliche Fläche, die für Pflanzenanbau genutzt wird.

Was wäre dann Ihr Vorschlag, das zu regulieren? Müsste man festlegen, wie viele Tiere wo gehalten werden dürfen?

SD: Da ist noch niemandem eine praktikable Lösung eingefallen – weil wir mittlerweile globalisierte Märkte haben und wir mindestens EU-weit den Marktzugang nicht regulieren dürfen. Die Menschen kaufen preisbewusst, sie nehmen also das Billige. Wir könnten zwar in Deutschland sagen, wir wollen unsere Bestände halbieren und die Preise verdoppeln, weil wir nur dann für die verbleibenden Tiere eine tiergerechte Haltung gewährleisten können. Dann strömt aber trotzdem Ware von außen in den Markt und das ist teils auch so gewollt. Die Schweiz beispielsweise ist seit Jahrzehnten dafür berühmt, dass sie sehr hohe Tierschutzstandards hat. Das Land hat aber gleichzeitig einen niedrigen Selbstversorgungsgrad. Das bedeutet, die Schweizer importieren massiv tierische Produkte, die nicht nach ihren hohen Standards produziert wurden. Genauso wie wir immer mehr Ferkel aus Dänemark beziehen, weil da im Zweifel noch andere Kastrationsmethoden zulässig sind. Damit verlagern wir das moralisch-ethische Problem nur ins Ausland. Da können wir uns auf die Schulter klopfen, dass wir ganz tolle hohe Standards haben, aber solange sich der Konsum nicht ändert, ist global niemandem geholfen.

Das heißt, wir müssten den Konsum also zumindest reduzieren?

SD: Na ja, eigentlich wäre die Halbierung des Konsums nötig, aber das ist nicht unbedingt realistisch, zumindest nicht in ein paar Jahren. Aber wir hoffen eben, dass wir durch Aufklärungsarbeit dazu beitragen können, dass die Menschen Antworten auf die entscheidenden Fragen bekommen: Was ist gesunde Ernährung? Wie hoch muss der Anteil tierischer Produkte wirklich sein? Es bringt nichts, zu sagen, wir wollen den totalen Verzicht auf tierische Produkte. Die Diskussion ist zu emotional und zu radikal – da steht die Fraktion Grillwurst gegen vegan. Wir sind als Menschen biologisch betrachtet ja auch Allesfresser und ein gewisser Anteil tierischer Nahrung muss in Ordnung sein. Aber man sollte die Tiere eben so halten, dass es ihren Ansprüchen gerecht wird. Und dazu müssen die Menschen bereit sein, einen entsprechenden Preis zu bezahlen. Aber im Moment ist unser System festgefahren. Und das geht zu Lasten der Tiere und der Tierhalter. Die Erzeuger sind das letzte Rad am Wagen, die haben den geringsten Einfluss. Sie werden zum einen vom Lebensmitteleinzelhandel, von der Schlachtindustrie und der verarbeitenden Industrie unter Preisdruck gesetzt, zum anderen fordern die Konsumenten mehr Tierwohl. Mehr Geld bekommen die Tierhalter:innen aber nicht. Das heißt, es müsste mehr für Tierprodukte bezahlt werden, aber das Geld darf nicht auf dem Weg versickern und an die großen Konzerne gehen. Es muss bei den Erzeugern ankommen, wenn sie mehr fürs Tierwohl leisten. Denn mehr Tierwohl bedeutet immer mehr Aufwand, mehr Arbeitsaufwand, Platzaufwand und mehr Material. Tierwohl ist nicht kostenlos zu kriegen!

Gibt es überhaupt eine artgerechte Haltung? Das geht mit Massentierhaltung vermutlich nicht zusammen?

SD: Der Begriff Massentierhaltung ist schwierig. Meistens bezieht er sich auf die Betriebsgröße und die Anzahl der Tiere. Beides sagt aber nichts darüber aus, wie gut es den Tieren geht. Man kann sehr große Betriebe mit entsprechendem Management gut führen und ein hohes Tierwohl gewährleisten, während man auch in kleinen Betrieben schlechtes Management sieht. Das Tierwohl ist immer dann am höchsten, wenn wir den Tieren die Möglichkeit geben, ihr artgemäßes Verhalten auszuüben. Das bedeutet bei Schweinen, dass sie ausreichend Platz brauchen, um bestimmte Funktionsbereiche anzulegen. Aktuell haben wir aber nicht genügend Platz für einen Ruhebereich, einen Aktivitätsbereich, einen Toilettenbereich, einen Fressbereich, das funktioniert gar nicht mehr! Theoretisch wäre das aber schon möglich. Wenn wir verschiedene Haltungssysteme vergleichen, ist beim Schwein immer die Freilandhaltung mit Hütten auf der Wiese ideal, aber das wird mit den aktuellen Verbrauchszahlen natürlich nicht funktionieren. Dafür haben wir viel zu wenig Freilandflächen. Wobei mit Außenklimazugang, mit Einstreu, einfach mit verschiedenen Funktionsbereichen schon mehr möglich wäre.

Das heißt, es gibt wenig Hoffnung, dass Massentierhaltung irgendwann aufhört?

SD: Ach, ich habe auch lange nicht dran geglaubt, dass wir irgendwann das Ende von Atomstrom erleben, dann kam Fukushima. Wenn so ein Pendant für Fleisch käme, dann wären wir ganz schnell davon weg. Zum gesunden Überleben brauchen wir Fleisch nicht, wir brauchen dann halt eine Vitamin-B 12-Supplementierung, aber es wäre technisch machbar. Es werden einfach im Moment Mengen produziert, die deutlich höher sind, als uns guttut. Und das zu Kampfpreisen; das ist wirklich nicht wünschenswert.

Wie groß ist dabei die Aufgabe der Politik?

SD: Die ist enorm groß, weil offensichtlich die Legende vom Markt, der alles reguliert, nicht funktioniert. Wenn man sich das Machtgefüge entlang der Wertschöpfungskette vom Erzeuger bis zum Lebensmitteleinzelhandel anguckt, sieht man, dass da ein extremes Ungleichgewicht besteht. Meiner Meinung nach bräuchten wir mehr Regulierung, was im europäischen Markt hochproblematisch ist, wie wir gerade in der Diskussion um das Tierhaltungskennzeichnungsgesetz erlebt haben. Die größte Frage war, ob wir das auf EU-Ebene überhaupt genehmigt kriegen und wie wir die Regeln für Importware aus anderen EU-Ländern machen.

Gibt es Länder, die das besser machen als Deutschland? Österreich wird ja immer so gelobt?

SD: Österreich ja, und auch die Schweiz hat gute Regeln, aber wie schon angesprochen importieren die Schweizer dann eben Ware mit niedrigen Standards. Auch in Skandinavien gibt es Länder, die schon seit 20 Jahren auf das Kupieren der Schwänze verzichten, aber die haben auch den Vorteil, dass zwischen zwei Betrieben 100 Kilometer liegen und nicht 100 Meter wie hier. Dadurch haben sie weniger Seuchenprobleme und viel mehr Tiergesundheit.

Das Kupieren der Schwänze ist immer wieder in der Diskussion, warum?

SD: Eigentlich ist das Schwänze-Kupieren auf EU-Ebene schon seit Langem als Routinemaßnahme nicht mehr zugelassen. Es ist nur erlaubt, wenn man nachweislich alles versucht hat, die Schwänze aufzuziehen, und wenn das nicht gelingt, darf man die Schwänze kupieren. De facto ist es aber nicht nur in Deutschland, sondern EU-weit immer noch üblich, einen Großteil zu kupieren. Theoretisch ist das Kupieren verboten, aber praktisch ist das Schwanzbeißen ein großes Problem, und das ist dann auch kein Tierschutz mehr.

Wie es den Schweinen geht, wird mittlerweile auch per künstlicher Intelligenz untersucht. Unter anderem kam dabei heraus, dass Schweine sich selbst in einem großen Betrieb wohler fühlen, wenn der Landwirt häufiger bei ihnen vorbeikommt. Erkennbar soll das an den Grunzlauten sein?

SD: Ja, in dieser Studie wurden die Lautäußerungen in positiven und negativen Kontexten untersucht. Man muss einschränkend sagen, dass nur wenige Betriebe teilgenommen haben, das heißt die Anzahl der Betriebe war nicht so hoch, dass das Ergebnis als endgültiger Beweis gelten kann. Aber es zeigt, dass es von Betrieb zu Betrieb Unterschiede gibt und dass dabei die Einstellung der Tierhalter:innen zu den Tieren eine große Rolle spielt. Das Management macht eine Menge aus. Also ist es dem Halter bewusst, dass das leidensfähige Tiere sind? Geht es den Tieren gut? Haben sie Schmerzen? Kann ich vorbeugen oder greife ich erst ein, wenn das Schwanzbeißen anfängt? Die Tier-Mensch-Beziehung ist wichtig. Ob die Menschen sehr positiv mit den Tieren interagieren oder ob es nur Minimalkontakt gibt, hat Auswirkungen darauf, wie entspannt die Tiere sind. Wenn ich einen positiven Kontakt mit ihnen pflege, sind die nicht sofort gestresst, wenn ein Mensch in den Raum kommt.

Halten Sie das Essen von Fleisch ethisch noch für vertretbar?

SD: Das ist eine sehr schwierige Frage! Persönlich habe ich mich dagegen entschieden, aber ich sehe nicht, dass wir uns als Gesellschaft in absehbarer Zeit dafür entscheiden, Fleischessen als unethisch zu bezeichnen. Es wird in unserem Kulturkreis immer eine Mehrheit geben, die Fleischkonsum für gerechtfertigt hält. Biologisch gesehen ist das durchaus sinnvoll, wir sind Allesfresser und ich hatte selbst irgendwann einen Vitamin-B12-Mangel, obwohl ich dachte, ich mache alles richtig. Ich würde das nicht grundsätzlich infrage stellen, aber wir sind eben auch dafür verantwortlich, wie wir die Tierhaltung gestalten. Wir haben ein System, in dem die Konsument:innen keinen Kontakt mehr zu den Erzeuger:innen haben. Die wenigsten wissen, wo das Fleisch herkommt. Kinder wissen nicht, dass Kühe nicht einfach so Milch geben, sondern eigentlich nur, wenn sie auch Kälber auf die Welt bringen. Solche Tatsachen sind nicht mehr bekannt. Die Entkopplung enthebt aber nicht von der moralischen Verantwortung, welches Produkt man am Ende kauft. Das ist wie mit allen anderen Produkten: Wenn ich Billigkleidung kaufe, bin ich auch moralisch verantwortlich dafür, wie sie hergestellt wurde. Genauso ist es beim Fleisch oder bei Milchprodukten. In Deutschland haben wir natürlich eine nicht sonderlich große Auswahl. Man kann bio kaufen oder konventionell – und dann gibt es noch ein paar Label, die keiner versteht. Und bio ist nicht gleichbedeutend mit Tierwohl, das war eher auf Umweltschutz ausgerichtet. Das Tierwohl ist zwar dazugekommen, aber der Grundgedanke war der Umwelt-, und nicht der Tierschutzgedanke.

Was kann man als Verbraucher tun, um für mehr Tierwohl zu sorgen?

SD: Es wäre gut, wenn sich Verbraucher:innen mehr damit beschäftigen, wie sie sich ernähren. Einerseits eben damit, welcher Anteil tierischer Lebensmittel gesund ist, andererseits aber auch mit der Herkunft der Lebensmittel, die man kauft. Wir sollten alle unsere Lebensmittel wieder mehr wertschätzen: Die Tiere, die sie geliefert haben, genauso wie die Erzeuger:innen, die sie herstellen. Wenn es die Möglichkeit gibt, Waren aus Direktvermarktung von Landwirt:innen zu kaufen, die höhere Tierwohlstandards bieten, dann sollte man das nutzen. Lieber sich am Sonntag einen guten Braten aus guter Haltung gönnen, als permanent billigste Fleisch- und Wurstwaren nebenbei gedankenlos in sich hineinstopfen.

KAPITEL 11

Klimawandel? Bloß keine Windräder vor der eigenen Haustür!

Mit welcher Politik dem Klimawandel begegnen?

Auf den menschengemachten Klimawandel folgt der klimagemachte Menschenwandel ...

Wie wird die Welt in 20, 30 oder 40 Jahren aussehen? Gehen wir ruhig mal von einem optimistischen Szenario aus: Dank des Erreichens von Klimazielen sind die Treibhausgasemissionen zurückgegangen, fast überall auf der Welt wird Energie aus erneuerbaren Quellen gewonnen, durch Aufforstungsprogramme haben sich die Wälder erholt, die Städte sind grün, der Nahrungsmittelbedarf ist durch eine nachhaltige Landwirtschaft gesichert, die Menschen konsumieren bewusst und der Zusammenhalt zwischen den Ländern ist gewachsen. Das ist doch eine schöne Vorstellung! Doch was, wenn der Alptraum wahr geworden wäre: Die Durchschnittstemperatur ist um 2 bis 3 Grad gestiegen, wir werden von Hitzewellen geplagt, Küstenregionen stehen unter Wasser, Inselstaaten sind von der Landkarte verschwunden, viele Tier- und Pflanzenarten sind ausgestorben, wir stecken in einer Energiekrise und es tobt ein Kampf um die Ressourcen, Millionen von Menschen flüchten vor Naturkatastrophen, die der Klimawandel mit sich bringt, die Schere zwischen Arm und Reich ist größer denn je und viele Menschen sind angesichts der unsicheren Zukunft verängstigt.

Das sind also die beiden Extreme, zwischen denen wir uns bewegen, die Wahrheit liegt wahrscheinlich irgendwo in der Mitte! Fakt ist, dass es immer mehr Veränderungen geben wird, und einige davon spüren wir schon jetzt: Allein im Jahr 2023 gab es große Hitzewellen in den USA, China und Südeuropa mit Temperaturen von bis zu 50 Grad – auch in Deutschland kletterte das Thermometer auf über 40 Grad. Italien, Libyen und Griechenland hatten mit Starkregen und Überschwemmungen zu kämpfen. Hurrikan Otis richtete schwere Verwüstungen in Mexiko an. Die Menschen hatten viel zu leiden, Hunderte kamen weltweit ums Leben. Solche Extremwetter-Ereignisse nehmen zu und sie verschlimmern sich.

Das sich verändernde Klima ist eines der Hauptthemen unserer Zeit. Und eines, das nicht nur den Planeten, sondern vor allem die Gemüter erhitzt! Denn das extreme Wetter, der Verlust von Lebensraum und steigende Preise durch die Folgen des Klimawandels betreffen uns alle und konfrontieren uns mit der Frage: Wer ist schuld? Die Jungen zeigen auf die Alten, die Schwellenländer auf die Industrienationen, die Menschen auf der Straße auf die Politik. Immer mehr Menschen setzen sich für den Klimaschutz ein, gehen auf die Straße oder sorgen mit extremen Aktionen für Aufregung: Straßenblockaden, Attacken auf Kunstwerke, Hungerstreiks und Sabotage. Auf der einen Seite zeigen diese Demonstrationen die große Verzweiflung der Anhänger der Klimabewegung, auf der anderen Seite lösen sie Kontroversen aus, da sie polarisieren und die Unterstützung der Öffentlichkeit riskieren. Doch woher kommt der Klimawandel und welche Folgen hat er? Wie können wir dieser Herausforderung begegnen? Und wie hängen Klima und Wetter zusammen?

Es gibt einen Unterschied zwischen Wetter und Klima. Es ist allerdings fraglich, ob wir den Unterschied noch verstehen, bevor uns der Klimawandel dahinrafft …

Das Wetter ist für uns Menschen von großer Bedeutung – nicht umsonst erfreuen sich Wetter-Apps, Wetter-Websites und Wetterberichte im Radio oder TV größter Beliebtheit. Wetter ist immer gut für einen Small Talk, hat Einfluss auf unsere Stimmung und bestimmt unseren Tag, was Kleidung, Fortbewegungsmittel und Freizeitplanung angeht. Wenn Experten vom Wetter sprechen, geht es um kurzfristige Zustände, also Wetterereignisse, die zu einer bestimmten Zeit an einem bestimmten Ort auftreten. Etwa wenn uns

Meteorologen verraten, wie das Wetter am Wochenende wird. Dass Wettervorhersagen immer schwieriger werden – vor allem langfristige –, liegt auch an der Veränderung des Klimas.

Der Begriff »Klima« beschreibt den durchschnittlichen Zustand der Atmosphäre an einem Ort über einen langen Zeitraum. Während das Wetter kurzfristig und oft unberechenbar ist, gibt das Klima einen Überblick über langfristige Trends in einer Region. Die Weltorganisation für Meteorologie empfiehlt zur Beobachtung des Klimas eine Zeitspanne von mindestens 30 Jahren.[1] Dabei werden zusätzlich zu den Temperaturen auch Faktoren wie Meeresströmungen und Niederschlag berücksichtigt. Wissenschaftler erforschen die Veränderungen des Klimas seit etwa 200 Jahren. Sorgen bereiten dabei die globale Erwärmung der Erde, also der Atmosphäre, der Weltmeere und Kontinente, die unter anderem am Schmelzen der Alpengletscher sichtbar wird.[2] Diese langfristigen Veränderungen fallen unter den Begriff »Klimawandel«. Das Jahr 2023 war das wärmste, seit es Messdaten gibt – mit einer Durchschnittstemperatur von 1,45 Grad Celsius über dem vorindustriellen Mittel, so die Weltorganisation für Meteorologie.[3] Der EU-Klimadienst Copernicus erwartet für 2024 sogar eine Überschreitung des vorindustriellen Mittels um 1,55 Grad. Diese Werte bedeuten, dass beispielsweise die globale Durchschnittstemperatur 2023 um 1,45 Grad höher war als der Mittelwert, der während der sogenannten vorindustriellen Periode (1850–1900) gemessen wurde. Die Durchschnittstemperaturen sind demnach also erheblich gestiegen. Dieser Zeitraum wird deshalb als Vergleichsmaßstab genommen, weil damals fossile Brennstoffe wie Kohle, Öl und Gas noch nicht in großem Ausmaß verbrannt wurden – das Klima demnach noch weitgehend unbeeinflusst war von der Industrialisierung, also dem Prozess, wenn ein Land mit Hilfe von Maschinen vom Agrarstaat zum Industrieland wird. Auch der Weltklimarat schaut auf diesen Vergleichszeitraum, um den menschlichen Einfluss durch die Industrialisierung auf die globale Erwärmung zu bewerten. Der Weltklimarat, offiziell Intergovernmental Panel on Climate Change (IPCC), ist eine Institution der Vereinten Nationen, die selbst keine eigenen Forschungen durchführt, sondern Ergebnisse aus Zehntausenden wissenschaftlichen Veröffentlichungen zusammenträgt und analysiert.[4] Die Sachstandsberichte des IPCC über den Forschungsstand zum Klimawandel werden bei den jährlichen UN-Klimakonferenzen diskutiert, auch bekannt als Conferences of the Parties (COP).

Es wird immer wärmer auf der Erde. Klimawandel-Leugner haben also immer mehr zu tun …

Bei der COP kommen jedes Jahr Vertreter der Mitgliedsländer zusammen, um Maßnahmen zur Begrenzung des Klimawandels zu verhandeln und Fortschritte dabei zu überprüfen. Dabei spielt die globale Erderwärmung, das heißt der Anstieg der durchschnittlichen Temperatur auf der Erde, natürlich eine wichtige Rolle. Auch in Deutschland liegen diesbezüglich aus der vorindustriellen Zeit Daten vom Deutschen Wetterdienst vor: Demnach lag die Mitteltemperatur im Jahr 1880 bei etwa 7,6 Grad Celsius – 2023 waren es dagegen 10,6 Grad Celsius.

Dass sich die Erde erwärmt, ist zunächst ein natürlicher Prozess, den man Treibhauseffekt nennt und der Leben auf der Erde erst möglich macht. Ohne diesen Effekt wäre es auf unserem Planeten ziemlich unkomfortabel: Anstelle der aktuellen globalen Durchschnittstemperatur von plus 15 Grad Celsius, hätten wir eisige minus 18 Grad[5] – die Erdoberfläche wäre gefroren und mit ihr auch das Wasser. Die Erwärmung nennt man deshalb »Treibhauseffekt«, weil dabei ähnliche Prozesse ablaufen wie in einem Gewächshaus. Das Sonnenlicht fällt durch das Glas hinein, wird zum Teil von Pflanzen und dem Boden absorbiert. Zugleich sorgt das Glas dafür, dass nur ein geringer Teil der durch das Sonnenlicht aufgenommenen Energie das Gewächshaus als Wärmestrahlung wieder verlässt. Dadurch wird es warm im Gewächshaus, und so können das ganze Jahr über Pflanzen darin gedeihen. Die Erde erwärmt sich auf ähnliche Art und Weise. Hierbei durchdringt das Sonnenlicht die Gasschicht der Atmosphäre und wird ebenfalls zum Teil absorbiert oder reflektiert. Ein Teil der von der Erdoberfläche reflektierten Strahlung wird aber durch kleine Partikel in der Luft wieder zur Erde zurückgeschickt. Weil sich diese Partikel durch Kohlenstoffdioxid, Methan oder Lachgas vermehren, kommt immer mehr Strahlung zurück auf dic Erde, dadurch wird sie stetig wärmer.[6] Weil wir für den Ausstoß der sogenannten Treibhausgase wie CO_2 oder Methan selbst verantwortlich sind, handelt es sich um einen von Menschen gemachten Klimawandel.

Dass der Homo sapiens auf die Erderwärmung Einfluss hat, ist schon lange bekannt. Bereits im Jahr 1895 erkannte der schwedische Physiker und Nobelpreisträger für Chemie, Svante Arrhenius, diesen Zusammenhang. Im Zuge der Industrialisierung und des wachsenden Wohlstandes wurde immer mehr Energie für die Produktion von Elektrizität und Wärme benötigt.

Diese Energie wurde und wird immer noch zum Teil durch die Verbrennung fossiler Brennstoffe wie Öl, Kohle und Gas gewonnen, die in Jahrmillionen aus Abbauprodukten von toten Pflanzen und Tieren entstanden sind. Das Problem dabei: Durch ihre Verbrennung werden vermehrt Treibhausgase freigesetzt. Besonders schädlich für das Klima ist Kohlenstoffdioxid, kurz CO_2. Noch schädlicher ist Methan, das bei Bohrungen freigesetzt werden kann, aber auch beim Anbau von Reis oder in der Landwirtschaft entsteht: Wiederkäuer wie Rinder setzen Methan nämlich beim Verdauen frei. Diese Treibhausgase sorgen also dafür, dass sich der Treibhauseffekt verstärkt, es immer wärmer wird und wir einen Klimawandel erleben. Eine der wirksamsten Maßnahmen, um gegen den Klimawandel anzugehen, wäre eine Reduzierung des Energieverbrauchs. Allerdings wird heutzutage pro Kopf hundertmal so viel Energie benötigt wie zu Beginn der Industrialisierung. Und durch das Anwachsen der Weltbevölkerung wird der Verbrauch weiter steigen.[7]

Klimawandelskeptiker bemühen als Argument gegen einen menschengemachten Klimawandel gern die These, dass es im Lauf der Geschichte immer wieder Phasen gab, in denen sich das Klima verändert hat, mit entweder anhaltend hohen oder niedrigen Temperaturen – wie zum Beispiel die »Römische Warmzeit« oder die »Kleine Eiszeit der Spätantike«. Wissenschaftliche Analysen zeigen aber, dass diese Klimaepochen nicht vergleichbar mit den heutigen globalen Veränderungen sind, da sie entweder regional begrenzt waren, nicht so intensiv waren oder durch ganz andere Mechanismen ausgelöst wurden. Der Weltklimarat bestätigt in seinen Berichten die verbreitete wissenschaftliche Ansicht, dass menschliches Handeln die Ursache für das heutige Ausmaß des Klimawandels ist.[8]

Die Folgen des Klimawandels sind weitreichend und verheerend für Menschen und Umwelt. So haben extreme Wetterereignisse wie Hitzewellen, Überschwemmungen oder Stürme zugenommen, mit teilweise vernichtenden Folgen. Zwischen 1970 und 2019 hat sich die Zahl wetterbedingter Katastrophen verfünffacht, mehr als 2 Millionen Menschen kamen dadurch ums Leben.[9] Außerdem steigt durch schmelzende Gletscher der Meeresspiegel, die Ozeane erwärmen sich und bedrohen die Küstenregionen. Besonders gefährdet sind kleine Inselstaaten oder Küstenstädte wie Jakarta oder Manila. Das Tempo der Erderwärmung überfordert viele Ökosysteme, was zu einem Rückgang der Artenvielfalt führt. Lebensräume gehen verloren und der natürliche Schutz gegen Gefahren wie Sturmfluten wird geschwächt.[10] Die Flucht aus den vom Klimawandel stark betroffenen Gebieten wird zunehmen, bis zu 132 Millionen Menschen könnten in extreme Not geraten. Durch die höheren Temperaturen breiten sich Krankheiten schneller aus, zudem führen Hitzestress und Luftverschmutzung zu erhöhten Sterblichkeitsraten. Bis 2050 könnte es weltweit jedes Jahr 250.000 zusätzliche Todesfälle geben. Diese Aufzählung könnte man noch fortsetzen, vor allem zeigt sie aber, dass Maßnahmen zur Eindämmung von Treibhausgasemissionen und zur Anpassung an die daraus resultierenden Veränderungen dringend erforderlich sind.

Trotz Klimaabkommen nehmen die Emissionen zu. Wer hätte gedacht, dass sich der Klimawandel nicht an Verträge hält?

Im Dezember 2015 haben sich auf der UNO-Klimakonferenz 197 Staaten, darunter auch Deutschland, auf ein neues, globales Klimaschutzabkommen geeinigt. In dem Pariser Abkommen wurden drei zentrale Ziele festgelegt.[11] Erstens: Die Verringerung des Ausstoßes von Treibhausgasen, sodass die Erderwärmung auf maximal 2 Grad begrenzt wird, besser noch auf 1,5 Grad im Vergleich zum vorindustriellen Zeitalter. Zweitens: Die Anpassung an klimatische Veränderungen muss verstärkt werden. Drittens: Höhere Investitionen zur Erreichung der Klimaziele. Das Problem ist, dass viele Länder die Klimaziele zwar durchaus ernst nehmen, einige jedoch ganz andere Prioritäten setzen. So sind die USA während Donald Trumps erster Amtszeit aus dem Pariser Klimaschutzabkommen ausgetreten und könnten das in seiner zweiten Amtszeit erneut tun. Schwellenländer fokussieren sich in der Regel eher auf den eigenen wirtschaftlichen Aufstieg als auf die Bekämpfung des Klimawandels. Trotz des Pariser Klimaschutzabkommens nimmt der globale Ausstoß von klimaschädlichen Gasen immer weiter zu. Von 35,5 Milliarden Tonnen im Jahr 2015 – also dem Jahr, in dem das Abkommen beschlossen wurde – stieg der Ausstoß auf 39 Milliarden Tonnen im Jahr 2023.[12] Und ein Ende ist nicht abzusehen. Immer mehr arme Länder machen Fortschritte in wirtschaftlicher, sozialer und infrastruktureller Hinsicht. Durch den zunehmenden Wohlstand nimmt der Konsum zu und es wird mehr produziert. Dadurch werden zwangsläufig immer mehr Treibhausgase freigesetzt. Die Verteilung ist diesbezüglich sehr unterschiedlich: Die 100 Länder mit dem niedrigsten Ausstoß an Treibhausgasen sind gerade mal für 3 Prozent der weltweiten Gesamtemissionen verantwortlich, während die zehn Länder mit den höchsten Emissionen 68 Prozent ausmachen. Das Land mit den meisten Treibhausgasemissionen war im Jahr 2023 China mit ungefähr 15,94 Milliarden Tonnen, was rund 30 Prozent des globalen Ausstoßes ausmacht. Gefolgt von den USA (5,96 Milliarden Tonnen, 11 Prozent) und Indien (4,13 Milliarden Tonnen, 7,8 Prozent). In Deutschland liegt der Ausstoß von Treibhausgas bei 0,68 Milliarden Tonnen, das bedeutet einen Anteil von rund 1,3 Prozent.[13] Berechnet man den CO_2-Ausstoß pro Kopf, liegt unter den G20-Staaten Saudi-Arabien vorn, mit dem höchsten Ausstoß von 17,2 Tonnen pro Kopf. Gefolgt von Kanada (14,9 Tonnen pro Kopf) und Russland (14,5). Die USA belegen Platz 5 (13,8), China Platz 7 (9,2) und Deutschland Platz 9 mit 7,1 Tonnen pro Kopf.[14]

Um die Emissionen zu senken, sollten die Länder nach dem Pariser Abkommen Pläne ausarbeiten, um bis 2050 klimaneutral zu werden. Deutschland hat das mit dem Bundes-Klimaschutzgesetz getan: Die Emissionen sollen im Vergleich zum Jahr 1990 bis 2030 um mindestens 65 Prozent und bis 2040 um mindestens 88 Prozent gesenkt werden. Bis zum Jahr 2045 will Deutschland eine Netto-Treibhausgasneutralität erreichen.[15] Das bedeutet nicht, dass gar keine Treibhausgase emittiert werden, sondern dass nicht mehr ausgestoßen werden soll, als auf natürliche Weise aufgenommen beziehungsweise abgebaut werden kann. Das kann zum einen durch das komplette Vermeiden von Emissionen erreicht werden oder durch das Ausgleichen unvermeidbarer CO_2-Emissionen an anderer Stelle, indem etwa Wälder aufgeforstet oder Moore renaturiert werden. Wälder und Moore können CO_2 aufnehmen und es langfristig speichern. Möglicherweise können hier auch Technologien zur CO_2-Speicherung eine Rolle spielen.[16]

Die Sektoren mit dem höchsten Treibhausgasausstoß in Deutschland sind momentan die Energiewirtschaft, die Industrie und der Verkehr.[17] Um die Emissionen in diesen Sektoren zu senken, scheint derzeit die Elektrifizierung der bevorzugte Weg zu sein. Das bedeutet, dass alle fossilen Energieträger durch Strom aus erneuerbaren Energien ersetzt werden sollen. Diese decken zurzeit etwa die Hälfte des deutschen Stromverbrauchs ab.[18] Eine entscheidende Rolle dabei spielen Windräder, die unter den erneuerbaren Energien in Deutschland den meisten Strom liefern: Im ersten Halbjahr 2024 waren es gut 33 Prozent.[19] Die Windräder stehen entweder auf dem Festland, an den Küsten oder auch im Meer. Windkraft ist eine der effizientesten und saubersten Energiequellen. Moderne Windkraftanlagen werden immer leistungsfähiger, dadurch müssen weniger gebaut werden, zudem sind sie leise. Trotz aller Vorteile sind Windräder weiterhin umstritten. Zum einen sehen Tierschützer die Lebensräume insbesondere von Vögeln und Fledermäusen gefährdet, da Vögel und Fledermäuse bei Kollisionen mit den Rotorblättern getötet werden, außerdem wird durch die Rodung von Flächen der Lebensraum von Tieren zerstört. Hinzu kommt, dass viele Bürger sich gestört fühlen, wenn ein Windrad in Sicht- oder Hörweite ihres Zuhauses steht – und die Ablehnung führt oft zu Protesten im Umfeld geplanter Windkraftanlagen. Außerdem gibt es Diskussionen darüber, ob sich der Infraschall, also der Schall unterhalb der menschlichen Hörgrenze, den die Rotorblätter erzeugen, auf die Gesundheit auswirken könnte. Studien ergaben bislang keine signifikanten negativen Effekte auf den Schlaf oder das Herz-Kreislauf-System, wenn die Anlagen die nötigen Anforderungen erfüllen.[20] Der Ausbau der Windkraft soll in Deutschland eigentlich vorangetrieben werden. Das wird aber durch zu viel Bürokratie, langwierige Genehmigungsverfahren, Abstandsregelungen zu Wohngebieten und unterschiedliche parteipolitische Haltungen erschwert.

Auch in der Industrie wird vermehrt auf Elektrifizierung gesetzt. Bisher wird die für Industrieprozesse notwendige Wärme größtenteils aus Gas gewonnen. In Zukunft soll sie mit grünem Wasserstoff erzeugt werden. Um diese Technologie konkurrenzfähig zu machen, gibt Deutschland viele Milliarden Euro an Subventionen aus.[21] Grüner Wasserstoff ist Wasserstoff, der mithilfe von erneuerbaren Energien erzeugt wird. Bei der Herstellung wird Wasser in seine zwei chemischen Bestandteile aufgespalten: Aus Wasser (H_2O) wird Wasserstoff (H_2) und Sauerstoff (O). Das Verfahren nennt sich Elektrolyse. Der Wasserstoff speichert die Energie aus der Elektrizität. Bei der Verbrennung des Wasserstoffs kann dann zum Beispiel Prozesswärme für die Industrie erzeugt werden, die für viele industrielle Prozesse gebraucht wird. Auch im Gebäudesektor ist die Elektrifizierung eine Möglichkeit, um die Beheizung mit fossilen Energien zu ersetzen. Darum ging es in der Debatte um das Gebäudeenergiegesetz,[22] wo besonders Wärmepumpen im Fokus der Förderung stehen sollten. Eine Wärmepumpe entzieht mithilfe von Elektrizität der Umgebung außerhalb des Hauses Wärme und beheizt die Wohnräume. Um diesen enormen zusätzlichen Strombedarf zu decken, setzt die Politik auf den Ausbau von erneuerbaren Energien: Bis 2030 sollen so 80 Prozent des Bedarfs gedeckt werden.[23]

Der CO_2-Preis soll den CO_2-Verbrauch reduzieren. Das klappt auch hervorragend. Also: vor allem bei Geringverdienern ...

Um klimafreundliche Technologien zu fördern, wird ein CO_2-Preis erhoben. Das ist ein marktbasiertes Steuerungsinstrument zur Senkung von CO_2-Emissionen: Jede Tonne emittiertes CO_2 hat einen Preis, zum Beispiel durch die Pflicht zur Abgabe eines Zertifikats aus einem Emissionshandel oder durch eine Steuer.[24] Der somit höhere Preis für fossile Energien bewirkt, dass klimafreundliche Technologien wettbewerbsfähiger werden. Beim Handel mit Emissionszertifikaten wird vom Staat festgelegt, welche Menge an CO_2 insgesamt in dem betreffenden Bereich ausgestoßen werden darf, und eine entsprechende Menge an Zertifikaten zur Verfügung gestellt. Firmen, die CO_2 emittieren, müssen diese Zertifikate kaufen. Der Preis der Zertifikate soll dann durch Angebot und Nachfrage geregelt werden. In Deutschland gibt es bereits einen Handel mit Emissionszertifikaten, der aber momentan noch einer CO_2-Steuer gleicht, da der Preis für die Zertifikate staatlich vorgegeben ist. 2024 lag der Preis pro Tonne CO_2 bei 45 Euro, im Jahr 2025 bei 55 Euro pro Tonne. Ab 2026 soll dann, wie schon beschrieben, der Preis am Markt gebildet werden, es wird jedoch einen Höchst- und auch einen Mindestpreis geben.[25] Das Ziel ist, einen europäischen Emissionshandel zu schaffen, in den alle Sektoren einbezogen werden. Der schon 2005 eingeführte Europäische Emissionshandel der EU gilt bislang für Energieunternehmen und die energieintensive Industrie sowie den innereuropäischen Luft- und den Seeverkehr, ab 2027 kommen der Gebäude- und der Verkehrssektor hinzu. Ein Klimasozialfonds der Europäischen Union soll einkommensschwache Haushalte von den Auswirkungen der CO_2-Bepreisung entlasten. Ein CO_2-Grenzausgleich soll den Klimaschutz stärken und gleichzeitig die Wettbewerbsfähigkeit europäischer Unternehmen sichern. Demnach sollen Produkte, die in die EU importiert werden, eine ähnliche CO_2-Bepreisung erfahren wie Produkte, die innerhalb der EU hergestellt werden. In Deutschland gibt es die Forderung nach einem Klimageld, um Einnahmen aus dem CO_2-Preis direkt an die Bürger zurückzugeben. Es soll sich dabei um eine pauschale Auszahlung an alle Bürger handeln. Das Klimageld hatte die Ampel-Regierung im Koalitionsvertrag vereinbart. Bisher scheiterte die Umsetzung aber an der Bürokratie und dem Datenschutz.[26]

Ein Tempolimit auf 130 km/h ist genauso ein Reizthema wie die Rente mit 67. Dabei wäre beides einen Versuch wert. Man muss ja nicht gleich die beiden Zahlen tauschen …

Neben der Elektrifizierung und der CO_2-Bepreisung gibt es auch ordnungspolitische Maßnahmen, die diskutiert werden, um Klimaziele zu erreichen.[27] Dazu gehört das Tempolimit auf deutschen Autobahnen, ein echter Aufreger! Die einen fordern das Limit für mehr Sicherheit und Klimaschutz, die anderen sehen sich in ihrer Freiheit eingeschränkt – so nach dem Motto: Freie Fahrt für freie Bürger. Die Argumente gegen ein Limit sind auch gerne mal absurd, so hieß es vom letzten Verkehrsminister Volker Wissing, es gäbe dafür nicht genügend Schilder. In allen anderen Ländern der EU gibt es Tempolimits. In Deutschland hat etwa ein Drittel der Strecken eine lokale Geschwindigkeitsbegrenzung, aber auf zwei Dritteln der deutschen Autobahnstrecken gibt es gar kein Tempolimit, wobei als – lediglich empfohlene – Richtgeschwindigkeit 130 Stundenkilometer gelten. Befürworter des Tempolimits argumentieren, dass sich dadurch der CO_2-Ausstoß erheblich reduzieren ließe, da die Fahrzeuge bei hohen Geschwindigkeiten deutlich mehr Kraftstoff verbrauchen. Das bestätigt eine Studie des Umweltbundesamts, die berechnet hat, dass durch ein Tempolimit von maximal 120 Stundenkilometern 6,7 Millionen Tonnen CO_2 pro Jahr eingespart werden könnten. Die Studie wurde aber aufgrund methodischer Unstimmigkeiten massiv kritisiert, da unter anderem alte Daten verwendet wurden; auch die Annahmen in den Szenarien wurden infrage gestellt.[28]

Ein weiteres Argument der Befürworter des Tempolimits ist, dass dadurch weniger Reifenabrieb (Feinstaub) entstehen und die Lärmbelastung minimiert werden würde. Und wenn Autos nicht mehr mit sehr hoher Geschwindigkeit fahren dürften, wäre die deutsche Automobilindustrie gezwungen, kleinere und weniger schnelle Fahrzeuge zu entwickeln.[29] Kritiker des Tempolimits argumentieren, dass der Effekt auf den Gesamt-CO_2-Ausstoß Deutschlands nur gering wäre, da die Emissionen aus dem Straßenverkehr nur etwa 20 Prozent aller Emissionen ausmachten und Autobahnen wiederum nur ein Teil davon seien. Außerdem würden sich Liebhaber schneller Autos, wie zuvor schon angesprochen, in ihrer Freiheit beschnitten sehen.[30]

Ein generelles Tempolimit auf deutschen Autobahnen ist immer wieder in der Diskussion, die Grünen und Umweltorganisationen sprechen sich dafür aus, eine Umsetzung scheiterte aber bisher, da die Union und die FDP dagegen sind.

Und die Parteien?

Die **Union** befürwortet den Ausbau erneuerbarer Energie und will Deutschland bis 2045 klimaneutral machen. Die wirtschaftliche und soziale Entwicklung soll aber mitgedacht werden, zum Beispiel durch wirtschaftliche Anreize. Der CO_2-Preis soll moderat ansteigen, damit Wirtschaft und Bürger nicht überfordert werden, die Wiederaufnahme des Betriebs der zuletzt abgeschalteten Kernkraftwerke soll geprüft werden. Das Heizungsgesetz der Ampel will die Union abschaffen, technologieoffene, emissionsarme Wärmelösungen will sie fördern. Die Union hält den Emissionshandel für das richtige Instrument, um das Klima bestmöglich zu schützen. Das Verbrenner-Verbot soll rückgängig gemacht und für die E-Mobilität die Ladeinfrastruktur angemessen ausgebaut werden.

Die **SPD** steht hinter nationalen und europäischen Klimazielen. Der Ausbau erneuerbarer Energien und die Klimaneutralität sollen bis spätestens 2045 erreicht werden. Die Partei unterstützt den Green Deal. Haushalte mit geringen Einkommen sollen zum Beispiel durch ein Klimageld unterstützt werden. Der Bahnverkehr soll ausgebaut werden, zum Beispiel durch mehr Sprinter und mehr Fernverbindungen in Europa. Das Deutschlandticket soll dauerhaft angeboten werden. Auf den Autobahnen setzt sich die Partei für ein Tempolimit von 130 km/h ein. Um E-Autos interessanter zu machen, brauche es zusätzliche Anreize. Schnell-Ladesäulen soll es auf vielen Supermarktparkplätzen geben. Die Kfz-Steuer-Befreiung für E-Autos soll bis 2035 verlängert werden. Am Atomausstieg hält die SPD fest.

Die **Grünen** setzen darauf, dass Europa bis 2050 klimaneutral wird und unterstützen den europäischen Green Deal. Deutschland soll aber schon 2045 klimaneutral sein. Die Partei setzt auf Instrumente wie den CO_2-Preis, will den Ausbau der Bahn und der Umstieg auf E-Mobilität beschleunigen, ein Deutschlandticket für 49 Euro erhalten und ein Tempolimit von 130 km/h einführen. Für die Modernisierung von Heizungssystemen und die Sanierung von Häusern und Wohnungen soll es Förderungen geben. Bei Autos sollen ab 2035 nur noch klimaneutrale Antriebe zugelassen werden. Staatliche Unterstützung soll es beim Erwerb von E-Autos für Menschen mit kleineren und mittleren Einkommen geben. Letztere sollen aus den Einnahmen der CO_2-Bepreisung mit einem Klimageld unterstützt werden. Bis 2030 sollen 80 Prozent des Stroms aus erneuerbaren Quellen kommen, 2035 soll der Strom komplett klimaneutral hergestellt werden. Die Grünen stehen für eine Absage an die Gasförderung in Deutschland, Kohlekraftwerke sollen ab 2030 nicht mehr befeuert werden, der Atomausstieg bleibt bestehen. Der Hochwasserschutz soll verbessert, Menschen vor Hitzewellen und Starkregen geschützt werden – mit Hilfe von Bodenentsiegelung, Gebäudebegrünung und Wasserflächen.

Die **FDP** setzt auf neue Technologien, um klimaneutrale Energie bezahlbar zu machen, beispielsweise auf moderne Formen der Kernspaltung und die Kernfusion. Der EU-Emissionshandel als europäischer »CO_2-Deckel« soll auf alle Sektoren ausgeweitet werden. Die Partei sieht den Klimawandel als eine der größten Herausforderungen unserer Zeit, will aber kleinteilige Vorschriften und Verbote, etwa Fahrverbote und ein Tempolimit auf Autobahnen, verhindern. E-Autos sollen nicht einseitig gefördert werden, die Partei setzt neben der Elektromobilität auf das Potenzial von E-Fuels und Bio-Diesel, für die eine steuerliche Gleichbehandlung mit E-Autos angestrebt wird. Der klimaneutral betriebene Verbrennungsmotor soll nicht verboten werden. Außerdem sollen Wälder geschützt und aufgeforstet werden.

Die **Linke** sieht die aktuelle Klimapolitik als zu stark von Kapitalinteressen geprägt und fordert einen systemischen Wandel, der soziale Gerechtigkeit und ökologische Nachhaltigkeit miteinander vereint. Die Partei will den Kohleausstieg spätestens bis 2030 umsetzen und die Energieversorgung vollständig auf erneuerbare Energien umstellen. Sie lehnt den CO_2-Preis im Bereich Verkehr und Wohnen ab, weil es in vielen Gegenden keine Alternative zum Auto gibt und weil Mieter nicht über die Heizungsart in ihrer Wohnung bestimmen. Stattdessen fordert die Linke verbindliche Vorgaben und staatliche Regulierungen: Flugverkehr soll auf die Schiene gelenkt werden. Privatjets und Megayachten sollen verboten werden. Innenstädte sollen autofrei sein, es soll ein Tempolimit von 120 km/h auf Autobahnen gelten. Flüge, die kürzer als 500 km sind, sollen verboten werden. Sie schlägt sozial gestaffelte Energiepreise vor, bei denen diejenigen, die mehr verbrauchen, auch stärker belastet werden. Der öffentliche Nahverkehr soll flächendeckend ausgebaut und kostenfrei werden. Die Partei fordert ein Klimageld von 320 Euro jährlich pro Person.

Die **AfD** hält die Aussage, dass Klimaänderungen vorwiegend menschengemacht seien, für wissenschaftlich nicht gesichert. Sie lehnt den aktuellen Klimaschutz in Deutschland weitgehend ab und fordert die Abschaffung des Erneuerbare-Energien-Gesetzes. Die Partei betrachtet Maßnahmen zur Begrenzung des Klimawandels als unnötig. Aus diesem Grund fordert die Partei den Ausstieg aus dem Pariser Klimaabkommen, setzt auf fossile Energien wie Kohle und Gas und will die CO_2-Bepreisung abschaffen. Windkraft und andere erneuerbare Energien lehnt sie ab. Die AfD ist gegen ein flächendeckendes Tempolimit.

Das **BSW** sieht die Veränderung des Weltklimas als ernste Herausforderung, betrachtet die aktuellen Klimaschutzmaßnahmen aber kritisch. Die Energieversorgung will die Partei nicht allein durch erneuerbare Energien sichern, Subventionen für erneuerbare Energien sollen gestrichen werden. Die Partei setzt auf die Entwicklung innovativer Schlüsseltechnologien für eine klimaneutrale Zukunft und unterstützt die Rückkehr zu fossilen Energien. Den Einkauf fossiler Energieträger im Ausland will die Partei an niedrigen Preisen ausrichten. Den Kohleausstieg 2030 lehnt die Partei ab, ebenso wie das Verbrenner-Verbot und das Heizungsgesetz.

KAPITEL 12

Einigkeit und Recht und Meinung

Was darf man denn heute überhaupt noch sagen?

Einige Menschen behaupten, man dürfe heute nichts mehr sagen. Schreiben gleichzeitig aber alles, was man nicht mehr sagen könne, bei »X« ...

Die Rede- und Meinungsfreiheit gehört zu den Grundvoraussetzungen einer Demokratie. Dazu gibt es ein bekanntes Zitat, das dem französischen Philosophen und Freigeist Voltaire zugeschrieben wird, tatsächlich aber aus der Feder seiner Biografin Evelyn Beatrice Hall stammt. Frei übersetzt: »Ich lehne ab, was Sie sagen, aber dass Sie es sagen dürfen, werde ich bis auf den Tod verteidigen!« Voltaire hat den Toleranzbegriff weit gefasst, nämlich als eine unbeschränkte Freiheit, sofern sie vom Reden nicht in gewalttätiges Handeln übergeht. Ganz so weit gehen wir heute nicht. Zwar ist die Meinungsfreiheit hierzulande ein hohes Gut, denn nur wenn Kritik ohne Angst vor Strafe geäußert werden darf, kann sich auch eine lebhafte und befruchtende Diskussion entwickeln. Trotzdem hat die Meinungsfreiheit auch Grenzen, daher können wir sie in bestimmten Fällen einschränken, beispielsweise wenn die Meinung diskriminierend und/oder rassistisch ist.

Aber hat sich der Meinungskorridor tatsächlich verengt, wie es gerne heißt? Ist die Meinungsfreiheit in Deutschland neuerdings eingeschränkt? Lässt die öffentliche Meinung abweichende Einstellungen nicht mehr zu? Darf man gewisse Dinge nicht mehr sagen, ohne soziale Konsequenzen fürchten zu müssen? Gibt es gar eine Gesinnungspolizei? Wenn man sich die gefühlte Meinungsfreiheit anschaut, scheint es um dieses Grundrecht nicht besonders gut bestellt zu sein! Nur 40 Prozent der Befragten waren laut einer Umfrage im Rahmen des Freiheitsindex 2023 der Ansicht, dass man in Deutschland seine politische Meinung frei äußern könne. Damit sind wir beim niedrigsten Wert seit 1990 gelandet, damals stimmten dieser Aussage noch 78 Prozent zu. Immerhin gibt es beim Freiheitsindex 2024 eine leichte Trendwende: Den neuesten Zahlen zufolge geben jetzt 47 Prozent an, politisch frei reden zu können. Das macht Mut, dennoch haben immer noch zu viele Menschen den Eindruck, dass es besser sei, vorsichtig zu sein, was das öffentliche Äußern der eigenen politischen Meinung angeht.[1] Denn wenn es eine verbreitete Angst davor gibt, das Falsche zu sagen, oder das Gefühl besteht, dass Gesagtes nicht mehr akzeptiert oder sogar sozial geächtet wird, dürfte sich das negativ auf unsere Debattenkultur auswirken. Denn die besten Ideen entstehen ja, wenn man frei diskutieren kann. Und nicht jeder, der »quer« denkt, liegt automatisch falsch. Übertreiben wir es etwa mit der politischen Korrektheit? Und steht die Moral über dem Recht? Schauen wir uns das genauer an.

Zunächst ist es sinnvoll, zwischen Tatsachen und Meinungen zu unterscheiden. Eine Tatsache ist ein wirklicher, gegebener Umstand, ein Fakt, ein unbezweifelbarer Sachverhalt.[2] Das heißt, eine Aussage über eine Tatsache ist entweder richtig oder falsch. Alle Äußerungen, die nicht richtig oder falsch sein können, sind Meinungen. Wenn man über einen Kollegen zum Beispiel sagt: »Der Mann tötet seine Katzen«, dann lässt sich das faktisch überprüfen. Hierbei handelt es sich also um eine Tatsachenbehauptung, die einer objektiven Klärung standhalten und beweisbar sein muss. Bewusst unwahre Tatsachenbehauptungen oder aber Tatsachenbehauptungen, deren Unwahrheit zum Zeitpunkt der Äußerung zweifelsfrei feststeht, sind übrigens nicht gestattet. Dabei geht es allerdings nicht um die »kleinen Lügen des Alltags«, sondern beispielsweise um Persönlichkeitsrechtsverletzungen. Äußert man hingegen so etwas wie: »Der Mann trägt unmögliche Klamotten«, ist das nicht überprüfbar, denn ein Urteil über Kleidung können Menschen ganz unterschiedlich fällen, es ist Geschmackssache, eine Meinung eben. Allerdings gibt es Äußerungen, bei denen eine klare Abgrenzung schwierig ist, weil sie, je nachdem wie man sie betrachtet, nicht eindeutig richtig oder falsch sind. Die Frage, wie viele Geschlechter es gibt, ist vielleicht eine davon. Aus naturwissenschaftlicher Sicht betrachtet, hängt die Frage, ob jemand weiblich oder männlich ist, davon ab, welche geschlechtsspezifischen Chromosomen er hat, ob also die betroffene Person zwei X-Chromosomen (weiblich) oder ein X- und ein Y-Chromosom (männlich) besitzt. Bei abweichenden Chromosomensätzen, zum Beispiel der Intersexualität, kommen Merkmale beider Geschlechter vor. Betrachtet man die Frage sozialwissenschaftlich, liegt der Fokus auf der Geschlechteridentität, nach der es mehr als zwei Möglichkeiten gibt, zum Beispiel zusätzlich noch nicht-binär, also nicht ausschließlich männlich oder weiblich, oder fluid, also veränderlich männlich-weiblich.

Manchmal werden Faktenfragen – als Teil einer politischen Strategie – auch gezielt zu Meinungsfragen umgedeutet. Sowohl Donald Trump als auch der ehemalige Präsident Brasiliens, Jair Bolsonaro, haben zum Beispiel die Behauptung aufgestellt, es gäbe keine wissenschaftlichen Beweise für den Klimawandel, und damit in der Öffentlichkeit den Eindruck erweckt, der Klimawandel sei keine Tatsache, sondern es handle sich bei dem Thema nur um unterschiedliche Meinungen oder die Behauptung des menschengemachten Klimawandels sei sogar eine Verschwörungstheorie. So versuchten sie, die internationale Wissenschaft zu diskreditieren. Das Vermischen von Meinung und Fakten ist also eine bewusst gewählte Kommunikationsstrategie, um einen sachlichen Diskurs zu verhindern.

Starke Meinung - aber wenig Ahnung. Das könnte auch der Werbeslogan für »X« sein ...

Grundsätzlich ist eine Meinung also eine persönliche Ansicht, eine subjektive Einstellung, die nicht überprüfbar ist! Und diese basiert oft auf Vorlieben oder Erfahrungen und nicht auf Fakten, die gerne ignoriert werden. Tatsächlich haben Menschen häufig eine extrem starke Meinung zu etwas, obwohl sie relativ wenig über das jeweilige Thema wissen. Schon der antike griechische Philosoph Platon unterschied streng zwischen Meinung, Glauben ohne Wissen und wahrem Wissen. Meinungen sind demnach im hohen Maß voreingenommen und basieren relativ selten auf sachlichen Argumenten. Forscher haben herausgefunden, dass zum Beispiel 60 Prozent der Wahrnehmung einer Situation auf unserem emotionalen Zustand und den gelernten Erfahrungen beruhen. Wir nehmen vor allem das wahr, was zu unseren persönlichen Vorstellungen passt, und ignorieren das, was gegen unsere Grundsätze spricht. Dahinter steckt der sogenannte »confirmation bias«, ein Bestätigungsfehler beziehungsweise eine Denkverzerrung, die dazu führt, dass wir das, was wir ohnehin schon glauben, bekräftigt wissen wollen.[3] Zum Beispiel erinnern wir uns auch eher an

Informationen, die zu unserem bestehenden Weltbild passen. Wir sind in unserer Meinung in der Regel ziemlich festgelegt, daher lohnt es sich, die eigene Meinung hin und wieder zu hinterfragen. Aber – wie auch immer die eigene Meinung aussieht: unser Grundgesetz bestimmt, dass wir sie frei äußern dürfen.

In Artikel 5 des Grundgesetzes steht zur Meinungsfreiheit folgendes: »(1) Jeder hat das Recht, seine Meinung in Wort, Schrift und Bild frei zu äußern und zu verbreiten und sich aus allgemein zugänglichen Quellen ungehindert zu unterrichten. Die Pressefreiheit und die Freiheit der Berichterstattung durch Rundfunk und Film werden gewährleistet. Eine Zensur findet nicht statt. (2) Diese Rechte finden ihre Schranken in den Vorschriften der allgemeinen Gesetze, den gesetzlichen Bestimmungen zum Schutze der Jugend und in dem Recht der persönlichen Ehre. (3) Kunst und Wissenschaft, Forschung und Lehre sind frei. Die Freiheit der Lehre entbindet nicht von der Treue zur Verfassung.«[4]

Übrigens ist die verfassungsrechtlich garantierte Meinungsfreiheit noch relativ jung. Bevor sie verankert wurde, hatte derjenige, der gerade an der Macht war, das Recht, darüber zu bestimmen, was gesagt oder geschrieben wurde – durch staatliche Zensur. Erst 1789 wurde die Freiheit der Meinung während der Französischen Revolution in der Erklärung der Menschen- und Bürgerrechte zum ersten Mal festgeschrieben. 1791 verabschiedete man in den USA die »Bill of Rights«, nach deren erstem Zusatzartikel es dem Kongress verboten ist, Gesetze zu erlassen, die die Redefreiheit einschränken. In Deutschland wurde die Meinungsfreiheit erst mit der Weimarer Verfassung von 1919 auf nationaler Ebene zum Grundrecht. Allerdings erlaubte die Verfassung die Einschränkung oder Aufhebung einzelner Grundrechte durch einfache Gesetze oder Notverordnungen, sodass die Meinungsfreiheit nach der Machtergreifung der Nationalsozialisten außer Kraft gesetzt werden konnte. Seit 1949 ist die Meinungsfreiheit mit dem Inkrafttreten des Grundgesetzes wieder fest verankert. Das heißt, in Deutschland herrscht Meinungsfreiheit!

Auch harmloser Unsinn ist von der Meinungsfreiheit gedeckt – außer der harmlose Unsinn von Thomas Gottschalk, Tommi darf in der Öffentlichkeit ja angeblich nicht mehr so reden wie zuhause …

Dabei ist es gar nicht wichtig, ob eine Meinung begründet oder unbegründet ist, rational oder emotional, wertvoll oder nicht – Meinungsäußerungen sind grundsätzlich sogar von der Meinungsfreiheit gedeckt, wenn sie grundlos, geistig wertlos, offenkundig dumm, verwerflich, abstoßend oder gar gefährlich sind, wie beispielsweise das Bayrische Oberlandesgericht geurteilt hat.[5] Der Staat bewertet nicht, sonst bräuchte es ja eine Art Sittenpolizei, die zwischen guten und schlechten Meinungen unterscheidet. In Deutschland tritt der Staat nicht als Meinungswächter auf – im Gegensatz zu autoritären Staaten wie etwa Nordkorea, die ihren Bürgern vorschreiben, welchen Führer sie verehren sollen oder welche Bürger anderer Staaten sie zu verachten haben. In Deutschland dürfen wir mögen oder hassen, wen wir wollen. Wir dürfen zwar niemanden beleidigen, verleumden oder zu Gewalt aufrufen, blöd finden dürfen wir andere aber schon – und wir dürfen es ihnen sogar ins Gesicht sagen. Auch harmloser Unsinn ist von der Meinungsfreiheit gedeckt. Jeder darf zum Beispiel kundtun, dass der Himmel grün-pink gestreift sei oder die Erde eine Scheibe. Und, ja, tatsächlich gibt es die Anhänger der sogenannten »Flat-Earth-Theorie«, die davon ausgehen, dass die Erde keine Kugel, sondern flach ist, aber wissenschaftlich lässt sich das nicht belegen. Gefährliche Äußerungen im Zusammenhang mit falschen Tatsachenbehauptungen hingegen, dazu gehört die Leugnung des Holocaust, sind nicht von der Meinungsfreiheit gedeckt.

Das heißt also, der Schutz der Meinungsfreiheit gilt nicht unbegrenzt. Oder anders gesagt: Nur weil eine Äußerung eine Meinung ist, heißt das nicht, dass sie unter allen Umständen straffrei bleibt. Absatz 2 von Artikel 5 des Grundgesetzes sagt ja, dass sie durch allgemeine Gesetze sowie zugunsten des Jugendschutzes und der persönlichen Ehre eingeschränkt werden kann. Schmähkritik, also eine Äußerung, bei der es nicht mehr um die Auseinandersetzung in der Sache geht, sondern um überspitzte Kritik oder Diffamierung der Person, oder auch eine »Formalbeleidigung« können unzulässige Meinungsäußerungen sein. Allerdings wird das von Fall zu Fall von den Gerichten bewertet. Hier ein paar Beispiele: »Ausgemolkene Ziege« über eine Fernsehmoderatorin fiel unter Schmähkritik, »Drecksau« unter Beleidigung. »Linke Bazille« als Äußerung eines Fußballspielers über den Trainer wurde als zulässige Meinungsäußerung gewertet, auch wegen der gesteigerten Emotionalität im Sport. Auch eine AfD-Politikerin in einer Satiresendung als »Nazi-Schlampe« zu bezeichnen, weil sie gesagt hatte, politische Korrektheit gehöre auf den Müllhaufen der Geschichte, wurde nicht als Schmähkritik oder Beleidigung eingestuft, weil durch die Bezugnahme auf politische Unkorrektheit eine Auseinandersetzung in der Sache erfolgte.[6]

Entschieden wird das im Einzelfall. Die Meinungsfreiheit gehört also zu den Grundrechten, die die Bürger vor der Allmacht des Staates schützen sollen. In Deutschland darf niemand wegen seiner Meinung oder Einstellung verhaftet werden – anders als zum Beispiel in der früheren DDR oder in Staaten wie Russland oder dem Iran. In Deutschland darf man sogar versuchen, andere von Dingen zu überzeugen, die verfassungswidrig sind. Einzelne extreme Meinungen und auch Versammlungen zu verfassungsfeindlichen Themen toleriert das Grundgesetz. Erst wenn das stabile Grundgerüst der Demokratie in Gefahr gerät und sich größere verfassungsfeindliche Gruppierungen bilden, greift der Staat möglicherweise ein, dann können – wie im Kapitel 1 schon angesprochen – Parteien oder Vereine durch das Bundesverfassungsgericht verboten werden. Das heißt also, man kann grundsätzlich jede Meinung haben, wenn man aber zu Hass auf bestimmte Bevölkerungsgruppen aufruft, man sich bemüht, den Rechtsstaat zu Fall zu bringen, man Anschläge plant oder vorbereitet oder sich Gruppen anschließt, die Ähnliches vorhaben, können Straftatbestände erfüllt sein – und die Strafen dafür sind nicht ohne. Liegen im Falle von Beleidigung gravierende Hassmotive vor, also Rassismus oder Antisemitismus, bewegen sich Geldstrafen schon mal im Bereich von zwei bis drei Monatsgehältern, Wiederholungstäter wandern durchaus für ein paar Monate in den Knast, im Bereich der Volksverhetzung und Holocaust-Leugnung können sogar mehrere Jahre hinter Gittern drohen, so David Beck, Staatsanwalt und Hatespeech-Beauftragter der Bayrischen Justiz bei der Generalstaatsanwaltschaft München. »Bei der Frage, ob eine bestimmte Meinungsäußerung einen Straftatbestand erfüllt, kommt es auch auf den Kontext und eine sorgfältige Abwägung zwischen Meinungsfreiheit und beeinträchtigtem Rechtsgut an«, führt Beck weiter aus.

Obwohl sich also in Deutschland alle Menschen im Prinzip jederzeit frei äußern dürfen, haben einige das Gefühl, die Meinungsfreiheit sei hierzulande eingeschränkt. Das könnte daran liegen, dass manche Menschen nach dem Kundtun der eigenen Meinung relativ viel Gegenwind bekommen. Denn jedermann kann zwar seine Meinung äußern, aber es gibt keine Garantie dafür, dass niemand widerspricht oder dass man für seine Äußerung nur gelobt und bestätigt wird. Widerspruch bedeutet auch nicht automatisch, ausgegrenzt oder gecancelt zu werden. Die Angst davor begründet aber möglicherweise das Missverständnis, das zu einem Gefühl von mangelnder Meinungsfreiheit führt. Laut einer Umfrage des Ifo-Instituts bejahten 52 Prozent die Aussage: »Man sollte immer auch Meinungen tolerieren, denen man eigentlich nicht zustimmen kann.«[7] Tolerant zu sein heißt aber nicht nur, eine andere Person das tun und glauben zu lassen, was sie will; Toleranz erfordert auch eine Haltung der Abgrenzung. Das heißt, man akzeptiert die andere Meinung zwar, lehnt sie aber inhaltlich ab. Denn wenn man sie befürworten würde, wäre man ja nicht tolerant, sondern schlicht der gleichen Meinung.[8] Dennoch empfinden Menschen es offenbar als übergriffig, wenn andere ihre Haltung kritisieren. Natürlich gibt es das Recht auf die eigene Meinung, aber dieses Recht ist nicht in jedem Fall unantastbar. Und auch wenn Toleranz, also die Duldung anderer Ansichten und Lebensweisen, in unserer westlichen Gesellschaft als eine der zentralen Errungenschaften der Aufklärung gilt, gibt es eben auch Meinungsäußerungen, bei denen eine Toleranzforderung nicht richtig ist, etwa wenn sie rassistisch, sexistisch oder homophob sind. Dann handelt es sich nicht um den Wunsch, die Meinungsfreiheit einzuschränken, sondern um einen Versuch, sich gegen Diskriminierung aufzulehnen.

Ein Beispiel dafür ist vielleicht der Fall des Comedians Luke Mockridge, der sich in einem Podcast abfällig über Menschen mit Behinderungen geäußert beziehungsweise Witze über sie gemacht hat, die sowohl etliche Bürger als auch Behindertenverbände scharf kritisiert haben. Anja Rützel vom *Spiegel* hat dazu treffend kommentiert: »Es geht nicht darum, was man sagen darf, es geht darum, was man sagen will.« Und da liegt oft der Unterschied. Allzu schnell ist dann die Rede von übertriebener »Wokeness« und »Cancel Culture«, Rufe wie »Das wird man ja wohl noch sagen dürfen!« oder »Man darf ja gar nichts mehr sagen!« werden laut. Auch hier lohnt sich der Blick auf die Begrifflichkeiten. »Woke« zu sein bedeutet ja zunächst nur, eine allgemeine Wachsamkeit für Diskriminierungen und Missstände aufzubringen. Unter »Cancel Culture« versteht man eine Form des Boykotts, mit der bestimmte Menschen oder Gruppen gemieden werden sollen, weil sie durch kontroverse Haltungen aufgefallen sind – also zugespitzt gesagt eine moderne Art des Prangers –, wobei ein Ziel eben auch sein kann, einfach auf Fehltritte und problematisches Verhalten hinzuweisen, um eine Veränderung durchzusetzen. Dabei gibt es zwei Seiten: Die eine, die fürchtet, dass unliebsame Haltungen »gecancelt« werden, und die eine Gefährdung der Meinungsfreiheit sieht, weil Menschen Angst gemacht wird, sich weiterhin derart zu bestimmten Themen zu äußern. Die andere Seite argumentiert, dass mit dieser Praxis Minderheiten eine Stimme in der öffentlichen Diskussion bekommen. Natürlich sollte niemand andere direkt an den Pranger stellen und sie wegen ihrer Meinung gleich der Diskriminierung, des Sexismus oder Rassismus bezichtigen. Auch sollte niemand wegen eines einzigen Fehlers sofort von allen anderen geächtet werden. Und sicher kann man darüber diskutieren, ob es im Fall Luke Mockridge nötig war, dass seine Auftritte abgesagt wurden oder ein Sender seine Show nicht ausstrahlte, obwohl er sich entschuldigt hatte. Allerdings sollte man eines nicht vergessen: Eine Entschuldigung besteht nicht nur aus dem Eingestehen eines Fehlers, sondern beinhaltet in der Regel die *Bitte* um Verzeihung, also eine Form des Vergebens, die das Opfer annehmen oder ablehnen kann. Man kann sich also nicht selbst von Schuld befreien, sondern ist darauf angewiesen, dass man von dem oder den Betroffenen von der Schuld befreit wird.[9] Daher liegt es im Ermessen eines Fernsehsenders oder Veranstalters, die Entschuldigung als glaubhaft anzunehmen oder mit der betreffenden Person nicht weiter zusammenzuarbeiten, wenn die Werte, die der Künstler vermittelt, nicht mehr zur eigenen Ausrichtung passen. Und grundsätzlich gilt: Dass Menschen sich nach einem erlebten Shitstorm beschweren, anderen »Cancel Culture« vorwerfen und diesen Vorwurf über soziale Medien und mit großen Reichweiten verbreiten dürfen, spricht gegen die vermeintliche Einschränkung der Meinungsfreiheit. Es zeigt aber, dass es zwar erlaubt ist, abweichende und sogar diskriminierende Haltungen zu haben, die von der Meinungsfreiheit gedeckt sind, dass diese aber von Teilen der Gesellschaft nicht mehr einfach hingenommen werden.

Die meisten Deutschen lehnen das Gendern ab – es herrscht in Deutschland ein »Krieg der Sternchen« …

Ein anderes Reizthema, bei dem gerne der Vorwurf einer übertriebenen Wokeness laut wird, ist das Gendern. Während es Befürwortern um sprachliche Gleichberechtigung und um das Sichtbarmachen von Frauen und diversen

Geschlechtern geht, kritisieren andere die Zerstörung der deutschen Sprache, reden von einer möglichen »Umerziehung« und von »Sprachwahnsinn«. Das generische Maskulinum, wie es so schön heißt, ist ja ein allgemeiner Oberbegriff für eine maskulin, also männlich bezeichnete Personen- oder Berufsgruppe, die sich aus allen Geschlechtern zusammensetzen soll. Die Begründung: Die Bezeichnung ist kürzer und damit im Sprachgebrauch praktischer. Und obwohl mit dem generischen Maskulinum selbstverständlich *alle* Geschlechter gemeint sind, zeigen wissenschaftliche Studien, dass die männliche Bezeichnung dazu führt, dass Befragte damit eher Männer assoziieren als Frauen.[10] Die theoretische Bedeutung zu kennen reicht also nicht aus, um die asymmetrische Geschlechterrepräsentation auszugleichen. Als eine mögliche Alternative hat sich daher die geschlechtergerechte Sprache entwickelt. Diese lehnen laut einer repräsentativen Umfrage zwar 80 Prozent der Bürger ab 18 Jahren noch ab,[11] allerdings handelt es sich ja auch nur um eine Alternative und Gendern ist mitnichten eine Pflicht. Ganz im Gegenteil, in Bayern zum Beispiel gibt es ein Genderverbot an Behörden und Schulen, in Hessen dürfen Beamte keinen Genderstern oder Doppelpunkt benutzen und in Sachsen sind Gendersonderzeichen an Schulen nicht erlaubt. Privat bleibt es nach wie vor jedem selbst überlassen, ob er gendern möchte oder nicht. Was man aber durchaus im Kopf behalten darf: Die Sprache bewirkt etwas bei uns Menschen, schließlich bestimmt sie unser Denken und damit unser Leben. Zudem ist Sprache schon immer lebendig gewesen und verändert sich mit dem gesellschaftlichen Wandel. Die sogenannte Framing-Forschung beschäftigt sich damit, wie durch Worte erzeugte Bilder bestimmte Reaktionen hervorrufen und damit das Denken beeinflussen. Natürlich führt nicht allein die Sprache zu Gleichberechtigung oder weniger Unterdrückung, aber sie kann zur Anerkennung anderer Bedürfnisse oder Perspektiven beitragen. Und manchmal kann es bei der Verwendung einer gerechten, korrekten Sprache einfach darum gehen, andere so zu bezeichnen, wie sie es sich wünschen, oder sie zumindest nicht aktiv zu verletzen. Was spricht zum Beispiel dagegen, Sinti und Roma, die indigenen Völker Amerikas, Menschen mit Behinderung, Homosexuelle oder bestimmte Ethnien mit wertfreien Begriffen zu benennen? Es wirkt jedenfalls nicht sonderlich überzeugend, dass es richtig sein soll, diese Gruppen aufgrund von ethnischer Herkunft, des Geschlechts, der Zugehörigkeit zu einer bestimmten Schicht, einer körperlichen oder geistigen Behinderung oder sexueller Neigungen zu diskriminieren oder zu beleidigen. Anstatt also auf übertriebene Political Correctness zu verweisen, könnte man einfach für die Empfindsamkeit anderer offen sein und sich fragen, wo die eigenen Grenzen liegen würden. Frei nach dem Motto: Würde ich diese Bezeichnungen auch akzeptieren, wenn sie mich betreffen würden? Und statt wütend zu werden und eine andere Einstellung pauschal zu verurteilen, hilft es, sich auf eine faktenbasierte und faire gesellschaftliche Debatte einzulassen. Grundsätzlich ist Widerspruch nämlich etwas Gutes und kann zur Meinungsbildung beitragen. Wer stur auf der eigenen Meinung beharrt, ohne andere Sichtweisen wahrzunehmen, verliert die Möglichkeit, Schwachstellen in der eigenen Argumentation zu erkennen. Neue Informationen oder eine andere Interpretation geben uns die Möglichkeit, uns mit der eigenen Sichtweise auseinanderzusetzen. Dabei hilft es, wenn die Debatte nicht allzu emotional geführt wird. Offen gezeigte Gefühle nehmen in der Öffentlichkeit immer mehr Raum ein, das ist zwar ob der vielen uns täglich bewegenden Themen durchaus verständlich, für eine gesunde Diskussion aber eher hinderlich. In einem Streitgespräch ist grundsätzlich jedes Argument zugelassen, die Würde des Gegners sollten wir aber nicht verletzen. Wir müssen respektvoll miteinander umgehen und auch akzeptieren, dass nicht jeder Konflikt lösbar ist – und aushalten, dass nicht alle Menschen die gleichen Interessen und Meinungen haben können.

Es gibt immer mehr Hass und Hetze im Netz – dabei wurde das Internet erfunden, damit Menschen sich verbinden …

Leider nehmen Hass und Hetze – gerade in den sozialen Medien – immer mehr zu. In Bayern zum Beispiel wurden im Jahr 2023 über 3.000 Hatespeech-Verfahren neu aufgenommen, 2022 waren es noch 2.400, 2021 noch weniger, nämlich 2.100. Daraus lässt sich nicht zwingend herauslesen, dass der Hass auf Andersdenkende an sich zugenommen hat, möglicherweise wurden einfach mehr Vorfälle angezeigt – auch durch niedrigschwellige Portale wie die Meldestelle »Respect« oder durch Kooperationen wie »Justiz und Medien – Konsequent gegen Hass«; aber eine Tendenz scheint erkennbar. Man kann dabei unterscheiden zwischen einer verrohten Kommunikation und klassischen Shitstorms, die in der Regel alle Menschen betreffen können, und sogenannter Hassrede, die sich meistens eher gegen Personen richtet, die bestimmten Gruppen angehören, zum Beispiel durch ihr Aussehen, ihre Herkunft, Religion oder die sexuelle Orientierung. Hassrede äußert sich dann als Rassismus, Antisemitismus, Antifeminismus, Sexismus, Queer-Feindlichkeit oder Ableismus (also Diskriminierung von Menschen mit Behinderung). Auch politisch aktive Menschen werden häufig ins Visier genommen. Oft werden bei Hassreden falsche Aussagen verbreitet oder Dinge verallgemeinert, herabwürdigende Begriffe und bestimmte Stereotype und Vorurteile benutzt oder Hasskommentare als Humor oder Ironie getarnt. Wie beim Populismus bedienen sich die Absender häufig einer »Wir gegen die Anderen«-Rhetorik, verbreiten Verschwörungstheorien und setzen auf eine plakative Bildsprache und die Befürwortung oder Androhung von (sexualisierter) Gewalt. »Hassrede« ist übrigens kein feststehender juristischer Begriff, kann aber durchaus strafbare Inhalte wie Verleumdungen, Beleidigungen und Volksverhetzung beinhalten und ist dann, wie oben schon kurz angerissen, auch nicht von der Meinungsfreiheit gedeckt – zumindest dann nicht, wenn bestimmte Strafbestände des Strafgesetzbuches, wie zum Beispiel die öffentliche Aufforderung zu Straftaten, verhetzende Beleidigung oder Nötigung, erfüllt sind.[12] Und dabei ermittelt und verurteilt die Justiz Straftäter konsequent, weil es besonders schwer wiegt, wenn ein Hassmotiv hinter einer Äußerung steckt, so der Hatespeech-Beauftragte David Beck.

Weil Hassreden und Hetze immer wieder vorkommen, ist die Angst davor, wegen der eigenen Meinung in den sozialen Medien aggressiv angegriffen zu werden, durchaus verständlich – und zwar unabhängig davon, ob man selbst fair und argumentativ auftritt oder nicht. Mittlerweile ist fast ein Viertel der Internetnutzer mit Hasskommentaren konfrontiert[13], die teilweise auch noch durch Bots verstärkt werden, also Fake Accounts, die einen im Netz agierenden Menschen vortäuschen und automatisierte Botschaften verbreiten. Damit können sie durchaus Meinung machen, wie ein Team der Universität Duisburg-Essen zeigte. Laut dessen Experiment können 2 bis 4 Prozent Bots dafür sorgen, dass andere Nutzer sich in kontroversen Diskussionen eher zurückhalten. Damit steigt die Wahrscheinlichkeit, dass sich die von Robotern unterstützte Meinung durchsetzt, von 50 Prozent auf zwei Drittel.[14]

Nicht nur Privatpersonen, vor allem Politiker werden im Netz mit Hasstiraden überschüttet. Die Grünen-Politikerin Renate Künast ging mehrfach gegen Beleidigungen und Falschdarstellungen im Netz vor. Gerade ihr Beispiel zeigt aber, wie zurückhaltend die Gerichte handeln, wenn es darum geht, bestimmte Meinungen zu verbieten. Die Politikerin, die mit Beschimpfungen wie »Pädophilen-Trulla«, »Gehirn-amputiert« oder »Drecksfotze« konfrontiert wurde, hat erst nach einem jahrelangen Rechtsstreit über verschiedene Instanzen durch eine Entscheidung des Bundesverfassungsgerichts vollumfänglich Recht bekommen.[15]

Fast jeder Fünfte vertraut den Medien nicht mehr – außer denen, die exakt das berichten, was er denkt ...

Massiv angefeindet und angegriffen wird – im Netz wie auf der Straße – auch die Berufsgruppe der Journalisten. Die Medienfeindlichkeit zeigt sich also nicht mehr nur in »Lügenpresse«-Rufen, Beleidigungen und Drohungen, sondern auch durch gewalttätige Übergriffe. Die Zahl der Angriffe ist von 56 Fällen im Jahr 2022 auf 69 in 2023 gestiegen.[16] Es scheint, als hätten die Medien das Vertrauen etlicher Zuschauer, Hörer und Leser verloren, Journalisten werden als nicht mehr glaubwürdig eingestuft und es wird ihnen sogar unterstellt, sie seien von den Politikern gelenkt oder Teil der Mainstream-Medien, die alle das Gleiche berichten würden. Beim Vorwurf der »Lügenpresse« geht es dabei nicht darum, einzelne journalistische Fehler anzuprangern, sondern gleich eine ganze Berufsgruppe zu diffamieren. Der Begriff ist übrigens nicht neu – taucht er doch schon 1848 in einem antisemitischen Zusammenhang als »jüdische Lügenpresse« auf, dann 1870/71 im Rahmen des Deutsch-Französischen Krieges als Bezeichnung für die französische und im Ersten Weltkrieg für die gegnerische Berichterstattung. Im Zweiten Weltkrieg benutzten die Nationalsozialisten den Begriff für alle Berichte, die ihnen nicht passten. Später verwendeten die RAF-Terroristen die Bezeichnung, um dem Axel-Springer-Verlag zu schaden, in jüngster Zeit wurde die Bezeichnung »Lügenpresse« rund um die Corona-Pandemie, die Ukraine- und die Flüchtlingskrisen durch Pegida wieder populär.[17] Beflügelt wurde diese Stimmung auch durch die erste Amtszeit von Donald Trump, der permanent Journalisten beschimpft und als »Feinde des Volkes« bezeichnet hat, so der Kommunikationswissenschaftler und Journalistik-Professor Klaus Meier. Natürlich hält nicht die Mehrheit der Deutschen die Journalisten grundsätzlich für Lügner. Aber fast jeder Fünfte betrachtet laut der Mainzer »Langzeitstudie Medienvertrauen« die Medien als nicht vertrauenswürdig. Zum Glück scheint es sich noch nicht um eine allgemeine Krise zu handeln, denn im internationalen Vergleich liegt das Vertrauen der Deutschen in die Medien auf relativ hohem Niveau. Insbesondere der öffentlich-rechtliche Rundfunk steht immer noch hoch im Kurs. Er liegt trotz der jüngsten Skandale und Diskussionen im Ranking der vertrauenswürdigsten Mediengattungen auf Platz 1. Allerdings ist das Vertrauen im Vergleich zu den Vorjahren zurückgegangen.[18] Eine Entwicklung, die aus journalistischer Sicht aufhorchen lässt. Denn glaubwürdige Medien spielen beim Prozess der Meinungsbildung eine ganz entscheidende Rolle. In einem demokratischen Staat gibt es im Unterschied zu undemokratischen Regierungsformen die Möglichkeit, Informationsquellen zu nutzen, die nicht zum Staat gehören oder von ihm gesteuert werden. Deshalb werden die Medien auch vierte Gewalt genannt, weil sie neben der Legislative, der Exekutive und der Judikative eben eine vierte unabhängige Kraft darstellen, die Politik und Wirtschaft überwacht. Über sie sollen die Menschen Informationen erhalten, die ihnen Orientierung in der Gesellschaft bieten. Unabhängige Medien und eine vielfältige Medienlandschaft sind dabei sehr wichtig für eine funktionierende Demokratie. Die freie Presse ist durch unser Grundgesetz geschützt, aber auch durch die Vereinten Nationen und die EU: In Artikel 19 der Allgemeinen Erklärung der Menschenrechte ist die Pressefreiheit neben dem Recht auf freie Meinungsäußerung verankert, in Europa ist die Pressefreiheit durch Artikel 10 der Europäischen Menschenrechtskonvention und durch Artikel 11 der EU-Grundrechtscharta geschützt.

Aber leider ist die Pressefreiheit global in Gefahr. Die international tätige Nichtregierungsorganisation »Reporter ohne Grenzen« stellt fest, dass sich die Lage weltweit in den letzten Jahren immer weiter verschlechtert. Gerade im Zeitraum rund um Wahlen sind Journalisten gefährdet. Deutschland liegt im Ranking der Pressefreiheit 2024 auf Platz 10, an der Spitze liegt Norwegen, gefolgt von Dänemark, Schweden, den Niederlanden und Finnland. In diesen Ländern wird die Pressefreiheit gut durch Gesetze, Staat und Behörden geschützt. Am unteren Ende der Skala liegen Afghanistan, wo im Jahr 2023 drei Journalisten getötet wurden und 25 Medienschaffende zwischenzeitlich im Gefängnis saßen, und Syrien, wo unabhängiges journalistisches Arbeiten nahezu unmöglich ist, immer wieder Reporter entführt werden und nicht wieder auftauchen. Das Schlusslicht bildet Eritrea; dort stehen sämtliche existierende Medien direkt unter der Kontrolle des Informationsministeriums und der freie Fluss von Nachrichten wird mit äußerster Brutalität und Härte unterbunden.[19] Bei der zu Recht gewünschten Freiheit gibt es aber auch Grenzen, was Journalisten berichten dürfen. So ist es verboten, die nationale Sicherheit zu gefährden oder Staatsgeheimnisse preiszugeben. Außerdem stößt die journalistische Freiheit natürlich auf Grenzen durch die allgemeinen Gesetze, die Bestimmungen zum Schutz der Jugend und das Recht der persönlichen Ehre – Journalisten dürfen also beispielsweise niemanden verleumden. Freie Medien sollen nicht nur unabhängig vom Staat berichten, gleichzeitig hat der Staat die Pflicht zu verhindern, dass die freie Presse durch Meinungsmonopole in Gefahr gerät und bestimmte Medienkonzerne durch Übernahmen oder Zusammenschlüsse ihre Marktmacht ausnutzen – zum Beispiel durch überhöhte Preise oder zu große Meinungsmacht. Das Medienkonzentrationsrecht soll dafür sorgen, dass der Marktanteil eines einzelnes Medienunternehmens nie so groß ist, dass es die vorherrschende Meinung bestimmen kann. In Deutschland liegt die Marktanteilsgrenze für Fernsehen bei 30 Prozent Zuschauermarktanteil.[20] Es gibt aber auch Kritik an der Regelung, weil die Meinungsmacht am linearen Fernsehen gemessen wird und keine Social-Media-Plattformen, Suchmaschinen oder andere Aktivitäten im Internet berücksichtigt werden. Für die Erreichung der Medienvielfaltsziele hat der Europarat Empfehlungen ausgesprochen. Dazu gehören die Förderung öffentlich-rechtlicher und inhaltlich ausgewogener Medienangebote, die Begrenzung des Eigentums einzelner Personen oder Gruppen und Transparenzregelungen, die den Nutzern dabei helfen, die Medien hinsichtlich ihrer kommerziellen und politischen Interessen einzuordnen.

Hierzulande setzen wir auf ein plurales Mediensystem, also eines, das aus einer Vielzahl von Stimmen und Meinungen und der Koexistenz verschiedener Medien besteht – und zwar aus privatwirtschaftlich organisierten Medien sowie aus öffentlich-rechtlichen Fernseh- und Rundfunkanstalten. Gemeinsam stellen diese beiden Säulen unseres Systems die Medien- und Meinungsvielfalt sicher, bieten ein Gegengewicht zu Desinformation und Hassrede und stabilisieren damit die Demokratie. Es gibt unterschiedliche Zeitungs- und Zeitschriftenverlage, die privaten Sender wie die der ProSiebenSat.1- und der RTL-Gruppe, die sich über Werbung finanzieren, und die öffentlich-rechtlichen Sender von ARD und ZDF, zu denen nicht nur das erste und zweite Fernsehprogramm gehören, sondern auch der KIKA, Arte oder auch die dritten Programme sowie Radiosender, deren Finanzierung zum größten Teil über Gebühren möglich gemacht wird.

Laut Medienvielfaltsmonitor ist die Medienlandschaft in Deutschland trotz einiger Konzentrationstendenzen in einzelnen Märkten insgesamt vielfältig und die Inhaber- und Beteiligungsverhältnisse sind breit gestreut. Einzig der Lokaljournalismus bietet Anlass zur Sorge, in vielen Regionen gibt es nur noch wenige Journalisten, einzelne Orte werden gar nicht mehr bedient, bemängelt Journalistik-Professor Klaus Meier. Insgesamt verlieren die Tageszeitungen massiv an Auflage: Während es in den 1990er-Jahren noch ca. 25 Millionen waren, beträgt die gedruckte Auflage heute insgesamt nur noch etwa 8 Millionen.

Nach einer Befragung der Mediennutzer durch die Medienanstalten war das Internet 2023 das Informationsmedium, dem am meisten Gewicht zugesprochen wurde, gefolgt von Fernsehen, Radio und Zeitungen. Die öffentlich-rechtlichen Angebote machen knapp ein Drittel der meinungsbildenden Medieninhalte aus, die privaten Medienkonzerne mit dem größten Meinungseinfluss sind Bertelsmann, Axel Springer, mit dem US-Investor und Anteilseigner KKR, und ProSiebenSat.1. Weniger großen, aber ebenfalls relevanten Einfluss im Printbereich haben Burda, Funke, Madsack und Medien Union.[21]

Kritik am öffentlich-rechtlichen Rundfunk: Vetternwirtschaft und schlechte Arbeitsbedingungen. Kein Wunder, die Öffentlich-Rechtlichen funktionieren im Prinzip wie eine überlastete öffentliche Behörde, die nebenher auch noch ein bisschen Fernsehen macht …

Wie zuvor schon kurz angesprochen, ist der öffentlich-rechtliche Rundfunk – dank diverser Skandale – in die Kritik geraten: zu teuer, zu staatsnah, unkontrollierbar. Es gibt den Vorwurf der politischen Einflussnahme, den Eindruck einseitiger Berichterstattung, dazu Geldverschwendung, Vetternwirtschaft und schlechte Arbeitsbedingungen; die Liste ist lang. Schauen wir uns den öffentlich-rechtlichen Rundfunk genauer an: Entstanden ist er nach dem Zweiten Weltkrieg. Weil die Nationalsozialisten den Rundfunk zentralisiert und für ihre politische Propaganda missbraucht hatten, war klar – zu so einer Situation darf es nie wieder kommen! Deshalb wurde der Rundfunk komplett neu aufgebaut, um wieder eine unabhängige, freie und neutrale Berichterstattung möglich zu machen – bezahlt von den Bürgern, sodass die Sender weder vom Staat noch von Werbeeinnahmen abhängig sind. 1950 entstand so die ARD und in den 1960er-Jahren das ZDF. Die 16 Bundesländer geben dabei den rechtlichen Rahmen vor und legen auch den grundsätzlichen Auftrag der öffentlich-rechtlichen Medien fest, sie kontrollieren die Sender aber inhaltlich nicht! Der Auftrag besteht darin, die informationelle Grundversorgung der Bevölkerung zu gewährleisten, die Bürger in ihrer Meinungsbildung zu unterstützen und den gesellschaftlichen Zusammenhalt zu stärken – und zwar mit Programmen, die Information, Bildung, Kultur und Unterhaltung umfassen. Gerade um die Unterhaltungsprogramme und auch die Sportberichterstattung, beziehungsweise den Kauf exorbitant teurer Sportrechte, gab es Diskussionen, weil viele Zuschauer sich die Frage stellen, ob Unterhaltung und Sport Teil einer Grundversorgung sein müssen. Zwar erzielen die Sender durch die Übertragung von Sportereignissen und großen Unterhaltungsshows hohe Reichweiten, die für die Akzeptanz der Sender wichtig sind. Denn wenn niemand die Sender einschaltet, könnte man sie sich ja sparen. Auf der anderen Seite gibt es eben auch Kritik an den hohen Kosten und der inhaltlichen Belanglosigkeit der Shows. Grundsätzlich sollen sich die Anstalten bei der Ausrichtung ihres Programms an festgelegte Programmgrundsätze halten, nämlich an Objektivität, Unparteilichkeit, Ausgewogenheit, Vielfältigkeit und auch an die Einhaltung journalistischer Standards.

Unser Fernsehen ist kein Staatsfernsehen, sondern staatsfern …

Auch wichtig: Die öffentlich-rechtlichen Medien sollen staatsfern sein. Das heißt, die Journalisten können kritisch und frei berichten. Das ist weitaus nicht in allen Ländern so, in Italien zum Beispiel ist der öffentliche Rundfunk staatlich, das heißt, der Staat kontrolliert das Programm und die Besetzung der Posten. Auch in Polen wurde der öffentlich-rechtliche Rundfunk zwischenzeitlich in nationale Staatsmedien überführt, ein unabhängiges Kontrollmedium gab es nicht mehr. Aktuell tobt hier ein erbitterter Kampf um die öffentlich-rechtlichen Medien. Die Unabhängigkeit des deutschen öffentlich-rechtlichen Rundfunks ist also nicht selbstverständlich. Ob die Sender hierzulande ihren Auftrag erfüllen, wird durch Aufsichtsgremien überwacht. Die Verwendung der Gelder kontrollieren Verwaltungsräte, das Programm beaufsichtigen Hörfunkrat, Fernsehrat oder Rundfunkräte. Letztere werden mit Repräsentanten aus Politik und anderen relevanten Gruppen der Gesellschaft besetzt: also zum Beispiel von Vertretern der Parteien, Kirchen, Hochschulen, der Wirtschaft, der Jugendverbände, Gewerkschaften, Behinderten- und Migrantenverbände oder auch aus dem Kulturbereich. So soll Vielfalt gesichert und verhindert werden, dass eine bestimmte Gruppe zu viel Macht ausüben kann. Die Mitgliedschaft in den Räten ist ein Ehrenamt. Finanziert werden die öffentlich-rechtlichen Anstalten zwar zu einem kleinen Anteil auch mit Einnahmen aus Werbung, aber überwiegend aus den von den Bürgern bezahlten Rundfunkbeiträgen, aktuell 18,36 Euro pro Monat, unabhängig vom Einkommen. Die Höhe des Rundfunkbeitrags wird durch die KEF (Kommission zur Ermittlung des Finanzbedarfs der Rundfunkanstalten) vorgeschlagen, nachdem ARD und ZDF ihren Finanzbedarf angemeldet haben. Die 16 Landtage müssen dem Vorschlag im Anschluss zustimmen. Zuletzt hatte die KEF empfohlen, dass der Beitrag 2025 auf 18,94 Euro steigen soll. Auf der Ministerpräsidentenkonferenz Ende 2024 haben die Länder ein neues Finanzierungsmodell beschlossen, das im Jahr 2027 in Kraft treten soll. Demnach soll es statt aktiver Zustimmung der Länder eine Widerspruchsregelung geben. Nach dem Willen der Ministerpräsidenten soll der Rundfunkbeitrag 2025 und 2026 nicht steigen. Darüber entscheiden wird aber das Bundesverfassungsgericht. Im November 2024 hatten ARD und ZDF nämlich Verfassungsbeschwerde eingereicht, um zu erreichen, dass der Beitrag steigt.

Die öffentlich-rechtlichen Sender stehen aufgrund unterschiedlicher Skandale in der Kritik. Zum Glück lässt sich die Kritik viel gelassener entgegennehmen, wenn man einen Massage-Sessel im Büro hat …

Zuletzt wurden also sowohl die Höhe, die wirtschaftlich sinnvolle Verwendung der Gebühren als auch die Besetzung der Räte infrage gestellt. Gerade der Verwaltungsrat des Rundfunks Berlin-Brandenburg (RBB) musste sich den Vorwurf mangelnder Aufsicht gefallen lassen, weil hohe Ausgaben der inzwischen geschassten Intendantin – für importiertes Edelparkett für ihre Büroräume, Massagesitze, teure Couchgarnituren oder vierstellige Rechnungen für Abendessen – möglicherweise einfach durchgewunken wurden. Zudem gibt es den Vorwurf, dass sich Mitglieder der Kontrollgremien nach parteipolitischer Zugehörigkeit zusammentun und sich, was Abstimmungen angeht, absprechen – und so doch indirekt Einfluss auf Personalpolitik und damit auch Programmplanung haben. Außerdem stellt sich die Frage, ob die in den Räten repräsentierten gesellschaftlichen Gruppen aktuell überhaupt noch relevant sind. Bei den Kirchen oder den Vertriebenenorganisationen wäre vielleicht zu überlegen, ob man sie nicht durch andere Vertreter ersetzt oder ergänzt, beispielsweise von Jugendorganisationen, der Klimabewegung oder durch per Losverfahren ausgewählte Bürger.

Auch von den privat organisierten Medien kam Kritik: Weil der öffentlich-rechtliche Rundfunk durch die Einnahmen aus den Rundfunkbeiträgen sicher finanziert wird, während die Privaten den Regeln des freien Marktes unterworfen sind, forderten sie mehr Gleichgewicht im Wettbewerb und unterstützten den Vorschlag, den öffentlich-rechtlichen Rundfunk zu reformieren.

So sieht beispielsweise der ProSiebenSat.1-CEO Bert Habets Handlungsbedarf: »Die Dominanz der öffentlich-rechtlichen Sender führt zu einer Marktverzerrung, ihr Gesamtbudget liegt bei über 10 Milliarden Euro, davon gehen etwa 4 Milliarden ins Programm. Im Vergleich dazu hat RTL etwa 1,3 und ProSiebenSat.1 etwas über 1 Milliarde. Zu Recht hat die Rundfunkkommission der Länder den Zukunftsrat damit beauftragt, da genauer hinzuschauen. Grundsätzlich sollten die Öffentlich-Rechtlichen und die Privaten nebeneinander bestehen, sich auf die jeweiligen Kernbereiche fokussieren und sich gegenseitig weniger Konkurrenz machen. Es braucht Kooperation und kein Gegeneinander.« Es wurde zum Beispiel diskutiert, die Unterschiede zwischen öffentlich-rechtlichen und privaten Medien wieder klarer herauszuarbeiten, eine staatsvertragliche Deckelung bei den Ausgaben für Sportrechte einzuführen oder ein Überprüfungsverfahren zu entwickeln, das sicherstellen soll, dass die öffentlich-rechtlichen Sender ihrem Auftrag auch nachkommen. Der Verband Privater Medien setzt sich zudem dafür ein, die Anzahl linearer öffentlich-rechtlicher Programme insgesamt zu begrenzen, ihre Angebote im Netz zu beschränken, Werbung und Sponsoring im öffentlich-rechtlichen Fernsehen zu verbieten und im Radio zu reduzieren und den Fokus des Auftrags mehr auf Kultur, Bildung, Information und Beratung zu legen und weniger auf Unterhaltung. Diesbezüglich sorgte vor ein paar Jahren auch die Forderung des damaligen ProSiebenSat.1-Vorstands Conrad Albert für Aufregung: Er sprach sich dafür aus, eine Finanzierung nicht an Institutionen, sondern an Inhalten festzumachen und damit auch den Privatsendern die Möglichkeit zu geben, Gebühren zu kassieren, wenn sie gesellschaftlich relevante Inhalte produzieren. Durchgesetzt hat sich der Vorschlag aber nicht.

Es gab und gibt also viele Gründe für die aktuellen Diskussionen um den öffentlich-rechtlichen Rundfunk und eine mögliche Neuformulierung des Auftrags, und es braucht eine Veränderung, um die Akzeptanz in der

Bevölkerung wieder zu stärken. Dazu hat die Ministerpräsidentenkonferenz im Oktober 2024 eine Reform der öffentlich-rechtlichen Sender beschlossen, die bewirken soll, dass ARD und ZDF effizienter, sparsamer, digitaler und zukunftsfester werden. Im Kern geht es darum, die aktuell 70 Radiowellen auf 53 zu verringern, Spartensender zusammenzulegen, das digitale Angebot nach dem Maßstab der Erforderlichkeit zu begrenzen, Wirtschaftlichkeit in der Haushaltsführung im Rundfunkstaatsvertrag zu verankern und die Transparenz zu erhöhen.[22] Geplant ist, dass die Kosten für Sportrechte bei 5 Prozent der Gesamtausgaben der Sender gedeckelt werden und es soll Kooperationen mit den privaten Sendern geben. Der neue Vertrag könnte im Sommer 2025 in Kraft treten.

Wir halten also fest, dass sich die Menschen in Deutschland aus den unterschiedlichsten Quellen informieren und sich so ihre Meinung bilden können. Journalisten haben dabei die Aufgabe, die Bürger durch sorgfältige Recherche und wahrheitsgetreue Berichterstattung zu informieren und gegen Fake News und Desinformation anzugehen. Die meisten Menschen erwarten dabei zu Recht von den Medien, dass sie objektiv informiert werden. Sie wollen sich darauf verlassen können, dass die Informationen verlässlich und objektiv überprüfbar sind. Doch wie funktioniert die journalistische Arbeit in den Redaktionen? Pressefreiheit bedeutet, dass Journalisten selbst auswählen, welche Themen, Nachrichten und Meinungen sie veröffentlichen und welche nicht – bei dem riesigen Angebot an vielfältigen Informationen müssen sie also zwangsläufig eine eigene Auswahl treffen. Dabei handelt es sich nicht um Zensur, die nur vom Staat ausgehen kann, sondern um eine redaktionelle Tätigkeit, die zum Beruf des Journalisten gehört. Welche Themen ausgewählt werden, entscheidet in der Regel nicht ein Redakteur allein, sondern wird in sogenannten Redaktionssitzungen, an denen etliche Redakteure aus den unterschiedlichen Ressorts teilnehmen, oft kontrovers und hitzig diskutiert. Journalisten versuchen, unterschiedliche Aspekte eines Themas zu beleuchten, verschiedene Seiten zu Wort kommen zu lassen, um dem Leser, Zuschauer oder Hörer die Möglichkeit zu geben, sich selbst ein Bild zu machen. Dabei muss der Journalist nicht jede Meinung berücksichtigen, sollte aber darauf achten, eine Gewichtung unterschiedlicher Meinungen auch einzuordnen, also beispielsweise zu erklären, ob es sich bei einer bestimmten Haltung zu einem Thema um wissenschaftlichen oder gesellschaftlichen Konsens handelt (der demnach durch eine Mehrheit vertreten wird), oder ob es nur die Meinung einer Minderheit oder eine Einzelmeinung ist. Sonst kann es zu einer sogenannten »false balance« kommen, dem falschen Eindruck einer Ausgewogenheit und einer damit einhergehenden medialen Verzerrung. Das kann passieren, wenn eine abweichende Position gleichberechtigt neben die etablierte Position gestellt wird und so der Eindruck entsteht, beide Seiten würden wissenschaftlich gleichwertig bewertet. Wenn also zum Beispiel zwei Experten zum Thema Klimawandel in einer Talkshow sitzen und sie den Zusammenhang zwischen CO_2-Ausstoß und Klimaerwärmung gegensätzlich bewerten, der Moderator aber nicht erläutert, dass die große Mehrheit der Wissenschaftler weltweit bestätigt, dass CO_2 als Hauptverursacher der Klimaerwärmung gilt, dann entsteht der Eindruck einer Ausgewogenheit, die es so in der Realität nicht gibt.

Politisch gesehen bemühen sich die Medien in Deutschland grundsätzlich um eine vielfältige und ausgewogene Berichterstattung, teilweise ganz im Gegensatz zu anderen Ländern, in denen abweichende Traditionen herrschen. Zum Teil orientieren sich die Medien an politischen Lagern, beispielsweise in Spanien, und auch in den USA ist die politische Ausrichtung der großen Nachrichtensender bekannt. Während des gerade vergangenen US-Wahlkampfs, aus dem Donald Trump erneut als Sieger hervorging, haben sich beispielsweise die Sender Fox News und CNN darin überboten, den jeweils von der Gegenseite favorisierten Präsidentschaftskandidaten schlechtzumachen und haben damit massiv zur Polarisierung beigetragen. Zudem gab es eine medienwirksame Diskussion über den Verzicht verschiedener Tageszeitungen auf die dort sonst auf der Meinungsseite übliche Wahlempfehlung an die Leser, etwa aus ökonomischen Motiven der Eigentümer. Was das politische Klima in den USA betrifft, ist dies eine besorgniserregende Entwicklung.

Das Herz des durchschnittlichen politischen Journalisten schlägt links. Logisch – wer sich mit Politik beschäftigen und Geld verdienen will, geht in die FDP …

Natürlich erkennt man auch in Deutschland bestimmte Grundhaltungen der Medien: Beispielsweise gelten *Spiegel* und *Süddeutsche Zeitung* als eher linksliberal, *Die Welt* und die *FAZ* als konservativ, die *taz* als links. Das liegt zum einen daran, dass Medien sich gegenüber der Konkurrenz positionieren wollen, um bestimmte Zielgruppen besser zu erreichen. Zum anderen braucht es – wie zuvor schon angesprochen – natürlich auch gesellschaftspolitische Vielfalt. Dabei färbt die Weltsicht einer Redaktion auf die Auswahl der Themen ab und so formieren sich journalistische Profile. Trotzdem gibt es immer wieder Diskussionen über mögliche Verzerrungen in der Berichterstattung, weil der Großteil der Journalisten als politisch weiter links stehend eingestuft wird als der Durchschnitt der Bevölkerung. Tatsächlich bestätigen Studien, dass Journalisten in westlichen Demokratien kein Spiegelbild der Gesellschaft sind: Zwar ist der Anteil der Beschäftigten mit Migrationsgeschichte in Deutschland mittlerweile ähnlich hoch wie in der Gesamtbevölkerung, allerdings handelt es sich bei den Herkunftsländern überwiegend um europäische Staaten. Zudem kommen Journalisten meist aus der bürgerlichen Mitte, sind gebildet und neigen politisch tatsächlich eher zum linken Spektrum, stehen also eher bei den Grünen als bei der CDU/CSU.[23]

Jedoch zeigen Studien auch, dass sich die private politische Einstellung der Journalisten kaum auf die Berichterstattung auswirkt, sagt der Professor für Journalistik, Klaus Meier. Forscher der Johannes-Gutenberg-Universität in Mainz haben zum Beispiel für eine Studie rund 10.000 Nachrichtenbeiträge untersucht, um herauszufinden, wie es um die Perspektivenvielfalt in den öffentlich-rechtlichen Nachrichtenformaten steht. Dabei kam heraus, dass die Vielfalt an Themen und Akteuren in den untersuchten öffentlich-rechtlichen Nachrichtenformaten, zum Beispiel der »Tagesschau« oder den »Heute«-Nachrichten, insgesamt groß war, ebenso wie in den reichweitenstarken privatwirtschaftlich organisierten Nachrichtenformaten, die als Vergleich dienten – etwa »RTL Aktuell« oder »:newstime« der ProSiebenSat.1-Gruppe. Insgesamt zeigt die Studie allerdings, dass die Beiträge sowohl bei den öffentlich-rechtlichen als auch bei den privaten Medien eine eher sozialstaatliche als eine marktliberale Haltung einnehmen und dass die aufgeschlossenen, modernen und toleranten Positionen im Gegensatz zu den konservativen überwiegen. Dass die Nachrichtenformate der öffentlich-rechtlichen Medien im Vergleich zu den privaten Nachrichtensendern besonders einseitig berichten würden, trifft laut der Untersuchung der Mainzer Universität nicht zu. Die Redaktionen stellten aber sowohl Parteien links der Mitte als auch rechts der Mitte überwiegend negativ dar.[24] Diesen Fokus auf negative Informationen sieht der Studienleiter kritisch und regt an, die Berichterstattung nicht ausschließlich auf Probleme zu beschränken, sondern auch über mögliche Lösungen zu berichten.

Das ist ein grundlegendes Problem: Grundsätzlich funktionieren in den Medien negative Themen, welche die Menschen aufregen, besser als positive. Wir Menschen neigen dazu, dass wir – besonders in unsicheren Zeiten – negative Informationen vorranging wahrnehmen. Dahinter steckt der sogenannte »Negativitätsbias«. Demnach haben unangenehme Impulse im Gehirn eine größere Wirkung. Das heißt, die meisten Menschen springen auf alarmierende und beängstigende Themen einfach besser an! Studien bestätigen, dass die Gehirnaktivität der Fernsehzuschauer zunimmt, wenn sie mit negativen Inhalten konfrontiert werden.[25] Das wirkt sich natürlich auf den Medienkonsum aus: Schlechte Nachrichten fallen eher ins Auge, negative Schlagzeilen werden häufiger angeklickt – dementsprechend ist eine negative Berichterstattung oft erfolgreicher als eine positive. Das heißt natürlich nicht, dass Journalisten vornehmlich negative Themen auswählen, weil sie damit besonders viele Zuschauer erreichen. Die Auswahl, die Journalisten treffen, erfolgt nach unterschiedlichen Kriterien. Trotzdem gibt es schon seit Längerem die Forderung nach einem »Konstruktiven Journalismus«. Dieser soll einer negativen Weltsicht entgegenwirken und Handlungsoptionen aufzeigen. Dabei ist der Fokus lösungsorientiert, setzt auf Perspektivenreichtum und konstruktiven Dialog.[26]

Journalisten benutzen gern die sogenannten W-Fragen: Wer? Was? Wo? Wann? Und: Warum tue ich mir diesen Job überhaupt noch an?

Die Berufsbezeichnung »Journalist« ist nicht geschützt. Jeder darf sich so nennen, ohne dass eine besondere Ausbildung daran gekoppelt ist. Trotzdem arbeiten viele seriöse Journalisten nach einem ähnlichen Muster, nämlich nach bestimmten journalistischen Standards. Sie versuchen Ereignisse möglichst unparteiisch darzustellen, das heißt, ein Bericht sollte unabhängig von der Person sein, die für die Inhalte verantwortlich ist. Persönliche Wertungen gehören in der Regel nicht dazu, es sei denn, es handelt sich um einen explizit als solchen bezeichneten Kommentar. Häufig orientieren sich Journalisten an den obligatorischen W-Fragen: Wer hat was wann, wo und wie warum getan? Die Themen werden, wie zuvor schon angedeutet, nicht wahllos auf die Tagesordnung gesetzt. Einige Inhalte haben sicher eine höhere Relevanz als andere. Und auch wenn jedes Medium die ausschlaggebenden Faktoren dabei unterschiedlich gewichtet, werden im Kern ähnliche Fragen gestellt: Ist ein Thema zu einem bestimmten Zeitpunkt relevant, zum Beispiel bei Wahlen, Sportereignissen oder Jahrestagen? Kann der Zuschauer, Hörer oder Leser sich mit dem Ereignis identifizieren, ist er davon betroffen, weil es etwa in seiner Nähe stattfindet? Hat ein Thema kulturelle Bedeutung für die Gesellschaft, sprechen viele Leute darüber? Wie groß ist der Einfluss der beteiligten Personen? Sind diese besonders prominent und damit interessant für den Zuschauer? Welcher Konflikt steckt möglicherweise hinter einer Meldung, kamen Menschen zu Schaden? Oder gibt es eine Erfolgsgeschichte, die sich zu erzählen lohnt? Und wie entwickelt sich die Geschichte im Laufe der Zeit? Nimmt sie eine überraschende Wendung, gibt es den Bedarf, Hintergründe zu erklären? Genau diese Fragen werden in den Redaktionssitzungen besprochen – und das unabhängig von Politik oder Wirtschaft.

Manche Menschen vermuten, die Medien würden von der Politik gesteuert. Das kann nicht sein, die »Tagesschau« läuft seit vielen Jahren so reibungslos und professionell, da konnte auf keinen Fall die Ampel dahinterstecken …

Redaktionelle Entscheidungen sind hierzulande frei von der Einflussnahme durch Werbekunden oder politische Entscheider – auch wenn Gerüchte immer mal wieder die Runde machen, es gäbe morgendliche Anrufe aus dem politischen Berlin, die das Ziel hätten, die aktuelle Berichterstattung zu steuern. Wie schief Versuche der Beeinflussung gehen können, zeigt der Skandal um den damaligen Bundespräsidenten Christian Wulff im Jahr 2011, der seiner Wut über eine geplante Berichterstattung der *Bild*-Zeitung auf der Mailbox des damaligen Chefredakteurs Kai Diekmann freien Lauf ließ: Anstatt sich von Wulff beeinflussen zu lassen, veröffentlichte die Zeitung die Nachricht und der Skandal war publik.

Neben den genannten Standards gilt in vielen Redaktionen außerdem die Regel: Be first, but first be right! Das bedeutet, dass Journalisten zwar möglichst schnell berichten wollen, um die Ersten mit einer Nachricht zu sein, aber sie müssen vorher sicherstellen, dass die Informationen auch richtig sind! Dabei sollte das Zwei-Quellen-Prinzip gelten, wonach eine Information von mindestens zwei *unterschiedlichen* Quellen bestätigt werden muss, bevor ein Journalist sie an die Öffentlichkeit gibt. Zu den Quellen gehören dabei die großen Nachrichtenagenturen wie die dpa (Deutsche

Presse-Agentur), Reuters oder der EPD (Evangelischer Pressedienst), die mit ihren eigenen Journalisten Zeitungen, Hörfunk- und Fernsehsender mit den neuesten Nachrichten versorgen, die sie weltweit recherchiert haben. Viele Medien beschäftigen zusätzlich eigene Journalisten im Ausland, sogenannte Korrespondenten, die vor Ort recherchieren, mit den Menschen sprechen und sich so ein Bild der Lage machen können. Auch Experten aus Politik, Wissenschaft und Gesellschaft, Zeugen oder Betroffene können Quellen für Informationen sein, die Medien für ihre Berichterstattung nutzen. Zusätzlich zu den genannten Leitlinien gibt es den Pressekodex, eine Art Selbstverpflichtung zu bestimmten ethischen Standards der journalistischen Arbeit, die der Deutsche Presserat festgeschrieben hat und bei dem sich Mediennutzer auch beschweren können, wenn ihnen die Nichteinhaltung dieser Richtlinien in den Medien auffällt. Bei einem Verstoß kann der Presserat dann eine Rüge an die betreffende Redaktion aussprechen. 2023 hat der Presserat so viele Rügen erteilt wie noch nie. Besonders häufig ging es dabei um die Verletzung der journalistischen Sorgfaltspflicht, dazu gehören irreführende Überschriften oder mangelnde Recherche, und um den Persönlichkeits- und Opferschutz. Bei den großen Nachrichtenthemen wie den Kriegen in Israel, Gaza und der Ukraine haben die Medien überwiegend sauber gearbeitet, sodass der Presserat die Beschwerden größtenteils als unbegründet zurückweisen konnte.[27] Der Pressekodex besteht aus 16 Ziffern, dazu gehören zum Beispiel die Achtung der Menschenwürde, die Sorgfaltspflicht bei der Recherche und Veröffentlichung, die Verpflichtung zur anschließenden Richtigstellung bei falscher Berichterstattung, der Schutz von Informanten und der Jugendschutz, die Unschuldsvermutung, der Verzicht auf Sensationsberichterstattung oder die Annahme von Vergünstigungen.[28]

Wir sehen also, es gibt unterschiedliche Kriterien, nach denen Journalisten arbeiten. Allerdings hat sich das Mediensystem im Laufe der letzten Jahre drastisch verändert. Journalisten fungieren nicht mehr, so wie früher, als sogenannte Gatekeeper, die allein entscheiden, über welche Themen berichtet wird und über welche nicht. Heute landen ganz automatisch alle Nachrichten über die sozialen Medien in der Öffentlichkeit. Diese Demokratisierung der Informationsflüsse führt dazu, dass mehr Menschen ihre Meinung einbringen können, ermöglicht aber auch die sehr leichte Verbreitung von Inhalten jeglicher Art. Wir haben also Zugang zu so viel Wissen wie nie zuvor, die Informationen prasseln wie ein Hagelschauer auf uns ein! Und gerade in Krisenzeiten und der damit einhergehenden Unsicherheit kann man dabei zwei Phänomene beobachten: Auf der einen Seite werden Bürger medienmüde und wenden sich wegen der vielen negativen Schlagzeilen von den Nachrichten ab, weil diese sie ratlos und ohnmächtig zurücklassen, die schlechten Nachrichten Stress erzeugen und Ängste schüren. Andererseits haben Menschen ein erhöhtes Informationsbedürfnis, suchen Hintergrundberichte und einordnende Einschätzungen und wollen zum Beispiel über das Handeln der Regierung, dessen Ergebnisse und Folgen Bescheid wissen. Dabei ist das Internet laut des aktuellen »Digital News Reports« 2024 von Reuters erstmals die wichtigste Nachrichtenquelle: 42 Prozent der Befragten bezogen ihre Informationen aus dem Internet, 41 Prozent bevorzugten das Fernsehen. Die meisten Internet-User suchen dabei direkt nach Artikeln auf Nachrichtenwebsites oder -Apps oder geben den Namen einer Website in die Suchmaschine ein. Allerdings ist auch der Anteil der Menschen gestiegen, die Nachrichten hauptsächlich über Social Media konsumieren. Das trifft immerhin auf 15 Prozent der Befragten zu, bei den 18- bis 24-Jährigen liegt dieser Anteil sogar bei 35 Prozent. Dabei sind bei der jüngsten Zielgruppe vor allem Bewegtbild-Inhalte wichtig, aber auch 49 Prozent der Erwachsenen konsumieren mindestens einmal pro Woche Nachrichtenvideos.[29]

Die zunehmende politische Komplexität sorgt dabei für Unübersichtlichkeit, oft fehlt die Orientierung. Deshalb ist fundiertes Hintergrundwissen wichtig, um zwischen Sinn und Unsinn zu unterscheiden und sich in der Flut von Daten, Halbwahrheiten und falschen Nachrichten zurechtzufinden. Laut einer Bitkom-Umfrage aus dem Jahr 2024 fühlt sich die Hälfte der Menschen von der Fülle an Nachrichten und Quellen im Internet überfordert, und 58 Prozent wissen oft nicht, welchen Nachrichten im Netz sie vertrauen können.[30] Das Problem: Viele Nutzer informieren sich nicht nur über seriöse Nachrichtenseiten, sondern greifen, wie eben schon angesprochen, über soziale Netzwerke auf Nachrichten zu. Sie sehen Schlagzeilen auf Facebook und X (ehemals Twitter) und gehen dann über den Link auf die betreffende Seite.

Bei sozialen Medien und Suchmaschinen-Ergebnissen entscheidet aber ein Algorithmus, also eine Reihe von Anweisungen, denen ein Computerprogramm folgt, welche Inhalte ausgespielt oder mit oberster Priorität angezeigt werden. Der tatsächliche Nachrichtenwert ist oft nicht entscheidend. Das heißt, Posts werden nach anderen Kriterien geordnet, zum Beispiel nach Beliebtheit, und nicht nach Seriosität oder Aktualität.

Dadurch werden auf einem Facebook-Profil nicht *alle* Beiträge angezeigt, sondern nur die, die der Algorithmus für den Profilbesitzer als relevant errechnet. Wie genau der Algorithmus funktioniert, hält Facebook geheim, klar ist aber, dass die Postings nicht chronologisch, sondern nach Interessen angezeigt werden. Dabei spielen Faktoren wie Interaktionen, also Likes und Kommentare, Beziehungen zu anderen Nutzern, die Aktualität oder der Inhaltstyp, also ob der Nutzer lieber Videos schaut oder Texte liest, eine Rolle. Das Problem dabei: Durch den Versuch, Newsfeeds, also elektronische Nachrichten, zu personalisieren, entstehen sogenannte Filterblasen oder Echokammern. Das bedeutet, uns werden vor allem Beiträge angezeigt, die uns gefallen könnten, oder solche, die zuvor registrierte Interessen bestätigen. Diese dann sehr einseitige Berichterstattung kann dazu führen, dass die eigene Weltansicht verstärkt und andere Sichtweisen ignoriert werden. Im schlechtesten Fall weiß man gar nicht mehr, was andere sagen, weil es nur noch die eigene Wahrheit in der Echokammer gibt. Dann kann es durch diesen Effekt sogar zu einer Radikalisierung kommen oder zumindest dazu, dass sich unter Gleichdenkenden die Meinungen verhärten. Darunter leidet die gesamtgesellschaftliche Diskursfähigkeit. Allerdings sollte man die Relevanz von Filterblasen auch nicht überbewerten. Zum einen ist nicht einsehbar, wie der jeweilige Algorithmus tatsächlich programmiert ist, da sich Algorithmen ständig ändern. Außerdem findet die selektive Wahrnehmung von Informationen nicht nur online, sondern auch analog statt. Persönliche Erlebnisse können einseitig vermittelten Positionen auch wieder entgegenwirken.

Eines ist für Nachrichtennutzer aber schwierig: zu unterscheiden, ob es sich bei einem Medium um eines handelt, das sich journalistischen Standards verpflichtet hat, oder ob es sich einfach um zum Beispiel börsennotierte Betreiber von Plattformen und anderen Dienstleistern handelt, die keine solchen Standards an die Information anlegen und eher dem Profit verpflichtet sind. Dazu kommt, dass die meisten Menschen Headline-orientiert sind und häufig nur die Überschriften lesen – und diese werden dann, ohne eine wirkliche inhaltliche Auseinandersetzung, einfach weiterverbreitet. Das belegt eine Untersuchung der Columbia University, die ergeben hat, dass mehr als die Hälfte aller auf X geteilten Artikel nie gelesen wurden.[31] Daher haben manche Themen eine riesige Reichweite und erzielen große Aufmerksamkeit, völlig unabhängig davon, ob die Information richtig oder falsch ist.

Fake News sind die neuen Märchen: nur ohne Happy End, dafür aber mit mehr Likes …

Lügen im Netz, sogenannte Fake News, gibt es viele. Laut Bundeszentrale für politische Bildung fallen unter Falschmeldungen völlig frei erfundene Nachrichten, irreführende Informationen mit dem Ziel, jemandem zu schaden, die bewusst falsche Interpretation wahrer Nachrichten und die Manipulation wahrer Informationen, beispielweise von Bildern. Davon abgrenzen lassen sich Satire, bei der Inhalte zum Zweck der Gesellschaftskritik überspitzt werden, Clickbaiting, also eine bewusste Überspitzung von Headlines, um Leser auf eine betreffende Internetseite zu locken, eine »Ente«, eine versehentlich falsche Meldung, die im Nachhinein korrigiert wird, und auch schlechter Journalismus, bei dem durch schlampige Recherche versehentlich falsche Informationen verbreitet werden.[32]

Falsche Nachrichten gab es in der Geschichte der Menschheit natürlich schon immer, auch früher streuten Machthaber falsche Informationen, um beispielsweise den Gegner auszuschalten. Und genauso gab es auch schon immer Menschen, die an Falschmeldungen geglaubt haben. Was sich allerdings verändert hat, ist die Geschwindigkeit der Verbreitung solcher Nachrichten – danke, Internet! Natürlich werden Falschmeldungen nicht immer absichtlich verbreitet, in der Regel sind mit Fake News aber Meldungen gemeint, die bewusst in Umlauf gebracht werden, um gezielt Unwahrheiten zu verbreiten. Sie haben oft einen politischen Hintergrund oder es steckt eine persönliche oder kriminelle Absicht dahinter. Optisch ähneln diese Meldungen dem Stil seriöser Nachrichtenseiten, verbreitet werden falsche Inhalte, gefälschte KI-Bilder oder manipulierte Videos. Im Jahr 2023 ging zum Beispiel ein KI-generiertes Bild von Papst Franziskus im modischen Daunenmantel viral, ebenfalls schnell verbreitete sich ein Foto einer vermeintlichen Explosion am Pentagon. Auch zum Krieg im Nahen Osten gab es etliche Falschmeldungen, dabei wurden alte Bilder als jetzt aktuell dargestellt, Kampfszenen aus Computerspielen als echte Kriegssituationen verbreitet oder Videos von Konflikten aus ganz anderen Ländern im Nahen Osten verortet. Auch die Hetze gegen Flüchtlinge lieferte jede Menge Anlass für Fake News: Weihnachtsgeldzahlungen für Asylbewerber, ein erhöhtes Kindergeld oder ein zusätzlicher Bonus für Ukraine-Flüchtlinge waren frei erfunden. Auch rund um Corona gab es viele Gerüchte: Von einem angeblichen Impfzwang zu den Special Olympics bis hin zu Rindern, die nach einer Corona-Impfung angeblich qualvoll verendeten, war einiges dabei.[33]

Das Problem dabei ist zum einen, dass viele Leser gar nicht merken, dass sie Falschmeldungen konsumieren. Zum anderen erscheint ihnen eine Aussage immer vertrauter, je häufiger sie gesehen, gehört und gelesen wird, weil unser Gehirn dank des sogenannten Wahrheitseffekts Wiederholungen als Wahrheit interpretiert.[34] Allerdings – und das stimmt hoffnungsvoll: Nicht nur Falschmeldungen wirken am besten, je häufiger sie wiederholt werden, das Gleiche gilt auch bei richtigen Aussagen, also beispielsweise durch Korrekturen oder Faktenchecks.

Trotzdem erreichen Falschmeldungen und Fake Videos Millionen von Internetnutzern, die diese für echt halten und somit falschen Informationen vertrauen und sich auf dieser verfälschten Basis eine Meinung bilden. Was wir deshalb brauchen, ist Medienkompetenz: Wir müssen lernen, Verschwörungstheorien zu erkennen, eine dramatisierte Berichterstattung skeptisch zu betrachten und gefährliche Entwicklungen zu verstehen.

Doch wie erkennen wir Fake News? Aufmerksam werden sollten wir, wenn der Schreibstil übermäßig emotional ist oder vermeintliche Tatsachen übertrieben geschildert werden, um hohe Aufmerksamkeit zu erregen. Zudem ist es wichtig, nicht nur die Headlines und die Eingangssätze zu lesen, sondern den ganzen Artikel. Ist er schlüssig oder verstecken sich Widersprüche im Text? Wer hat den Artikel verfasst, ist die Quelle seriös? Gibt es im Impressum Hinweise darauf, wer der Betreiber der Website ist, existiert der angegebene Autor tatsächlich? Hier hilft eine Querrecherche bei Google – auch um herauszufinden, ob es weitere Quellen und andere seriöse Nachrichtenseiten gibt, die über das Thema berichten, von wann die Information stammt, ob sie aktuell oder alt ist.

Wichtig ist es auch, die Internetadresse zu überprüfen, manche Meldungen sehen so aus, als würden sie von einer seriösen Nachrichtenseite stammen, tatsächlich verbergen sich aber Falschmeldungen dahinter. Um Fotos und Videos zu überprüfen, hat sich die Bilderrückwärtssuche bewährt, so einen Dienst bieten die unterschiedlichen Suchmaschinen an. Damit kann man herausfinden, ob das Bild oder das Video tatsächlich ursprünglich aus dem angegebenen Kontext stammt oder möglicherweise zweckentfremdet wurde. Außerdem lohnt es sich, häufiger mal Faktencheck-Seiten aufzusuchen und zu schauen, ob das betreffende Thema dort schon bearbeitet wurde. Übrigens gibt es sogar ein »Global Fact-Checking Summit«, bei dem sich Faktenchecker aus der ganzen Welt treffen und austauschen.

Und die Parteien?

Die **Union** hält eine freie und unabhängige Presse für den Grundpfeiler der Demokratie und unterstützt die Meinungsfreiheit uneingeschränkt, sieht aber Grenzen bei strafbaren Inhalten und befürwortet Maßnahmen gegen Hate-Speech, um den gesellschaftlichen Zusammenhalt zu stärken. Die Union steht zum öffentlich-rechtlichen Rundfunk, ist aber für eine Reform, um Effizienz und Transparenz zu erhöhen – auch im Hinblick auf den technischen Fortschritt und das geänderte Nutzungsverhalten.

Die **SPD** unterstützt eine vielfältige Medienlandschaft und den Schutz journalistischer Arbeit, verteidigt die Meinungsfreiheit, betont aber auch die Verantwortung, die damit einher geht. Die Sozialdemokraten setzen sich für strengere Gesetze gegen Hassrede ein. Sie will Plattformen verpflichten, ihre Algorithmen und Entscheidungsprozesse zur Inhaltsdarstellung offenzulegen. Die SPD bestärkt den öffentlich-rechtlichen Rundfunk wegen seiner unabhängigen Berichterstattung und politischer Bildung. Sie will den Auftrag in einer digitalen Welt aber weiterentwickeln und setzt sich außerdem für eine gemeinsame europäische Plattform ein.

Die **Grünen** setzen sich für den Schutz von Journalisten und die Förderung unabhängiger Medien ein. Sie unterstützen die Meinungsfreiheit, betonen aber, wie wichtig es ist, gegen Hass und Hetze vorzugehen, vor allem um marginalisierte Gruppen zu schützen. Straftaten sollen auch im Netz konsequent verfolgt werden. Sie streben eine Weiterentwicklung der öffentlich-rechtlichen Sender an, um Vielfalt und Unabhängigkeit zu sichern und die unterschiedlichen Positionen der heutigen Gesellschaft besser abzubilden.

Die **FDP** betont die Bedeutung der Pressefreiheit, lehnt staatliche Eingriffe in die Medien ab und verteidigt die Meinungsfreiheit als zentrales Grundrecht. Die Partei plädiert für einen differenzierten Umgang mit Hate-Speech, um die Meinungsfreiheit nicht unverhältnismäßig einzuschränken. Die FDP unterstützt eine Reform des öffentlich-rechtlichen Rundfunks, will ihn schlanker und effizienter gestalten und wünscht sich eine inhaltliche Fokussierung auf Nachrichten, politische Bildung, Dokumentationen und Kultur. Das ZDF und das überregionale Angebot der ARD können zusammengeführt werden, Spitzengehälter müssen begrenzt werden. Ziel ist es, den Rundfunkbeitrag zu senken.

Die **Linke** setzt sich gegen eine zu starke Medienmacht ein, betont die Bedeutung der Meinungsfreiheit, will aber stärker gegen Hassrede vorgehen. Die Partei unterstützt den öffentlich-rechtlichen Rundfunk, befürwortet aber eine Reform, die in der breiten Gesellschaft diskutiert werden soll. Die Partei will die Programmvielfalt einschließlich Arte, 3-Sat und der Kulturradios erhalten, zudem die Rechte der Programmbeschäftigten stärken. Außerdem will sie den Prozess der Beitragsbefreiung erleichtern und Ostdeutschland stärker einbeziehen und mehr Menschen mit niedrigem Einkommen, Menschen mit Behinderung, Studierende und soziale Einrichtungen von den GEZ-Beiträgen befreien. Außerdem sollen die Gehalts- und Ausgabenstrukturen der öffentlich-rechtlichen offengelegt werden.

Die **AfD** kritisiert die etablierten Medien und unterstellt ihnen Voreingenommenheit. Die Partei lehnt überzogene Maßnahmen gegen Hate-Speech ab und warnt vor Einschränkungen der Meinungsfreiheit. Sie fordert eine Abschaffung oder grundlegende Reform der öffentlich-rechtlichen Medien, da sie ihrem neutralen Auftrag für Bildung, Nachrichten und Information nicht mehr nachkämen. Deshalb soll die verpflichtende Rundfunkgebühr abgeschafft werden. Zugang soll der bekommen, der freiwillig bezahlen möchte, ähnlich wie bei anderen Abo-Verträgen.

Das **BSW** kritisiert die Medienmacht in Deutschland und plädiert für eine stärkere Regulierung. Es verteidigt die Meinungsfreiheit, betont aber die Notwendigkeit, gegen rechte Hetze vorzugehen, und fordert konsequente Maßnahmen gegen Hassrede. Das BSW kritisiert die Öffentlich-Rechtlichen, fordert mehr demokratische Kontrolle und Transparenz. Außerdem wirft sie den Rundfunkanstalten vor, den Meinungskorridor unzulässig einzuengen, ist gegen Cancel Culture und Konformitätsdruck. Die Partei will die Gehälter an der Spitze der Anstalten deckeln und feste Anstellungsverhältnisse und gute Löhne für Journalisten erreichen.

KAPITEL 13

Unbelehrbar

Entscheidet die Herkunft über eine Karriere in Deutschland?

Angela Merkel hat mal von einer Bildungsrepublik geträumt. Ihr Motto »Wir schaffen das« ging nicht überall in Erfüllung ...

»Germany 0 points« – diesen Satz sind wir inzwischen vom Eurovision Song Contest gewohnt. Bei der Fußball-Heim-EM war trotz des neuen »Wir sind wieder wer«-Gefühls im Viertelfinale Schluss und unsere Olympioniken haben in Paris zwar für großartige Emotionen gesorgt, im internationalen Vergleich hieß das aber gerade noch so Top Ten. Wo liegen denn die Wettstreit-Qualitäten unseres Landes? Zumindest nicht in Deutsch, Mathe und Naturwissenschaften – das wissen wir spätestens seit dem PISA-Schock im Jahr 2001 –, und auch die nachfolgenden Jahre revidierten diesen Eindruck leider nicht! Angela Merkel hat in ihrer Zeit als Bundeskanzlerin 2008 von der »Bildungsrepublik Deutschland« geträumt, aber davon scheinen wir weit entfernt zu sein. Sind wir denn wirklich auch in der Bildung nur Mittelmaß?

Wer kann im Schnitt besser in Mathe Aufgaben kombinieren, wer ist am besten im Lesen – sind es die Teenies aus Deutschland, Japan oder Portugal? Und warum? Gleichaltrige international zu messen, um eine Vergleichbarkeit zu schaffen, damit im besten Fall Länder von den Schulsystemen anderer Staaten lernen und nötige Reformen einleiten können, das war die Idee hinter dem »Programme for International Student Assessment«, kurz PISA.[1] Es ist ein weltweiter Schulvergleich von 15-Jährigen in den Fächern Mathe, Lesen und Naturwissenschaften. Ein PISA-Test umfasst viele Multiple-Choice-Fragen, aber auch Aufgaben zum Ausformulieren. Die Schüler können nicht mit auswendig Gelerntem punkten, getestet wird vielmehr, ob sie ihr Wissen auch anwenden können.[2] Die PISA-Studie wird von der Organisation für wirtschaftliche Zusammenarbeit und Entwicklung, OECD, die ein Zusammenschluss reicher westlicher Länder ist, seit dem Jahr 2000 alle drei Jahre durchgeführt und versetzte Deutschland gleich beim ersten Mal in Schockstarre: unterer Durchschnitt für unsere getesteten 15-Jährigen und damit für das deutsche Bildungssystem. Das war das Label, mit dem man umzugehen hatte und das mehrere Schulreformen nach sich zog.

Im letzten PISA-Vergleich haben die deutschen Schüler so schlecht abgeschnitten wie nie. Immerhin, verlieren können wir noch mit Erfolg ...

22 Jahre später sah die Bilanz nicht besser aus, auch wenn zwischendurch das Ergebnis schon einmal besser gewesen war. Im letzten PISA-Vergleich 2022 jedoch haben die deutschen Schüler in Mathematik, Lesen und Naturwissenschaften so schlecht abgeschnitten wie nie. In Mathe verfehlten 30 Prozent der getesteten Jugendlichen sogar die Mindestanforderungen. Beim Lesen erreichte jeder fünfte 15-Jährige gerade einmal Grundschulniveau. Ist es ein Trost, wenn die anderen auch schlecht sind? Wohl eher nicht, aber man darf nicht vergessen, dass Corona-Jahre dazwischenlagen. Somit sind die Leistungen auch in den anderen OECD-Staaten im Vergleich zu 2018 zurückgegangen, aber nicht so deutlich wie in Deutschland. Experten schieben das auch auf die geschlossenen Schulen während der Pandemie, da der Distanzunterricht in Deutschland weniger digital unterstützt wurde als in anderen Ländern.

Untersucht wird bei der PISA-Studie auch, inwieweit sich die soziale Herkunft oder ein Migrationshintergrund auf die Schulleistungen auswirkt. Besonders auffällig war, dass die Unterschiede zwischen den Leistungen von Schülern aus benachteiligten Haushalten und denen aus wohlhabenderen Verhältnissen in Deutschland größer waren als in anderen Ländern. Außerdem ist die Lesekompetenz von Schülern mit Migrationshintergrund auffallend schlecht.

Singapur schickt Schüler in die Zukunft, in Deutschland werden die Schüler wegen Lehrermangel nur nach Hause geschickt …

Im europäischen Vergleich liegen Estland und die Schweiz vorne. Weltweit sind es die ostasiatischen Länder wie Japan oder Südkorea, die regelmäßig bei PISA gut abschneiden. Das ist kein Zufall, sondern einem Konzept aus Fleiß, Förderung und Engagement geschuldet.

Spitzenreiter darin ist Singapur. Im letzten Vergleich lag der Stadtstaat in allen Kategorien auf Platz 1. Das Bildungssystem gilt als das erfolgreichste der Welt und das ist vor allem deshalb interessant, weil es noch gar nicht so lange her ist, dass die meisten Menschen in Singapur weder richtig lesen noch schreiben konnten. In den letzten 50 Jahren hat sich dort insgesamt sehr viel bewegt – wirtschaftlich und gesellschaftlich –, und eben auch, was die Bildung betrifft. Seit der Gründung Singapurs wurde viel in Bildung investiert, und das nicht mit der Gießkanne, wie es in Deutschland oft kritisiert wird, sondern gezielt. Bis heute fließt ein Fünftel der Staatsausgaben in die Ausbildung von Lehrern und das Schulsystem – das ist der zweithöchste Posten im Haushalt von Singapur, nur für das Militär wird mehr ausgegeben.[3] Außerdem bekommen Lehrer oft Weiterbildungsangebote, sind sehr gut bezahlt und haben ein hohes Ansehen in der Gesellschaft, ganz anders als in Deutschland. Trotz teils großer Klassen, die es auch bei uns gibt, sind Lehrer in Singapur sehr um individuelle Förderung bemüht. Weil Bildung dort in der Gesellschaft einen hohen Stellenwert hat, sind Eltern und Familien über die Schule hinaus engagiert – so wird etwa zusätzlich zur Schule und auch schon im Kindergarten in Nachhilfe investiert. Während bei uns Schüler meist Nachhilfe bekommen, weil sie in bestimmten Fächern nicht gut sind, werden in Singapur auch gute Schüler mit Nachhilfe gepusht. Der größte Teil der Jugendlichen in Singapur schließt die Schule erfolgreich ab.

Letztlich lässt sich sagen, dass die Spitzenleistungen in Singapur auf einem Gesamtsystem beruhen, bei dem vom Staat über die Lehrer bis zu den Familien vieles ineinandergreift und somit den Erfolg ausmacht. Dieses System ostasiatischer Länder ist aber auf unsere Kultur und unsere Lebensweise nicht ohne Weiteres übertragbar. Oft wird von »asiatischen Tugenden« gesprochen, und dazu gehört auch die Kehrseite des Systems in Singapur: Es orientiert sich strikt am Leistungsprinzip, sodass sich junge Menschen laut Umfragen durch den Druck und die langen Schultage häufig gestresst fühlen und nicht selten an Depressionen leiden. Und der Vollständigkeit halber sei gesagt: Es ist der Bereich Bildung, der in Singapur funktioniert, doch bei den Bürgerrechten sind die Menschen stark eingeschränkt. Singapur ist zwar auf dem Papier eine parlamentarische Demokratie, es gibt ein Mehrparteiensystem und freie und faire Wahlen, allerdings regiert seit mehr als 50 Jahren die gleiche Partei. Die US-amerikanische NGO Freedom House stuft Singapur auf ihrer Demokratie-Skala nur als »teilweise frei« ein.[4]

Eine größere Vergleichbarkeit unseres Systems gibt es mit der Schweiz, die in Europa bei PISA regelmäßig stark abschneidet. Gründe sind unter anderem eine sehr gute Lehrerausbildung, frühe Sprachförderung, die oft schon im Vorschulalter stattfindet und wenn nötig auch Eltern mit einbindet, zum Beispiel bei Kindern aus sozial schwächeren Familien. Das ist ein Punkt – das werden wir im Laufe des Kapitels sehen –, der in Deutschland noch ausbaufähig ist. Außerdem blieben in der Schweiz während der Corona-Pandemie die Schulen zum großen Teil offen, sodass Schüler in der Zeit nicht so viel verpasst haben wie in Deutschland oder anderen Ländern.[5]

Was lernen wir aus PISA? In Deutschland muss einiges getan werden, um aus dem Mittelmaß herauszukommen. Bildung ist laut Grundgesetz Sache der Bundesländer. Jedes der 16 Bundesländer hat seine eigene Schulpolitik, was viele Prozesse in Deutschland erschwert. Die Kultusminister versuchen deshalb, einige einheitliche Standards zu schaffen, die für alle Länder gelten. In ihrer ständigen Konferenz werden länderübergreifend Themen in Bezug auf Bildung, Forschung und Kultur beraten. Die sogenannte Kultusministerkonferenz ist die älteste Fachministerkonferenz der Bundesländer.[6] Sie setzt sich unter anderem auch damit auseinander, welche Konsequenzen aus PISA gezogen werden. So etwa kam es zum Ausbau des Ganztagsunterrichts in Deutschland. Aus der letzten Erhebung hat man unter anderem gelernt, dass es an gezielter Sprachförderung fehlt, denn ohne ausreichende Deutschkenntnisse sind gute Leistungen für die betroffenen Kinder und Jugendlichen nicht möglich. Schon vor der Einschulung sollte es Unterstützung geben. Außerdem wurde ein bundesweites Programm auf den Weg gebracht, um den Mathe-Unterricht zu verbessern.

Nicht nur das schlechte Abschneiden bei PISA belegt, dass sich am deutschen Bildungssystem etwas verändern muss. Zum gleichen Ergebnis kommt die IGLU-Studie[7], die die Lesekompetenzen an Grundschulen international vergleicht. Und auch der Bildungsbericht 2024[8] nennt die Hauptschwächen des deutschen Bildungssystems, die Experten seit Jahren bekannt sind: fehlende Förderung von Basisfächern, Lehrermangel, Chancenungleichheit und zu langsame Digitalisierung.

Der Lehrermangel – ein komplexeres Unterfangen als jeder Kafka-Roman …

Allem voran fehlt es an qualifiziertem Fachpersonal, sowohl in Kitas als auch an Schulen. Hier konzentrieren wir uns auf den Lehrermangel, der bundesweit das größte Problem bleibt. Wenn es zu wenige Lehrer gibt, können Schulen manche Fächer oder Kurse je nach Jahrgangsstufe gar nicht anbieten. Außerdem gibt es dann zu wenige Lehrkräfte, die einspringen können, wenn Kollegen ausfallen – viele Unterrichtsstunden fallen somit ersatzlos weg. Zahlen und auch Prognosen dazu, wie groß die Lücke tatsächlich ist, gehen je nach Studie und Berechnung sehr weit auseinander.[9] Die Kultusministerkonferenz spricht im Schuljahr 2024/25 von etwa 12.000 fehlenden Lehrkräften. Eine Studie der Bertelsmann-Stiftung rechnet mit mehr als doppelt so vielen offenen Stellen. Egal aber welche Zahlen zugrunde gelegt werden, zu Beginn eines jeden Schuljahres bleiben Tausende Stellen unbesetzt, das belegen auch die Abfragen bei den einzelnen Bundesländern, wobei es deutliche regionale Unterschiede gibt. Besonders betroffen sind die ostdeutschen Bundesländer wie Brandenburg und Mecklenburg-Vorpommern. Aber auch im Westen fehlen viele Lehrer, in Nordrhein-Westfalen zum Beispiel mehr als 6.000. Alle Stellen konnte zu Beginn des Schuljahres 2024/25 nur das kleine Saarland besetzen. In ländlichen Regionen ist der Mangel deutlicher als in Großstädten, da sie für junge Menschen offenbar oft unattraktiver sind. Außerdem ist nicht jede Schulform gleichermaßen betroffen: Am stärksten ist der Lehrermangel an den Grundschulen und in der Sekundarstufe 1, also bis zur zehnten Klasse, vor allem an Real-, Haupt- und Gesamtschulen. Engpässe gibt es auch an Gymnasien, aber dort sind sie nicht so gravierend wie in anderen Bereichen. Der Bildungsbericht nennt dafür mehrere Gründe, unter anderem, dass an Gymnasien höhere Gehälter gezahlt werden, Bewerber eine stärkere Fachorientierung interessanter finden und die Aufstiegschancen besser sind. An weiterführenden Schulen macht sich der Lehrermangel vor allem in den sogenannten MINT-Fächern bemerkbar, also Mathematik,

Informatik, Naturwissenschaften und Technik. Sie scheinen bei Lehramtsstudenten nicht sehr beliebt, sodass es weit weniger Abschlüsse in diesen Fächern gibt, als gebraucht werden. Ein möglicher Grund ist auch, dass in den MINT-Fächern der Schuldienst mit der freien Wirtschaft konkurriert und dort die Jobs meist besser bezahlt sind, weshalb sich Hochschulabsolventen dieser Fächer häufig nicht für das Lehramt mit seinen starren Gehaltsentwicklungen entscheiden. An Grundschulen ist neben Mathelehrern auch der Bedarf an Kunst- und Musiklehrern groß.

Der Beruf des Lehrers war lange eine sehr beliebte Wahl, da er sich sehr gut mit einem Familienleben vereinbaren ließ und durch den Beamtenstatus Sicherheit brachte. Seit einigen Jahren aber scheinen junge Menschen den Beruf des Lehrers nicht mehr so attraktiv zu finden. Die Lehramtsabschlüsse sind in den letzten Jahren rückläufig. Somit kommen nicht genug ausgebildete Lehrer von den Unis, um alle Stellen zu besetzen. Der Bedarf an Lehrern ist also höher als das momentane Angebot. Ein Grund ist laut einer Studie des Deutschen Gewerkschaftsbundes, dass die Anforderungen in den letzten Jahren deutlich gestiegen sind. Fachwissen allein reicht nicht mehr, auch psychologische Fähigkeiten sind gefragt, um auf die individuellen Bedürfnisse der Schüler eingehen zu können. Viele aktive Lehrer fühlen sich überlastet.[10] In »Brennpunkt-Schulen« ist die Arbeitsbelastung deutlich höher. Außerdem ist die Bezahlung nicht immer gut.

Hinzu kommt, dass die Personalplanung nicht ganz so leicht ist. Wie viele Lehrer gebraucht werden, berechnet jedes Bundesland für sich selbst. Ausschlaggebend ist zum einen, wie viele Lehrkräfte in dem betreffenden Jahr in Rente gehen, und zum anderen, wie sich die Schülerzahlen entwickeln werden: Wie geburtenstark waren die jeweiligen Jahrgänge und wie viele Kinder und Jugendliche kommen noch durch Migration dazu? In den vergangenen Jahren hat die Zahl der zugewanderten Kinder, auch durch den Krieg in der Ukraine, enorm zugenommen. Das haben die Schulen deutlich gemerkt, 2022 hat es so viele Erstklässler gegeben wie seit 17 Jahren nicht. Gerade Zu- und Abwanderung sind Faktoren, die nur schwer genau vorauszuberechnen sind, ebenso wie eine Prognose der Geburtenentwicklung. Absehbar aber war zum Beispiel, wann die besonders geburtenstarken Jahrgänge, die es von 2016 bis 2021 gab, an den Grundschulen und wann an den weiterführenden Schulen ankommen würden. In der Zeit lag die jährliche Zahl der Geburten bei knapp 800.000. 2023 waren es nur noch 693.000.[11] Diese Zahlen haben aber viele Länder nicht mit einberechnet, sondern sind von gleichbleibenden Schülerzahlen ausgegangen, was dann zu falschen Prognosen führte. Der Bildungsforscher Klaus Klemm betont, dass die Länder rechtzeitig hätten gegensteuern müssen, zum Beispiel durch das Bereitstellen von mehr Studienplätzen oder durch Senkung des Numerus Clausus insbesondere fürs Grundschullehramt, um diesen Studiengang für mehr Schulabgänger zu öffnen.

Denn wenn ein Lehrermangel erst einmal besteht, helfen nur kurzfristige Maßnahmen, da ein Lehramtsstudium mehrere Jahre dauert.

Früher dachte man bei Schule noch an
»Das fliegende Klassenzimmer« - heute eher an
»Das fliehende Lehrerzimmer« ...

Die Bundesländer experimentieren angesichts der fehlenden Lehrkräfte mit unterschiedlichen Ideen. Als bevölkerungsreichstes Bundesland hat NRW zum Beispiel in den letzten Jahren Lehrer zeitlich befristet von ihren Stammschulen abgeordnet und in unterversorgten Gebieten eingesetzt. Unter anderem in den östlichen Bundesländern wurden viele offene Stellen mit Quereinsteigern besetzt. Im Schuljahr 2022/23 hat nach Zahlen des Statistischen Bundesamts bundesweit jede zehnte Person, die vor einer Klasse stand, keine anerkannte Lehramtsprüfung absolviert. Damit hat sich die Quote der Quer- und Seiteneinsteiger in den vergangenen Jahren fast verdoppelt.

Experten sehen auch viel Potenzial darin, die Teilzeit – zumindest befristet – für Lehrer zu begrenzen, denn im Lehrerberuf ist Teilzeit weit stärker verbreitet als in anderen Berufen, sogar Stundenmodelle sind machbar. Diese flexible Handhabung hat den Beruf für viele attraktiv gemacht, da er mit einer eigenen Familie gut zu kombinieren ist. Bei einer Teilzeitquote von fast 50 Prozent ist es zumindest möglich, dass einige Lehrer ihre Arbeitszeit aufstocken würden.[12]

Eine Alternative: Rentner zurückzuholen.
Bei der Idee sehen dann nicht nur die Schüler alt aus,
sondern auch die Lehrkräfte ...

Weitere Möglichkeiten, um dem Lehrermangel entgegenzuwirken, ist das Zurückholen von Rentnern, was einige Bundesländer auch praktizieren, oder den vorzeitigen Ruhestand zu begrenzen, den sehr viele Lehrer in Anspruch nehmen. Diese Maßnahmen helfen sicher kurzfristig, können aber nicht auf Dauer angelegt sein. Langfristig müssen nach Meinung von Experten die Lehramtsstudiengänge weiterentwickelt und wieder attraktiver gemacht werden. Wichtig ist auch, dass für Lehrer der Wechsel zwischen den Bundesländern einfacher wird. Außerdem sind die Chancen für zugewanderte Lehrer, an deutschen Schulen zu arbeiten, bislang begrenzt. Das hat rein formale Gründe wie bestimmte Anerkennungsverfahren, die eine bürokratische Hürde darstellen.[13] Es würde helfen, diesen Prozess zu vereinfachen.

Ist der Lehrermangel bald überwunden? Eine genaue Vorhersage, wie sich die Situation an den Schulen in den nächsten Jahren entwickeln wird, ist nicht ganz einfach. Bis zum Jahr 2030 gibt es von der Bertelsmann-Stiftung, von der Kultusministerkonferenz[14] und vom Forschungsinstitut für Bildungs- und Sozialökonomie mehrere Berechnungen. Alle kommen zu unterschiedlichen Ergebnissen, je nachdem mit welchen Zahlen sie bei der Geburtenrate oder der Zuwanderung rechnen oder von wie vielen neu ausgebildeten Lehrern ausgegangen wird. Viele Studenten, die ein Lehramtsstudium anfangen, schwenken zum Beispiel um oder gehen mit ihrem Abschluss nicht an die Schulen. Ein wesentlicher Faktor ist auch die Umstellung an den Gymnasien von G8 auf G9, also die Rückkehr zum Abitur nach 13 Jahren Schulbesuch. Dadurch erhöht sich auch der Lehrerbedarf. Auf der anderen Seite fällt ein Abi-Jahrgang weg, was sich wieder vorübergehend auf die Studentenzahlen auswirken wird. Mehr Lehrer werden auch durch den Ausbau des Ganztagsangebots gebraucht.

Egal aber welche Berechnung bis 2030 herangezogen wird, sie gehen alle davon aus, dass angehende Lehrer gute Einstellungschancen haben werden und sich die Situation in fast allen Lehrämtern nicht wirklich entspannen wird – außer an den Grundschulen. Das muss nach Meinung der Experten zwei Konsequenzen haben: Zum einen sollte an den Universitäten schon ab dem Jahr 2025 die Zahl der Studienanfänger für das Grundschullehramt zurückgehen. Zum anderen muss den Studienabgängern in den nächsten Jahren eine Perspektive geboten werden. Die Bertelsmann-Studie errechnet für die nächsten Jahre einen deutlichen Überschuss von Zehntausenden ausgebildeten Grundschullehrern, da ab dem Jahr 2022 die Zahl der Geburten wieder abgenommen hat, und empfiehlt, diesen sinnvoll zu nutzen.[15]

Es hapert an der Digitalisierung! Der Vorteil im Geschichtsunterricht: Das Klassenzimmer wird zum Ansichtsexemplar, wie man in der Steinzeit gelebt hat …

Neben dem Lehrermangel bleibt die Digitalisierung an den Schulen eine weitere Herausforderung in Deutschland – und das trotz Milliarden-Investitionen. Seit 2019 wurden mit dem »DigitalPakt Schule«[16] insgesamt 6,5 Milliarden Euro (1,5 Milliarden Euro davon wurden wegen der Corona-Pandemie zusätzlich aufgewendet) von der Bundesregierung zur Verfügung gestellt (hinzu kommen Eigenanteile der Länder), um nicht nur die Anschaffung digitaler Geräte wie Tablets und Laptops in Schulen zu fördern, sondern auch die Anbindung an schnelles Internet, also den WLAN-Ausbau, und digitale Lehrmittel wie intelligente Tafeln. Jahre später ist der Ausbau aber immer noch alles andere als abgeschlossen, vor allem in ländlichen Regionen gibt es Probleme. Viele Schulen bemängeln auch, dass es zu wenig IT-Unterstützung gibt, Lehrer allein gelassen werden und nicht genug Weiterbildung bekommen.[17] So müssen im Schulalltag Lehrer technische Probleme oft selbst lösen, was entweder länger dauert oder wozu sie gar nicht in der Lage sind. Auch finanziell ist die Digitalisierung für manche Kommunen eine Belastung. Das Geld für die Erstausstattung hat zwar der Bund bereitgestellt, die Länder und Kommunen sind aber zuständig für laufende Kosten wie Wartung oder Ersatzgeräte.

Bis November 2024 wurden von dem zugesagten Geld aus dem DigitalPakt etwa 4,9 Milliarden Euro bewilligt, tatsächlich ausgezahlt noch weniger als 4 Milliarden Euro[18] – wohlgemerkt nach fünf Jahren, das ist länger als eine ganze Grundschulzeit! Bildungswissenschaftler kritisieren den Ablauf der Digitalisierung als viel zu langsam, was auch mit bürokratischem Aufwand zu tun hat, der im deutschen System nicht selten das Problem ist. Nach dem Beschluss des Bundes, Geld zur Verfügung zu stellen, musste dieser mit allen 16 Bundesländern Vereinbarungen treffen. Dann wurden Richtlinien für die Kommunen erstellt, die anschließend das Geld für die Schulen beantragen konnten. Bis also Geld floss und in den Schulen ankam, verging eine sehr lange Zeit. Experten raten deshalb, den Schulen dringend mehr Eigenverantwortung zu geben.

Auch wenn das Tempo steigerungsfähig ist, hat sich in den letzten Jahren an vielen Schulen die digitale Ausstattung verbessert, wenn auch noch nicht flächendeckend. Eine aktuelle Studie belegt diese Entwicklung. Die repräsentative »International Computer and Information Literacy Study (ICILS)« wird alle fünf Jahre erhoben und prüft in 35 Ländern den Stand der Digitalisierung an den Schulen – was die Ausstattung betrifft und inwieweit Achtklässler in der digitalen Welt zurechtkommen. Demnach sind die Voraussetzungen für einen Unterricht mit digitalen Inhalten in Deutschland besser geworden: Inzwischen haben zwei Drittel der Schulen (65 Prozent) WLAN. Bei der Studie von 2018 war es noch knapp ein Viertel.

Trotzdem fehlen vielen Schülern in Deutschland digitale Kompetenzen. Nach der Studie von 2023 konnten 40 Prozent der deutschen Achtklässler nicht sicher mit digitalen Medien umgehen und sich im Netz bewegen.[19] Getestet wurden zum Beispiel die Fähigkeiten, Computer zu nutzen, Inhalte im Internet zu recherchieren und auch zu bewerten. Deutsche Schüler haben sich im Vergleich zur letzten Studie sogar verschlechtert. Der deutsche Teil der Studie wird von der Uni Paderborn durchgeführt. Die zuständige Professorin Dr. Birgit Eickelmann ist besorgt über das Ergebnis. Sie sagt, »wenn junge Menschen im Netz zwar Nachrichten lesen, aber nicht einordnen können, nicht bewerten können, ob eine Quelle seriös ist, macht sie das anfällig für Fake News und Populismus«. Bestleistungen erreicht nur 1 Prozent der Jugendlichen. Damit liegt Deutschland aber im internationalen Schnitt.[20] Schüler am Gymnasium schneiden in der Studie deutlich besser ab als solche von anderen Schulformen. Besonders schlecht sind die Ergebnisse bei Schülern mit Migrationshintergrund, bei denen Deutsch keine Familiensprache ist, und bei Schülern aus sozial benachteiligten Familien. An der Spitze der Studie liegen Südkorea, Tschechien und Dänemark.

Nach dem Motto »besser spät als nie« hat die Politik den DigitalPakt von 2019 als gelungen angesehen. Und im Dezember 2024 haben sich Bund und Länder auf den Digitalpakt 2.0 geeinigt.

Mit Bildung ist es in Deutschland wie mit dem Netzausbau: Wir sind abgehängt …

In Deutschland soll eigentlich jeder die gleiche Chance haben, sich zu bilden und somit die Grundlage für sein späteres Leben zu schaffen. Dabei geht es um den *Zugang* zur Bildung. Das ist ein sehr wichtiger Ansatz, der sich aus dem Grundgesetz ableitet. Das gesamte Schulwesen steht unter staatlicher Aufsicht. Eine wichtige Folge davon ist, dass der Staat zumindest weitestgehend die Kosten übernimmt. Deshalb sind hier Schulen, Unis und Ausbildungen nahezu kostenlos. Bei Kindergärten ist es je nach Bundesland unterschiedlich, ob sie kostenlos oder zumindest stark subventioniert sind. Damit soll vermieden werden, dass – so wie zum Beispiel in den USA – Kinder aus einkommensschwachen Familien bestimmte Unis oder Schulen nicht besuchen können. Denn: Bildung ist ein wichtiger Faktor für sozialen Aufstieg. Wer gut gebildet ist, hat zumindest eine wesentlich bessere Chance, auch einen gut bezahlten Job zu bekommen.

Chancengleichheit gibt es in Deutschland aber trotzdem nicht, immer noch nicht, muss man sagen, denn das offenbarten auch schon sämtliche PISA-Studien und jetzt eine aktuelle OECD-Studie: Die soziale Herkunft spielt eine wesentliche Rolle dabei, welchen Bildungsweg Kinder einschlagen.[21] Zur sozialen Herkunft gehört, wie gebildet die Eltern sind, welchen sozialen Status sie haben, was sie verdienen und wo sie herkommen. Auch der Bildungsmonitor 2023 belegt, dass sich die Abhängigkeit des Bildungserfolgs von der sozialen Herkunft in den letzten Jahren verstärkt hat. So haben nur 8 Prozent der Schüler an Gymnasien Eltern mit Hauptschulabschluss oder gar keinem Schulabschluss.[22] Kinder aus Akademikerfamilien machen deutlich häufiger einen Uni-Abschluss als Kinder aus Familien mit einem niedrigen Bildungsniveau (54 zu 17 Prozent). Es zeigt sich also, dass sozialer Status oft an die nächste Generation vererbt wird. Ein Grund dafür sind ungleiche Startbedingungen. Nicht allein die Schule ist für die Bildung zuständig, oder anders gesagt, sie kann nicht alles ausgleichen, was Kinder und Jugendliche aus ihren Familien oder ihrem Umfeld nicht bekommen. Fehlt es zu Hause schon an der nötigen Unterstützung beim Lernen und bei den Hausaufgaben, weil zum Beispiel die Eltern selbst nicht so gut Deutsch sprechen, dass sie die Lerninhalte verstehen, oder selbst nicht so gebildet sind, haben die Kinder es natürlich schwerer als dort, wo mit ihnen gelernt wird oder Nachhilfe bezahlt werden kann und sie auch die nötige Ruhe dafür haben. Denn das kommt hinzu: Kinder aus benachteiligten Familien wohnen oft in kleinen Wohnungen mit mehreren Geschwistern, um die sie sich teils selbst kümmern müssen. Nicht selten haben sie keinen eigenen Schreibtisch, um in Ruhe Schulaufgaben machen zu können. Auch für Mahlzeiten ist nicht immer ausreichend gesorgt. Laut einer Umfrage der Robert-Bosch-Stiftung kommen 54 Prozent der Kinder, die in einer sozial schwierigen Lage leben, ohne Frühstück zur Schule.[23] Für Kinder aus einkommensschwachen Familien ist der soziale Aufstieg nicht so leicht. Nach einer Langzeitstudie, die Kinder über 20 Jahre begleitet hat, lebt etwa ein Drittel auch als Erwachsene in ärmlichen Verhältnissen.

In Deutschland galt 2023 etwa jedes siebte Kind sogar als armutsgefährdet. Das waren nach den letzten Zahlen etwas mehr als zwei Millionen Kinder und Jugendliche.[24] Die Zahl war im Vergleich zum Vorjahr nur leicht rückläufig. »Armutsgefährdet« ist so definiert, dass die Eltern weniger als 60 Prozent des mittleren Nettoeinkommens zur Verfügung haben. Bei einem Elternpaar mit einem Kind unter 14 Jahren ist das zum Beispiel ab etwa 1.500 Euro im Monat und weniger der Fall. Trauriger Spitzenreiter ist Bremerhaven.[25] In Bayern und Baden-Württemberg betrifft es vergleichsweise wenige Kinder. Auch bei diesen Zahlen zeigt sich ein Zusammenhang zwischen dem Armutsrisiko der Kinder und dem Bildungsabschluss der Eltern. Unter 18-Jährige, deren Eltern über einen niedrigen oder gar keinen Bildungsabschluss verfügen, sind deutlich häufiger von Armut bedroht als Kinder und Jugendliche, deren Eltern über mittlere oder höhere Abschlüsse verfügen.

Bildungsungleichheit ist nicht nur ein Problem in Deutschland, aber wie bereits zuvor in diesem Kapitel erwähnt, ist der Zusammenhang zwischen sozialem Hintergrund und Bildungserfolg in Deutschland im internationalen Vergleich besonders stark ausgeprägt. Auch gibt es Unterschiede zwischen den Bundesländern. So haben Kinder und Jugendliche aus benachteiligten oder sozial schwächeren Verhältnissen in Bayern geringere Bildungschancen, kommen seltener auf ein Gymnasium als zum Beispiel in Berlin oder anderen östlichen Bundesländern.[26] Gründe dafür gibt es viele. Einer ist, dass Kinder mit Förderbedarf bei einem insgesamt höheren Leistungsniveau schneller drohen abgehängt zu werden als in Ländern mit mittlerem Leistungsniveau.

Sprachförderung – für die Bildungspläne der Länder ein großes Fremdwort …

Die Basis für einen Erfolg in der Bildung wird früh gelegt, deshalb ist es wichtig, dass betroffene Kinder und Jugendliche früh aufgefangen werden, etwa durch Förderung in Kitas und Vorschulen, gerade auch, wenn es um sprachliche Defizite geht. In Hamburg zum Beispiel müssen Kinder mit viereinhalb Jahren einen Sprachtest machen, der, je nachdem wie er ausfällt, die Kinder anschließend zur Vorschule verpflichtet. Außerdem bekommen sie eine entsprechende verbindliche Förderung.[27] Es gibt zahlreiche Programme, die versuchen, Chancenungleichheit zu minimieren, sowohl auf städtischer als auch auf Bundes- und Landesebene. Experten halten die Summen, die in solche Programme fließen, angesichts der hohen Schülerzahlen von zuletzt rund 11 Millionen[28] an allgemeinbildenden Schulen oft für zu gering. Außerdem belegen Studien, dass auch das dreigliedrige Schulsystem in Deutschland dazu beiträgt, Ungleichheit zu fördern, da Schüler zu früh auf unterschiedliche Bildungswege aufgeteilt würden. Ein längeres gemeinsames Lernen könnte sich positiv auswirken. Mit der Aufteilung bereits nach der vierten Klasse ist Deutschland früher dran als die meisten anderen Länder. In Estland zum Beispiel, das im europäischen Vergleich bei PISA sehr gut abschneidet, gibt es bis zur neunten Klasse eine Gesamtschule und auch eine Vorschule.

Die Voraussetzungen für Bildung werden früh gelegt, schon vor der Grundschule. Die Ungleichheit beginnt in dieser Zeit – in Deutschland kommen gerade viele Kinder mit Migrationshintergrund oder aus benachteiligten Familien nicht in frühkindliche Betreuung, die aber gerade für sie so wichtig wäre. Knapp 40 Prozent der Familien, in denen kein Deutsch gesprochen wird, bleiben ohne Kitaplatz.[29]

Die Ausgaben für Bildung und Forschung, die sich in einem Ministerium befinden, wurden Anfang 2024 im Haushalt mit etwas mehr als 21 Milliarden Euro veranschlagt,[30] das ist etwas mehr als im Vorjahr. Den größten Posten macht die Bafög-Unterstützung für Studenten aus. Insgesamt aber sind die öffentlichen Bildungsausgaben in Deutschland weit höher, da sie auch die Mittel der Länder und Kommunen umfassen. Einschließlich der Ausgaben für Schulen, Hochschulen und Berufsausbildung lag das öffentliche und private Bildungsbudget 2022 bei rund 264 Milliarden Euro.[31] Deutschland liegt bei den realen Ausgaben für Bildungseinrichtungen und pro Kopf im internationalen Vergleich im mittleren Bereich, nicht aber gemessen an der Wirtschaftsleistung. Deutschland gibt im Schnitt pro Schüler und Jahr rund 10.000 Euro aus, in der Grundschule ist es etwas weniger.[32] Nach dem aktuellen nationalen Bildungsbericht reicht das nicht aus. Außerdem fehle es an gezielter Förderung. Die Zahl der jungen Menschen in Deutschland, die ohne Abschluss dastehen, ist in den vergangenen Jahren noch mal hochgegangen. Deutschland liegt bei der Schulabbrecher-Quote über dem OECD-Durchschnitt. Hoffnung setzen Politiker und einige Experten in das

Startchancen-Programm des Bundesbildungsministeriums, das im Sommer 2024 anlief und das zum ersten Mal Gelder gezielt nach sozialen Kriterien verteilen soll.

Bei der föderalen Bildungspolitik in Deutschland herrscht ein größeres Durcheinander als in jedem WG-Kühlschrank …

Insbesondere aus den Artikeln 30 und 70 des Grundgesetzes folgt die Zuständigkeit der Länder bei der Bildungspolitik. Sie besagen, dass die Länder in den Bereichen das Recht der Gesetzgebung haben, die nicht ausdrücklich dem Bund zugewiesen sind – und das trifft auf das Bildungswesen zu. Durch die föderale Struktur unseres Staates, der sich in 16 Bundesländer aufteilt, ist also jedes einzelne Bundesland für die Bildung in seinem Gebiet zuständig. Diese Dezentralisierung der Bildung liegt in der deutschen Geschichte begründet, denn bis 1871 bestand Deutschland aus vielen Einzelstaaten, die ihre eigenen Bildungssysteme hatten. Diese Tradition setzte sich nach der Gründung des Deutschen Kaiserreichs fort und hatte auch in der Weimarer Republik Bestand, das heißt, Bildung war dezentral organisiert. Während der Nazi-Zeit änderte sich das, Schulen und Hochschulen wurden gezwungen, sich dem Regime zu unterstellen, was nach dem Ende des Zweiten Weltkrieges dazu führte, dass die föderale Struktur in der Bildung besonders geschätzt wurde. Seit dem Ende der DDR, wo die Bildung zentral gesteuert war, sind in ganz Deutschland die Länder für all das zuständig, was in den Schulen und weitestgehend in den Hochschulen passiert – daran haben auch die beiden Föderalismus-Reformen 2006 und 2009 nichts geändert. Wenn also Bildungspolitik regelmäßig auf Bundesebene zum großen Wahlkampfthema wird, weil es den Menschen wichtig ist, sollte man im Hinterkopf haben, dass zumindest im Schul- und Hochschulwesen der Einfluss sehr begrenzt ist, denn dort verbietet das Grundgesetz dem Bund, sich stark einzumischen. An diesem Kooperationsverbot versuchen einzelne Parteien wie SPD oder Grüne immer wieder zu rütteln, denn eine größere Verantwortung des Bundes hätte durchaus Vorteile, zum Beispiel wären die Leistungen vergleichbarer. Es ist kein Geheimnis, dass der Abiturdurchschnitt je nach Bundesland sehr unterschiedlich ist, was bei der Hochschulzulassung Nachteile für Schüler aus bestimmten Regionen haben kann. Speziell die Union setzt sich für den Bildungsföderalismus ein, allen voran die bayrische CSU, da Bayern als reiches Bundesland ungerne Kompetenzen abgeben möchte. Ein Vorteil der Länderzuständigkeit ist, dass die Länder besser auf regionale Bedürfnisse und Unterschiede eingehen können. So ist zum Beispiel im Saarland wegen der geografischen Lage nicht Englisch, sondern Französisch erste Fremdsprache, schon in der Grundschule.

Und die Parteien?

Bildungspolitik ist in Deutschland also hauptsächlich Ländersache, trotzdem setzen sich die Parteien auf Bundesebene für bestimmte Konzepte ein. Fast alle Parteien wollen die Digitalisierung an Schulen ausbauen und Chancengleichheit fördern. Streitpunkte sind vor allem die Gebührenfreiheit, die Leistungsbewertung und die Rolle des Bundes im föderalen System. Insbesondere linke und liberale Parteien wollen mehr Einfluss des Bundes.

Die **Union** will die Zuständigkeit der Länder erhalten. An Schulen will sie die Digitalisierung vorantreiben und für mehr Chancengleichheit sorgen. Im Vorschulalter soll es verpflichtende Sprachtests geben. Kinder mit Sprachproblemen müssen eine Kita oder Vorschule besuchen. Gefördert werden sollen Kernfächer wie Mathe und Deutsch. Die Union ist auch für Leistung bei den Bundesjugendspielen. Sie setzt sich für ein bundesweit vergleichbares Abitur auf hohem Niveau ein. Außerdem soll die duale Ausbildung als gleichwertige Alternative zum Studium gefördert werden. Das BAföG und die Hinzuverdienstmöglichkeiten sollen verbessert werden.

Die **SPD** will die Zusammenarbeit von Bund und Ländern ausbauen. Sie setzt auf mehr Ganztagsbetreuung an Schulen, damit Familie und Beruf besser vereinbar werden und will mehr in die Modernisierung der Gebäude investieren. Bildung soll von der Kita bis zur Hochschule gebührenfrei sein. Außerdem verspricht die SPD allen Schul- und Kitakindern ein kostenloses Mittagessen. Außerdem will die SPD, dass Schulen stärker digitalisiert werden und sich die Chancengleichheit verbessert, unabhängig von sozialer Herkunft oder Einkommen der Eltern.

Die **Grünen** wollen mit einem »Zukunftsinvestitionsprogramm Bildung« das Bildungssystem stärken, vor allem, damit Kinder mit Migrationsgeschichte und aus sozio-ökonomisch benachteiligten Familien die gleichen Chancen auf Aufstieg und Teilhabe bekommen. Es soll mehr Stellen für Schulsozialarbeit, Schulpsychologie und Inklusion geben. Investiert werden soll auch in Digitalisierung und den Ausbau ganztägiger Bildungs- und

Betreuungsangebote. Ein Schwerpunkt soll auf dem Spracherwerb liegen, Sprachförderung soll in der Kita beginnen und sich in der Schule fortsetzen. Für Unternehmen, die selbst oder in Kooperation Kitaplätze schaffen, soll es steuerliche Anreize geben.

Die **FDP** setzt auf zukunftsfähigen Bildungsföderalismus. Sie will den digitalen Ausbau fördern und für mehr Bildungsgerechtigkeit sorgen. Dabei unterstützt sie zum Beispiel das Startchancenprogramm für benachteiligte Kinder und Jugendliche. Sie spricht sich für bundesweite Abschlussprüfungen bei Mittlerer Reife und Abitur aus. Bildungsstandards sollen durch mehr Investitionen erhöht werden: So soll 1 Prozent der Mehrwertsteuereinnahmen zusätzlich in Bildung fließen. Inklusive Bildung an Regelschulen und die gezielte Förderung von Kindern mit individuellen, besonderen Förderbedarfen sind miteinander vereinbar.

Die **Linke** will, dass Bildung von der Kita bis zur Universität komplett gebührenfrei ist. In Schule und Kita soll es echte Lernmittelfreiheit und ein hochwertiges, kostenfreies Mittagessen geben. Soziale Spaltung soll durch gemeinsames Lernen vermieden werden. Die Linke will die Einführung einer Schule für alle: Eine ganztägige Gemeinschaftsschule, die alle Schulabschlüsse anbietet. Sie setzt sich für Barrierefreiheit und individuelle Förderung aller Schüler ein und für kleinere Klassen. Außerdem fordert sie mehr Lehrkräfte, Schulsozialarbeit und eine Vertretungsreserve von 10 Prozent – damit nicht so viel Unterricht ausfällt. Die Schulgebäude und Sport- und Schwimmhallen sollen modernisiert werden.

Die **AfD** will die Hauptverantwortung für die Bildung bei den Ländern belassen. Die AfD befürwortet ein nach Begabungen differenziertes Schulsystem, das dem unterschiedlichen Leistungsvermögen der Schüler gerecht wird. Alle Arten von Gesamt- oder Einheitsschulen lehnt die Partei ab. An allen Schulformen sollen die Klassenstärken verringert werden. Die AfD möchte bedarfsorientierte Vorschulen einführen und Förderschulen beibehalten. Inklusion soll mit Augenmaß erfolgen. Den Einfluss durch die OECD lehnt die AfD ab, Islamunterricht an Schulen soll es nicht geben. Für Migranten soll verpflichtender Deutschunterricht im Vordergrund stehen.

Das **BSW** kritisiert den Zustand des Bildungssystems, etwa den Lehrermangel, überfüllte Klassen und unzureichende Grundkompetenzen bei Schülern. Zu den zentralen Forderungen gehört der Bau neuer Schulen und eine angemessene Bezahlung der Lehrer. Der Fokus der Lerninhalte soll auf den Kernkompetenzen Lesen, Schreiben und Rechnen liegen. Außerdem will das BSW eine Reform des föderalen Bildungssystems, damit Leistungen zwischen den Bundesländern vergleichbarer werden und Chancenungleichheit minimiert wird. Die frühzeitige Selektion kritisiert die Partei, weil sie Kindern aus sozialschwachen Familien Bildungschancen versagt. Gendern an Schulen lehnt das BSW ab.

KAPITEL 14

»Es spielt eine Rolle, ob Kinder aus einem Haushalt mit vielen oder wenigen Büchern kommen!«

Interview mit Prof. i. R. Dr. Klaus Klemm

Klaus Klemm lehrte von 1977 bis 2007 als Professor für empirische Bildungsforschung und -planung an der Universität Duisburg-Essen, zudem war er Mitglied mehrerer Sachverständigenkommissionen und wurde aufgrund seiner bildungspolitischen Arbeiten in das von der FAZ erarbeitete Ranking der 50 einflussreichsten Ökonomen Deutschlands aufgenommen.

Bildung ist ein Menschenrecht. Erfüllen wir das in Deutschland?

Klaus Klemm: Das kann man so oder so betrachten: Wenn man davon ausgeht, dass Bildung jedem und jeder möglich sein muss, dann ist das Menschenrecht Bildung erfüllt. Aber wenn man danach fragt, ob der Zugang leicht ist oder die Chancen zum Zugang zu Bildungsangeboten gleich verteilt sind, habe ich erhebliche Zweifel.

Angela Merkel hat von der Bildungsrepublik Deutschland geträumt. Davon sind wir dann vermutlich weit entfernt?

KK: Das war im Sommer 2008 und ist leider ein Traum geblieben. Im folgenden Herbst gab es in Dresden den sogenannten Bildungsgipfel, bei dem die Regierungschefs der 16 Bundesländer und die Kanzlerin zusammengesessen und einen Katalog von Zielen formuliert haben: Ziele, die bis heute weitgehend nicht erreicht wurden. So sollten zum Beispiel 10 Prozent des Bruttoinlandsprodukts für Bildung und Forschung ausgegeben werden. Das ist ein hehres Ziel, allerdings wurde gar nicht festgelegt, ob es sich um zehn Prozent der öffentlichen und privaten Ausgaben handeln sollte oder nur der öffentlichen. Weder das eine noch das andere wurde erreicht. Ein anderes Beispiel: Die Politiker wollten die Zahl der Schulabgänger, die ohne Abschluss die Schule verlassen, halbieren, auch das hat nicht geklappt.

Man kann den schlechten Zustand der Schulen auch direkt vor Ort erkennen, beispielsweise an den Zuständen auf den Toiletten. Ist das denn vor allem ein Problem der Finanzierung – also wurden die Schulen kaputtgespart –, oder steckt mangelnder Wille dahinter?

KK: Dass die Schulen kaputtgespart wurden, würde ich so nicht sagen, es gibt ja nach wie vor auch gute Schulen! Wir liegen im Durchschnitt aller OECD-Länder, das heißt, die Situation ist keine komplette Katastrophe, aber es gibt Bereiche, in denen es schlimm aussieht. Soweit ich weiß, haben alle Schulen eine Toilette, aber man darf sie halt nicht benutzen, um es mal drastisch zu sagen. (lacht) Es gibt also Bereiche, wo etwas fehlt! Schauen Sie sich das Recht auf ganztägige Betreuung für Grundschulkinder an, das wurde ja vor gut drei Jahren im Bundestag beschlossen. Die meisten Großstädte verfügen aber gar nicht über den Schulraum, um das Recht umzusetzen, und es gibt auch nicht die Möglichkeit, Flächen zu erweitern, da gibt es keinen Quadratzentimeter! Mal abgesehen davon haben wir weder die dazu erforderlichen Lehrer/innen noch Erzieher/innen. Natürlich fehlt es in bestimmten Bereichen an Ressourcen, aber es geht nicht immer um fehlendes Geld, es hapert auch an der Umsetzung. Es gibt heute genügend finanzielle Mittel, um Lehrer einzustellen, nur Lehrer gibt es nicht!

Den Lehrermangel bekommen die Schüler ganz konkret zu spüren, ständig fällt Unterricht aus und Ersatz gibt es nicht. Wo liegen die Ursachen?

KK: Die Zeiten haben sich verändert: Als ich 1976 mein Buch Volle Klassen, Lehrerschwemme veröffentlicht habe, hatten wir mehr Lehrer als wir einstellen konnten und die Klassen waren voll. Da fehlte aber das Geld, die Stellen zu finanzieren. Seitdem ging es auf und ab. Früher brauchten angehende Lehrer einen sehr guten Abschluss, um überhaupt einen Job zu bekommen, heute bekommt man auch mit schlechten Noten ein Angebot. Mal haben wir zu viele Lehrer, mal zu wenig, gepasst hat es eigentlich nie! Ich habe mir die Bedarfsstudien immer wieder angeschaut, die Prognosen sind mal richtig, mal falsch! Wenn man heute eine Prognose macht, muss man den Bedarf für einen Zeitpunkt in acht Jahren abschätzen, das ist einfach schwierig. Dazu kommt die Frage, für welche Fächer Lehrer gebraucht werden. Mit Gymnasiallehrern für Deutsch und Geschichte können wir die Straßen pflastern, davon gibt es genug! Aber in den MINT-Fächern, also Mathematik, Biologie, Physik, da fehlen uns Lehrer, weil die in konkurrierenden Arbeitsfeldern einfach besser verdienen.

Müssten Lehrer besser bezahlt werden? Oder wie kann man den Lehrerberuf attraktiver machen?

KK: Der Mangel an Grundschullehrern hat nichts mit der Attraktivität des Lehrerberufs zu tun! Wir haben vor zwei Jahren noch die Situation gehabt, dass man an einzelnen Universitäten einen Notendurchschnitt von 1,7 haben musste, um einen Studienplatz für das Grundschullehramt zu bekommen. Die Studenten standen quasi vor verschlossenen Türen, weil die Politik dachte, wir brauchen die Lehrer nicht mehr. Dann entstand der riesige Mangel, jetzt sind die Türen offen, aber wenn ich mir die aktuelle Geburtenrate anschaue, bin ich nicht sicher, ob die alle in sieben Jahren eine Anstellung finden werden. Jetzt studieren alle, weil wir einen Mangel haben, aber ob wir sie alle brauchen werden? Großes Fragezeichen!

Schauen wir auf das Schulsystem – wie sehr ist Bildung nach wie vor von sozialer Herkunft abhängig?

KK: Den Zugang zu Bildung haben alle, aber welchen Weg sie in dem Bildungssystem – zum Beispiel nach der Grundschule – einschlagen, hängt sehr stark vom sozialen Umfeld und dem ökonomischen Hintergrund ab, und in den letzten Jahrzehnten natürlich auch von der Migrationsgeschichte. Einfach gesagt, sind das die drei entscheidenden Faktoren, die darüber bestimmen, ob für ein Kind die Hauptschule oder andere weniger qualifizierende Bildungswege oder ein Gymnasium ausgewählt werden. Es gibt Studien, die zeigen, dass Kinder ohne Migrationsgeschichte deutlich häufiger eine Empfehlung für das Gymnasium bekommen als Kinder mit Migrationshintergrund – und zwar bei gleicher Leistung und gleichem Geschlecht. Dazu kommt, dass Eltern aus sozial schwachen Schichten mit Schulleistungen und -empfehlungen anders umgehen.

Was bedeutet das genau?

KK: Es spielt zum Beispiel eine Rolle, ob die Kinder aus einem Haushalt mit vielen oder wenigen Büchern kommen. Die Eltern einer bildungsnahen Familie trauen sich bei der gleichen Leistung und Empfehlung eher, ihr Kind auf das Gymnasium zu schicken, als die Eltern aus bildungsfernen Schichten. Erstens schicken letztere ihre Kinder lieber in eine Lehre, weil sie selbst auch eine absolviert haben, und zweitens haben sie häufig Angst, dass sie ihren Kindern, wenn es Probleme in der Schule gibt, nicht helfen können. Und bei Kindern, bei denen sich Lehrer nicht sicher sind, was sie empfehlen sollen, werden auch die Lehrkräfte bei bildungsnahen Familien eher denken, dass diese ihre Kinder stützen können. Es ist ein kompliziertes Geflecht, aber im Kern können wir sagen: Es ist unbestreitbar, dass der soziale Hintergrund bestimmt, wo die Reise nach der Grundschule hingeht. Allerdings beginnt das Problem natürlich viel früher, Kinder müssen vorher schon so gefördert werden, dass sie gute Grundschulnoten erreichen können. Da spielt es eine Rolle, ob ein Kind im Lebensalter zwischen drei und sechs Jahren schon in einer guten Kita war oder ob es keinen Kitaplatz bekommen hat, auch ob unter Dreijährige einen Krippenplatz hatten. Das ist auch ein Thema, das auf dem Bildungsgipfel 2008 besprochen wurde. Das Ziel war damals, dass 35 Prozent der unter Dreijährigen einen Krippenplatz bekommen. Das haben wir jetzt, also 16 Jahre später, gerade erst erreicht – und das auch nur, weil der Geburtenrückgang nach 2021 die Nachfrage nach Krippenplätzen deutlich gesenkt hat. Der Zugang zu Krippenplätzen ist gerade für Familien mit Migrationsgeschichte wichtig. Den Kindern, für die Deutsch nicht die Muttersprache ist, fällt der Start in die Grundschule natürlich schwerer. Es gibt Grundschulen, da haben 60 oder 70 Prozent der Kinder eine Migrationsgeschichte und die Deutschkenntnisse sind da extrem unterschiedlich. Es ist eine lange Kette der Ungleichheit.

Diese Ungleichheit ist laut PISA-Studie gerade in Deutschland sehr ausgeprägt? Wie könnte man dem entgegenwirken?

KK: Das stimmt, wobei der Zusammenhang in Frankreich beispielsweise noch härter ist, aber ja, Deutschland gehört zu den Spitzenreitern, was den Zusammenhang zwischen sozialer Herkunft und einem erfolgreichen Schulabschluss angeht. Wenn man ernsthaft etwas daran ändern will, muss man die Krippen und Kindergärten ausbauen und in den Grundschulen einzelne Gruppen fördern. Man müsste allen Kindern im Alter von drei bis sechs Jahren den Zugang zu vorschulischer Bildung sichern, vor allem denen, die aus sozial schwachen Familien kommen.

Wie aussagekräftig ist die PISA-Studie denn überhaupt – auch gerade, was die Auswahl der Inhalte angeht?

KK: Zunächst einmal gibt es den OECD-weiten Konsens über die Fächer Leseverständnis, Mathematik und Naturwissenschaften. Natürlich kann man über die Fächer und die Lehrpläne diskutieren, der Fächerkanon ist nicht ganz nebensächlich, ich vermisse beispielsweise mehr historische und politische Bildung. Aber wir haben auch nur 30 Stunden in der Woche zur Verfügung, in der Grundschule noch weniger, viel mehr passt da nicht rein. Und die Inhalte müssen für alle angemessen sein, egal, ob ein Kind später Schreiner oder Zahnarzt werden möchte.

Man könnte aber auch mal darüber diskutieren, ob Fächer wie Wirtschaft, Finanzen oder Ernährung nicht wichtiger oder zumindest lebensnaher wären als Religion?

KK: Über letzteres kann man sicher diskutieren, wobei der Religionsunterricht ja teils sowieso freiwillig ist. Bei den Finanzen würde ich zustimmen, auf den wirtschaftswissenschaftlichen Komplex bereiten unsere Schulen nicht vor – zumindest nicht in den allgemeinbildenden Schulen, in den Berufsschulen ist das anders.

Ein anderes Thema, das immer mal wieder diskutiert wird, ist die Inklusion, also die Möglichkeit, umfassend und gleichberechtigt an der Gesellschaft teilhaben zu können. Sollte man Kinder mit und ohne Beeinträchtigung gemeinsam unterrichten?

KK: Was wir wissen, ist, dass Kinder mit sonderpädagogischem Förderbedarf, die inklusiv unterrichtet werden, in ihren Leistungen etwas besser sind als Kinder, die exklusiv unterrichtet werden. Mein Eindruck ist allerdings, dass die Politik das Thema Inklusion fast aufgegeben hat. Nahezu alle Bundesländer bauen ihre Förderschulen wieder stärker aus. Ich war bis vor drei Jahren in einer von der UNESCO eingesetzten Kommission, die den Inklusionsprozess in Deutschland begleiten sollte, und mein Eindruck ist, dass dieses Thema immer mehr marginalisiert wird. Diese von der UNESCO in Deutschland eingesetzte Kommission existiert übrigens auch nicht mehr. Ich sehe nicht, dass Deutschland auf dem Weg zu einem inklusiven Schulsystem vorankommt, obwohl wir wissen, dass inklusives Arbeiten erfolgreicher ist.

Insgesamt könnte die Ursache für die Probleme im Bildungssystem auch im Föderalismus liegen. Bildung ist Ländersache und die Länder agieren unterschiedlich. Müsste man die Bildung auf die Bundesebene holen?

KK: Ich setze mich seit Jahren für mehr Zentralität in diesem Bereich ein, aber es ist eben das Feld, in dem die 16 Länder überhaupt noch über Autonomie verfügen. Wenn sie hier die Kontrolle abgeben, sind sie nur noch Vollzugsorgane der Bundespolitik. Jede Diskussion um mehr Zentralität, mehr Abstimmung, mehr Koordinierung endet damit, dass die Länder ihre Rechte nicht aufgeben wollen.

Wenn wir uns in Europa oder auch weltweit umschauen – Gibt es Länder, an denen wir uns hinsichtlich der Bildungssysteme ein Beispiel nehmen können?

KK: Bei der ersten PISA-Studie (2000) war Finnland beim Lesen der Spitzenreiter, Deutschland lag auf Platz 21, 62 Testpunkte hinter dem damals vielgerühmten Finnland. 2022 lag Finnland beim Leseverständnis nur noch auf Platz 10, und nur noch 10 Testpunkte vor Deutschland. Dieses Beispiel zeigt, wie problematisch es ist, einzelne Länder zum Vorbild zu nehmen. Wichtiger wäre es, die Stärken und Schwächen vergleichbarer Länder in den Blick zu nehmen und davon zu lernen.

KAPITEL 15

Arbeit ist das halbe Leben

Bürgergeld, Mindestlohn und Vier-Tage-Woche

Die Deutschen verbringen ein Drittel ihrer Zeit bei der Arbeit. Die anderen zwei Drittel auf Tiktok oder Instragram …

Im Schnitt verbringen Berufstätige etwa ein Drittel ihrer Lebenszeit bei der Arbeit, das sind gut 90.000 Stunden. Durch das Einkommen wird der Lebensunterhalt gesichert und bei der Arbeit entstehen soziale Kontakte. Viele Menschen halten Arbeit auch deshalb für wichtig, weil sie sich dort selbst verwirklichen können. Wenn der Job Spaß macht, macht er auch zufrieden, und das ist bekanntlich wichtig für die mentale Gesundheit. Arbeit hat somit einen hohen Stellenwert in unserer Gesellschaft, der über den finanziellen Aspekt weit hinaus geht. Auch für die Volkswirtschaft ist der Faktor Arbeit von großer Bedeutung. Je mehr Menschen in Lohn und Brot stehen, desto mehr Steuern kassiert der Staat, die Menschen zahlen mehr in die Sozialsysteme ein und diese werden weniger belastet. Der materielle Wohlstand einer Gesellschaft lässt sich somit auch an einer hohen Erwerbstätigenquote messen, also dem Anteil der Erwerbstätigen an der Bevölkerung. Der Staat hat demnach ein Interesse daran, den Arbeitsmarkt am Laufen zu halten. Im Gegensatz zur Bildungspolitik, die Ländersache ist, gehört die Arbeitsmarktpolitik in Deutschland zur konkurrierenden Gesetzgebung, das heißt, die Bundesländer sind nur dann zuständig, wenn der Bund seine Zuständigkeit nicht nutzt. Da der Bund das aber tut, sind die Arbeitsvermittlung und die Arbeitslosenversicherung bundesweit einheitlich geregelt. Zuständig für den gesamten Bereich ist das Bundesministerium für Arbeit und Soziales. Wegen seiner hohen Relevanz bekommt dieses Ministerium mit Abstand das meiste

Geld aus dem Haushalt der Bundesregierung, etwa ein Drittel des Gesamtetats.[1] 2024 waren dafür etwas mehr als 175 Milliarden Euro veranschlagt. Das Geld fließt zu einem großen Teil in die Finanzierung der Rente, aber auch in andere Sozialleistungen wie das Bürgergeld.

Der Arbeitsmarkt ist natürlich abhängig von der Wirtschaft. Boomt diese, steigt auch die Nachfrage nach Arbeitskräften. In Zeiten einer Rezession sinkt die Nachfrage, dann hat der Staat verschiedene Möglichkeiten, unterstützend einzugreifen.

Eine Vollbeschäftigung, also ein Zustand der Wirtschaft, in dem es so gut wie keine Arbeitslosen gibt, ist das wirtschaftspolitische Ziel. Dieses Ziel gilt als erreicht, wenn nur etwa 2 Prozent der erwerbsfähigen Menschen keine Arbeit haben.[2] Jeden Monat veröffentlicht die Bundesagentur für Arbeit die offiziellen Zahlen der Menschen ohne Beschäftigung. Im Jahr 2024 waren das etwas mehr als 2,7 Millionen,[3] das ist eine leichte Steigerung gegenüber dem Vorjahr und entspricht einer Arbeitslosenquote von 5,9 Prozent. Seit den Corona-Jahren hat die Zahl der Arbeitslosen stetig leicht zugenommen, sie bleibt aber – und das seit 2011 – unter 3 Millionen. Das Statistische Bundesamt spricht jedes Jahr von einer sogenannten »Stillen Reserve« von mehreren Hunderttausend Menschen, die keine Arbeit haben, aber aus verschiedenen Gründen in der Statistik nicht auftauchen. Die Frage ist, wie Arbeitslosigkeit definiert wird, denn arbeitslos und erwerbslos sind nicht dasselbe, und somit wird nicht jeder, der einen Job sucht, in der Statistik erfasst. Im Sinne des Sozialgesetzbuches gelten diejenigen als nicht arbeitslos, die zum Beispiel eine Weiterbildungsmaßnahme wahrnehmen. Wenn jemand keine Arbeit hat und in dieser Zeit Kurse besucht, die von der Bundesagentur für Arbeit vermittelt werden, um sich besser für den Arbeitsmarkt zu qualifizieren, taucht er in diesem Zeitraum nicht in der Arbeitslosenstatistik auf, da er während der Zeit der Fortbildung nicht vermittelt werden kann. Als arbeitslos gilt demnach, wer in keinem Beschäftigungsverhältnis steht und auf der Suche nach einem – und das ist wichtig – sozialversicherungspflichtigen Job ist. Das bedeutet: Wer eine geringfügige Beschäftigung hat, also einen Minijob, kann trotzdem arbeitslos im Sinne dieser Definition sein, genau wie Selbstständige. Außerdem muss ein Arbeitssuchender dem Arbeitsmarkt zur Verfügung stehen, dafür darf er nicht mehr als 15 Stunden in der Woche bereits einer Beschäftigung nachgehen und muss als arbeitslos gemeldet sein.[4] Der Arbeitssuchende sollte in der Lage sein, zumindest für ein paar Stunden am Tag zu arbeiten, und wenigstens 15 Jahre alt sein. Langzeitarbeitslose werden separat von der Bundesagentur für Arbeit ausgewiesen, denn bei ihnen sollen gezielt Maßnahmen wie Weiterbildungsprogramme oder Förderungen greifen, um auch »schwierige Fälle« wieder in den Arbeitsmarkt zu integrieren. Menschen, die gerne arbeiten möchten, aber lange keinen passenden Job finden, stehen wirtschaftlich und gesellschaftlich unter großem Druck. Außerdem belegen mehrere Studien, dass sich eine lange Arbeitslosigkeit negativ auf die Gesundheit auswirken kann. Demnach leiden Langzeitarbeitslose doppelt so häufig an körperlichen oder psychischen Erkrankungen wie Erwerbstätige[5]. Oft sind es Depressionen oder Suchterkrankungen, was natürlich die Rückkehr auf den Arbeitsmarkt zusätzlich erschwert. Als langzeitarbeitslos[6] gilt, wer länger als ein Jahr als arbeitslos gemeldet ist. Das trifft auf etwa ein Drittel aller Arbeitslosen zu. Die tatsächliche Zahl dürfte aber um einiges höher sein, denn die Langzeitarbeitslosigkeit kann durch verschiedene Umstände unterbrochen werden. Das betrifft zum Beispiel Mini-Jobs – und zwar schon ab dem ersten Tag, egal wie lange die Beschäftigung danach noch ausgeübt wird. Außerdem wird die Zählung unterbrochen, wenn jemand länger als sechs Wochen Familienangehörige pflegt, was für den Betroffenen auch ein Nachteil sein kann, denn er verliert die Förderung für Langzeitarbeitslose, obwohl er gar nicht erwerbstätig war. Unterschieden wird zwischen verschiedenen Arten der Arbeitslosigkeit,[7] je nachdem wie lange sie dauert, ob sie nur vorübergehend ist, mit der Konjunktur zusammenhängt und ob sie freiwillig oder unfreiwillig ist. Oft ist es unvermeidlich, dass zwischen zwei Arbeitsstellen eine Lücke entsteht, in der jemand als arbeitslos gemeldet ist, weil der vorherige Arbeitsvertrag schon beendet ist, der zukünftige aber noch nicht gilt. Diese Zeitspanne wird friktionelle oder Sucharbeitslosigkeit genannt. Sie ist meist von kurzer Dauer und besteht immer bei etwa 1 Prozent aller Erwerbstätigen.

Bei der konjunkturellen Arbeitslosigkeit werden Beschäftigte entlassen, wenn die Konjunktur schwach ist und die Firmen somit Absatzschwierigkeiten haben. Sie ist abhängig von Angebot und Nachfrage und vom Außenhandel. Je nachdem wie lange die Wirtschaft insgesamt oder in einzelnen Bereichen schwächelt, kann es bei dieser Form der Arbeitslosigkeit länger dauern, bis ein Arbeitssuchender wieder eingestellt werden kann. Deshalb wird oft vom Staat mit Ausgabeprogrammen, also staatlichen Maßnahmen, gegengesteuert, um die Wirtschaft anzukurbeln. Dieses Mittel ist bei Experten zwar umstritten, wird in der Politik aber immer wieder angewendet. Während der Rezession in Deutschland 2009/2010 haben Konjunkturprogramme den Weg durch die Krise erleichtert – ebenso wie das Kurzarbeitergeld, das Arbeitnehmer bekommen, wenn ihr Arbeitgeber aufgrund wirtschaftlicher Probleme die Arbeitszeit vorübergehend reduzieren muss. Unternehmen können somit Krisen überbrücken, ohne Mitarbeiter entlassen zu müssen, und die Arbeitnehmer bekommen 60 Prozent des durch die Arbeitsverkürzung ausfallenden Nettoentgelts. Das Kurzarbeitergeld ersetzt also einen Teil des Nettogehalts und wird von der Bundesagentur für Arbeit gezahlt. Mehr als eine Million Beschäftigte in Zehntausenden Betrieben haben davon profitiert. Rund 400.000 Arbeitnehmer sollen dadurch vor einer Entlassung bewahrt worden sein. Kurzarbeitergeld gilt als klassisches Instrument bei konjunktureller Arbeitslosigkeit. Das zeigte sich auch während der Corona-Pandemie.

Die saisonale Arbeitslosigkeit hängt mit der unterschiedlichen Auslastung einiger Branchen zu verschiedenen Jahreszeiten zusammen. Davon betroffen sind neben anderen das Baugewerbe im Winter oder die Tourismusbranche in der Nebensaison, denn in diesen Zeiten werden weniger Arbeitskräfte gebraucht: Diese saisonalen Arbeitsausfälle können mit dem Saison-Kurzarbeitergeld ausgeglichen werden.

Am häufigsten kommt die strukturelle Arbeitslosigkeit vor, das heißt, Angebot und Nachfrage stimmen nicht überein. Ursachen dafür gibt es mehrere, zum Beispiel werden durch die zunehmende Digitalisierung oft höher qualifizierte Mitarbeiter gesucht. Auch die technologische Entwicklung führt zu Arbeitslosigkeit, wenn aus strukturellen Gründen Betriebe Arbeitskräfte durch Maschinen ersetzen.

Bayern hat die niedrigste Arbeitslosigkeit. Allerdings ist es ein Gerücht, dass Biertrinken schon als Arbeit zählt ...

Strukturelle Arbeitslosigkeit kann aber auch regionale Ursachen haben, so ist in wirtschaftsschwachen Landstrichen die Arbeitslosigkeit oft hoch. Im Bundesländervergleich hat Bremen die höchste Arbeitslosenquote in Deutschland, Bayern die niedrigste. Um möglichst viele Menschen wieder in Arbeit zu bringen, werden unter anderem Weiterbildungsmaßnahmen angeboten.

Außerdem wird zwischen freiwilliger und unfreiwilliger Arbeitslosigkeit unterschieden. Freiwillig ist sie, wenn jemand Arbeitsangebote ablehnt –

wegen zu geringer Bezahlung, zu geringen Aufstiegschancen, wegen einer Befristung oder weil er kein Interesse hat zu arbeiten. Unfreiwillige Arbeitslosigkeit bedeutet, dass es mehr Interessenten gibt als Jobangebote. Arbeitslosigkeit kann zwar jeden treffen, aber das Risiko ist deutlich geringer, wenn jemand eine solide Ausbildung genossen hat. So sind Menschen ohne Berufsabschluss weit häufiger arbeitslos als Akademiker oder Menschen mit einer abgeschlossenen Lehre.[8] Zwei Drittel aller Langzeitarbeitslosen haben keine abgeschlossene Berufsausbildung.

In unserem Sozialstaat sollen Menschen, die in die Arbeitslosigkeit rutschen, weitestgehend aufgefangen werden. Deshalb zahlt jeder abhängig Beschäftigte in Deutschland in die Arbeitslosenversicherung ein, aus der das Arbeitslosengeld gezahlt wird. Die Höhe der ausgezahlten Summe richtet sich danach, was der nun Arbeitslose vorher verdient und in die Arbeitslosenversicherung eingezahlt hat, und setzt somit eine vorherige versicherungspflichtige Beschäftigung voraus. Selbstständige haben keinen Anspruch. Wie lange jemand Arbeitslosengeld beziehen kann, hängt von der Dauer der vorherigen Beschäftigung und dem Alter des Antragstellers ab, maximal sind 24 Monate möglich.

Bürgergeld – oder eine schlecht befestigte soziale Hängematte, die jeden Monat auf dem harten Boden der Realität aufschlägt ...

Vom Arbeitslosengeld zu unterscheiden ist das Bürgergeld, das eine Sozialleistung ist und aus Steuergeldern finanziert wird. Es wurde in der jetzigen Form Anfang 2023 eingeführt. Im Haushaltsentwurf für 2025 wurde das Bürgergeld mit 25 Milliarden Euro nur für die Regelsätze veranschlagt. Bürgergeld kann von hilfsbedürftigen und erwerbsfähigen Personen beantragt werden.[9] Es wird zum Beispiel gezahlt, wenn jemand aus seinem eigenen Einkommen oder Vermögen seinen Lebensunterhalt nicht bestreiten kann und andere Zuschläge nicht ausreichen; aber auch, wenn eine nicht erwerbsfähige Person mit jemandem in einer Bedarfsgemeinschaft lebt, der Bürgergeld-Berechtigter ist.[10]

Bis Ende 2023 wurde für 5,5 Millionen Menschen der Regelsatz bezahlt – darunter waren 1,5 Millionen Kinder unter 15 Jahren, die meisten der Erwachsenen waren nicht arbeitslos. Das heißt, in der Gruppe sind oft Menschen, deren Erwerb nicht ausreicht, sei es, weil sie nur Teilzeit- oder

Minijobs haben oder alleinerziehend sind – sogenannte Aufstocker. Nach den Zahlen der Bundesagentur für Arbeit haben rund 60 Prozent der Menschen, die Bürgergeld beziehen, einen Migrationshintergrund. Die meisten stammen aus der Ukraine oder Syrien.

Das Bürgergeld in der jetzigen Form steht wegen der Höhe der Beträge und Dauer der Zahlungen in der Diskussion. Die Einstellungen der Parteien gehen diesbezüglich stark auseinander. Es gibt zum einen den Ansatz der liberal-konservativen Parteien, mehr Anreize für eine Eigenverantwortung zu schaffen, und zum anderen den der linksgerichteten Parteien und Sozialverbände, bei denen die soziale Absicherung und Chancengleichheit im Vordergrund stehen. Die Frage ist, ob jemand aufgrund des Bürgergeld-Bezugs weniger motiviert ist, wieder in Lohn und Brot zu kommen, da der ausgezahlte Betrag im Vergleich zu niedrigen Löhnen zu hoch angesetzt sein könnte. So kommen Menschen vielleicht auf die Idee, sich in der »sozialen Hängematte« auszuruhen, anstatt zu arbeiten. Gegner dieser Ansicht halten die jetzige Höhe des Bürgergelds für nicht ausreichend, um die durch die Inflation steigenden Lebenshaltungskosten auszugleichen. Seit Anfang 2024 bekommt eine alleinstehende Person als Regelsatz 563 Euro, ein Paar in einer Bedarfsgemeinschaft 1.012 Euro ausgezahlt. Dazu kommen Gelder für Miete und Heizung, Beiträge zur Kranken- und Pflegeversicherung, Leistungen für den schulischen Bedarf der Kinder. Gezahlt wird auch, wenn ein Mehrbedarf entsteht, zum Beispiel durch eine Schwangerschaft oder Anschaffungen nach einem Umzug. Das Wirtschafts- und Sozialwissenschaftliche Institut der gewerkschaftsnahen Hans-Böckler-Stiftung spricht trotz aller möglichen Zuzahlungen nicht von einer komfortablen Situation, sondern davon, dass nur das Existenzminimum gesichert wird. Das Institut hat in verschiedenen Konstellationen ausgerechnet, was jemand im Monat zur Verfügung hat, der in Vollzeit zum Mindestlohn arbeitet, im Vergleich zu jemandem, der Bürgergeld bezieht. Demnach hat derjenige, der arbeitet, im Monat deutlich mehr Geld zur Verfügung als der, der staatlich unterstützt wird – und zwar zwischen 400 und 600 Euro mehr. Es gebe wenige spezielle Konstellationen, bei denen diese Differenz unterschritten wird.

Ein weiterer Diskussionspunkt in Bezug auf das Bürgergeld ist, ob Sozialleistungen gekürzt werden sollten, wenn mögliche und zumutbare Arbeit verweigert wird. Im Jahr 2019 hatte das Bundesverfassungsgericht beim Vorgänger des Bürgergeldes, dem damaligen Arbeitslosengeld II, solche Sanktionsmöglichkeiten stark eingeschränkt. Seitdem wurden diese Maßnahmen deutlich seltener eingesetzt, was Kritiker als fehlenden Anreiz sehen, wieder eine Arbeit aufzunehmen. So will etwa die Union wieder stärker sanktionieren. Es ist aber umstritten, ob die Androhung von Kürzungen tatsächlich dazu motiviert, eine Arbeit anzunehmen. Eine Untersuchung des Instituts für Arbeitsmarkt- und Berufsforschung zeigt aber, dass Sanktionen durchaus bewirken können, dass Menschen schneller in Beschäftigung kommen. Allerdings ist diese oft nicht von Dauer,[11] was aber für eine gelungene Integration in den Arbeitsmarkt wichtig wäre. Es gibt Vermutungen, dass durch den aufgebauten Druck einige zwar auf den Bezug von Bürgergeld verzichten, aber dann in die Schwarzarbeit abwandern und so die steuer- und sozialversicherungsrechtlichen Pflichten umgehen. Ein weiteres Ergebnis der Untersuchung ist, dass es im ersten Jahr seit der Einführung des Bürgergeldes weniger Menschen zurück in ein Beschäftigungsverhältnis geschafft haben als im Jahr davor. Nicht unerheblich dabei ist aber auch, dass sich Deutschland zu dem Zeitpunkt in einer Rezession befand, die noch anhält. Dadurch haben sich für alle Arbeitslosen die Chancen verringert, einen neuen Job zu finden.

Aber nicht allein die Zahl der Arbeitslosen sagt etwas über die Lage auf dem Arbeitsmarkt aus, sondern auch, wie viele Erwerbstätige es gibt. In Deutschland ist deren Zahl seit 2006, mit Ausnahme der Corona-Jahre, stetig angestiegen, so gingen 2024 rund 46 Millionen Menschen einer beruflichen Tätigkeit nach.

Die Zahl der Erwerbstätigen ist also hoch, es gibt dennoch Millionen Menschen ohne Arbeit, die von den Jobcentern betreut werden, und trotzdem bleiben viele Stellen offen. Das passt auf den ersten Blick nicht zusammen, erklärt sich aber aus dem zuvor Gesagten: Viele Arbeitslose haben nicht die nötigen Qualifikationen, um für die offenen Stellen infrage zu kommen. Es fehlen Schulabschlüsse oder eine abgeschlossene Berufsausbildung, sodass hier der Fokus auf einer Weiterbildung liegt. Außerdem sind mangelnde Kenntnisse der deutschen Sprache bei nicht-deutschen Bürgergeldbeziehern häufig ein Problem, viele haben keinen deutschen Pass, hinzu kommen gesundheitliche Einschränkungen. Angesichts des Fachkräftemangels, der sich in den nächsten Jahren durch den demografischen Wandel noch verstärken wird, weil die geburtenstarken Babyboomer-Jahrgänge in den Ruhestand gehen und zu wenig jüngere qualifizierte Kräfte nachkommen, ist das Besetzen der vielen offenen Stellen eine schwer lösbare Aufgabe. Das Kompetenzzentrum Fachkräftesicherung hat ausgerechnet, dass der deutschen Wirtschaft trotz Rezession im Jahresdurchschnitt 2023/24 mehr als 530.000 Fachkräfte fehlten. Das sind zwar etwas weniger als im Jahr zuvor, aber historisch gesehen bleibt die Fachkräftelücke auf einem hohen Niveau. Die Unternehmen konnten im genannten Zeitraum etwa die Hälfte der offenen Stellen nicht mit entsprechend qualifizierten Menschen besetzen. Besonders betroffen ist das Gesundheitswesen: Hier fehlt es vor allem an Physiotherapeuten und zahnmedizinischen Fachangestellten.[12] Stark betroffen ist auch die Bauwirtschaft, was mit ein Grund für den schleppenden Wohnungsbau in Deutschland ist. Einige Experten sind der Ansicht, dass der Fachkräftemangel nicht ohne die Zuwanderung qualifizierter Kräfte aus dem Ausland behoben werden kann. Das belegt auch eine Studie der Bertelsmann-Stiftung.[13] Deren Prognose lautet, dass die Zahl der Arbeitskräfte in Deutschland ohne Zuwanderung bis 2040 um 10 Prozent zurückgehe – bis dahin seien jedes Jahr rund 288.000 neue Beschäftigte aus dem Ausland nötig. Andere Studien gehen sogar von noch mehr benötigten ausländischen Fachkräften aus. Um die Zuwanderung, vor allem aus Ländern außerhalb der EU, zu erleichtern, hatte die Ampel-Koalition 2023 das Fachkräfteeinwanderungsgesetz beschlossen, das unter anderem die Anerkennung ausländischer Abschlüsse in Deutschland erleichtert. In einer ersten Bilanz scheint sich das nach Regierungsangaben positiv auszuwirken, da die Zahl der ausgestellten Visa zu Erwerbszwecken nach oben gegangen ist.[14] Experten geht diese Entwicklung nicht schnell genug. Doch da die Ausländerbehörden oft überlastet sind, kommt es noch zu langen Wartezeiten bei der Visavergabe oder der Anerkennung von ausländischen Berufsabschlüssen.

Neben der Anwerbung ausländischer Fachkräfte raten Ökonomen der Bundesregierung auch, das vorhandene Potenzial in Deutschland besser zu nutzen. Somit werden als weitere Mittel gegen den Fachkräftemangel eine Verlängerung der Lebensarbeitszeit sowie eine Begrenzung von Teilzeitarbeit diskutiert, die in Deutschland ein Rekordniveau erreicht hat. Das Institut für Arbeitsmarkt- und Berufsforschung sieht das Schwächeln von Baugewerbe und Industrie als Folge davon an, dass fast 40 Prozent der erwerbstätigen Menschen in Deutschland in Teilzeit arbeiten. Im Hinblick auf den Fachkräftemangel liegt das Problem aber darin, dass in den Mangelberufen Teilzeitarbeit eher weniger verbreitet ist. Eine Ausnahme ist das Gesundheitswesen.[15] Dort arbeiten hauptsächlich Frauen, bei denen das Arbeiten in Teilzeit sehr beliebt ist. Im Bereich der Heizungs-, Sanitär- und

Klimatechnik, wo dringend Fachkräfte gesucht werden, ist die Teilzeitquote aber zum Beispiel sehr niedrig.

Sorge bereitet in dem Zusammenhang, wie eben schon kurz erwähnt, dass die sogenannten Babyboomer, also die geburtenstarken Jahrgänge zwischen 1954 und 1969, ins Rentenalter kommen. Das arbeitgebernahe Institut der deutschen Wirtschaft geht bis 2036 von fast 17 Millionen Erwerbstätigen aus, die das Rentenalter erreichen.[16] Den Babyboomern stünden nur 12,5 Millionen nachwachsende erwerbsfähige Personen gegenüber. Experten empfehlen deshalb, Anreize zu schaffen, damit mehr Menschen später in den Ruhestand gehen.

Ein weiterer Punkt, der sich auf das Erwerbspersonen-Potenzial auswirkt: Leider verlassen jedes Jahr 50.000 junge Menschen die Schule ohne Abschluss.[17]

Wissenschaft bestätigt positive Effekte der Vier-Tage-Woche. Doch was sind Fachleute gegen Chefs, die 40 Jahre gute Erfahrungen mit der 60-Stunden-Woche gemacht haben?

Vier Tage arbeiten, drei Tage ausruhen – das klingt verlockend und wird in Deutschland immer wieder diskutiert, zuletzt angeheizt durch die Debatte um die Work-Life-Balance und durch Studien und Pilotprojekte, die damit gute Ergebnisse erzielen. Demnach sind Arbeitnehmer bei einer Vier-Tage-Woche nicht nur zufriedener, sondern auch seltener krank – bei gleichbleibender oder sogar erhöhter Produktivität. Zu diesem Ergebnis kommt auch die Uni Münster, die in Deutschland die bisher größte Untersuchung zu dem Thema durchgeführt hat und an der mehr als 40 Unternehmen über einen Zeitraum von einem halben Jahr teilgenommen haben. Demnach gaben die meisten Betriebe an, die Vier-Tage-Woche fortsetzen zu wollen.[18] Diese Studie ist allerdings nicht repräsentativ für den gesamten Arbeitsmarkt, da nur Unternehmen getestet werden konnten, die freiwillig mitmachen wollten, also schon eine gewisse Bereitschaft hatten, ein flexibleres Modell einzuführen.

Es sind verschiedene Varianten denkbar, um eine kürzere Wochenarbeitszeit einzuführen: Eine Möglichkeit wäre, bei einer Vollzeitbeschäftigung die 40 Stunden auf vier statt fünf Tage zu verteilen, sodass sich ein Arbeitstag von acht auf zehn Stunden verlängert. Damit ginge allerdings einher, dass die einzelnen Tage physisch und mental anstrengender würden. Gängiger und die auch in Studien häufiger getestete Variante ist aber, die gleiche Arbeit anstatt in fünf Tagen wie vorher jetzt in vier zu erledigen, aber bei einer durchschnittlichen täglichen Arbeitszeit von acht Stunden zu bleiben. Das würde mehr Produktivität in kürzerer Zeit voraussetzen, was für den Arbeitnehmer vor allem dann interessant ist, wenn das Gehalt gleich bleibt. Mehrere Umfragen, darunter auch eine der Hans-Böckler-Stiftung,[19] kommen zu dem Ergebnis, dass viele Arbeitnehmer grundsätzlich Interesse haben, weniger als fünf Tage in der Woche zu arbeiten, vor allem, um dadurch eine bessere Vereinbarkeit von Familie und Beruf zu erreichen. Jüngere Arbeitnehmer sind diesbezüglich am ehesten bereit, auch Gehaltseinbußen hinzunehmen. Der Gedanke, der hinter der Idee einer kürzeren Arbeitszeit steht, ist, dass kürzere Arbeitszeiten zu längeren Pausen führen, wodurch anschließend effektiver gearbeitet werden kann. Denn wenn der Arbeitnehmer erholter ist, kann er pro Arbeitsstunde mehr leisten, sodass es für die Unternehmen keine Einbußen gibt. So die Theorie, die von Kritikern aber angezweifelt wird. Klar ist, dass dieses Modell nicht für alle Branchen tauglich ist, bei Bürojobs sicher einfacher umgesetzt werden kann als dort, wo körperlich anstrengende Arbeit geleistet werden muss. Unternehmen berichten von eingesparten Meetings oder kürzeren Kaffeepausen als positiven Effekt, während bei schwerer körperlicher Arbeit eine Mehrbelastung in gleicher Zeit auch ungesund sein könnte.

Die Idee der Vier-Tage-Woche ist in Deutschland nicht neu. Der Autobauer Volkswagen hatte sie bereits 1994 in Wolfsburg eingeführt, um während einer Absatzkrise Entlassungen zu vermeiden. Jahre später wurde das Modell wieder abgeschafft. Von einer Vier-Tage-Woche bei Vollzeitstellen ohne Gehaltseinbußen ist Deutschland weit entfernt. Nach einer Ifo-Umfrage bieten nur 11 Prozent der Unternehmen die verkürzte Woche an, und das meistens nur verbunden mit Gehaltseinbußen.[20] Viele Unternehmen befürchten bei einer Vier-Tage-Woche Verluste für die gesamte Wirtschaft. Zu diesem Ergebnis kommt auch das Institut der deutschen Wirtschaft,[21] das von »gesamtwirtschaftlicher Utopie« spricht, wenn bei einer verkürzten Wochenarbeitszeit die Stundenproduktivität in dem Maße gesteigert werden soll, dass sie den Verlust kompensieren könnte. Das Institut rechnet vor, dass die Produktivität pro Stunde um 25 Prozent anwachsen müsste, was dem gesamten Produktivitätszuwachs seit 1998 entsprechen würde, denn jährlich habe die Stundenproduktivität in den letzten 20 Jahren nur um 0,8 Prozent zugenommen, Tendenz rückläufig. Eine Verkürzung der Arbeitszeit führe auch in Hinblick auf den steigenden Fachkräftemangel unweigerlich zu einem Wohlstandsverlust.

Bisher in Deutschland weit verbreitet: das klassische Teilzeitmodell. Es beinhaltet eine Reduzierung der Arbeitszeit auf zum Beispiel 80 Prozent, durch die sich aber sowohl der Arbeitsaufwand reduziert als auch das Gehalt, was dann eine geringere Altersvorsorge nach sich zieht. Auf Grundlage der Zahlen zu urteilen, die das Institut der deutschen Wirtschaft vorlegt, ist bei Teilzeitbeschäftigten die Fünf-Tage-Woche die gängige Praxis, also kürzere anstatt weniger Arbeitstage, obwohl viele der Befragten sich eine Reduzierung der Arbeitstage wünschen würden.

Viele wünschen sich mehr Work-Life-Balance durch die Vier-Tage-Woche. Andere wären schon froh über die Ein-, Zwei- oder Drei-Tage-Woche. Hauptsache überhaupt Arbeit ...

In vielen anderen Ländern wird die Vier-Tage-Woche ebenfalls getestet oder ist sogar schon umgesetzt. Vorreiter ist Island, das 2015 einen mehrjährigen Testlauf startete und die Vier-Tage-Woche längst anbietet. Eines der weltweit größten Pilotprojekte gab es in Großbritannien, mit ebenfalls guten Ergebnissen in Bezug auf wirtschaftliche Produktivität und die Gesundheit und Zufriedenheit der Mitarbeiter. In Spanien läuft ein staatlich finanziertes Projekt, bei dem Unternehmen das Modell zwei Jahre testen sollen. Griechenland ist den entgegengesetzten Weg gegangen und hat 2024 die Sechs-Tage-Woche eingeführt, in den Branchen, die rund um die Uhr präsent sein müssen, darunter Telekommunikationsunternehmen oder auch Industriebetriebe. Mit gesetzlich geregelten deutlichen Zuschlägen will die griechische Regierung so Schwarzarbeit unterbinden und dem Fachkräftemangel entgegenwirken, der seit der schweren Finanzkrise das Land belastet, da viele junge Arbeitskräfte abgewandert sind. Schon vor der Einführung der Sechs-Tage-Woche wurde dort im internationalen Vergleich mehr gearbeitet als in anderen Ländern. Griechenland führt mit bisher 39,8 durchschnittlichen Wochenstunden die europäische Rangliste an. Deutschland gehört dagegen mit 34 Wochenstunden im Schnitt zu den Ländern in der EU, in denen am wenigsten gearbeitet wird.[22] Arbeitsmarktexperten sehen den Grund dafür auch im deutschen Steuer- und Abgabensystem, da Mehrarbeit durch höhere Steuern und steigende Sozialabgaben weniger attraktiv ist als in anderen Ländern.

Jeder Arbeitnehmer sollte für seine geleistete Arbeit einen fairen Lohn bekommen, um seinen Lebensunterhalt finanzieren zu können, und zwar unabhängig von Sozialleistungen. Weil das aber nicht immer der Fall war, wurde 2015 der gesetzliche Mindestlohn[23] eingeführt, in einer Höhe von damals 8,50 Euro brutto pro Stunde. Das war somit die geltende Lohnuntergrenze, von der alle Arbeitnehmer ab 18 Jahren bundesweit profitieren sollten, mit wenigen Ausnahmen wie zum Beispiel Auszubildende. Für etwas mehr als 5 Millionen Menschen, die vor 2015 unter diesem Stundenlohn lagen, gab es durch die Einführung des Mindestlohns eine Anhebung des Gehalts. Das wirkte sich besonders im Gastgewerbe und in der Landwirtschaft aus, weil dort viele Menschen für weniger Geld gearbeitet hatten. Für Branchen, die sich tarifvertraglich auf andere Lohnuntergrenzen mit den Gewerkschaften einigen, gilt der gesetzliche Mindestlohn nicht – so ist es etwa bei den Gebäudereinigern, bei Pflegeberufen oder bei den Dachdeckern. Die dort ausgehandelten Löhne liegen meist über dem gesetzlichen Mindestlohn, der jeweils schrittweise angepasst wird.

Zuständig dafür ist eine eigene Kommission, die sich aus Vertretern von Gewerkschaften und Arbeitgebern zusammensetzt, und der Bundesregierung alle zwei Jahre Vorschläge für eine Anhebung des Mindestlohns macht. Dabei orientiert sich die Kommission an der Entwicklung der Tariflöhne in Deutschland und beachtet bei der Höhe der Anhebung, dass diese sich nicht negativ auf die Zahl der Beschäftigten auswirkt. Denn es gilt zu vermeiden, dass eine Erhöhung des Mindestlohns zwar das einzelne Beschäftigungsverhältnis aus Sicht des Arbeitnehmers finanziell verbessert, auf der anderen Seite aber zu Entlassungen und damit steigender Arbeitslosigkeit führt, weil Betriebe dann weniger Arbeitnehmer beschäftigen. Laut Studien ist dieser Negativeffekt in Deutschland bislang nicht eingetreten, zumindest nicht in größerem Umfang.[24] Beschäftigte in kleineren Betrieben, die schließen mussten, konnten häufig bei größeren Betrieben mit höherem Lohnniveau unterkommen. Ab Januar 2025 gilt ein gesetzlicher Mindestlohn von 12,82 Euro pro Stunde. Die SPD und auch die Linke stellen eine Erhöhung auf 15 Euro pro Stunde in Aussicht. Das wäre der zweite deutliche Anstieg, denn wie eingangs erwähnt, wird der Mindestlohn normalerweise nur schrittweise erhöht. Die Frage ist, wie sich eine deutliche Anhebung des Mindestlohns auswirkt. Im Jahr 2022 gab es einen größeren Sprung von 9,60 auf 12 Euro, den die Bundesregierung per Gesetz als eines ihrer wichtigsten Vorhaben ein Jahr nach der Bundestagswahl umsetzte, im Januar 2024 wurde der Mindestlohn auf 12,41 Euro erhöht.[25]

Von der Erhöhung haben mehr als 6 Millionen Menschen in Deutschland profitiert – vor allem Frauen und Arbeitnehmer in den östlichen Bundesländern, die häufig im Niedriglohnsektor beschäftigt sind, aber auch Minijobber und Teilzeitbeschäftigte. Arbeitnehmer, die bei einer 40-Stunden-Woche nach Mindestlohn bezahlt wurden, hatten jetzt rund 300 Euro brutto mehr in der Tasche, das führte unter anderem zu mehr Kaufkraft, so das Institut für Arbeitsmarkt- und Berufsforschung, IAB.[26] Außerdem hätte die Einführung des Mindestlohns einen positiven Effekt auf den ganzen Niedriglohnsektor, da er neben anderen Faktoren auch dazu beigetragen habe, dass selbst Gehälter, die über dem Mindestlohn lagen, gestiegen sind, sodass der Niedriglohnsektor insgesamt geschrumpft ist. Das bestätigt auch eine Studie des Deutschen Instituts für Wirtschaftsforschung.[27] Die Einführung eines Mindestlohns führte aber nicht dazu, dass weniger Menschen bedürftig sind und auf eine zusätzliche Unterstützung verzichten könnten. Möglich wäre das bei den sogenannten »Aufstockern« gewesen, also denjenigen, die trotz Erwerbstätigkeit Bürgergeld beziehen.

Der Effekt auf diese Gruppe scheint aber nur geringfügig zu sein.[28] Wie sich die deutliche Anhebung des Mindestlohns auf 12 Euro auf den Arbeitsmarkt ausgewirkt hat, dazu liegen der Mindestlohnkommission noch keine verlässlichen Zahlen vor. Laut IAB sieht es so aus, als hätten nur wenige Betriebe mit Entlassungen reagiert.[29] Klar ist aber, dass gerade kleinere Betriebe durch die deutliche Anhebung des Mindestlohns Probleme bekommen haben dürften. Denn auch bei der Einführung 2015 mussten einige Betriebe schließen. Bundeskanzler Scholz hat gefordert, dass der Mindestlohn von den für 2025 vorgesehenen 12,82 Euro auf zunächst 14 und dann 15 Euro steigen soll. Die Prognosen dazu sehen jedoch nicht besonders gut aus. Laut einer Studie des IAB zeichnet es sich ab, dass die Erhöhung zumindest kurzfristig Auswirkungen auf Entlassungen hätte, da jeder zweite Betrieb in Deutschland davon betroffen wäre.[30] Auch der Ökonom Marcel Fratzscher kommt zu der Einschätzung, dass es Unternehmen und Branchen gibt, für die diese deutliche Erhöhung nicht mehr akzeptabel wäre.[31]

Im internationalen Vergleich wird in Deutschland seit 2024 mit 12,41 Euro der fünfthöchste Mindestlohn in der EU gezahlt.[32] Damit liegt bei einer Vollzeitstelle die Lohnuntergrenze bei 2.054 Euro brutto im Monat. Höhere Mindestlöhne werden unter anderem in Luxemburg und den Niederlanden bezahlt.

Und die Parteien?

Die **Union** will das Arbeitsrecht modernisieren: Für alle Unternehmen soll anstatt der täglichen eine wöchentliche Höchstarbeitszeit gelten. Die Pendlerpauschale soll erhöht werden. Für ausländische Fachkräfte soll es eine digitale »Work-and-Stay-Agentur« geben, die sich um alles kümmert – von der Anwerbung über Arbeitsplatzvermittlung bis zur Visavergabe. Das Bürgergeld soll durch eine neue Grundsicherung ersetzt werden. Wer Arbeit verweigert, soll seinen Leistungsanspruch auch dauerhaft verlieren können. Die Partei steht zum gesetzlichen Mindestlohn und einer starken, unabhängigen Mindestlohnkommission. Die Vorsorge mit Eigentum und Vermögen soll durch höhere Freibeträge bei Grunderwerb- und Erbschaftsteuer sowie beim Sparen gefördert werden.

Die **SPD** verteidigt das Bürgergeld in seiner jetzigen Form. Sie will mit einer neuen Fachkräftestrategie die Ausbildung im Inland stärken, unter anderem durch eine Ausbildungsgarantie. Außerdem sollen Rahmenbedingungen für ausländische Fachkräfte verbessert werden, beispielsweise durch vereinfachte Einwanderung und Integrationsangebote. Der Mindestlohn soll steigen, spätestens 2026 auf 15 Euro.

Die **Grünen** setzen auf gute Arbeit und faire Löhne mit Hilfe eine stärkeren Tarifbindung und eines Mindestlohns von 15 Euro im Jahr 2025. Am Bürgergeld wollen die Grünen festhalten. Die betriebliche Mitbestimmung soll gestärkt, Minijobs schrittweise in sozialversicherungspflichtige Beschäftigung überführt werden, mit Ausnahmen für Rentner, Schüler und Studenten. Die Mindestausbildungsvergütung soll angehoben werden.

Die **FDP** möchte beim Bürgergeld die Sanktionen für Totalverweigerer deutlich verschärfen und die Regelsätze absenken. Die Kosten für Unterkunft und Heizung sollen nur noch pauschaliert übernommen werden. Sie möchte die Abgabenlast senken, damit den Menschen mehr von ihrem Bruttolohn übrigbleibt, und befürwortet Reformen, die die Balance zwischen Förderung und Forderung wahren. Zentrales Ziel ist, dass das Lohnabstandsgebot gilt und derjenige, der arbeitet, immer deutlich mehr in der Tasche hat als derjenige, der nicht arbeitet. Mehrarbeit soll belohnt werden, u. a. sollen Zuschläge für Überstunden steuerfrei sein. Um dem Fachkräftemangel entgegenzuwirken, fordert sie eine Digitalisierung der Anerkennungsprozesse und schlägt Englisch als zweite Verwaltungssprache vor, um ausländische Fachkräfte schneller zu integrieren. Für mehr Tempo soll es eine volldigitale, bundesweit einheitlich gestaltete Antragsplattform für Visa, Aufenthaltstitel und Arbeitsmarktzulassungen unter Einsatz von Künstlicher Intelligenz geben.

Die **Linke** kritisiert prekäre Arbeitsverhältnisse wie Leiharbeit und Befristungen ohne sachlichen Grund. Sie wendet sich gegen Niedriglöhne und fordert einen Mindestlohn von 15 Euro, der regelmäßig an Tarifentwicklungen und Inflation angeglichen werden muss. Sie will Arbeitszeiten, die sich an den Bedürfnissen der Beschäftigten orientieren: Eine kurze Vollzeit oder Vier-Tage-Woche bei vollem Lohnausgleich, auch um dem Fachkräftemangel entgegenzuwirken. Die Linke fordert, die Löhne, insbesondere in systemrelevanten Berufen, anzuheben, um diese attraktiver zu machen. Sie möchte außerdem die Ausbildungskosten für Pflege- und Handwerksberufe senken. Beim Bürgergeld fordert die Partei höhere Regelsätze sowie eine Abschaffung jeglicher Sanktionen. Die Partei möchte Weiterbildung stärken.

Die **AfD** lehnt das Bürgergeld in der jetzigen Form ab und sieht vor allem die höheren Regelbedarfssätze als Fehlanreiz, der die Arbeit unattraktiver mache und ein Magnet für die Einwanderung in die Sozialsysteme darstelle. Die Regelbedarfssätze sollen an die tatsächliche Inflationsentwicklung des Bürgergeld-Warenkorbs angepasst werden. Die Menschen sollen kurzfristig wieder in den Arbeitsmarkt integriert werden, durch stellenorientierte, passgenauere »Matching«-Verfahren. So sollen zum Beispiel erwerbsfähige Bürgergeldempfänger, die nach 6 Monaten noch im Leistungsbezug sind, gemeinnützige Arbeit leisten. Ukrainische Kriegsflüchtlinge sollen unter Beibehaltung ihrer Arbeitsmöglichkeiten im Leistungsbezug den Asylbewerbern gleichgestellt werden. Geflüchteten soll der Aufenthaltsstatus bei Reisen ins Heimatland entzogen werden. Die Partei ist außerdem gegen verstärkte Zuwanderung und will stattdessen inländische Fachkräfte fördern, zum Beispiel durch steuerliche Anreize und die Reaktivierung älterer oder nicht erwerbstätiger Menschen. Vorrang vor Zuwanderung sollen familien- und bevölkerungspolitische Maßnahmen haben. Die Partei spricht sich für den Mindestlohn aus.

Das **BSW** setzt auf soziale Gerechtigkeit, positioniert sich aber nicht eindeutig zum Bürgergeld. Die Partei ist migrationskritisch eingestellt und betont, dass Zuwanderung nicht die Hauptlösung für den Fachkräftemangel sein sollte. Stattdessen legt die Partei Wert auf eine stärkere Qualifizierung von Arbeitskräften innerhalb Deutschlands, insbesondere durch Investitionen in Bildung. Die Partei setzt sich für eine faire Bezahlung und eine stärkere Unterstützung für Berufseinsteiger und Familien ein, um den Arbeitsmarkt zu stärken und Fachkräfte zu binden und fordert 15 Euro Mindestlohn.

KAPITEL 16

Die Rente ist sicher?

Warum uns der demografische Wandel in Schwierigkeiten bringt

Die Rente ist so unsicher – viele sprechen schon vom Unruhestand …

»Die Rente ist sicher!« Dieser Satz des damaligen CDU-Arbeitsministers Norbert Blüm während einer Rentendebatte im Jahr 1986 ist zum geflügelten Wort geworden und wird heute ironisch zitiert, denn jetzt, fast 40 Jahre später, ist längst klar, dass die gesetzliche Rente alles andere als sicher ist. Zumindest nicht in einer ausreichenden Höhe, private Vorsorge ist unerlässlich. Norbert Blüm hat später einmal erklärt, dass nicht die Rentenhöhe, sondern das Rentensystem als solches gemeint gewesen sei. Damit zumindest hat er recht behalten, denn der Gedanke der Alterssicherung in Deutschland stammt bereits aus der zweiten Hälfte des 19. Jahrhunderts, aus der Bismarck'schen Sozialversicherungspolitik. 1889 wurde die gesetzliche Rentenversicherung eingeführt, als klar wurde, dass durch gesellschaftliche Veränderungen, ein sich wandelndes Familienbild und eine längere Lebenserwartung das bis dahin geltende Prinzip der Versorgung innerhalb der Familien nicht mehr funktionieren konnte. Die Rentenversicherung gehört bis heute zu den wichtigsten Errungenschaften unseres Sozialstaats.

Der Grundgedanke: Wer ein Leben lang gearbeitet hat, soll im Alter sein Auskommen haben und seinen Lebensabend genießen können. Damit das auch funktioniert, steht das Rentensystem auf mehreren Säulen: Es gibt die gesetzlichen Pflichtbeitragszahlungen, zu denen zum Beispiel die Rentenversicherung und die Beamtenversorgung gehören, sowie die betriebliche und die private Vorsorge.[1] Außerdem haben wir seit 2021 die Grundrente für langjährig Versicherte, die nur relativ wenig verdient und daher auch wenig eingezahlt haben, sowie für bedürftige Menschen die Grundsicherung im Alter. Verwitwete Versicherte bekommen neben der eigenen zusätzlich die Hinterbliebenenrente.

Jeder, der sozialversicherungspflichtig beschäftigt ist, zahlt während seines Arbeitslebens einen Anteil seines Verdienstes in die gesetzliche Rentenversicherung als Pflichtversicherung ein. Diese Form der Vorsorge betrifft den größten Teil der Erwerbstätigen, das waren zuletzt gut 35 Millionen Menschen.[2] Es gilt das einfache Prinzip: Wer mehr verdient, zahlt mehr ein und bekommt, wenn er aufhört zu arbeiten, auch mehr ausgezahlt. Seit Jahren liegt der Beitragssatz zur gesetzlichen Rentenversicherung bei 18,6 Prozent des Bruttolohns. Und das soll nach dem Rentenversicherungsbericht bis 2026 auch so bleiben.[3] Diese 18,6 Prozent zahlt nicht der Arbeitnehmer allein, sondern der Arbeitgeber übernimmt die Hälfte davon. Die Beiträge, die in die gesetzliche Rentenversicherung fließen, werden nicht in der Rentenkasse gesammelt, sondern sofort an die Menschen ausgezahlt, die gerade in Rente sind. Das nennt man Umlageverfahren oder auch Generationenvertrag. Das bedeutet, dass jeweils der arbeitende Teil der Gesellschaft für den nicht mehr berufstätigen Teil die Rente finanziert. Jeder, der einzahlt, erwirbt damit einen Anspruch darauf, dass die nächste Generation für seine Rente aufkommt. Wer also in den Rententopf eingezahlt hat, bekommt auch etwas heraus, es gibt aber keine Garantie auf eine bestimmte Höhe der Auszahlung. Das Problem an diesem Solidarprinzip wird damit schon deutlich: Was passiert, wenn ein Ungleichgewicht entsteht, also die Ansprüche der aktuellen Rentnergeneration weit über dem liegen, was eingezahlt worden ist? Dazu später mehr.

Die Rente funktioniert nach einem Punktesystem.
Vielen Rentnern geht es am Ende aber wie dem HSV:
Die Punkte reichen nicht ...

Was bekomme ich für mein eingezahltes Geld? Die Berechnung ist nicht ganz unkompliziert.[4] Der spätere Rentenanspruch richtet sich nach der Dauer und nach der Höhe der geleisteten Beitragszahlungen. Die Berechnung basiert auf Rentenpunkten, die einen bestimmten Wert haben. Wie viele Punkte jemand bekommt, hängt von dem Durchschnittseinkommen aller Versicherten im jeweiligen Jahr ab. Entspricht das eigene Einkommen genau diesem Durchschnittseinkommen, ist es einen Punkt wert. Mehr als zwei Rentenpunkte können Versicherte pro Jahr nicht sammeln. Das ganze System ist aber nur finanzierbar, weil es gedeckelt ist. Es gibt somit einen Höchstsatz, den ein Beitragszahler als monatlichen Rentenanspruch erwerben kann, und somit auch einen Höchstbetrag, den jemand einzahlen muss.

Es ist interessant, wie sich dieser Betrag zusammensetzt: Der höchste Beitrag, den jemand einzahlen kann, hängt an der Beitragsbemessungsgrenze, die sich jedes Jahr an der Lohnentwicklung orientiert. 2024 lag die Grenze für die Rentenversicherung und die Arbeitslosenversicherung zum Beispiel in den alten Bundesländern bei 7.550 Euro brutto im Monat, für die Krankenversicherung gibt es eine eigene Beitragsbemessungsgrenze. Das heißt, dass bis zu dieser Grenze Sozialabgaben bezahlt werden müssen. Die Beitragszahler, die mehr verdient haben als 7.550 Euro brutto im Monat, zahlen auf jeden Euro, der über dieser Grenze lag, keine Sozialabgaben mehr. Im Umkehrschluss fließt auch jeder Euro über dieser Grenze in die Berechnung der Rente nicht mit ein. Bei einem Renten-Beitragssatz von 18,6 Prozent lag also der höchstmögliche Einzahlungsbetrag in die Rentenversicherung 2024 bei 1.404,30 Euro im Monat. Menschen mit einem Gehalt von 100.000 Euro im Monat zahlen also auch nicht mehr in die Rente als diejenigen, die 7.550 Euro verdienen. Um den Höchstsatz aus der gesetzlichen Rente ausgezahlt zu bekommen, muss man vorher mindestens 45 Jahre den höchsten Beitrag eingezahlt haben. Dann ergibt sich ein Rentenanspruch von etwas mehr als 3.400 Euro im Monat – abzüglich Steuern. Ende 2023 haben rund 18.000[5] Rentner mehr als 3.000 Euro Rente bekommen. Für die meisten Menschen allerdings ist der Rentenalltag eher mager, sie bekommen weniger als 1.800 Euro brutto. Experten sagen, es braucht etwa 80 Prozent des letzten Nettoeinkommens, um den gewohnten Lebensstandard im Alter zu halten. Das ist mit der gesetzlichen Rente selten der Fall, sodass auch die Deutsche Rentenversicherung empfiehlt, die Rentenlücke anderweitig zu schließen.

Die Rente ist ungefähr so sicher, wie es wahrscheinlich ist, dass Schalke Meister wird …

Ein zusätzlicher Baustein für die Altersvorsorge ist die betriebliche Absicherung – also die Rente, die man sich mithilfe seines Arbeitgebers aufbauen kann. Es gibt je nach Betrieb verschiedene Möglichkeiten – in Form einer Pensionskasse oder als Direktversicherung. Jeder Arbeitnehmer hat einen gesetzlichen Anspruch auf ein betriebliches Angebot, das auch steuerlich begünstigt wird, was aber nicht heißt, dass es für jeden Sinn macht. Wie rentabel ein Betriebsangebot ist, hängt von verschiedenen Faktoren ab und ist von Fall zu Fall zu entscheiden.

Die dritte Möglichkeit ist eine private Altersvorsorge. Im Vergleich zur gesetzlichen Rentenversicherung läuft die Finanzierung hier ganz anders ab. Ebenso wie bei der betrieblichen Rente gibt es kein Umlage-, sondern ein Kapitaldeckungsverfahren. Das heißt: Jeder spart individuelles Vermögen an, das angelegt wird, damit es sich vermehrt. Bei der privaten Vorsorge gibt es Modelle, die vom Staat bezuschusst oder steuerlich begünstigt werden. Zu den wohl bekanntesten zählt die Riester-Rente, die 2002 eingeführt wurde, benannt nach dem damaligen Bundesarbeitsminister Walter Riester. Damit sollte jeder die Möglichkeit bekommen, das sinkende Niveau der gesetzlichen Rente mit Unterstützung des Staates auszugleichen. Ob die Riester-Rente dafür noch geeignet ist, darüber gehen die Meinungen auseinander. Einige Experten halten sie für zu teuer und am Ende wenig rentabel. Auch hier sollte jeder Sparer genau prüfen, ob sich das Modell für ihn lohnt. Die Bundesregierung hatte bereits eine Arbeitsgruppe auf das Thema Riester-Rente angesetzt, die aber bisher noch keine überzeugenden Reformvorschläge gemacht hat.

Neben staatlich bezuschussten Angeboten gibt es eine Menge weiterer Möglichkeiten, privat für das Alter vorzusorgen, zum Beispiel, indem man sein Geld in Immobilien, Fonds oder Aktien investiert. Die Deutsche Rentenversicherung empfiehlt jedem, sich zusätzlich zur gesetzlichen Pflichtversicherung die eigenen Bausteine sinnvoll zusammenzustellen, denn wegen der niedrigen Geburtenrate und der steigenden Lebenserwartung bleibt die Rente hinter den Löhnen zurück. Das heißt: Es gibt pro Rentenempfänger immer weniger Renteneinzahler, was es schwierig macht, die Rente zu finanzieren.

Selbstständige sind von der Pflichtversicherung ausgenommen, sie können sich an der gesetzlichen Rentenversicherung nur freiwillig beteiligen oder privat vorsorgen. Auch Beamte zahlen nicht in das gesetzliche Rentensystem ein, ihre Pension wird aus Steuergeldern finanziert und sie bezahlen auch keine Sozialversicherungsbeiträge. Die Beamten bekommen ein sogenanntes Ruhegehalt, das weitaus üppiger ausfällt als die Rente der Normal-Beschäftigten. Letztere sollen – so das Ziel der Bundesregierung – nach 45 Arbeitsjahren etwa 48 Prozent des Durchschnittsgehalts bekommen, das waren 2023 im Schnitt rund 1.600 Euro. Das Ruhegehalt der Beamten dagegen kann nach 40 Dienstjahren bei 71 Prozent von dem liegen, was sie in den letzten beiden Jahren verdient haben. Das wäre der Höchstsatz und ungefähr das Doppelte von der allgemeinen Durchschnittsrente. Außerdem haben Beamte nach nur fünf Arbeitsjahren einen Anspruch auf eine Mindestpension, die über der Durchschnittsrente nach 45 Jahren liegt.[6] Rund ein Drittel der über 5 Millionen Beschäftigten im öffentlichen Dienst sind Beamte. Ein Thema, das Zündstoff bietet: Die einen bezeichnen es als Neiddebatte, die anderen kritisieren die Mehrklassengesellschaft. Sozialverbände und linksgerichtete Parteien fordern eine Versicherung, in die alle Erwerbstätigen einzahlen – ähnlich wie es in anderen europäischen Ländern üblich ist, zum Beispiel in Österreich. Unser Nachbarland hat schon vor knapp 20 Jahren damit angefangen, Renten und Pensionen schrittweise anzugleichen. Auch wenn das System nicht in allen Punkten vergleichbar ist, halten Experten das Grundprinzip für übertragbar. SPD und Grüne haben den Beamtenstatus in Bezug auf die Rente bei der letzten Bundestagswahl noch als Wahlkampfthema genutzt, in der Ampel-Koalition war das Thema dann nicht mehr präsent, denn die FDP war strikt gegen eine Rentenversicherung für alle. Außerdem werden die höheren Altersbezüge für Beamte gerne als Argument dafür genommen, den Lehrerberuf attraktiver zu machen, weil dieser dringend Zulauf braucht. Auch die Gewerkschaft der Polizei setzt sich dafür ein, dass Menschen, die für die Sicherheitsbehörden arbeiten, ihren Sonderstatus behalten und somit auch früher abschlagsfrei in Rente gehen können.

Der Sachverständigenrat zur Begutachtung der gesamtwirtschaftlichen Entwicklung hat in einer Simulationsrechnung untersucht, was es für Auswirkungen auf die Rentenversicherung hätte, wenn Selbstständige und Beamte mit in die Rentenkasse einzahlen würden.[7] Demnach würden zwar zunächst mehr Menschen in die Rentenkasse einzahlen, was zu einer kurzfristigen Entlastung führt, da die Rentenbezugsdauer von Beamten aber überdurchschnittlich lang ist, könnte sich die Situation beim Renteneintritt der Beamten wieder verschärfen. Außerdem gehen die Wirtschaftsweisen davon aus, dass der Staat den Beamten, ähnlich wie den Angestellten im öffentlichen Dienst, auch weiter eine Zusatzzahlung zur Rente gewähren müsste, da Beamte, die jetzt noch im Dienst sind oder in Rente gehen, einen Anspruch auf höhere Pensionen erworben haben. Insgesamt betont der Sachverständigenrat, dass Maßnahmen dieser Art nicht ausreichen, um die Finanzierungsprobleme der gesetzlichen Rentenversicherung zu lösen. Auch vor dem Hintergrund des demografischen Wandels bräuchte es weitere Reformen, etwa eine Anhebung des Renteneintrittsalters.

Der demografische Wandel ist ein Problem. Man müsste Kinderkriegen bezuschussen: Die sogenannte Wollny-Pauschale …

Die Rente war unter Politikern schon immer ein beliebtes Wahlkampfthema, da die Diskussion um die soziale Absicherung emotional aufgeladen ist. Mit dem Versprechen einer ausreichenden Absicherung im Alter und der Zusage, dass es zu keiner Anhebung des Renteneintrittsalters kommt, kann man jüngere Wähler gewinnen. Ältere Wähler gewinnt man mit dem Versprechen, dass die Renten nicht hinter den Löhnen zurückbleiben und es keine Nullrunde, also keine ausbleibende Rentenerhöhung geben wird. Das Problem: Wenn die Lebenshaltungskosten steigen, die Rente aber nicht, führt das zu einer geringeren Kaufkraft. Diese Zusagen sind für Politiker immer schwerer umzusetzen – nicht zuletzt wegen des demografischen Wandels, der eine große Herausforderung darstellt, denn Deutschland wird insgesamt immer älter. Die Geburtenrate ist niedrig, während die Lebenserwartung steigt und die geburtenstarken Babyboomer-Jahrgänge nach und nach in den Ruhestand gehen. Das führt dazu, dass immer mehr Rentner von immer weniger Beitragszahlern finanziert werden müssen. Nach einer Analyse des Instituts der deutschen Wirtschaft erreichen bis zum Jahr 2036 11,5 Millionen Babyboomer das Rentenalter.[8] Gleichzeitig schrumpft die Erwerbsbevölkerung. Außerdem haben sich Beschäftigungsverhältnisse verändert: Teilzeitarbeit führt zu geringeren Beiträgen, durch längere Ausbildungen wird erst später eingezahlt. Insgesamt führt das dazu, dass die Anzahl der Beitragszahler pro Rentner sinkt. Schon jetzt kommen auf einen Rentner nur noch zwei Zahler, während es Anfang der 1960er-Jahre noch sechs waren.[9] Um das Rentensystem stabil zu halten, muss der Staat schon jetzt jedes Jahr hohe Beträge zuschießen, was die Steuerzahler zusätzlich belastet. Die Unterstützung für die Rentenkassen macht den Hauptteil des Etats des Arbeits- und Sozialministeriums aus. Klar ist, dass dieses Problem ohne Reformen nicht zu lösen ist, denn entweder wird die junge Generation durch weiter steigende Beiträge zusätzlich belastet oder die Renten sinken. So wurde bereits in der Vergangenheit das Rentenniveau, also das Verhältnis zwischen Durchschnittseinkommen und Durchschnittsrente, abgesenkt, um die Finanzierbarkeit zu sichern. Zurzeit liegt das Sicherungsniveau vor Steuern noch bei etwa 48 Prozent, ohne Gegenmaßnahmen könnte es weiter sinken.

Das Renteneintrittsalter ist eine heilige Kuh in Deutschland. Dabei könnte eine Rente mit 95 die Kassen enorm entlasten ...

Trotz der allgegenwärtigen politischen Diskussion über eine Heraufsetzung des Renteneintrittsalters, wollen viele Arbeitnehmer früher in den Ruhestand – also noch vor der gesetzlich vorgesehenen Grenze, die seit der 2007 beschlossenen Reform schrittweise auf 67 Jahre angehoben wird. Das heißt, die Regelaltersgrenze liegt aktuell für alle Menschen, die 1964 oder später geboren sind, bei 67 Jahren, für ältere Geburtsjahrgänge ist sie etwas niedriger. Nach Zahlen der Deutschen Rentenversicherung hatte 2023 rund die Hälfte der neuen Rentner ihren Rentenantrag vorzeitig gestellt. Das betrifft nach einer Auswertung des Instituts der deutschen Wirtschaft mehr Männer als Frauen, sowie viele Facharbeiter.

Ob man früher in Rente gehen kann, hängt davon ab, wie lange man gearbeitet hat, wie alt man ist und ob man die volle Rente beziehen will. Wer 35 Jahre versichert war, kann vor Erreichen des regulären Rentenalters eine »Altersrente für langjährig Versicherte« bekommen – frühestens allerdings mit 63 Jahren. Und nur, wenn man weniger Geld durch sogenannte Abschläge in Kauf nimmt. Die Rente verringert sich also mit jedem Monat, den man früher aufhört zu arbeiten. Für eine Versicherungszeit von 45 Jahren gibt es die »Altersrente für besonders langjährig Versicherte«. Diese ist abschlagsfrei und man kennt sie umgangssprachlich als »Rente mit 63«. Warum? Menschen, die vor 1953 geboren wurden und 45 Jahre versichert waren, durften im Alter von 63 Jahren abschlagsfrei in Rente gehen. Das gilt aber nicht für diejenigen, die 1953 und später geboren wurden. Für sie steigt das Renteneintrittsalter schrittweise von 63 auf 65 Jahre an. Das bedeutet, für alle, die 1964 oder später geboren worden sind, gibt es eine abschlagsfreie Rente erst mit 65 Jahren.[10] Die immer wieder gewünschte »Rente mit 63« ist heute also die »Rente mit 65«. Diese Gruppe macht nach Zahlen des Instituts der deutschen Wirtschaft etwa ein Viertel der Neurentner aus und verursacht jeden Monat Milliardenkosten, die der Bund durch Zuschüsse mitfinanziert. Und wer länger als bis zum 67. Lebensjahr arbeiten möchte, kann das bis zum 70. Geburtstag tun. Zurzeit nutzen diese Möglichkeit mehr als 1,3 Millionen Menschen.

Viele Rentner wollen nicht zum Drei-Groschen-Opa werden ...

Wie schon vorher angesprochen, ist es ein großes Problem, dass für viele Rentner die gesetzliche Rente nicht ausreicht, um den Lebensunterhalt zu sichern – häufig verursacht durch ein geringes Einkommen, aber auch durch Teilzeitjobs oder Unterbrechungen des Erwerbslebens durch Arbeitslosigkeit oder Auslandsaufenthalte. Fast jeder fünfte Rentner in Deutschland ist deshalb von Altersarmut bedroht, das hat eine Antwort der Bundesregierung auf eine Anfrage der Linken ergeben. Demnach sind es knapp 9,7 Millionen Menschen, die im Rentenalter sogar weniger als 1.250 Euro brutto im Monat zur Verfügung haben. Allerdings ist eine geringe Rentenhöhe nicht immer gleichbedeutend mit Altersarmut. Teilweise haben Rentner Einkünfte aus anderen Quellen, beispielsweise Betriebsrenten, Kapitaleinkünfte oder Mieteinnahmen. Um Menschen zu unterstützen, deren Rente zu gering ist, wurde vor einigen Jahren die Grundrente eingeführt. Sie ist eine Zusatzzahlung für Menschen, die zwar viele Jahre gearbeitet, dabei aber nur unterdurchschnittlich verdient haben. Weil ihre Rente dementsprechend niedrig ausfällt, wird sie auf einen Mindestbetrag aufgestockt. Sie wird automatisch von der Rentenversicherung berechnet und ausgezahlt. Für bedürftige Menschen greift die Grundsicherung im Alter. Sie ist eine bedarfsorientierte Sozialleistung, die das Existenzminimum sichert und für Menschen gedacht ist, deren Einkommen – inklusive Rente – nicht ausreicht, um ihren Lebensunterhalt zu decken. Und wie geht es jetzt weiter?

Das geplante Rentenpaket II ist mit dem Aus der Ampel-Koalition gescheitert,[11] da sowohl die FDP als auch die Union ihre Zustimmung verweigern. Mit der Reform sollte unter anderem das Rentenniveau langfristig bei 48 Prozent stabilisiert werden, damit die Rentenzahlungen nicht weiter hinter die Löhne zurückfallen. Bisher ist die Stabilität gesetzlich nur bis 2025 garantiert.

Außerdem sollte die Finanzierung geändert werden, damit die Rente auch für die nächsten Generationen gesichert bleibt. Von Reformen unberührt ist die jährliche Rentenanpassung. In welcher Höhe sie erfolgt, legt die Bundesregierung fest. Sie braucht hierfür die Zustimmung des Bundesrates. Grundsätzlich orientiert sich die Rentenhöhe an den durchschnittlichen Bruttolöhnen und Gehältern.[12] Die Erhöhung wird immer im Frühjahr durch den jeweiligen Arbeitsminister bekannt gegeben. Die Prognose der Deutschen Rentenversicherung ist trotz Inflation gut. Sie liegt für 2025 bei 3,5 Prozent.

Und die Parteien?

Die **Union** möchte, dass das Renteneintrittsalter von 67 Jahren bestehen bleibt, Rentenkürzungen soll es nicht geben. Zum Rentenniveau gibt es im Wahlprogramm keine konkrete Zahl. Die Union plant eine »Aktiv-Rente« für die, die nach 67 Jahren weiter arbeiten wollen – sie sollen das steuerfrei und bis zu einer Einkommensgrenze von 2.000 Euro können. Geplant ist eine Frühstart-Rente: Dafür fördert der Staat für alle 6- bis 18-Jährigen mit 10 Euro pro Monat die individuelle und kapitalgedeckte private Altersvorsorge. Im Regelfall soll die Steuererklärung für Rentner entbehrlich sein. Für Selbständige soll eine verbindliche Altersvorsorge eingeführt werden.

Die **SPD** möchte, dass das Renteneintrittsalter bei 67 Jahren, das Rentenniveau stabil bei 48 Prozent bleibt. Nach 45 Beitragsjahren sollen es weiter möglich sein, zwei Jahre früher abschlagsfrei in Rente gehen zu können.

Die **Grünen** wollen das gesetzliche Rentenniveau bei mindestens 48 Prozent halten, indem eine breite Basis ins Rentensystem einzahlt. Deshalb will die Partei die sozialversicherungspflichtige Beschäftigung fördern und die Erwerbsmöglichkeiten für Frauen durch gleiche Löhne, gute Kinderbetreuung und flexible Arbeitszeitmodelle verbessern. Auch durch qualifizierte Zuwanderung sollen die Beitragszahlungen in die Rente erhöht werden. Als einen ersten Schritt auf dem Weg zu einer Bürgerversicherung sollen auch Abgeordnete und perspektivisch auch Beamte in die gesetzliche Rente einzahlen. An der Rente mit 67 wollen die Grünen festhalten, es gleichzeitig aber Menschen möglich machen, länger zu arbeiten, wenn sie das wollen.

Die **FDP** möchte zusätzlich zur gesetzlichen Rente eine Aktienrente nach schwedischem Vorbild einführen. Dabei sollen Teile der Rentenbeiträge in einen staatlich verwalteten Fonds mit individuellen Eigentumsrechten investiert werden, um durch eine Kapitaldeckung höhere Renditen zu erzielen und die gesetzliche Rente im demographischen Wandel »enkelfit«

zu machen. Sie setzt stark auf betriebliche und private Vorsorge und fordert ein staatlich gefördertes aktienorientiertes Altersvorsorgedepot. Der Renteneintritt soll flexibel sein: Ab 60 Jahren soll jeder selbst entscheiden, wann er in Rente geht, sofern seine Altersvorsorge über dem Grundsicherungsniveau liegt. Wer später in Rente geht, erhält mehr Rente, wer früher geht, weniger. Damit auch Teilrenten und Teilzeitarbeit flexibel kombinierbar werden, soll der Hinzuverdienst aus Teilzeitarbeit nicht mehr von der Rente abgezogen werden.

Die **Linke** lehnt jede Erhöhung des Renteneintrittsalters ab und fordert eine deutliche Anhebung des Rentenniveaus auf 53 Prozent und eine Regelaltersgrenze von 65 Jahren. Wer 40 Jahre lang gearbeitet und selbst Beiträge gezahlt hat, soll ab 60 abschlagsfrei in Rente gehen können. Sie möchte eine »solidarische Erwerbstätigenversicherung« einführen, die alle Erwerbstätigen (auch Beamte, Freiberufler, Selbstständige, Abgeordnete) umfasst, sowie die Abschaffung der Riester-Rente zugunsten eines rein öffentlichen Rentensystems, weil sie die Renditen für ungenügend hält. Die Linke will, dass alle, die Riester-Verträge haben, ihre Riester-Beiträge freiwillig auf ihr persönliches Rentenkonto bei der gesetzlichen Rentenversicherung überführen können.

Die **AfD** befürwortet ein flexibles Renteneintrittsalter, welches nach 45 Beitragsjahren abschlagsfrei sein soll. Außerdem sollen Arbeitsanreize für Rentner durch einen zusätzlichen Steuergrundfreibetrag in Höhe von 12.000 Euro geschaffen werden. Der Steuerzuschuss des Staates an die gesetzliche Rente soll höher sein; das Vorsorgemodell für Abgeordnete und Beamte reformiert werden, sodass mehr Menschen in die gesetzliche Rente einzahlen. Erziehungszeiten sollen eine deutliche Rentenerhöhung zur Folge haben.

Das **BSW** will eine Rente nach österreichischem Vorbild – das heißt, auch Bundesabgeordnete und Bundesminister, sowie Beamte sollen in die Kasse einzahlen. Grundsätzlich sollen Renten bis 2.000 Euro steuerfrei sein, außerdem sollen Renten stärker angehoben werden. Das BSW fordert eine Mindestrente von 1.500 Euro nach 40 Versicherungsjahren. Die Partei unterstützt ein reguläres Renteneintrittsalter von 65 Jahren und fordert die Option einer Rente mit 63 für alle nach 45 Arbeitsjahren und setzt sich für eine Volksabstimmung über den Kurs in der Rentenpolitik ein.

KAPITEL 17

Wohnst du noch oder zeltest du schon?

Wohnungsnot, Mietpreisbremse und Investitionsstau im Bau

Bei Wohnungsbesichtigungen in Berlin ist die Tür mittlerweile härter als im Berghain ...

Wer zurzeit in einer der deutschen Großstädte eine Wohnung sucht, muss sich auf einiges gefasst machen. Kaum ist eine neue Immobilie auf dem Markt, bleibt keine Zeit zum Nachdenken: Es hagelt Hunderte von Anfragen innerhalb der ersten Stunde, man trifft auf häuserblocklange Schlangen bei der Besichtigung, ein erbitterter Kampf um einen Mietvertrag setzt ein – und das bei explodierenden Preisen. Schön ist das nicht!

Und da stellt sich noch nicht einmal die Frage, wie man wohnen *will*: Allein oder als Familie, groß oder klein, zur Miete oder im Eigentum ... Im Moment hat man das Gefühl, dass man froh sein kann, wenn man überhaupt ein Dach über dem Kopf hat.

Die Politik hat sich zwar viel vorgenommen, läuft den Problemen aber eher atemlos und machtlos hinterher. Da wundert man sich nicht einmal mehr über ein Zitat von Klara Geywitz, die während ihrer Zeit als Ministerin für Wohnen, Stadtentwicklung und Bauwesen über ihr Institut gesagt hat: »Als ich das erste Mal ins Bauministerium gekommen bin, war ich ziemlich erschrocken, weil, das ist das ranzigste Ministerium von allen!«

»Verdorben« beschreibt wohl auch die Lage auf dem Immobilienmarkt ziemlich gut. In Deutschland werden mehr Wohnungen gebraucht als neue entstehen, und das von der Bundesregierung 2021 ausgerufene Ziel, endlich genügend Wohnraum zu schaffen, wurde verfehlt!

Wohnen ist einfach zu einer Dauerbaustelle geworden, die Mieter hierzulande sind wütend, gehen sogar auf die Straße, um gegen zu hohe Preise, zu wenig Wohnraum, unzumutbare Wohnverhältnisse und Diskriminierung auf dem Wohnungsmarkt zu protestieren. Dabei ist Wohnen doch eigentlich ein Grundrecht, oder? Das Menschenrecht auf Wohnraum steht zumindest schon in Artikel 25 der Allgemeinen Erklärung der Menschenrechte von 1948[1] und in Artikel 11 des UN-Sozialpakts. In letzterem steht: »Die Vertragsstaaten erkennen das Recht eines jeden Menschen auf einen angemessenen Lebensstandard für sich und seine Familie an, einschließlich ausreichender Ernährung, Bekleidung und Unterbringung, sowie eine stetige Verbesserung der Lebensbedingung.[2]«

Im deutschen Grundgesetz steht das Grundrecht auf Wohnraum zwar nicht ausdrücklich, es ergibt sich aber durch die Menschenwürdegarantie und aus dem Sozialstaatsprinzip. Das Bundesverfassungsgericht leitet daraus ein »Recht auf ein menschenwürdiges Existenzminimum« ab, das auch den Wohnraum umfasst. Es gibt noch weitere Gesetze, die das Wohnen betreffen, etwa einen festgelegten Anteil an Sozialwohnungen bei Neubauten, das Wohngeldgesetz, die Mietpreisbremse, einen Kündigungsschutz für Mieter und weitere. Es gibt also durchaus ein Recht auf Wohnraum, das Problem ist nur, dass es vor allem in Großstädten zu wenige Wohnungen gibt und die verfügbaren zudem überteuert sind. Und da dürfte sich so mancher über den Vorschlag der Bauministerin ärgern, wegen der Wohnungsnot in den Metropolen doch aufs Land oder in kleinere Städte zu ziehen. Schließlich, um es überspitzt zu sagen, kann ja jeder pendeln und Homeoffice ist auch ganz schön! Doch so einfach ist es freilich nicht. Zum einen zitieren viele Chefs ihre Mitarbeiter wieder zurück ins Office, zum anderen gibt es viele Berufe, bei denen arbeiten von zu Hause gar nicht möglich ist, wie im Baugewerbe, in der Pflege, im Transportwesen oder in der Gastronomie. Auch die familiäre Situation macht einen Umzug oft unmöglich.

Wohnen ist politisch eine noch größere Dauerbaustelle als Stuttgart 21 …

Die Mieten in Großstädten sind in Deutschland viel höher als in Kleinstädten oder im ländlichen Raum. Unangefochten auf Platz 1 der Liste der teuersten Städte liegt München, gefolgt von Frankfurt und Berlin. Die Auswertung von Wiedervermietungsangeboten im Internet zeigt, dass es in den Großstädten einen starken Anstieg der Mietpreise gegeben hat. Aus einer Antwort der Bundesregierung auf eine Anfrage der Linken geht hervor, dass sich die Mieten bei neuen Verträgen in Berlin beispielsweise von 8,10 Euro pro Quadratmeter im Jahr 2014 auf 16,35 Euro in 2023 verdoppelt haben. Die höchsten Mietpreise hat München mit im Schnitt 20,59 Euro pro Quadratmeter. In 8 von 14 bewerteten Großstädten lagen die Quadratmeterpreise bei mehr als 10 Euro – 2014 waren die Mieten nur in München, Stuttgart und Frankfurt so hoch. Die Bundesregierung sagt zwar, dass die Zahlen nicht repräsentativ für das gesamte Wohnungsangebot seien, aber die Zahlen laut Statista aus dem dritten Quartal 2024 zeigen sogar einen noch höheren Quadratmeterpreis für München mit 21,87 Euro für Wohnungen, die in den letzten zehn Jahren gebaut wurden, gefolgt von 18,52 Euro für Frankfurt und 18,20 Euro für Berlin.[3] Vergleichsweise bezahlbar sind Mainz, Potsdam und Köln mit ca. 15 Euro pro Quadratmeter. Je nach Quelle variieren die Zahlen ein wenig, insgesamt ist aber klar: Die Mietpreise steigen seit Jahren, insbesondere in den Metropolregionen.

Auch für Studenten sieht es finster aus, denn für sie hat sich die Wohnsituation ebenfalls verschlechtert. Am teuersten wohnen die Studierenden in Frankfurt und München und müssen dort im Schnitt für eine 30-Quadratmeter-Studentenbude knapp 700 Euro Warmmiete berappen. WG-Zimmer dort sind nicht wesentlich günstiger, in Frankfurt bekommen sie das für 494, in München für 480 Euro. Am günstigsten kommen Studenten in Magdeburg unter – dort zahlen sie für eine Studentenwohnung nur 282 Euro Warmmiete.[4]

Aber warum sind die Mieten so rasant gestiegen? Dafür gibt es knapp zusammengefasst vier Gründe: Erstens hat sich die Nachfrage nach Wohnraum erhöht, zweitens sind gleichzeitig die Zinsen gestiegen, drittens explodieren die Baukosten und viertens gibt es einfach immer mehr Vorschriften beim Bauen. Und das ist eine wirklich fatale Mischung.

Bei der Eigenheim-Quote liegen wir EU-weit auf dem letzten Platz. Gut, das kennen wir schon vom ESC ...

Aber fangen wir mal von vorne an: Wie wohnen die Deutschen eigentlich? Von den deutschen Haushalten leben 53 Prozent zur Miete und nur

47 Prozent in einer eigenen Immobilie. Deutschland ist ein Mieterland! Die gekauften »eigenen vier Wände« sind im Gegensatz zu anderen europäischen Staaten eher unbeliebt. EU-weit liegen wir auf dem letzten Platz. Zum Vergleich: In den Niederlanden besitzen knapp über 70 Prozent der Menschen eine eigene Immobilie, in Spanien 76 Prozent, in Polen fast 87 Prozent und in Rumänien fast 95 Prozent.[5] Besonders gering sind die Eigentumsquoten in deutschen Großstädten wie Berlin, Frankfurt, Hamburg, Köln oder München. Auf dem Land leben deutlich mehr Leute in den eigenen vier Wänden. Aber wie kommt es, dass die Deutschen gemieteten Wohnraum bevorzugen und Kaufen eher nicht im Trend liegt?

Zum einen hat das historische Gründe: Nach dem Zweiten Weltkrieg waren viele Wohnungen zerstört und in den 1950er- und 1960er-Jahren wurden vor allem Mietwohnungen gebaut – und die Mieterquote hat sich seitdem einfach wenig verändert. Zudem ist der deutsche Mietmarkt grundsätzlich sehr attraktiv, in anderen Ländern gibt es derart hochwertige Wohnungen in unterschiedlichen Größen oder auch Einfamilienhäuser gar nicht zur Miete. Und was die Förderung von Wohnraum angeht, hat Deutschland den Fokus eher auf sozialen Wohnungsbau gelegt als auf die Unterstützung von selbstgenutztem Eigentum. Dabei träumen auch heute noch viele Menschen vom Eigenheim, doch was für die vorherigen Generationen noch erschwinglich war, können sich vor allem junge Leute heute kaum noch leisten. Natürlich war auch früher nicht jeder in der Lage, sich eine eigene Immobilie zu kaufen, aber die Rahmenbedingungen sind heute anforderungsreicher geworden. Allein die Nebenkosten machen zwischen 12 und 15 Prozent des Kaufpreises einer Immobilie aus – zusammengesetzt aus Notarkosten, Grunderwerbssteuer, Grundsteuer (die sogar jährlich anfällt), Maklerprovision oder Gutachterkosten; früher lagen die Nebenkosten eher bei 8 Prozent. Auch was das verlangte Eigenkapital angeht, waren die Banken teils flexibler, gerade während der Niedrigzinsphase, heute müssen Käufer einer Immobilie häufig an die 20 bis 30 Prozent Eigenkapital mitbringen, um einen Kredit zu bekommen. So ist es einfach schwierig geworden, eine gekaufte Wohnung oder ein Haus mit einem durchschnittlichen Einkommen abzubezahlen.

Hier lohnt es sich, einen Blick auf unsere Nachbarn zu werfen: In den Niederlanden leben mehr als 70 Prozent der Menschen in der eigenen Immobilie, weil die Voraussetzungen für den Häuslekauf einfach besser sind. Für Menschen unter 35 Jahren fällt zum Beispiel die Grunderwerbssteuer für die erste eigene Immobilie ganz weg, außerdem liegt die Höhe der Grunderwerbssteuer nur bei 2 Prozent. In Deutschland variiert sie je nach Bundesland und bewegt sich zwischen 3,5 und 6,5 Prozent des Kaufpreises. Insgesamt sind die Nebenkosten in den Niederlanden viel geringer und liegen nur bei ca. 3 Prozent des Kaufpreises – der Gesamtaufwand ist überschaubar, es gibt wenig Bürokratie, die Digitalisierung sorgt dafür, dass das ganze Prozedere von der Suche bis zum Kauf einer Immobilie schnell und unkompliziert abläuft. Da könnte sich Deutschland durchaus mal eine Scheibe abschneiden! Ein weiteres Problem für junge Menschen, die nicht nur kaufen, sondern sanieren oder bauen wollen, ist die fehlende Planungssicherheit. Während man früher noch relativ gut kalkulieren konnte, was eine Sanierung oder ein Hausbau kosten wird, stellt sich die Planung heute durch unterbrochene Lieferketten, Kürzung von Förderungen oder neue Gesetze, die Investitionen erforderlich machen, komplizierter und weniger vorhersehbar dar. All das sind auch Gründe dafür, dass viele Leute in Deutschland lieber mieten, anstatt zu kaufen. Doch wie schon angesprochen, ist die Lage auf dem Wohnungsmarkt so angespannt wie selten zuvor.

Die Ampel wollte 400.000 Wohnungen bauen. Das Ziel ist so übertrieben, dass man sich fragt, ob es nicht satirisch gemeint war …

Die Ampel hat versprochen, dass jährlich 400.000 Wohnungen, davon 100.000 Sozialwohnungen, in Deutschland gebaut werden. Doch wegen der gestiegenen Baukosten, hoher Zinsen und der Klimaschutzauflagen haben viele Bauträger ihre Pläne gestoppt. Daher sieht die Realität nun anders aus: Laut einer Studie des Pestel-Instituts ist von einer Fertigstellung von 271.000 Wohnungen in 2023 und nur noch 235.000 im Jahr 2024 auszugehen, die Förderzusagen für den sozialen Wohnungsbau liegen für 2023 und 2024 eher im Bereich von 20.000 und 30.000 als von 100.000 Wohnungen.[6] Und parallel zum Rückgang der Bautätigkeit läuft die Zuwanderung weiterhin auf hohem Niveau, sodass in der Studie die Zahl von aktuell etwa 800.000 Wohnungen genannt wird, die bundesweit fehlen, damit etwa 100.000 mehr als noch im Jahr 2023. Die Wohnungsknappheit sorgt dafür, dass die Vermieter mit den Mietpreisen noch weiter nach oben gehen können. Die steigenden Mieten und die gestiegenen Energiekosten machen das Wohnen immer teurer. Davon betroffen sind besonders Alleinerziehende, die mit nur einem Einkommen und Kindern Probleme haben, passende Immobilien zu finden, und Alleinlebende. Laut einer Analyse von Immowelt müssen Singles in 45 deutschen Städten mehr als 30 Prozent ihres Einkommens für die Warmmiete ausgeben, noch höher ist die Belastung in den Großstädten. In München müssen Singlehaushalte 40 Prozent, in Berlin und Hamburg 36 Prozent des Einkommens für die Warmmiete hinlegen.[7] Grundsätzlich empfehlen Experten, dass die Warmmiete nicht höher ausfallen sollte als 30 Prozent des monatlichen Nettoeinkommens.

Halten wir fest: Die Mieten in den Ballungsgebieten sind zu hoch. Das zu ändern hatte sich auch die Bundesregierung vorgenommen und unter anderem 2015 die Mietpreisbremse[8] eingeführt, die noch bis Ende 2025 gilt. Sie betrifft die Wiedervermietung von Bestandsimmobilien, also solchen, die bereits genutzt werden und die in Gebieten mit angespanntem Wohnungsmarkt liegen. Welche Gegenden als »angespannt« gelten, müssen die einzelnen Landesregierungen entscheiden und beschließen. Die Regel besagt, dass bei einem Neubezug der Mietpreis nur 10 Prozent höher sein darf als eine ortsübliche Vergleichsmiete. Bei der Ermittlung der ortsüblichen Miete hilft der Mietspiegel, der von der Gemeinde erstellt wurde und den Mieter und Vermieter beim zuständigen Amt anfordern können. Der Mietspiegel ist eine Tabelle, in der die Mietpreise stehen, die für bestimmte Wohnungstypen je nach Baujahr, Lage, Größe und Ausstattung üblicherweise gelten. Es gibt aber Ausnahmen: Die Bremse gilt zum Beispiel nicht für Neubauten. Hier kann der Eigentümer die Miete ohne Beschränkung festlegen, denn Investoren sollen nicht abgeschreckt werden, neue Immobilien zu schaffen. Die Ausnahme umfasst alle Wohnungen, die nach Oktober 2014 gebaut wurden.

Ein weiterer Sonderfall sind Modernisierungsmaßnahmen. Damit diese sich auch lohnen, fällt die erste Vermietung nach der Modernisierung nicht unter die Mietpreisbremse. Wenn die Miete bereits oberhalb der Preisdeckelung liegt, kann sich der Vermieter allerdings auf Bestandsschutz berufen und weiterhin die höhere Miete kassieren. Das Problem: Über diese höhere Vormiete müssen Vermieter zwar aufklären und diese auch offenlegen – und zwar vor Vertragsabschluss –, die Realität zeigt aber, dass sich die wenigsten Mietinteressenten trauen, auf diesen Informationen zu bestehen. Indexmieten, die mit der Inflation steigen oder fallen, sind ebenfalls nicht direkt von der Mietpreisbremse betroffen, sie folgen dem Verbraucherpreisindex, der jährlich veröffentlicht wird und die durchschnittlichen Lebenshaltungskosten der Haushalte in Deutschland ausweist. Wenn die Kosten steigen, steigt auch automatisch die Miete. Unter die Bremse fällt nur die anfängliche Ausgangsmiete; im Verlauf der Mietdauer kann die Miete dann schnell über den eigentlich vorgesehenen Maximalwert steigen. Die Staffelmiete hingegen, die schon bei Vertragsabschluss festlegt, dass sich die Miete in regelmäßigen Abständen erhöht, unterliegt der Mietpreisbremse. Umgangen werden kann die Mietpreisbremse auch mit dem Angebot möblierter Wohnungen. Diese fallen zwar teilweise grundsätzlich unter die Regelung, aber für Möbel darf ein Aufschlag berechnet werden, der oft recht willkürlich, wenig transparent und nicht immer nachvollziehbar festgesetzt wird. Denn welchen tatsächlichen Wert Möbel, Teppiche oder Fliesen haben, ist nicht festgelegt. In den meisten Fällen ist die Miete dann doch wieder deutlich höher als mit der Mietpreisbremse. Gerade in Berlin, aber auch in anderen Großstädten, ist dieses Geschäftsmodell ziemlich im Trend – auf Immoscout24 gibt es bereits die Extra-Kategorie »Wohnen auf Zeit«. Ein weiteres Problem: Die angesetzten Mieten für möblierte Immobilien fließen in den Mietspiegel ein und treiben ihn so in die Höhe, was wieder Auswirkungen auf die durchschnittlichen ortsüblichen Vergleichsmieten hat. Deswegen gibt es Forderungen, die Mietpreisbremse neu zu gestalten und möblierten Wohnraum genauer zu erfassen. Doch was passiert eigentlich, wenn sich Vermieter nicht an die Mietpreisbremse halten? Mieter müssen Vermieter auf den Verstoß hinweisen, nur nach einer schriftlich erteilten Rüge darf ein zu hoher Betrag gekürzt werden. Seit 2020 dürfen Mieter die Differenz sogar rückwirkend für bis zu zweieinhalb Jahren zurückfordern. Allerdings sieht die Mietpreisbremse keine Sanktionen für Verstöße vor. Wenn der Mieter die überhöhte Miete beanstandet, was in der Realität die wenigsten tun, muss der Vermieter zwar den überhöhten Anteil zurückerstatten. Vermieter, die sich von vornherein an die Mietpreisbremse halten, stellen sich damit aber gleich genauso schlecht wie die Vermieter, die es zunächst drauf ankommen lassen und erst im Nachhinein Geld zurückerstatten.

Wir sehen, es gibt also einige Möglichkeiten, die Mietpreisbremse zu umgehen, daher stellt sich die Frage, ob sie denn überhaupt Wirkung zeigt. Dazu gibt es unterschiedliche Einschätzungen. Das Deutsche Institut für Wirtschaftsforschung kam zu dem Schluss, dass die Mietpreisbremse den Anstieg der Mieten »moderat verlangsamt« habe.[9] Das RWI-Leibniz-Institut für Wirtschaftsforschung nimmt eine nur geringe und vorübergehende Wirkung wahr,[10] und der Berliner Mieterverein spricht der Mietpreisbremse die Wirkung ab, weil über 50 Prozent der Vermieter die gesetzlichen Bestimmungen einfach ignorieren.[11]

Ein weiteres Instrument, um Wohnraum bezahlbar zu halten, ist die sogenannte Kappungsgrenze.[12] Während die Mietpreisbremse die Neuvermietung von Bestandsimmobilien betrifft, bezieht sich die Kappungsgrenze auf ein bestehendes Mietverhältnis und legt fest, dass die Miete innerhalb von drei Jahren nur um maximal 20 Prozent erhöht werden darf. Wenn in einem Gebiet Wohnungsmangel besteht, darf die Grenze sogar auf 15 Prozent gesenkt werden. Die Kappungsgrenze soll Planungssicherheit garantieren und verhindern, dass Mieter durch massive Preissteigerungen ihre Wohnung verlieren.

Die Kappungsgrenze ist nicht zu verwechseln mit dem Mietpreisdeckel, der zeitweise in Deutschland diskutiert und in Berlin eingeführt wurde. Der Berliner Mietendeckel trat 2020 in Kraft und sollte die Mieten für Wohnungen, die vor 2014 gebaut worden waren, für fünf Jahre einfrieren. Das Bundesverfassungsgericht erklärte den Berliner Mietendeckel aber 2021 für verfassungswidrig und nichtig, da die Gesetzgebungskompetenz beim sozialen Mietrecht beim Bund und nicht bei den Ländern liege. Laut einer Studie des Instituts der deutschen Wirtschaft (IW) im Auftrag der Friedrich-Naumann-Stiftung hat der Berliner Deckel dazu geführt, dass die Mieten während der Gültigkeit zwar sanken, sich gleichzeitig aber die Zahl der inserierten Wohnungen halbiert hat, weil es für Vermieter lukrativer war, die Wohnungen zu verkaufen, in Ferienwohnungen umzuwandeln oder leer stehen zu lassen. Für wohnungssuchende Familien sei es schwieriger geworden, eine Wohnung zu finden. Daher spricht sich das Institut dagegen aus, einen Mietendeckel bundesweit einzuführen. Dieser würde laut Studie dazu führen, dass der Wohnraum noch knapper werden würde. Insgesamt fasst die Studie folgende Kritikpunkte an Mietpreisregulierungen zusammen: Regulierungen reduzieren das Wohnungsangebot, nehmen Anreize, in Wohnungen zu investieren, und gerade ältere Menschen und Mieter mit höherem Einkommen profitieren, weil sie seltener umziehen.[13] Das Institut fordert vielmehr von der Politik, weniger auf Mietpreisregulierungen zu setzen, sondern gezielte sozialpolitische Maßnahmen zu ergreifen und den Wohnungsbau in den Städten voranzutreiben.[14]

Bauen in Deutschland ist teuer – wie alles in diesem Land …

Wie bereits kurz umrissen, gibt es auch beim Bauen massive Probleme. Laut Bundesverband deutscher Wohnungs- und Immobilienunternehmen e. V. (GdW) steht der Wohnungsneubau vor dem Absturz, der GdW rechnet bis 2025 damit, dass die Zahl der neugebauten Wohnungen auf einen Wert von unter 200.000 Einheiten pro Jahr absacken wird.[15] Das Münchener Ifo-Institut schätzt, dass die Zahl im Jahr 2026 sogar auf 175.000 fallen wird, dass also weit weniger gebaut werden wird als die von der Ampel-Regierung geplanten 400.000 neuen Wohnungen pro Jahr.

Ein ähnliches Bild zeigt der Blick auf die Baugenehmigungen: Im September 2024 wurde der Bau von rund 15.300 neuen Wohnungen genehmigt, das entspricht einem Rückgang von 23 Prozent gegenüber dem Vorjahr.[16]

Das liegt daran, dass der Wohnungsbau von den negativen Folgen der Inflation und des Zinssprungs betroffen ist, was Investitionen in den Wohnungsbau für private Investoren und Unternehmen teurer macht und Unsicherheiten bewirkt, die zur Zurückhaltung der Investoren führen. Zudem sind die Baukosten in Deutschland extrem in die Höhe geschossen und das verhindert, dass sich der Markt erholen kann. Die Preise sind im August 2024 im Vergleich zum Vorjahr noch mal um 3,1 Prozent gestiegen,[17] etwa für Holz, Stahl und Beton. Zudem erwarten die Experten einen Anstieg der Arbeitskosten, insbesondere der Fachkräftemangel führt zu höheren Löhnen und längeren Bauzeiten.

Ein weiteres Problem ist der Mangel an Bauland. In vielen Regionen, besonders in Großstädten, sind Grundstücke rar, die Knappheit führt zu sehr hohen Kosten, was viele Bauprojekte unrentabel macht. Dazu kommt das Spannungsfeld zwischen Wohnungsbau und Ökologie: Maßnahmen zum Flächenschutz und zur Reduzierung des Bodenverbrauchs stehen im Konflikt mit dem Wunsch, neue Bauflächen zu erschließen. Zusätzlich führt das politische Ziel, klimaneutraler zu bauen, zu höheren Kosten und einer komplizierteren Umsetzung. Und auch die bürokratischen Hürden sind hoch. Zum einen sind die Genehmigungsprozesse oft zeitaufwendig, zum anderen müssen Bauherren zahlreiche Anforderungen erfüllen, was die Planungs- und Bauzeit verlängert.

Einen Bauantrag in Deutschland zu stellen ist ähnlich kompliziert wie eine Aufbauanleitung von IKEA …

Natürlich sind Bauvorschriften notwendig, weil sie die nötige Sicherheit gewährleisten und für den Schutz der Gesundheit sorgen, zudem gibt es zu Recht Anforderungen an ein ästhetisches Stadtbild. Der Städte- und Gemeindebund hat allerdings schon vor einigen Jahren die Frage gestellt, ob es Deutschland mit rund 20.000 Baunormen möglicherweise übertreibt. Dazu kommt, dass die Vorschriften auch noch von Bundesland zu Bundesland unterschiedlich sind, sodass sich beispielsweise die Mindesthöhe von Balkongeländern landesweit unterscheidet. Der Wust an Bauvorschriften wirkt sich laut einer aktuellen Studie der Arbeitsgemeinschaft für zeitgemäßes Bauen e. V. (ARGE e. V.) massiv auf die Baukosten aus.[18] Demnach sind die Kosten für einen typischen Geschosswohnungsneubau allein aufgrund steigender Materialpreise und Löhne seit dem Jahr 2000 um 109 Prozent gestiegen, wenn man die Auswirkungen zusätzlicher Normen und Standards dazu nimmt, sogar um 144 Prozent. Daher fordert die Gemeinschaft Reformen, um die Baukosten zu senken. Das sieht auch ein Gesetzentwurf vor, den das Bundeskabinett im November 2024 beschlossen hat. Das Gebäudetyp-E-Gesetz soll es möglich machen, auf bestimmte Komfortstandards zu verzichten, die hinsichtlich Brandschutz oder Statik nicht sicherheitsrelevant sind. Dabei geht es unter anderem um die Zahl der Steckdosen, die Art der Fenster, die Raumhöhe, den Schallschutz oder welche Norm-Innentemperatur in einem Badezimmer erreicht wird.

Ein weiteres Problem: Der Leerstand von Wohnraum in Deutschland, der regionale Ungleichgewichte auf dem Wohnungsmarkt deutlich macht. Dabei gibt es den strukturellen Leerstand in Regionen, in denen die Nachfrage nach Wohnraum einfach dauerhaft gering ist, aber auch einen spekulationsbedingten Leerstand, wenn Wohnungen absichtlich leer gehalten werden, um sie später teurer zu vermieten oder zu verkaufen. Natürlich gibt es auch Wohnungen, die nur vorübergehend leer stehen, weil sie modernisiert werden oder gerade ein Mieterwechsel stattfindet. In ländlichen Regionen gibt es in der Regel einen höheren Leerstand als in Großstädten. Es gilt, diese Leerstände auf dem Land durch Förderprogramme für neue Nutzungen zu erschließen und Spekulationsleerstände zu bekämpfen. Außerdem braucht es flexible Nutzungskonzepte, um bestehende Gebäude umzuwidmen.

Insgesamt kann man festhalten, dass es Lösungsansätze gibt, um das Bauen und Wohnen in Deutschland wieder attraktiver zu machen und besser zu gestalten. Dazu gehören Bürokratieabbau, die Aktivierung von Bauland, die Förderung von innovativen Bauweisen, die Unterstützung des Baugewerbes in ländlichen Regionen, um den Druck in den Städten zu reduzieren, und auch der Ausbau und die Verlängerung von Förderprogrammen, um mehr Sozialwohnungen zu schaffen. Letzteres ist ein wichtiger Punkt, denn auch der Bestand an Sozialwohnungen ist in den vergangenen Jahrzehnten immer weiter zurückgegangen. Das Pestel-Institut geht davon aus, dass in Deutschland zurzeit etwa 900.000 Sozialwohnungen fehlen, akuten Handlungsbedarf gibt es vor allem in Bayern, Baden-Württemberg, Berlin und Niedersachsen, während beispielsweise Hamburg den berechneten Sollbestand schon fast erreicht hat.[19] Das Verbändebündnis »Soziales Wohnen« hat bereits 2023 ein Sondervermögen von 50 Milliarden Euro gefordert, um die Sozialwohnungsnot zu bekämpfen.[20] Fakt ist, es fließt immer weniger Geld in den sozialen Wohnungsbau. Die Rendite für Investoren ist häufig zu gering – und kaum jemand wird Sozialwohnungen bauen, wenn er damit kein Geld verdient. Das gilt allerdings nicht überall, einige Bundesländer locken mit Förderangeboten wie nicht rückzahlbaren Subventionen oder vergünstigten Krediten. Doch ob staatliche Zuschüsse für den sozialen Wohnungsbau überhaupt sinnvoll sind, darüber gibt es unter Ökonomen durchaus unterschiedliche Meinungen. Gegner plädieren dafür, den staatlich geförderten Sozialwohnungsbau zu beschränken und lieber die Unterstützung bedürftiger Haushalte durch Wohngeld auszubauen. Doch wer hat Anspruch auf eine Sozialwohnung oder Wohngeld? Um eine Sozialwohnung zu beziehen, braucht man in Deutschland einen Wohnberechtigungsschein (WBS), den Menschen bekommen, deren Einkommen eine bestimmte Grenze unterschreitet. Wie hoch diese ist, legen die einzelnen Bundesländer fest. Der Vermieter einer Sozialwohnung bekommt eine Förderung vom Staat, im Gegenzug verpflichtet er sich, die Wohnung zu einem Preis zu vermieten, der weit unter den marktüblichen Mieten liegt. Der Vermieter soll durch die Vermietung nämlich keinen Gewinn erzielen, sondern lediglich die Kosten decken.

Ein gutes Beispiel für gelungenen sozialen Wohnungsbau ist Wien. Die Stadt gilt als eine der lebenswertesten und trotzdem kostengünstigsten Hauptstädte Europas – und als Vorreiter, was soziales Wohnen angeht. Das hat dort eine mehr als hundertjährige Tradition, bereits nach dem Ersten Weltkrieg wurde hier politisch ein Schwerpunkt gesetzt, der heute für ein Paradies für Mieter sorgt: Sozialbauten, die aussehen wie Paläste! Begrünte Innenhöfe, Pools auf den Dächern, eine Sauna und dennoch günstige Mieten – so kann soziales Wohnen auch aussehen. Die Stadt Wien hat allerdings auch nie Wohnungen verkauft, stattdessen immer neue gebaut, sodass heute rund 220.000 Wohnungen im Besitz der Stadtverwaltung sind, dazu kommen weitere 200.000 Wohnungen von Genossenschaften, die gefördert werden. Das macht es möglich, dass mehr als 60 Prozent der Wiener in einer geförderten Wohnung leben – für eine Bruttomiete von 5 bis 9 Euro pro Quadratmeter. Im Gegensatz zu Deutschland, wo eine Sozialwohnung als Stigma gilt, sind geförderte Wohnungen in Wien eher für die breite Masse gedacht. Natürlich darf das Einkommen auch dort eine bestimmte Grenze nicht überschreiten, es geht aber nicht nur um Geringverdiener. Eine Einzelperson darf hier über ein Nettojahreseinkommen von 57.600 Euro verfügen, zwei Personen sogar über 85.830 Euro. Auch Eigentumswohnungen werden in Österreich gefördert.[21]

Das Wohngeld in Deutschland ist ein Zuschuss für Familien oder Einzelpersonen zu den Wohnkosten. Beantragen können es alle Menschen, die in Deutschland wohnen und die sich eine angemessene Wohnung allein nicht leisten können. Das gilt nicht nur für Mietwohnungen oder möblierte Zimmer, sondern auch für die Wohnkosten in einer Eigentumswohnung oder einem Häuschen – sofern der Antragssteller selbst darin wohnt. Dafür müssen die Empfänger gewisse Voraussetzungen erfüllen: Das Haushaltseinkommen darf eine gewisse Summe nicht überschreiten, zudem darf der Antragssteller keine anderen Leistungen wie Bürgergeld beziehen, weil die Unterbringungskosten hier schon berücksichtigt werden. Aber auch die Höhe der Miete oder die Anzahl der Haushaltsmitglieder spielt eine Rolle, denn das Wohngeld ist keine Pauschale, sondern hängt vom Gesamteinkommen des Haushalts ab. Die Entscheidung liegt bei der zuständigen Wohngeldbehörde. Wenn für das Wohngeld eine Genehmigung erteilt wurde, wird es in der Regel für zwölf Monate bewilligt, danach muss es erneut beantragt werden. Im Jahr 2023 ist diesbezüglich die Wohngeldreform in Kraft getreten, nach der das Wohngeld erhöht und der Kreis der Wohngeldberechtigten ausgeweitet wurde. Zuletzt wurde das Wohngeld zum 1. Januar 2025 noch einmal angepasst.

Weil wir dieses Kapitel mit dem Menschenrecht auf Wohnen begonnen haben, schauen wir zuletzt auf die Menschen, die trotz Wohnrecht nicht über eine Wohnung verfügen: die Obdachlosen. Wobei man bereits an dieser Stelle unterscheiden muss. Als »obdachlos« gilt jemand, der auch nachts draußen unterwegs ist. »Wohnungslos« sind Menschen, die zwar keine eigene Wohnung haben, nachts aber eine Unterkunft zum Schlafen finden, zum Beispiel bei der Familie oder bei Freunden, in Notfalleinrichtungen, Heimen oder Frauenhäusern.[22] Die Bundesarbeitsgemeinschaft Wohnungslosenhilfe e.V. (BAG W) geht laut ihrer Hochrechnung davon aus, dass zum Stichtag 1. Juni 2022 447.000 Menschen in Deutschland wohnungslos waren, 2021 waren es nur 268.000, damit ergibt sich ein Anstieg von 67 Prozent. Dabei kann man noch zwischen deutschen und nicht-deutschen Wohnungslosen unterscheiden, der Anstieg bei den Deutschen beträgt 5 Prozent, bei den Nichtdeutschen 118 Prozent, was auf die enorme Zunahme wohnungsloser Geflüchteter, insbesondere aus der Ukraine, zurückzuführen ist.[23] Das Statistische Bundesamt, das Menschen, die bei Freunden oder Familie unterkommen oder auf der Straße leben, in seine Berechnungen nicht aufnimmt, hat zum 1. Januar 2024 knapp 439.500 untergebrachte wohnungslose Personen gezählt, 2023 waren es nur 372.000.[24] Dabei ist auffällig, dass es viele junge Menschen unter den Wohnungslosen gibt, darunter zahlreiche Frauen, und dass immer häufiger Familien, vor allem nicht-deutsche, in Gefahr sind, ihr Zuhause zu verlieren. Die Gründe für Wohnungslosigkeit sind vielfältig: Bei den Deutschen verlieren 57 Prozent die Wohnung aufgrund einer Kündigung, davon geht es in 21 Prozent der Fälle um Miet- oder Energieschulden, bei 20 Prozent um Konflikte im Wohnumfeld und bei 16 Prozent liegt die Ursache in einer Trennung oder Scheidung. Bei den Nicht-Deutschen ist der Anlass meistens die Flucht aus der Heimat. Werena Rosenke, Geschäftsführerin bei der BAG W, der Bundesarbeitsgemeinschaft Wohnungslosenhilfe, sieht zwar die Inflation, gestiegene Kosten und höhere Mieten als große Belastung, der fehlende bezahlbare Wohnraum sei aber der Hauptgrund für die Wohnungsnot. Sie bemängelt nicht nur die Verfehlung des Ziels der Bundesregierung, 100.000 Sozialwohnungen pro Jahr zu bauen, sondern geht davon aus, dass noch weitere 100.000 bezahlbare Wohnungen pro Jahr benötigt werden.[25] Die Bundesregierung will, dass es im Jahr 2030 keine Wohnungslosen mehr gibt, und hat deshalb 2024 den ersten nationalen Aktionsplan gegen Wohnungslosigkeit beschlossen. Der Plan beinhaltet 31 Maßnahmen, unter anderem soll jede von Wohnungslosigkeit betroffene Person ein Wohnungsangebot erhalten, Präventionsmaßnahmen sollen Wohnungslosigkeit verhindern und die Öffentlichkeit soll mit Bildungsangeboten sensibilisiert werden.[26] Zum Aktionsplan gehört auch die Förderung sogenannter »Housing First«-Projekte, das heißt: Zuallererst bekommen die Menschen eine Wohnung, alle anderen Bedürfnisse sind nachrangig. Kritiker erkennen an, dass die Bundesregierung das Problem zwar angepackt hat, bemängeln aber das Fehlen konkreter Lösungsansätze, wie beispielsweise Maßnahmen zur Verhinderung von Wohnungsverlust. Zudem fehlten Mittel für den sozialen Wohnungsbau.

Es bleibt festzuhalten: Der Wohnungsmangel in Deutschland ist ein riesiges Problem. Es gibt eine hohe Nachfrage, der ein geringes Angebot gegenübersteht. Steigende Baukosten und hoher bürokratischer Aufwand haben zu einer Baukrise geführt, dazu kommt, dass Bauland und Wohnungen aus Spekulationsgründen zurückgehalten werden. Die Knappheit führt zu teils unbezahlbaren Mieten, wovon vor allem einkommensschwache Haushalte betroffen sind, auch die Zunahme von Obdachlosigkeit ist eine Folge des Wohnungsmangels. Instrumente wie die Mietpreisbremse oder das Wohngeld reichen bislang nicht aus, um die Lage auf dem Immobilienmarkt zu entspannen. Die demografische Entwicklung, dazu gehören die Existenz von immer mehr Singlehaushalten und der Zuzug von vielen Geflüchteten, verstärkt den Druck, zudem erhöht klimaneutrales Bauen die Kosten. Es braucht einen verstärkten Wohnungsbau, Bürokratieabbau, eine gerechtere Bodenpolitik und vor allem eine engere Zusammenarbeit zwischen Bund, Ländern und Kommunen sowie zwischen öffentlichen und privaten Akteuren.

Und die Parteien?

Die große Koalition aus SPD und Union hat die Mietpreisbremse 2015 eingeführt. SPD, Grüne und FDP haben eine Verlängerung der Mietpreisbremse auf den Weg gebracht.

Die **Union** lehnt eine Verlängerung der Mietpreisbremse ab, weil sie sie nur als temporäres Instrument betrachtet. Die Partei hält den Neubau von Wohnungen und die Eigentumsförderung für wichtiger. Beim Wohnungsbau setzt die CDU auf Bürokratieabbau und steuerliche Anreize. Die Partei unterstützt die Vergabe von Wohngeld, will es aber effektiver gestalten und setzt auf Prävention und die Wiedereingliederung obdachloser Menschen. Die Kosten für energetische Sanierungen sollen von der Erbschaft- und Schenkungsteuer abzugsfähig sein.

Die **SPD** will die Mietpreisbremse verlängern, um Mieter besser zu schützen. Die Schaffung von privatem Wohneigentum soll gefördert werden: Zum Beispiel sollen Kommunen Bauland an junge Familien aus der Region günstiger abgeben können. Zudem ist sie für die Einführung eines Mietenstopp-Gesetzes, was Mieterhöhungen für einen bestimmten Zeitraum ausschließt. Die Kappungsgrenze soll auf 11 Prozent gesenkt werden. Die Partei will das Wohngeld ausweiten, um mehr Haushalte zu entlasten und will Wohngeldzahlungen an steigende Energiekosten und Mieten anpassen. Sie unterstützt Wohnprojekte für Wohnungslose und will Zwangsräumungen vermeiden.

Die **Grünen** wollen die Mietpreisbremse verlängern und auf Wohnungen anwenden, die älter als fünf Jahre sind. Außerdem sollen Schlupflöcher wie die Vermietung überteuerter möblierter Wohnungen oder Ferienwohnungen geschlossen, in angespannten Wohnlagen Mietsteigerungen gestoppt werden. Der Kauf von selbstgenutztem Wohneigentum soll gefördert werden, indem es eine Entlastung bei den Nebenkosten gibt. Eine Wohnungsbauprämie, deren Höhe mit der Inflation steigt und eine Klimakomponente enthält, soll Menschen mit geringem Einkommen den Zugang zu Wohneigentum ermöglichen. Bauen soll schneller, günstiger und klimaverträglicher werden, dazu sollen zum Beispiel bestehende Gebäude aufgestockt und Büroflächen zu Wohnraum umgewandelt, das Baurecht vereinfacht und digitalisiert, im Bund die Fördermittel für sozialen Wohnungsbau erhöht werden. Im Hinblick auf Obdachlosigkeit setzt die Partei auf »Housing First«-Projekte.

Die **FDP** lehnt die Mietpreisbremse ab und hält sie für kontraproduktiv, da sie der Ansicht ist, dass die Bremse den Wohnungsbau hemmt. Geringere Mieten entstehen nur durch geringere Baukosten: Der Wohnungsbau muss einfacher, schneller und effizienter werden. Nicht sicherheitsrelevante Baustandards können entfallen, ebenso das sogenannte Heizungsgesetz, sobald ab 2027 auf europäischer Ebene der CO_2-Emissionshandel für Gebäude eingeführt wird. Die FDP schlägt eine staatliche Zinsförderung für Familien und den Erlass der Grunderwerbsteuer für selbstgenutztes Wohneigentum vor. Sie befürwortet das Wohngeld für Bedürftige, fordert aber Vereinfachungen beim Antragsverfahren. Bei der Hilfe für Wohnungslose setzt die FDP auf Prävention und private und gemeinnützige Initiativen zur Unterstützung Betroffener.

Die **Linke** will eine Verschärfung der Mietpreisbremse – einen bundesweiten Mietendeckel in angespannten Wohnlagen. Bis dahin sollen Mieterhöhungen ausgeschlossen werden (Mietenstopp). In überhitzten

Wohnlagen sollen die Mieten abgesenkt werden, Staffelmieten und Indexmietverträge sollen abgeschafft werden. Außerdem soll der soziale Wohnungsbau massiv gefördert werden. 20 Milliarden Euro sollen in gemeinnützigen Wohnraum investiert werden, orientiert am Beispiel von Wien. Leerstehender Wohn- und Gewerberaum soll beschlagnahmt werden dürfen. Die Partei will das Wohngeld so umbauen, dass auch Energiekosten getragen werden und nicht mehr als 30 Prozent des Einkommens für die (Warm-)Miete gezahlt werden muss. Außerdem setzt Die Linke auf ein umfassendes Programm zur Unterstützung von Obdachlosen und ist gegen Zwangsräumungen. Der Ansatz Housing First soll in der Bekämpfung von Obdachlosigkeit verankert werden: Wohnungslosen wird zuerst eine Wohnung vermittelt, darauf folgen andere Angebote.

Die **AfD** will den Erwerb von Wohneigentum für Familien durch zinslose Darlehen und Zuschüsse erleichtern. So sind die Grunderwerbsteuer für Selbstnutzer, die Grundsteuer aufzuheben, sowie die Grunderwerbssteuer für ausländische Käufer mit Hauptwohnsitz außerhalb der EU auf 20 Prozent zu erhöhen. Mieter sollen ihre Wohnungen von öffentlichen Wohnungsbauunternehmen zu vergünstigten Bedingungen erwerben können. Kosten aus EEG-Umlage, CO_2-Steuer und das Gebäudeenergiegesetz (GEG) will die Partei abschaffen. Neben den Baukosten sind die Wohnnebenkosten deutlich zu senken. Für die AfD ist die Mietpreisbremse ein Eingriff in den freien Markt, daher lehnt sie diese ab. Einkommensschwache Mieter sollen vermehrt mit Wohngeld unterstützt werden. Wohnungsbaugenossenschaften sollen bei der Vergabe von öffentlichen Grundstücken bevorzugt werden. Bei der Vergabe von Wohnbaugrundstücken und Wohnraum sind Einheimische zu bevorzugen. Die Partei setzt sich dafür ein, die Bürokratie abzubauen und will Anreize für Investoren schaffen. Die AfD möchte die Hilfe für deutsche Obdachlose ausbauen.

Das **BSW** äußert sich kritisch zur Mietpreisbremse und hält sie für weitestgehend wirkungslos – stattdessen fordert die Partei einen bundesweiten Mietendeckel und will einen Stopp aller Mieterhöhungen bis 2030 in allen Regionen, in denen der Wohnungsmarkt nachweislich den Einkommen enteilt ist. Außerdem setzt sie sich für ein öffentliches Wohnungsbauprogramm ein und unterstützt im Hinblick auf Obdachlosigkeit Konzepte wie »Housing First«.

KAPITEL 18

Hoch die Hände, Zeitenwende!

Wie steht es um die Verteidigungsfähigkeit der Bundeswehr?

Der Zustand der Bundeswehr ist unter aller Kanone ...

»Die Bundeswehr hat von allem zu wenig!« – »Desolater Zustand!« – »Erst in 100 Jahren wieder voll ausgestattet!« – »Reserve nur auf dem Papier!« – »Funkgeräte hoffnungslos veraltet!« – »Peinlich-Panne beim Puma!«

Die Medien geizen nicht mit hämischen Schlagzeilen über die deutsche Truppe. Und seit Jahren heißt es in der Politik: Die Bundeswehr muss modernisiert werden. Spätestens seit dem russischen Angriffskrieg auf die Ukraine stellt sich die Frage, ob Deutschland im Ernstfall verteidigungsfähig wäre und die Pflichten innerhalb des Verteidigungsbündnisses NATO erfüllen könnte. Denn ganz offensichtlich fehlt es an Vielem bei der Bundeswehr: an Personal, Munition, Waffen und Ausrüstung. Bevor wir uns die Probleme unserer Verteidigungstruppe im Einzelnen anschauen, werfen wir einen Blick auf die Bündnisse. Bei internationalen Krisen können die NATO und die Europäische Union gemeinsam mehr bewirken als jedes Land für sich allein. Was wäre zum Beispiel, wenn Russland eines Tages eines der Beitrittsländer angreifen würde? In der EU, in der 27 europäische Länder, unter anderem Deutschland, Italien, Frankreich, Polen, Schweden, Ungarn, Zypern oder Litauen Mitglieder sind, gibt es eine vertraglich gesicherte Beistandsklausel. In Artikel 42, Absatz 7[1] des EU-Vertrags steht, dass sich die Mitgliedsländer im Falle eines »bewaffneten Angriffs auf das Hoheitsgebiet« gegenseitig unterstützen müssen. Das war auch schon einmal der Fall: Nach den Terroranschlägen von Paris im Jahr 2015, bei denen 130 Menschen getötet wurden, rief Frankreich den Bündnisfall aus. Daraufhin beteiligten sich mehrere Länder an Anti-Terror-Missionen, Deutschland unterstützte die internationale Allianz im Irak und in Syrien gegen die Terrormiliz Islamischer Staat, die sich zu den Anschlägen in Paris bekannt hatte. Seitdem stand die Beistandsklausel nur noch selten im Fokus, doch da nun seit 2022 in der Ukraine der russische Angriffskrieg tobt, Russland dem Westen sogar unterschwellig mit dem Einsatz von Atomwaffen droht und die Ukraine der EU beitreten will, stellt sich die Frage, was die Klausel genau bedeutet. Demnach schulden sich die Mitgliedsstaaten »alle in ihrer Macht stehende Hilfe und Unterstützung«. Was unter Hilfe und Unterstützung zu verstehen ist, ist allerdings nicht eindeutig definiert. Ob die Mitgliedsstaaten tatsächlich auch zu militärischem Beistand verpflichtet sind, darüber sind sich Rechtsexperten uneinig.[2] Es bedeutet aber beim Angriff auf einen Mitgliedsstaat, dass die anderen Länder ihn mit dem Einsatz von Streitkräften oder Waffenlieferungen unterstützen können, und daneben auch in Form von ziviler oder wirtschaftlicher Hilfe, zum Beispiel über Sanktionen. Wenn Russland seinen Nachbarn Finnland angreifen würde, könnte sich die EU also auf die Beistandsklausel berufen und mit militärischen Maßnahmen antworten. Diese Regeln würden auch bei einem EU-Beitritt der Ukraine gelten – die EU hat die Beitrittsverhandlungen mit der Ukraine ja Mitte 2024 offiziell aufgenommen[3]. Aber da eine NATO-Mitgliedschaft der Ukraine in der näheren Zukunft als unwahrscheinlich gilt, dürfte die europäische Beistandsklausel künftig an Bedeutung gewinnen, insbesondere für die Länder, die zwar in der EU, aber nicht in der NATO sind – also Irland, Malta, Österreich und Zypern.

Die NATO ist ein Verteidigungsbündnis, das die Freiheit und Sicherheit ihrer Mitglieder garantieren soll. Und zwar mit militärischen und politischen Mitteln. Zum Bündnis gehören 32 europäische und nordamerikanische Staaten, neben Deutschland unter anderem die USA, Großbritannien, die Türkei, Frankreich, Bulgarien oder Kanada. Ganz neu dabei sind Finnland und Schweden. Die NATO soll demokratische Werte fördern und den Mitgliedern die Möglichkeit geben, sich in Verteidigungs- und Sicherheitsfragen zu beratschlagen, Vertrauen zu stärken und langfristig Konflikte zu vermeiden. Grundsätzlich engagiert sich das Bündnis für die friedliche Lösung von Konflikten, doch wenn Diplomatie scheitert und ein Mitgliedsstaat angegriffen wird, sind die Verbündeten nach Artikel 5 des Nordatlantikvertrags zur Verteidigung des jeweiligen Partnerlandes verpflichtet. Demnach wird ein Angriff gegen einen oder mehrere Verbündete der NATO als ein Angriff gegen alle gewertet. Ein »NATO-Beschluss« soll dabei Ausdruck des kollektiven Willens aller Mitgliedsstaaten sein, da Entscheidungen konsensbasiert getroffen werden.[4] Der Nordatlantikpakt wurde 1949 von zwölf Staaten geschlossen, um sich vor der damaligen Sowjetunion zu schützen. Diese gründete 1955 ihrerseits ein generisches militärisches Bündnis, den Warschauer Pakt der sozialistischen Staaten in Europa. Nachdem die Sowjetunion und der Warschauer Pakt 1991 zerfallen waren, schlossen sich auch Länder Ostmitteleuropas der NATO an. Diesbezüglich gibt es immer wieder Diskussionen um die Frage, ob es im Rahmen der deutschen Wiedervereinigung ein Versprechen der NATO an Russland gegeben habe, sich nicht nach Osten auszudehnen. Darauf beruft sich der russische Präsident Putin, der zumindest auf mündliche, informelle Zusagen pocht. Gegner geben zu bedenken, dass es keine formellen, schriftlichen Zusagen dieser Art gegeben habe und dass Beitritte zur NATO freiwillig erfolgen und jedes Land das Recht habe, seine Bündnisse frei zu wählen.

Bislang wurde ein sogenannter Bündnisfall nur einmal vom NATO-Rat ausgerufen, und zwar nach den Anschlägen vom 11. September 2001 mit der militärischen Operation »Enduring Freedom« in Afghanistan, die das Ziel hatte, die Terrororganisation Al-Qaida zu zerschlagen und den Kopf der Gruppe, Osama bin Laden, zu töten. Mit der russischen Annexion der Krim im Jahr 2014 hat die NATO die Beistandsinitiative »Enhanced Forward Presence« beschlossen, um die Ostflanke des NATO-Gebiets, insbesondere die Baltischen Staaten und Polen, zu sichern und Russland abzuschrecken. Seitdem gibt es multinationale NATO-Truppen in Estland, Lettland, Litauen und Polen. Der völkerrechtswidrige Großangriff Russlands auf die Ukraine seit 2022, den die NATO verurteilt und zu Sanktionen gegenüber Russland veranlasst hat, veränderte die sicherheitspolitische Lage aufs Neue. Unter anderem weil die Ukraine kein NATO-Mitglied ist, greift das Bündnis zwar nicht militärisch auf ukrainischem Boden ein, hat aber seine Verteidigungspläne ausgelöst. Das klingt kryptisch, bedeutet aber, dass das Bündnis militärische Strategien und Maßnahmen aktiviert, um die Sicherheit der Mitgliedsstaaten, in diesem Fall vor allem die der Länder in Osteuropa, zu gewährleisten. Dazu hat die NATO beispielsweise den Schutz der Ostflanke erhöht. Es gibt ein Abkommen zwischen Deutschland und Litauen, das vorsieht, eine Kampfbrigade mit 5.000 Bundeswehrangehörigen dauerhaft in Litauen zu stationieren, die 2027 voll einsatzbereit sein soll. Mit der Einsatzbereitschaft ist es allerdings so eine Sache.

Wahrscheinlich sind 90 Prozent der Deutschen an Silvester besser ausgestattet als die Bundeswehr ...

Die Bundeswehr ist in den vergangenen 20 Jahren stark geschrumpft, hat wenig nennenswerte Investitionen getätigt und der Zustand der Ausrüstung ist bei Weitem nicht so, wie er sein sollte. Und Letzteres zieht sich fast durch die gesamte Geschichte der Bundeswehr. Doch wie ist es dazu gekommen?

Nach dem Ende des Zweiten Weltkriegs, der Aufteilung Deutschlands und der damit einhergehenden Distanzierung von der rassistischen und diktatorischen Politik der Nationalsozialisten lag der Gedanke an eine deutsche Armee zunächst einmal fern. Die vier Siegermächte wollten Kriege zwischen den Nationen verhindern und den deutschen Militarismus ausrotten. Das bedeutete eine vollständige Entwaffnung deutscher Soldaten. Mit dem aufkommenden Ost-West-Konflikt und der Positionierung der Führungsmächte USA auf der einen und Sowjetunion auf der anderen Seite, verblasste das Ziel der Entmilitarisierung Deutschlands aber langsam wieder und mit dem Rüstungswettlauf zwischen Ost und West wurde die Sowjetunion zu einer zunehmenden Bedrohung für Westeuropa. Der Koreakrieg, eine Konfrontation zwischen dem Westen unter der Führung der USA und dem kommunistischen Block unter der Führung der Sowjetunion und China, wurde als Zeichen einer aggressiven Expansionspolitik der Sowjetunion und des Kommunismus angesehen. Die NATO-Staaten fürchteten, dass ein ähnlicher Angriff in Europa stattfinden könnte. Die gerade gegründete Bundesrepublik wurde dabei als entscheidendes Gebiet für die Verteidigung angesehen, da damals die Grenze zwischen den Blöcken mitten durch Deutschland verlief. Diese politischen Entwicklungen führten kurz gefasst dazu, Westdeutschland an einer westlichen Verteidigung zu beteiligen.[5]

Trotz anhaltender Vorbehalte im In- und Ausland trat Deutschland dann 1955 der NATO bei und im gleichen Jahr wurde die Bundeswehr gegründet; ihren Namen bekam sie allerdings erst ein gutes Jahr später. Der Start verlief holprig, von den Wehrmachtsbeständen war wenig übrig, Kasernen fehlten, es existierte keine deutsche Rüstungsindustrie mehr und nicht alle aus dem Ausland gelieferten Waffen und Geräte konnten dem Anspruch genügen, die Bundeswehr zu einer verteidigungsbereiten Truppe zu machen.

Die Pannen häuften sich Ende der 1950er- und Anfang der 1960er-Jahre und es wurde viel Negatives über die Streitkräfte berichtet. Das kommt einem bekannt vor, oder? Viel Ärger gab es diesbezüglich auch um den damaligen Verteidigungsminister Franz Josef Strauß, den die »*Spiegel*-Affäre« 1963 den Posten kostete, weil er mit der spitzen Berichterstattung des *Spiegel* über den schlechten Zustand der Bundeswehr nicht einverstanden war und die juristische Verfolgung von Herausgeber Rudolf Augstein und seinen Redakteuren forderte.[6] Ein riesiger Skandal!

In den darauffolgenden Jahren galt es, eine grundsätzlich positive politische Einstellung der Soldaten gegenüber dem neuen Staat und der Demokratie zu etablieren. Militärische Organisationen sind vom Prinzip Befehl und Gehorsam geprägt, was im Krieg zweckmäßig ist, dem Grundgedanken der Demokratie aber widerspricht. Demokratische Staaten sind bestrebt, Macht zu verteilen und zu kontrollieren und so sollte auch die Bundeswehr Handlungsbeschränkungen unterworfen sein. Die Streitkräfte etwa durften ausschließlich der Verteidigung dienen, im Grundgesetz wurde ein Verbot von Angriffskriegen festgeschrieben (Art. 26).[7] Eine entscheidende Rolle spielte auch der Bundestag, der alle wesentlichen Maßnahmen und Veränderungen mittragen sollte. Das ist heute noch so: Der Bundestag trifft Entscheidungen über die Bundeswehr, zum Beispiel über den Wehretat, Reformen oder Einsätze im In- und Ausland. Zudem gibt es mit dem Verteidigungsausschuss ein ständiges Gremium im Bundestag, das die Bundeswehr überwacht und militärische Fragen behandelt. Zusätzlich wurde durch eine Bestimmung im Grundgesetz (Art. 45b)[8] das Amt des Wehrbeauftragten des Bundestages geschaffen. Der Wehrbeauftragte wird vom Bundestag gewählt und ist eine Art Anlaufstelle für die Soldaten, er berichtet auch über Probleme und Missstände in der Truppe.

Das Zeitalter des Kalten Krieges war vom atomaren Wettrüsten zwischen den USA und der Sowjetunion geprägt und hätte bei einer Eskalation mit einem Atomkrieg und somit in einer unvorstellbaren Katastrophe enden können. Die Politik der atomaren Abschreckung basierte auf der Schreckensvision der sicheren gegenseitigen Vernichtung. Sollte eine der beiden nuklearen Supermächte einen Atomkrieg beginnen, würde diese als Zweites vernichtet werden, da auch die andere Seite über so zahlreiche Atomwaffen verfügte, dass sie immer noch in der Lage seine würde, verheerend zurückzuschlagen. Das geteilte Deutschland lag sozusagen im Kreuzfeuer zwischen den Ländern der NATO und denen des Warschauer Pakts und es galt als wahrscheinlich, dass ein Krieg zwischen Ost und West auf deutschem Boden hätte stattfinden können. Daher spielte Deutschland in der Verteidigungsstrategie der NATO eine wichtige Rolle. In dem Zusammenhang wurden in Deutschland US-Atomwaffen stationiert. Die Strategie umfasste aber auch den Plan, dass ein Angriff durch den Warschauer Pakt zunächst mit konventionellen Waffen abgewehrt werden sollte, bevor Atomwaffen zum Einsatz kämen. Deutschland stellte dazu Truppen bereit und unterstützte den NATO-Doppelbeschluss von 1979, der die Stationierung neuer Mittelstreckenraketen vorsah, was zu massiven Protesten der Friedensbewegung im Land führte.

Mit dem Ende des Kalten Krieges im Jahr 1991 verlor das Prinzip der atomaren Abschreckung damals an Bedeutung und viele Atomwaffen wurden abgezogen.[9] Die Bundeswehr musste sich in der Folge neu positionieren, weil die Hauptaufgabe, die Verteidigung gegen den Warschauer Pakt, weggefallen war. Zu den organisatorischen Hauptaufgaben gehörte nach der Wiedervereinigung Deutschlands die Integration der Nationalen Volksarmee (NVA), also der Streitkräfte der ehemaligen DDR, und die Reduzierung der Streitkräfte. Von etwa einer knappen halben Million Soldaten der Bundeswehr während des Kalten Krieges wurde die Truppenstärke im Rahmen internationaler Abkommen und der sich verändernden Sicherheitslage auf etwa 370.000 bis Mitte der 90er-Jahre reduziert. Die Bundeswehr entwickelte sich in dieser Zeit von einer Verteidigungsarmee zu einer Armee im Einsatz. Unter der Führung der United Nations Organisation (UNO),[10] einer internationalen Organisation, die sich für die Erhaltung des Weltfriedens einsetzt und der mittlerweile fast alle Staaten der Erde angehören, der NATO und der EU beteiligte sich die Bundeswehr an internationalen Friedensmissionen und humanitären Einsätzen. In dem Zusammenhang wurde die Bundeswehr reformiert, um sie zu einer flexiblen Streitmacht umzugestalten, die zu verschiedenen Arten von Auslandseinsätzen in der Lage ist. In dieser Zeit wurde die Bundeswehr erneut verkleinert, die Wehrpflicht 1995 auf zehn Monate herabgesetzt. Zudem stehen Frauen seit dem Jahr 2001 sämtliche militärische Laufbahnen offen. Letzteres ging auf die Klage einer deutschen Reservistin zurück, die aufgrund ihres Geschlechts nicht in einem technischen Bereich der Bundeswehr arbeiten durfte.[11]

Mit den Terroranschlägen vom 11. September 2001 kam es zu einer neuen Bedrohung durch den internationalen Terrorismus, mit der die Bundeswehr Teil der internationalen Militärkoalition wurde, die in Afghanistan intervenierte. An der von den USA angeführten »Koalition der Willigen« gegen den Irak nahm Deutschland aber nicht teil. Der Afghanistan-Einsatz brachte intensivere Kampferfahrungen mit sich, insbesondere in den Jahren 2009 bis 2011 im Norden des Landes. In der Folge kam es erneut zu Diskussionen über Mängel in der Ausrüstung und die Rolle der Bundeswehr, die zu weiteren Reformen führten, um die Armee an die Anforderungen von Auslandseinsätzen anzupassen.

Die Bundeswehr soll verteidigungsfähig werden. Um dieses Ziel zu erreichen, wird darüber nachgedacht, die Wehrpflicht ab 8 Jahren einzuführen …

Erneut wurde die Anzahl der Soldaten reduziert, auf 185.000 Mann, und die Wehrpflicht wurde rund 55 Jahre nach ihrer Einführung ausgesetzt, weil die Bedrohungslage keine große Armee, sondern eher eine kleinere, aber spezialisierte Truppe erforderte. Während die damaligen Minister damit beschäftigt waren, die Bundeswehr zu einem attraktiven Arbeitgeber zu machen, um junge Männer und Frauen von einem freiwilligen Wehrdienst zu überzeugen, kämpften sie gleichzeitig mit Problemen rund um die Ausrüstung. Die Bundeswehr wurde von einer Reihe von Skandalen geschüttelt, beispielsweise wegen des Kaufs der in den USA hergestellten Drohne »Euro Hawk«, die aber in Europa keine Zulassung bekam, oder dem Streit mit dem Hersteller von Handfeuerwaffen, der Firma Heckler & Koch, über die Funktionsfähigkeit des Sturmgewehrs G36. Auch massive Funktionsausfälle bei Transportflugzeugen, Hubschraubern oder dem Raketenabwehrsystem »Patriot« sorgten für Diskussionen.[12] Insgesamt musste die Bundeswehr in den 2010er-Jahren erhebliche Reformen verkraften, zugleich aber Missionen erfüllen, für die sie dank eines niedrigen Verteidigungsbudgets und mangelhafter Ausrüstung nicht immer gut gerüstet war. Dazu hat sich die Weltlage sicherheitspolitisch zugespitzt – unter anderem durch die russische Annexion der Krim 2014, den Wahlsieg Donald Trumps in den USA im Jahr 2016, der das transatlantische Verhältnis deutlich verschlechterte, durch Spannungen innerhalb der Europäischen Union und den Aufstieg Chinas zu einer Weltmacht, das zu einer zunehmenden Bedrohung wurde. Der Rückzug der westlichen Truppen aus Afghanistan 2021 war überstürzt und sorgte dafür, dass die wieder erstarkte radikal-islamistische Terrorgruppe der Taliban ihren Sieg über den Westen feierte.

Nach der Annexion der Krim durch Russland im Jahr 2014 war die Landes- und Bündnisverteidigung zwar wieder stärker in den Fokus gerückt, trotzdem waren die meisten Politiker und Experten überrascht vom russischen Angriffskrieg gegen die Ukraine im Februar 2022. Dieser Angriff führte zu einem massiven Umbruch innerhalb der internationalen Sicherheitsordnung – auch in Deutschland. Nur drei Tage nach Kriegsbeginn hielt Bundeskanzler Scholz seine »Zeitenwende«-Rede: »Wir erleben eine Zeitenwende. Und das bedeutet: Die Welt danach ist nicht mehr dieselbe wie die Welt davor. Im Kern geht es um die Frage, ob Macht das Recht brechen darf, ob wir es Putin gestatten, die Uhren zurückzudrehen in die Zeit der Großmächte des 19. Jahrhunderts, oder ob wir die Kraft aufbringen, Kriegstreibern wie Putin Grenzen zu setzen.«[13] Die neue Situation führte zu mehreren Handlungsaufträgen, unter anderem zur militärischen Unterstützung der Ukraine, dem Versuch, zu verhindern, dass Putins Krieg auf andere Länder in Europa übergreift und zu mehr Investitionen in die Sicherheit des Landes.[14] In seiner »Zeitenwende«-Rede kündigte Scholz ein Sondervermögen von 100 Milliarden Euro zur Stärkung der Bundeswehr an, das Mitte 2022 vom Bundestag und Bundesrat beschlossen wurde.[15]

Mit dem zusätzlichen Geld sollte es auch möglich gemacht werden, jährlich 2 Prozent des Bruttoinlandsprodukts in die Verteidigung zu investieren und damit die NATO-Vorgaben zu erfüllen. Im Jahr 2023 wurde dieses Ziel von nur 11 der 32 NATO-Staaten erreicht, unter anderem von Polen mit 4,4 Prozent, den USA mit 3,3 Prozent oder Finnland mit 2,4 Prozent; Deutschland investierte 2023 nur 1,6 Prozent.[16] Im Jahr 2024 sollten 23 Staaten die NATO-Ziele erreichen, darunter auch Deutschland.[17] Wenn Europa ohne den Schutzschirm der USA verteidigungsfähig sein will, reichen die von der NATO geforderten 2 Prozent laut einer Analyse des Ifo-Instituts allerdings nicht aus. Demzufolge müssten die Länder ihre Anstrengungen deutlich erhöhen.[18]

Deutschland hat im Rahmen der Zeitenwende, die übrigens 2022 zum Wort des Jahres gewählt wurde,[19] im Jahr 2023 erstmalig eine Nationale Sicherheitsstrategie beschlossen, demnach ist die Landes- und Bündnisverteidigung nun wieder der Kernauftrag der Bundeswehr. Zu den drei Dimensionen der deutschen Sicherheitspolitik zählen eine gestärkte Wehrhaftigkeit, Resilienz und Nachhaltigkeit. Das Ziel ist eine kriegstüchtige Truppe.[20] Diese Veränderungen spiegeln sich mittlerweile auch in der Bevölkerung wider, die auf die verschärfte Bedrohungslage reagiert: Während 2018 laut einer Bevölkerungsumfrage der Bundeswehr nur 28 Prozent der Befragten die Außen- und Sicherheitspolitik Russlands als eine Bedrohung wahrgenommen hatten, sind es 2024 66 Prozent. Die Zustimmung zu Deutschlands militärischer Unterstützung der Ukraine ist im Vergleich zum Vorjahr um 4 Prozent auf nunmehr 49 Prozent gestiegen. Die Einführung eines Wehrdienstes im Rahmen einer allgemeinen Dienstpflicht hält über die Hälfte der Befragten für notwendig.[21] Ende 2024 hat das Bundeskabinett einem »neuen Wehrdienst« zugestimmt, allerdings ist die Umsetzung nach dem Auseinanderbrechen der Ampel-Koalition fraglich. Demnach sollten ab Frühjahr 2025 alle 18-jährigen Männer mit deutscher Staatsbürgerschaft angeschrieben und verpflichtet werden, einen Fragebogen zur Eignung und Bereitschaft für den Wehrdienst auszufüllen, Frauen sollten sich freiwillig beteiligen können. Den als tauglich eingestuften Männern und Frauen wäre ein Dienst zwischen 6 und 23 Monaten angeboten worden.[22]

Laut der eben schon genannten Umfrage der Bundeswehr würden 42 Prozent der Befragten Deutschland im Falle eines Angriffs mit der Waffe verteidigen wollen, erwartungsgemäß ist der Anteil bei Männern deutlich höher als der bei Frauen. Nach Jahren des Schrumpfens soll die Truppenstärke der Bundeswehr wieder anwachsen. Zurzeit besteht sie aus gut 181.000 Soldaten in Uniform und gut 81.000 Zivilbeschäftigten, etwa 24.000 davon sind Soldatinnen.[23] Was die Truppenstärke angeht, steht Deutschland im NATO-Ranking aber gar nicht so schlecht da: Nach den USA mit ca. 1,3 Millionen Soldaten, der Türkei mit 481.000, Polen mit gut 216.000 und Frankreich mit 204.000 landen wir immerhin auf Platz 5.[24] Insgesamt verfügte die NATO im Jahr 2024 über gut 3,3 Millionen aktive Soldaten. Zum Vergleich: Russland hat gut 1,3 Millionen.[25] Bis 2031 soll die Bundeswehr 203.000 Soldaten in Uniform umfassen. Apropos Uniform: Ende 2024 hat die geplante Anschaffung neuer Bundeswehr-Ausgeh-Uniformen für Aufregung gesorgt, denn bis zum Jahr 2032 will das Verteidigungsministerium 825 Millionen Euro für neue Dienst- und Ausgehkleidung ausgeben. Die »Ausgeh-Uniform« ist nach Angaben des Ministeriums aber nicht nur für besondere Anlässe vorgesehen, sondern auch für Soldaten im Innendienst. Trotzdem sorgte die Investition für Kopfschütteln, zumal Verteidigungsminister Pistorius eine Finanzlücke von fast 6 Milliarden Euro beklagte. Pistorius sprach von insgesamt benötigten 58 Milliarden Euro für den regulären Verteidigungsetat für 2025, um Lücken zu schließen, sonst müsse die Beschaffung von Material verschoben werden.[26] Die Beschaffung von Material ist eines der Probleme der Bundeswehr. Unter anderem verursacht durch die jahrelange Unterfinanzierung, die es immer wieder schwer machte, den Auftrag, den Umfang und die Ausstattung in ein Gleichgewicht zu bringen.

Es gibt einen Mangel an Ausrüstung. Vielleicht hat man die Ausrüstung aber auch nur ein bisschen zu gut getarnt …

Die Bundeswehr lebte immer mehr von der Substanz. Zwar stieg der Verteidigungsetat von 2014 (32,44 Milliarden) bis 2021 auf 46,93 Milliarden Euro, was einer Steigerung von 44 Prozent entspricht, dennoch lag die Einsatzbereitschaft der Bundeswehr bis 2022 auf einem beklagenswerten Niveau. Der Wehrbeauftragte brachte es in seinem Jahresbericht 2015 auf den Punkt: »Die Bundeswehr hat von allem zu wenig.« 2017 hieß es: »Alle aus den Vorjahren bekannten Probleme der Bundeswehr, die großen Lücken bei Personal und Material … bestanden fort.« Und im Rüstungsbericht von 2021 steht: »Von 97 Großgeräten, die im Jahr 2017 ausgeliefert wurden, konnten nur 38 genutzt werden. Von 71 Panzern funktionierten nur 27.«[27] Mängel gab es auch bei der persönlichen Ausrüstung der Soldaten, und es gab große Defizite bei der Munitionsbevorratung, zumal sich die Voraussetzungen verändern: Während der frühere NATO-Standard einen Vorrat an Gefechtsmunition von 30 Tagen vorsah, zeigt der Krieg in der Ukraine, dass die Vorstellung des Verteidigungsbündnisses von relativ kurzen militärischen Auseinandersetzungen überholt sein dürfte. Die Bevorratung muss also angepasst werden. Was all diese angesprochenen Herausforderungen angeht: Das Sondervermögen in Höhe von 100 Milliarden Euro sollte Abhilfe schaffen, es reicht aber wohl nur bis zum Jahr 2027.[28] Wie die Bundeswehr im Anschluss finanziert werden soll, insbesondere bei Einhaltung des 2-Prozent-Ziels der NATO, ist unklar, die bislang für den Verteidigungshaushalt im Bundeshalt veranschlagten rund 50 Milliarden Euro reichen dafür nicht aus.[29] Denn wenn man vom Bruttoinlandsprodukt von 2023 ausgeht, nämlich 4,19 Billionen Euro, wären 2 Prozent davon über 80 Milliarden Euro, die in die Verteidigung fließen müssten – im Moment erfüllt Deutschland das Zwei-Prozent-Ziel also nur, weil zum regulären Verteidigungshaushalt noch die Ausgaben aus dem Sondervermögen hinzukommen. Neben der Finanzierungsfrage plagt die Bundeswehr der Personalmangel. 2023 dienten in der Bundeswehr gut 181.000 Soldaten und Soldatinnen, das waren gut 1.500 weniger als im Jahr zuvor – die Truppe schrumpft, zwar langsam, aber mit deutlicher Tendenz, obwohl das genaue Gegenteil das erklärte politische Ziel ist. In vielen Bereichen besteht erheblicher Personalmangel, vor allem bei der Marine, aber auch bei der Luftwaffe bleibt die Lage angespannt. Das Durchschnittsalter der Soldaten hat sich erhöht, von 33,5 auf 33,8 Jahre – so die Informationen aus dem Wehrbericht 2024.[30] Immerhin, sagt die Wehrbeauftragte Eva Högl, stehe die Personalgewinnung ganz oben auf der Agenda, und zumindest bei der persönlichen Ausrüstung der Truppe hapere es nicht mehr. Kleiner Fun Fact am Rande: Nun ist die Ausrüstung so umfassend, dass Lagermöglichkeiten fehlen. Tatsächlich gibt es zu wenige Spinde in den Kasernen. Nun ja, irgendwas ist immer! Zusammengefasst lässt sich sagen, dass es wohl schwer wird, die angestrebte Personalstärke von 203.000 Soldaten bis 2031 zu erreichen.

Wie zuvor schon angesprochen, ist neben der Finanzierung und dem Personalmangel die Beschaffung von Material ein großes Problem. Es heißt, die Bundeswehr könne ihre Bündnisverpflichtungen zwar grundsätzlich erfüllen, müsse aber in etlichen Bereichen Einschränkungen hinnehmen. Es gibt immer noch Lücken bei der Beschaffung von Material, Ersatzteilen und Munition – und durch die Abgaben an die Ukraine ist der Mangel noch größer geworden. Denn neben dem Einsatz der Bundeswehr zum Schutz der NATO-Ostflanke, sind Ausrüstungs-, Munitions- und Waffenlieferungen aus Bundeswehrbeständen und durch staatlich finanzierte Lieferungen der Industrie in erheblichem Umfang an die Ukraine gegangen und tun das weiterhin: Panzerhaubitzen, Mehrfachraketenwerfer, Kampfpanzer, Artilleriemunition oder Flugabwehrsysteme. Dazu werden ukrainische Soldaten ausgebildet. In Bezug auf die Beschaffung von Kriegsmaterial werden die Vergabeprozesse zwar durch das Bundeswehrbeschaffungsbeschleunigungsgesetz vorangetrieben, trotzdem lassen sich die Lücken nur mittelfristig schließen.[31] Das Procedere ist komplex: Wenn die Soldaten Bedarf anmelden, geht der Antrag zunächst an das Verteidigungsministerium und das Planungsamt zur Prüfung, im Anschluss kümmert sich das Beschaffungsamt der Bundeswehr um Ausschreibungen und Beschaffungen bei der Industrie. Die Ergebnisse gehen über das Verteidigungsministerium an den Bundestag und die entsprechenden Ausschüsse und erst mit deren Zustimmung kann das Beschaffungsamt das Nötige bestellen. Ein langer Weg! Und das, wo doch die deutsche Rüstungsindustrie zu den leistungsstärksten der Welt gehört – die Produktionsstätten liegen quasi um die Ecke! Rüstungsunternehmen wie Rheinmetall oder KNDS bauen Panzer wie den Leopard 2, der als einer der leistungsfähigsten Kampfpanzer gilt. Bei ThyssenKrupp Marine Systems werden U-Boote produziert, die extrem leise sind – das heißt, dass sie von gegnerischen Sensoren nur sehr schwer erkannt werden können. MBDA und Diehl bieten moderne Raketen an.

Rüstung gibt es in Deutschland sehr viel. Entrüstung darüber eher wenig ...

Auch das Taurus-Waffensystem wird vom Gemeinschaftsunternehmen Taurus Systems GmbH in Deutschland hergestellt, hinter dem der im bayrischen Schrobenhausen ansässige Rüstungskonzern MBDA steht, der zu zwei Dritteln an Taurus Systems beteiligt ist. Ein Drittel hält der schwedische Rüstungshersteller Saab Dynamics. Der Taurus ist ein Marschflugkörper, der sein Ziel, nachdem er von Kampfflugzeugen abgefeuert wurde, selbstständig erreichen kann. Er hat eine Reichweite von ca. 500 Kilometern. Das bedeutet, dass die Piloten nicht unbedingt in den gegnerischen Luftraum eindringen müssen, um ihn abzufeuern – der Taurus kann also Ziele aus weiter Entfernung erreichen. Zudem wird er schwer von einem Radar erfasst und kann daher nicht leicht abgewehrt werden. Die Bundeswehr hat den Taurus schon seit vielen Jahren. Es gibt auch britisch-französische Marschflugkörper, in Großbritannien heißen sie »Storm Shadow«, in Frankreich »Scalp«, die man mit dem Taurus vergleichen kann. Sie werden im Ukraine-Krieg bereits eingesetzt, haben aber mit 250 Kilometern eine geringere Reichweite. Um eine mögliche Lieferung des Taurus-Waffensystems gibt es schon länger Diskussionen – insbesondere um die Frage, ob eine Unterstützung der Ukraine mit dem Taurus zu einer Eskalation des Krieges führen würde. Die USA haben der Ukraine im Herbst 2024 erlaubt, ATACMS-Raketen mit einer Reichweite von bis zu 300 Kilometern gegen bestimmte Ziele einzusetzen. Die Ukraine hat mehrfach gefordert, den Taurus zu bekommen, denn damit könnte sie Ziele weit im Inneren Russlands angreifen. Die Mehrheit der Deutschen ist gegen eine Lieferung von Taurus-Marschflugkörpern, laut ARD-Deutschlandtrend im November 2024 sind 61 Prozent gegen die Lieferung. Nur die Mehrheit der Grünen-Anhänger ist dafür: 51 Prozent der Grünen-Wähler würden eine Lieferung der Taurus-Marschflugkörper an die Ukraine unterstützen.

Doch was spricht für und was gegen den Taurus? Die Befürworter argumentieren, dass es für die Ukraine und den Westen entscheidend sei, dass die Ukraine diesen Krieg gewinnt, weil der russische Präsident bei einem Sieg geneigt sein könnte, auch andere Länder anzugreifen, und die Ukraine daher alle zur Verfügung stehenden Mittel bekommen sollte – auch den Taurus. Zudem sei der Taurus strategisch von Bedeutung, weil er es möglich machen würde, entfernte Stellungen zu zerstören, ohne nah an die Frontlinie heranrücken zu müssen. Die Unterstützer halten die Annahme für übertrieben, dass Deutschland mit der Lieferung des Taurus zur Kriegspartei würde – weil das aus ihrer Sicht nur der Fall wäre, wenn entweder deutsche Soldaten Kampfhandlungen auf ukrainischem oder russischem Boden ausführen würden oder der Bündnisfall durch die Ausweitung der Kämpfe auf einen NATO-Mitgliedsstaat ausgelöst würde. Die vermeintliche Kriegsbeteiligung Deutschlands ist ein Argument der Gegner der Taurus-Lieferung, genauer gesagt die dadurch mögliche Eskalation des Krieges und die Frage, wie der russische Präsident reagieren würde. Sie verweisen in diesem Zusammenhang darauf, dass für den Einsatz des Taurus deutsches Know-how benötigt würde, was für eine Kriegsbeteiligung spreche. Experten halten mit dem Argument dagegen, dass für den Export des Taurus in andere Länder bislang auch keine deutschen Soldaten nötig sind, schließlich würden die Taurus-Marschflugkörper bereits in Länder wie Spanien oder Südkorea exportiert.

Was den Export von Waffensystemen generell angeht, machen die Rüstungskonzerne Airbus, Rheinmetall, KNDS, Hensoldt und die Diehl-Group den größten Umsatz.[32] Die Waffen werden in Deutschland produziert und hauptsächlich exportiert. Deutschland gehört zu den größten Exporteuren konventioneller Waffen weltweit und lag zwischen 2019 und 2023 nach den USA, die mit Abstand die meisten Waffen verkaufen, nach Frankreich, Russland und China auf Platz 5.[33] Im Jahr 2023 sind aus Deutschland so viele Rüstungsgüter exportiert worden wie noch nie zuvor – im Wert von 12,2 Milliarden Euro, darunter 6,4 Milliarden für Kriegswaffen und 5,8 Milliarden für sonstige Rüstungsgüter, zum Beispiel LKWs. Hauptempfängerland war die Ukraine mit Rüstungsexporten im Wert von 4,4 Milliarden Euro, gefolgt von Norwegen, Ungarn, Großbritannien, USA, Polen, Israel, Frankreich, Zypern und Südkorea.[34]

Der Export von Waffen ist in Deutschland seit 1961 über das Kriegswaffenkontrollgesetz geregelt.[35] Es besagt, »dass Waffen, die zur Kriegsführung bestimmt sind, nur mit Genehmigung der Bundesregierung hergestellt, befördert und in den Verkehr gebracht werden dürfen«.[36] Verboten sind demnach die Entwicklung, Herstellung oder der Handel mit Atomwaffen, biologischen und chemischen Waffen sowie Streumunition.[37] Zudem sollen keine Waffen in Krisengebiete oder an Regime geliefert werden, die diese bei militärischen Aggressionen oder zur Unterdrückung der Bevölkerung einsetzen.[38] Um das Kriegswaffenkontrollgesetz zu ergänzen, hatte die Ampel-Koalition die Erarbeitung eines neuen Rüstungsexportkontrollgesetzes im Koalitionsvertrag vereinbart, für das bereits 2022 die Eckpunkte erarbeitet wurden. Demnach sollte sich die deutsche Rüstungsexportpolitik stärker als bisher an friedens-, menschenrechts- und sicherheitspolitischen Zielen ausrichten. Der Zeitplan diesbezüglich ist aber ungewiss.[39] Um Exportgenehmigungen für Kriegsmaterial gibt es immer wieder Diskussionen, zum Beispiel bemängeln Kritiker, dass Genehmigungsprozesse zu unübersichtlich gestaltet wären und der Bundestag unzureichend eingebunden sei, da er nur über die Exporte unterrichtet würde. Mit den Exportgenehmigungen betraut sind diverse Behörden wie das Bundesamt für Wirtschafts- und Ausfuhrkontrolle, das Bundesministerium für Wirtschaft und Klimaschutz und das Bundesministerium für Verteidigung. In letzter Instanz entscheidet dann der geheim tagende Bundessicherheitsrat, dem der Bundeskanzler und die zuständigen Minister angehören. In der Kritik steht besonders der Export an Drittstaaten, also an Staaten außerhalb der NATO und EU, weil dabei in Kauf genommen würde, dass diese Länder Menschenrechtsverletzungen begehen oder sich gegebenenfalls in einem Krieg befänden – wobei Letzteres auch für die Ukraine gilt. Besonders im Fokus standen diesbezüglich Waffenexporte an Ägypten und Saudi-Arabien.[40]

Ein weiterer Grund dafür, dass die Beschaffung von Rüstungsgütern einfach sehr viel Zeit erfordert, ist die mangelnde Planbarkeit für die Industrie. Aus Sicht der Unternehmen lohnt es sich, in Produktionskapazitäten zu investieren, wenn die Aufträge fixiert und langfristig gesichert sind. Wenn aber nicht feststeht, in welcher Stückzahl Produkte abgenommen werden, fällt es Unternehmen schwer, in Vorleistung zu gehen. Dazu kommt, dass seit 2022 bestimmte Arten von Munition so stark nachgefragt werden, dass es zu Lieferzeiten von etlichen Monaten oder sogar Jahren kommt.

Die Zeitenwende sollte alles besser machen. Leider scheint sie mit der Deutschen Bahn anzureisen …

Zusammenfassend bleibt festzustellen: Das Sondervermögen von 100 Milliarden Euro ist eine Chance für die Bundeswehr und damit für die

Sicherheitspolitik in Deutschland. Das Bewusstsein für die Probleme rund um die Bundeswehr und die Bündnisverteidigung ist gewachsen. Dennoch gibt es weiterhin Schwierigkeiten im Hinblick auf die Finanzierung, die Personalgewinnung und die Materialbeschaffung der Bundeswehr. Es stellt sich die Frage, was ein neuer US-Präsident Trump für die NATO-Bündnispartner bedeutet, da er immer wieder betont, dass er einen Austritt aus der Allianz in Betracht zieht, falls die Mitglieder ihre Verteidigungsausgaben nicht erhöhen.

Und die Parteien?

Die **Union** möchte den Etat des Verteidigungsministeriums erhöhen und die europäische militärische Zusammenarbeit stärken, auch indem ein europäischer Raketenabwehrschirm aufgebaut wird. CDU/CSU unterstützen mindestens das Zwei-Prozent-Ziel der Nato. Die Hilfe für die Ukraine möchte die Union intensivieren und auch Waffen liefern. Es soll eine aufwachsende Wehrpflicht eingeführt werden.

Die **SPD** will mindestens 2 Prozent des Bruttoinlandsprodukts in die Verteidigung investieren. Innerhalb der NATO kann sich die SPD vorstellen, dass Deutschland mehr Verantwortung übernimmt. Sie möchte mehr junge Menschen motivieren einen Wehrdienst bei der Bundeswehr zu leisten, große Teile der Partei unterstützen auch einen sozialen Pflichtdienst. Bei Waffenlieferungen an die Ukraine setzt die SPD auf Vorsicht, um eine Eskalation des Krieges zu vermeiden. Zum Beispiel lehnt die SPD die Lieferung des Waffensystems Taurus ab. Die Partei setzt sich für eine Rüstungskontrolle in Europa ein. Eine Welt ohne Atomwaffen soll das Ziel bleiben.

Die **Grünen** setzen darauf, Frieden und Freiheit zu verteidigen. Sie stehen fest an der Seite der Ukraine und wollen das Land weiterhin militärisch unterstützen. Die Partei steht zu den Bündnisverpflichtungen und will dauerhaft deutlich mehr als 2 Prozent des BIP in Sicherheit und Verteidigung investieren – und zwar mittelfristig über eine höhere Kreditaufnahme. Gleichzeitig wollen die Grünen Abrüstungsinitiativen und Rüstungskontrollen vorantreiben. Der freiwillige Wehrdienst und die Reserve sollen attraktiver werden, um die Verteidigungsfähigkeit sicherzustellen.

Die **FDP** lehnt eine Wehrpflicht ab und möchte stattdessen die Reserve stärken und Reservisten mehr fortbilden. Außerdem soll die Bundeswehr für die Personalgewinnung mehr Zugang zu Schulen erhalten. Die Partei möchte die militärische Hilfe für die Ukraine intensivieren und auch das Waffensystem

Taurus liefern. Die FDP will am Zwei-Prozent-Ziel der NATO festhalten und ist bereit, bei Bedarf auch darüber hinaus in die Verteidigung zu investieren und mit den NATO-Partnern über ein Drei-Prozent-Ziel zu sprechen. Wichtiger ist ihr aber, zu einer effizienten europäischen Zusammenarbeit der Streitkräfte, insbesondere bei der Rüstungsbeschaffung, zu gelangen. Langfristig muss überlegt werden, ob es wirklich 27 Armeen in der Europäischen Union braucht. Mehr Europa bedeutet bei der Verteidigung mehr Sicherheit und geringere Haushaltsbelastungen für jeden einzelnen Mitgliedstaat.

Die **Linke** kritisiert die steigenden Rüstungsausgaben und eine zunehmende Militarisierung. Sie lehnt Auslandseinsätze und den Export von Waffen ab, besonders in Kriegs- und Krisengebiete. Im Ukraine-Krieg setzt sie sich für zielgerichtete Sanktionen gegen Russland und für eine internationale Initiative für Friedensverhandlungen ein. Auch kritisiert die Partei, dass Minderjährige für die Bundeswehr rekrutiert werden, und lehnt das »Werben fürs Sterben« in Schulen ab. Sie setzt sich dafür ein, dass die NATO von einem möglichst umfassenden Sicherheitsbündnis abgelöst wird. Sie fordert, dass Deutschland den Atomwaffenverbotsvertrag der UN unterzeichnet. Die Bundeswehr soll zu einer reinen Verteidigungsarmee umgebaut werden.

Die **AfD** lehnt die Schaffung einer europäischen Armee ab, ebenso wie den Einsatz deutscher Streitkräfte für fremde Interessen. Die Partei möchte die Wehrpflicht wieder einführen. Die Ukraine-Hilfen sieht die AfD sehr kritisch, da sie Deutschland zur Konfliktpartei mache und die Sicherheitslage in Europa verschärfe. Die AfD möchte keine weitere militärische Hilfe leisten. Sie plädiert für eine Entspannung im Verhältnis zu Russland. Sie will die Mitgliedschaft der Türkei in der NATO beenden und lehnt einen Beitritt der Türkei zur EU ab.

Das **BSW** steht der NATO sehr kritisch gegenüber und möchte lieber eine Sicherheitsarchitektur in Europa, die mit Russland zusammenarbeitet. Die Waffenlieferungen an die Ukraine lehnt das BSW ab – genauso wie die Lösung von Konflikten mit kriegerischen Mitteln generell. Es sollen nicht immer mehr Ressourcen in Waffen und Kriegsgerät fließen, atomare Aufrüstung soll beendet werden. Die Partei ist gegen die Stationierung von US-Mittelstreckenraketen in Deutschland. Die Bundeswehr hat laut BSW den Auftrag, das Land zu verteidigen und muss dafür gerüstet sein. Den Einsatz deutscher Soldaten in internationalen Konflikten lehnt die Partei aber ab. Für die Ukraine will die Partei Bemühungen um einen Waffenstillstand und Friedensverhandlungen.

KAPITEL 19

»Im Moment ist es noch relativ ungefährlich, für die Bundeswehr zu sein!«

Interview mit General a. D. Wolfgang Schneiderhan

Wolfgang Schneiderhan ist Deutscher General a. D., war von 2002 bis 2009 Generalinspekteur der Bundeswehr und ist seit 2017 Präsident des Volksbundes Deutsche Kriegsgräberfürsorge.

Trotz Sondervermögen und Zeitenwende hat die Bundeswehr weiter Probleme, kriegstauglich zu werden. Woran liegt das aus Ihrer Sicht?

Wolfgang Schneiderhan: Es ist nicht nur ein finanzielles und materielles Problem, es gibt immer noch ein Problem mit der Wahrnehmung der Bundeswehr in der Öffentlichkeit. Wie tauglich man die Bundeswehr auch macht – wenn die Gesellschaft nicht willens ist, für die Verteidigung von Demokratie und unserer Lebensordnung einzutreten, dann nützt die beste Bundeswehr nichts! Die Bundeswehr muss den Auftrag erfüllen, der ihr erteilt wird, und dazu braucht sie tüchtige Frauen und Männer, die sich dafür einsetzen und diesen Beruf ergreifen.

Die Bundeswehr hatte lange keinen besonders großen Rückhalt innerhalb der Bevölkerung. Neue Umfragen zeigen doch aber, dass sich die Zustimmung erhöht hat?

WS: Der Rückhalt wird größer, ich hoffe nur, dass das auch langfristig der Fall ist. Im Augenblick ist es noch relativ ungefährlich, für die Bundeswehr zu sein. Wie ernst das gemeint ist, wird sich erst zeigen, wenn die Erfüllung des Auftrags von außen erzwungen wird.

Zuletzt gab es ja die Diskussion, ob die Bundeswehr als mögliche Friedenstruppe in der Ukraine eingesetzt werden könnte. Würde das die Stimmung im Land verändern?

WS: Ich glaube nicht, dass das jetzt zur Debatte steht, da sollten wir Alarmismus vermeiden. Entscheidend ist, dass wir die Bedrohung aus Russland richtig wahrnehmen müssen, also eine Bedrohung, die nicht nur geografische, sondern auch strategische Dimensionen hat. Es geht dabei nicht um ein paar Kilometer Land, es ist ein Angriff auf unsere freiheitlich demokratische Grundordnung. Die russische Bedrohung ist der Ernstfall, mit dem wir uns jetzt auseinandersetzen müssen. Laut der Aussagen vom Generalinspekteur und vom Verteidigungsminister haben wir noch etwas Zeit, um eine nachhaltige und glaubwürdige Abschreckung aufzubauen. Die Zeit müssen wir nutzen. Aber ein Einsatz bleibt immer noch theoretisch und solange er das ist, kann man ihm leicht zustimmen. Und bei der Zustimmung muss man unterscheiden, um welche Altersgruppen es geht. Die Älteren sind eher dafür als die Jüngeren, das liegt natürlich an der möglichen Betroffenheit. Es ist ja nicht mehr so wie früher, als es Familien mit sechs Kindern gab und eines davon »im Krieg geblieben« ist. Auch dies ist ein Umstand, der bedacht werden muss, wenn es um den personellen Aufwuchs der Bundeswehr geht.

Diesbezüglich gibt es wieder die Diskussion um Bundeswehrbesuche an Schulen.

WS: Das ist die alte Diskussion, die hatte ich schon als Jugendoffizier 1972! Die Zeiten haben sich geändert. Die Jugendoffiziere, die in Schulen gehen, machen keine Nachwuchs-Werbung. Sie sollen auf den Gedanken aufmerksam machen, dass man für die Abschreckung eine gute Armee braucht. Und eine Gesellschaft, die sich wehren wird, wenn ihr ein anderes System aufgezwängt werden soll bzw. das jetzige in Gefahr gerät. Darüber sollte man mit jungen Leuten kompetent reden. Angst vor der Militarisierung der Gesellschaft ist ein schlechtes Argument. Wir sind eine postheroische Gesellschaft geworden, die kriegerische Konflikte weitestgehend verdrängt hat in einer langen Phase des Friedens. Es gibt großen Bedarf, die heutigen Realitäten zur Kenntnis zu nehmen.

Wie stehen Sie zum neuen Wehrdienst?

WS: Dass jetzt erfasst werden soll, wer möglicherweise fähig ist, den Wehrdienst abzuleisten, ist gut. Aber die Aussetzung der Wehrpflicht ist nicht so einfach wieder aufzuheben, dieser Prozess ist sehr komplex: Juristisch, gesellschaftlich, materiell, personell. Die Diskussion muss noch weitergeführt werden, die ersten Gedanken gehen in die richtige Richtung.

Im Moment geht es um Abschreckung, aber es bleibt die Frage, ob wir, wenn der Ernstfall früher eintreten würde, kriegstauglich wären. Sind wir es?

WS: Wir könnten keinen Krieg gegen Russland an der deutschen Grenze oder an der NATO-Grenze im Norden alleine und erfolgreich führen, das ist aber auch nicht das Ziel. Mir gefällt nicht, dass man die Bundeswehr isoliert betrachtet. Die Bundeswehr muss innerhalb des Bündnisses ihren glaubwürdigen und verlässlichen Beitrag leisten. Deutschland wird nicht darauf vorbereitet, alleine in einen Krieg gegen Russland zu ziehen. Kriegstauglichkeit ist nur im Rahmen eines Bündnisses zu verstehen.

Es gibt drei große Probleme: die Finanzen, die Truppe und das Material. Was die Truppenstärke angeht, stehen wir in der NATO auf Platz 6, trotzdem altert und schrumpft die Bundeswehr. Wie können wir dem entgegenwirken?

WS: Das wird schwer. Abrüsten geht schnell, wieder aufwachsen dauert – aus demografischen Gründen, der Altersstruktur, der gesellschaftlichen Entwicklung. Aber die wichtigste Frage: Wie gewinnen wir wieder

Reserven? Früher ist eine bestimmte Anzahl an Soldaten pro Jahr ausgeschieden und in einen Reservistenstatus verschoben worden. Im Augenblick kommen aber zu wenige in den Reservestatus. Wie gewinnt man kriegstaugliche Reservisten, die mit der Bundeswehr sozialisiert und aufgewachsen sind? Die Herausforderung heißt: Aktive Soldaten und Reservisten zu einer kriegstauglichen Armee zu machen.

Wenn wir es schaffen, die Truppe zu vergrößern, was bringt es uns, wenn wir kein Material haben?

WS: Kein Material ist mir zu scharf formuliert! Aber wir dürfen nicht vergessen, dass wir gerade viel in die Streitkräfte der Ukraine investieren, und zwar aus den Beständen. Wie ersetzt man das, was wir richtigerweise abgeben, alleine oder im Verbund mit anderen?

An der Beschaffung hapert es. Warum ist das so kompliziert?

WS: Unser System ist kompliziert, es lohnt sich zu prüfen, wie die Zuständigkeiten besser geregelt werden können. Man sollte schauen, was man auf dem internationalen Markt kaufen kann und was man selbst herstellen muss, um industrielle Fertigkeit und Ingenieurswissen in unserem Land zu halten. Das sind komplexe Fragestellungen. Der Bundeshaushalt ist kompliziert mit den Anmeldungen des Bedarfs und der parlamentarischen Bewilligung. Die parlamentarische Kontrolle ist richtig und gut, aber die bürokratischen Abläufe müssen verbessert werden.

Liegt es an den gesetzlichen Vorgaben oder vielleicht auch an der Vetternwirtschaft?

WS: Vetternwirtschaft würde ich das nicht nennen, aber eine ausgedehnte Partizipation an diesen Prozessen, die gibt es schon. Manche meinen, je mehr man international macht, desto besser und schneller wird es. Das stimmt so nicht, denn da treffen unterschiedliche Wirtschaftssysteme aufeinander. Und dann gibt es noch den Drang zur Goldrandlösung, dass man immer weiter optimiert und perfektioniert. Zukunftsorientiert zu planen und zu beschaffen, das ist die Herausforderung. Cybersicherheit und hybride Kriegsführung sind da zwei Stichworte.

Die Rüstungsindustrie soll gestärkt werden, es sollen moderne Waffensysteme selbst entwickelt und produziert werden. Wie ambitioniert ist das?

WS: Sehr ambitioniert, aber wir haben eben keine Staatswirtschaft. In vielen Bereichen sind wir im Wettbewerb mit anderen Bedarfsträgern. Man muss schauen, was man optimieren kann, und innovativ sein in Bereichen, wo es keine Blaupause gibt. Die Abwehr gegnerischer Drohnen zum Beispiel fordert innovatives Vorgehen, Da sehe ich einen größeren Nachholbedarf als in der Frage der Weiterentwicklung von Panzern und Panzerhaubitzen.

Es soll mehr europäische Rüstungs- und Beschaffungsvorhaben geben. Wird das funktionieren?

WS: Wir haben ja seit zig Jahren die European Defence Agency.[1] Viele Leuchttürme haben wir aber nur auf dem Papier. Es ist schwierig, gemeinsam entschlossen vorwärts zu kommen, weil immer wieder die nationalen Interessen eine Rolle spielen. Unser Bündnis ist auf Partizipation und Abstimmung ausgelegt, das ist kein autoritärer Laden, in dem einer sagt, wie es läuft. Europa ist kein Musterbeispiel für eine gelungene Abstimmung! Auf der anderen Seite geht es eben auch nicht alleine. Es gibt viele Abhängigkeiten, gerade bei den Ressourcen. Je mehr die nationalen Interessen dominieren, desto schwieriger wird es. Und wenn Bündnispartner dann auch noch alte Rivalitäten wieder ausgraben, die mit der aktuellen Situation nichts zu tun haben, sondern mit autoritären Vorstellungen, dann wird es besonders schwierig.

Nach dem Ende des Kalten Kriegs hieß es, Deutschland sei umzingelt von Freunden, und das führte zur Abrüstung. Darf man diesen Fehler nicht wiederholen?

WS: Den Fehler wird man nicht mehr machen! Natürlich sind um uns herum nur Verbündete, lassen wir die Schweiz mal außer Acht. Und wir sind nicht mehr Frontstaat, das hat sich in der Geografie für uns geändert. Trotzdem müssen wir im Verbund denken, da hat jeder seine Rolle. Wenn man liest, dass wir im Bereich der Heranführung von Reserven und Nachschub die Drehscheibe geworden sind, ob es jetzt in den Osten oder den Norden geht, an die Frontstaaten, die baltischen Staaten, Polen, dann haben wir eine bedeutende Rolle. Wir müssen ja sicherstellen, dass die Alliierten auch das tun können, was sie tun müssen, damit der Verbund funktioniert. Wir brauchen keine nationalistische Optimierung der deutschen Streitkräfte, sondern eine Optimierung der Rolle im Bündnis zur Abschreckung.

Glauben Sie, dass Russland bereit ist, den Westen anzugreifen?

WS: Was wir erleben, ist eine dramatische Entwicklung, auch für Menschen wie mich, die schon mal weiter waren in der Kommunikation mit Russland. Wie oft haben wir gesagt, Sicherheit in Europa gibt es nur mit Russland! Das ist zerstört worden durch die imperialistische Zielsetzung von Russland. Da geht es nicht um Glauben, sondern um die Frage der Fähigkeiten. Man muss Fähigkeiten und Absichten trennen. Bis zum Februar 2022, Tage vor dem russischen Angriffskrieg, haben ja viele nicht geglaubt, dass hinter den Aktivitäten wirklich die Absicht eines Angriffs steht. Die Fähigkeiten kann man zählen, aber die Intention zu erkennen, ist sehr schwierig. Es ist schwieriger geworden, weil neue Spieler mitmachen. Es ist nicht mehr die NATO gegen den Warschauer Pakt, auch nicht mehr der Westen gegen die Sowjetunion. Viele nutzen dieses Ringen auch durch die Unterstützung Russlands aus, um ihrerseits ihre imperialistischen oder autoritären Absichten umzusetzen. Und was heißt, »den Westen anzugreifen«? Das ist ein Bild aus der Vergangenheit. »Westen« ist unsere Weltordnung, unser freiheitliches System. Und angreifen bedeutet nicht nur, mit Panzern überfallen zu werden. Der Angriff läuft auf einigen Feldern bereits.

Was sagt die Länge des Krieges über Russlands Kriegstauglichkeit aus?

WS: Putin hat wohl nicht damit gerechnet, dass sich die Ukraine so erfolgreich wehren wird. Er hat Material, er hat Reserven und er braucht keine gesellschaftliche Rücksicht zu nehmen. Das ist ein gewaltiger Unterschied zu freien Ländern, die in solchen Szenarien agieren müssen. Ein Diktator führt leichter Krieg, in einem demokratischen Staat müssen die Menschen damit einverstanden sein, dass ihre Freiheit verteidigt wird. Die Unterschiede sind so gravierend, dass man keine voreiligen Schlüsse ziehen sollte. Es ist überraschend, wie schwer Russland sich an mancher Stelle tut, auf der anderen Seite hat es vermutlich die größeren Reserven. Aber die Durchhaltefähigkeit auf lange Sicht ist schwer zu beurteilen, auch bei der Ukraine. Russland verbindet den sogenannten klassischen Kriegseinsatz mit gnadenlosem Terror gegen die ukrainische Zivilbevölkerung.

Sollte die Ukraine den Taurus bekommen?

WS: Ich habe keine Informationen, die mir erlauben, diese Frage mit ja oder nein zu beantworten. Eine sorgfältige politische Abwägung, auch auf militärischen Ratschlag begründet, ist angemessen und richtig, gleichzeitig angesichts der schwer zu berechnenden Eskalationsgefahr auch äußerst schwierig. Wenig hilfreich erscheint es mir aber, durch parteipolitische Auseinandersetzungen dieses System zur »Wunderwaffe« hochzureden. Dieser Krieg wird – hoffentlich bald – durch andere Mittel entschieden.

KAPITEL 20

Gleichberechtigung

Muss einmal Weltfrauentag im Jahr reichen?

Die Gleichberechtigung von Frauen und Männern, oder wie wir sagen: Agenda 3010 …

Jetzt haben wir in diesem Buch schon über etliche Themen gesprochen und ab und an ging es um den Vergleich von Frauen und Männern – bislang allerdings eher am Rande und meistens im Zusammenhang mit Zahlen: Wie hoch ist der Frauenanteil bei der Bundeswehr? Er liegt nur bei gut 13 Prozent.[1] Nur jede dritte Führungskraft in der Wirtschaft der Europäischen Union ist weiblich, wobei gut 46 Prozent aller Erwerbstätigen in der EU Frauen sind.[2] Und was die Rente angeht, stehen Frauen auch schlechter da. Zum Vergleich: 2023 bezogen Frauen, die älter als 65 Jahre waren, im Schnitt Einkünfte in Höhe von gut 18.500 Euro jährlich, bei Männern lag der Durchschnittswert bei über 25.000 Euro.[3] Ein Fünftel der Frauen ab 65 Jahren galt im Jahr 2023 als armutsgefährdet[4]. Besonders hoch ist die Differenz zwischen Männern und Frauen bei der Summe, die sie in ihrem gesamten Erwerbsleben verdienen. Wenn eigener Nachwuchs im Spiel ist, liegt das Lebenserwerbseinkommen von Frauen, so die Bertelsmann-Stiftung zum Gender Lifetime Earnings Gap, nicht mal bei der Hälfte von dem, was Männer erwirtschaften[5].

Was sagen uns diese Zahlen über die Gleichberechtigung? Es ist offensichtlich noch einiges zu tun! Und im Moment ist die Diskussion wieder brandaktuell. In Afghanistan etwa müssen Frauen wieder ihre Gesichter verhüllen, im Iran kämpfen sie um ihre Freiheit, die Zahl der Femizide in Deutschland nimmt zu und in Südkorea lehnt die radikalfeministische 4B-

Bewegung jede Intimität mit Männern ab. Im deutschen Grundgesetz steht, dass es Gleichberechtigung zwischen Frauen und Männer geben soll, so heißt es in Artikel 3, Absatz 2: »Männer und Frauen sind gleichberechtigt. Der Staat fördert die tatsächliche Durchsetzung der Gleichberechtigung von Frauen und Männern und wirkt auf die Beseitigung bestehender Nachteile hin.«[6]

Ein ironisch anmutender Fakt: Als das Grundgesetz geschrieben wurde, waren von den 65 Beteiligten im Parlamentarischen Rat nur vier Frauen. Und ursprünglich enthielt Artikel 3 auch nur den Satz: »Alle Menschen sind vor dem Gesetz gleich.« Doch die Sozialdemokratinnen Elisabeth Selbert und Friederike Nadig setzten die Aufnahme des zweiten Absatzes, »Männer und Frauen sind gleichberechtigt«, durch.[7] Übrigens wurden zwei wichtige – und vor allem etwas konkretere – Formulierungsvorschläge, nämlich dass eheliche und uneheliche Kinder gleichgestellt werden sollen und zwischen den Geschlechtern Lohngleichheit herrschen soll, abgelehnt. Kein Wunder, war die Zeit doch geprägt von einem patriarchalischen Ehe- und Familienverständnis.

Patriarchal, was heißt das eigentlich? Der Begriff »Patriarchat« kommt aus dem Altgriechischen und heißt so viel wie »Vaterherrschaft« – also eine Gesellschaftsform, die von Männern dominiert ist. Entstanden ist dieses Phänomen erst, als die Menschen sesshaft wurden. Vorher, als durch das Jagen und Sammeln noch beide Geschlechter für die Versorgung und das Überleben der Gruppe verantwortlich waren, gab es, was die Aufgaben anging, keinen Unterschied zwischen Männern und Frauen.[8] Der Historiker Kai Michel sagt sogar, dass die Solidarität der Geschlechter das eigentliche Erfolgsgeheimnis war und die Definition der Frau als schwaches Geschlecht eine Kulturerfindung ist.[9] Wir waren also schon mal auf einem guten Weg, doch dann sind wir quasi falsch abgebogen in die Sesshaftigkeit. Die brachte zwar Vorteile mit sich – die Menschen hatten durch Ackerbau und Viehzucht beispielsweise zuverlässige Nahrungsquellen –, die Frauen bekamen aber mehr Kinder und landeten sozusagen schon damals in einer Doppelbelastung. Auch das kommt uns bekannt vor, oder? History repeats itself! Die Frauen waren weiterhin auf dem Feld tätig, mussten sich gleichzeitig aber um einen Haufen Kinder kümmern und ihre Lebenserwartung sank. Gleichzeitig gab es in der neuen Behausung mehr zu verteidigen, sodass die Männer dortblieben, die Frauen zu ihnen zogen und dann ohne soziales Netzwerk in einer schwachen Position landeten. Zudem führte der zunehmende Besitz zu Kriegen um Ressourcen, aus denen die Männer als Helden hervorgingen und sich feiern lassen durften. Männliche Machtkämpfe und Gewalt bekamen ein positives Image, die Frau geriet in den Hintergrund – und schon war die Grundlage für das Patriarchat geschaffen.

Männer sind besser als Frauen – dafür gibt es angeblich auch wirklich gute Gründe. Aber ein Männerclub-Gesetz von 823 v. Chr. verbietet es Männern, mit Frauen darüber zu reden …

In der Folge verfestigte sich das Bild von der Frau als schlechtere Version des Mannes.[10] Wie beschrieb der Philosoph Aristoteles die Minderwertigkeit der Frau doch wenig charmant: »Weibchen sind verkrüppelte Männchen.«[11] Frauen wird also weniger zugetraut und auch weniger erlaubt, sie haben keinen Einfluss auf Entscheidungen, keinen Zugang zu Bildung, keine Teilhabe. Und selbst wenn Frauen aus dem Schatten treten, werden sie zurückgedrängt. Die Unterdrückung der Frau zieht sich also durch die Geschichte der Menschheit – so die Kurzform.[12] Und heute? Feministinnen bemühen sich zugunsten der Emanzipation darum, etwas zu ändern. Dabei mussten und müssen sie jede Menge einstecken, Vorurteile gibt's ja genug: Feministinnen hassen Männer, sind nur schwache Frauen, die sich über Männer ärgern, wollen keine Kinder und lehnen Familie ab – und überhaupt ist Feminismus doch auch gar nicht mehr aktuell.[13] Der Begriff beschreibt das gesellschaftliche Bestreben, die Rechte von Frauen zu stärken und eine Gleichberechtigung von Frauen und Männern zu erreichen, beispielsweise mithilfe einer sozialpolitischen Bewegung zur Förderung von Frauenrechten mit dem Ziel, das Patriarchat zu überwinden.[14] Und das nimmt mitunter durchaus extreme Ausmaße an.

In Südkorea sorgt seit Jahren eine radikalfeministische Bewegung für Diskussionen, die das Patriarchat abschaffen will. Ihr Name 4B steht für vier Gebote: bisekseu (kein Sex mit Männern), biyeonae (keine Beziehungen mit Männern), bichulsan (keine Geburt) und bihon (keine heterosexuelle Ehe). Frei interpretiert: Wenn Sex und Liebe passé sind, lernt die Gesellschaft vielleicht etwas und passt sich an.[15] Was erstmal schräg anmutet, hat durchaus einen ernsten Hintergrund. Südkorea ist von einer ausgeprägten patriarchalen Kultur geprägt, Frauen werden dort als minderwertig angesehen, es gibt – auch durch ein hohes Lohngefälle – Geschlechterdiskriminierung am Arbeitsplatz, und auch wenn sich Südkorea auf dem Weg zu einem modernen Land befinden mag, Gleichstellung gibt es dort noch nicht.

Die 4B-Bewegung hat mittlerweile schon Ableger in anderen Ländern wie den USA, dort unter anderem wegen der verschärften Maßnahmen gegen Abtreibung nach der Aufhebung von »Roe v. Wade«: Das war ein Urteil des Obersten Gerichtshofs in den USA von 1973, das ein weitgehendes Recht auf Abtreibung einräumte. Frauen hatten demnach gemäß der US-Verfassung prinzipiell das Recht, selbst zu entscheiden, ob sie eine Schwangerschaft abbrechen wollten. Im Juni 2022 kippte der mittlerweile konservativ dominierte Supreme Court aber das landesweite Recht auf Abtreibung.[16] Ein Grund für Frauen in den USA, sich ebenfalls für 4B zu engagieren, für das Recht über den eigenen Körper. Auslöser für die Bewegung in Südkorea war allerdings ein Femizid im Jahr 2016: Damals hatte ein Mann eine Studentin erstochen – mit der Begründung, dass Frauen ihn häufig ignoriert hätten.

Femizide – wenn ich dich nicht haben kann ...

Bei Femiziden geht es um unterschiedliche Formen von Sexismus im Zusammenhang mit tödlicher Gewalt gegen Frauen und Mädchen. Die feministische Soziologin Diana E. H. Russell hatte den Begriff 1976 beim internationalen Tribunal gegen Gewalt an Frauen eingeführt. Sie wollte darauf hinweisen, dass Frauen oft im Kontext von Machtdynamiken wie Sexismus und Misogynie, also Feindseligkeit gegen Frauen, getötet werden. Einfach ausgedrückt: Frauen werden von Männern umgebracht, weil sie Frauen sind.[17] Femiziden geht voran, dass Gewalt gegen Frauen oft gesellschaftlich verharmlost wird. Erfolgreiche Musiker prahlen zum Beispiel in ihren Songs damit, wie schlecht sie ihre Frauen behandeln. In den sozialen Medien lassen sich Männer von Gleichgesinnten feiern, wenn sie Frauen unterdrücken. Sogenannte »Alpha Males« treten Frauen gegenüber dominierend auf, »Incels« werden Männer genannt, die nach eigenen Angaben unfreiwillig im Zölibat leben und deshalb einen Hass auf Frauen entwickeln. Sie glauben daran, ein Anrecht auf Sex zu haben, und da sie sich dieses Rechts beraubt sehen, werden sie teilweise wütend und gefährlich. In den vergangenen Jahren gab es in den USA mehrere Attentate, die in Verbindung mit der Incel-Community standen.[18]

Die im Netz gezeigte Gewalt kann sich also auch in der Realität entladen. Weltweit nimmt die Gewalt gegen Frauen zu. Laut einer Statistik der UN gab es 2023 weltweit 85.000 Femizide. In 60 Prozent der Fälle waren die Täter Partner oder Angehörige der Frauen. In Afrika war die Zahl der getöteten Frauen mit 21.700 Fällen besonders hoch. Die UN fordert sofortige Maßnahmen, um die Situation von Frauen zu verbessern, vor allem eine Null-Toleranz-Kultur und mehr Mittel für Frauenrechtsorganisationen.[19] Auch in Deutschland sind die Zahlen verheerend: 2023 waren 32,3 Prozent aller Opfer von Tötungsdelikten weiblich. Der Anteil an weiblichen Opfern, die im Zusammenhang mit partnerschaftlichen Beziehungen getötet wurden, liegt bei 80,6 Prozent. Es gab 360 vollendete Taten, also starb fast jeden Tag eine Frau oder ein Mädchen.[20] Darüber hinaus werden viele Taten erst gar nicht angezeigt, es existiert also eine hohe Dunkelziffer. Gewalt gegen Frauen ist alles andere als eine Randerscheinung, über 14.000 Frauen und über 16.000 Kinder und Jugendliche suchten 2023 Schutz in Frauenhäusern, so eine bundesweite Frauenhaus-Statistik.[21] Femizide geschehen meistens in den eigenen vier Wänden. Die Deutsche Gesellschaft für die Vereinten Nationen geht sogar so weit zu sagen: »Zuhause – der gefährlichste Ort für viele Frauen.«[22]

Meistens stecken hinter dem Motiv stereotype Geschlechterrollen und soziale Normen, ungleiche Machtverhältnisse zwischen Männern und Frauen und strukturelle Diskriminierung von Frauen und Mädchen. Die Täter kommen dabei aus dem engsten Umfeld, es gibt aber auch Täter außerhalb des engeren Familien- und Bekanntenkreises, beispielsweise bei Hassverbrechen, also solchen, die durch Vorurteile, Hass oder Diskriminierung motiviert sind. In 65 Prozent der Fälle sind es allerdings aktuelle oder ehemalige Partner. Besonders gefährdet sind Frauen in Trennungs- und Scheidungssituationen, weil Männer dann oft ein Gefühl von Kontrollverlust erleben. Zum Beispiel wurden 2022 133 Frauen Opfer von tödlicher Gewalt in der Partnerschaft – und zwar innerhalb aller Bildungs- und Gesellschaftsschichten. Die Hintergründe sind im Einzelnen zwar unterschiedlich, aber häufig führen männliche Besitzansprüche, patriarchal geprägte Denkmuster und tradierte Rollenbilder zu Tötungen. International verpflichten sich viele Länder dazu, die Gewalt gegen Frauen und häusliche Gewalt zu bekämpfen. So wurde etwa 2011 die sogenannte Istanbul-Konvention[23] unterzeichnet, die offiziell »Übereinkommen des Europarats zur Verhütung und Bekämpfung von Gewalt gegen Frauen und häuslicher Gewalt« heißt. 13 Mitgliedsstaaten des Europarats unterschrieben sie – Deutschland hat sie 2017 ratifiziert, hinkt den Forderungen aber hinterher, so die Expertengruppe GREVIO[24]. Diesbezüglich hatten sich SPD und Grüne Ende 2024 auf ein Gewalthilfegesetz geeinigt, das sie noch verabschieden wollten.

In der Praxis werden Täter häufig nicht wegen Mordes, sondern wegen Totschlags oder Körperverletzung mit Todesfolge verurteilt. Denn im deutschen Strafrecht existiert aktuell kein Instrument, das Femizide explizit als solche anerkennt und Täter danach bestraft. Teils werden gewalttätige Aktionen, die vor der Tötung stattgefunden haben, nicht berücksichtigt oder sogar mildernd gewertet, weil die Trennung einen Mann in einen emotionalen Ausnahmezustand versetzt haben könnte. Patriarchale Strukturen zeigen sich dann sogar in der Rechtsprechung.[25] Kritiker bemängeln, dass Gewalt gegen Frauen verharmlost wird, wenn die Straftat nicht explizit benannt wird. Immer wieder taucht die Bezeichnung »Beziehungstat« im Zusammenhang mit solchen Verbrechen auf und relativiert schwere Gewalt gegen Frauen – nämlich Mord, Vergewaltigung, Totschlag.

Die Angst von Frauen zeigt sich auch an anderer Stelle: Laut einer bundesweiten Studie des Bundeskriminalamts von 2021/22 schätzen Frauen die Wahrscheinlichkeit, Opfer sexueller Belästigung zu werden, deutlich höher ein als Männer. Und auch hinsichtlich des Schutz- oder Vermeidungsverhaltens gibt es deutliche Unterschiede. Frauen passen ihr Verhalten wesentlich häufiger an, um sich vor Übergriffen zu schützen. Über die Hälfte der Frauen verzichtet darauf, den öffentlichen Personennahverkehr nachts zu nutzen, ebenso werden bestimmte Straßen oder Parks in der Dunkelheit gemieden und Frauen weichen fremden Personen bei Nacht aus.[26] Bei der Prävention wird zwar zu Recht auch darauf gesetzt, Frauen zu schützen und ihnen Mittel an die Hand zu geben, sich zu wehren. Doch der Fokus liegt häufig auf den Opfern und weniger auf denjenigen, die die Gewalt ausüben. Gefährdete Männer und männliche Jugendliche werden durch Präventionsmaßnahmen kaum erreicht. Es braucht also Engagement auf verschiedenen Ebenen. Aufklärung und Sichtbarkeit auf der einen Seite, doch Taten dieser Art müssen auch als das benannt werden, was sie sind: Gewalt gegen Frauen. Und diese Gewalt sollte nicht weiterhin kleingeredet werden.

Die Autorin und Journalistin Susanne Kaiser, die sich seit vielen Jahren mit Geschlechterrollen beschäftigt, betrachtet die zunehmende Gewalt mit Sorge und sieht als Ursache auch ein patriarchales Tabu, über strukturelle

Gewalt zu sprechen, stattdessen würden solche Gewalttaten häufig nur als Einzelfall betrachtet. Diese These bestätigt auch der Trendreport der Otto-Brenner-Stiftung, der die Berichterstattung über Gewalt gegen Frauen analysiert hat. Demnach werden Gewalttaten gegen Frauen hauptsächlich als isolierte Einzeltaten dargestellt, strukturelle Ursachen und Präventionsmöglichkeiten werden selten zum Thema gemacht. Gerade bei Partnerschaftsgewalt stünden die Motive des Täters im Fokus, die Perspektive der Opfer hingegen käme selten zur Sprache.[27] Dazu kommt, dass es hinsichtlich der allgemeinen Gleichberechtigung einen progressiven Diskurs gebe, der den Anschein erwecke, die Gleichberechtigung zwischen Männern und Frauen sei schon längst erreicht, obwohl das tatsächlich nicht der Fall sei.[28]

Das zeigt sich teils auch in der Wahrnehmung der Bevölkerung: Laut einer Umfrage aus dem Frühjahr 2024 sind 53 Prozent der Deutschen der Meinung, die Gleichberechtigung von Männern und Frauen sei stark verwirklicht, nach Geschlechtern unterschieden sagen das 59 Prozent der Männer und 48 Prozent der Frauen.[29] Beim Global Gender Gap Index 2024 allerdings hat sich Deutschland im Vergleich zu 2023 um einen Platz verschlechtert. Der Index wurde vom World Economic Forum (WEF) eingeführt und soll Unterschiede zwischen Männern und Frauen in zentralen Lebensbereichen messen. Es geht dabei um wirtschaftliche Teilhabe und Chancen, Bildung, politische Teilhabe und Gesundheit. 2024 landete die Bundesrepublik auf Platz 7. Ein bestehendes Problem: Es gibt zu wenige Frauen in Führungspositionen. Vor allem in wichtigen Zukunftstechnologien ist das Geschlechterverhältnis unausgewogen und dort bleibt auch die Gender-Pay-Gap groß.[30]

Frauen werden immer noch schlechter bezahlt als Männer. Würden sie besser bezahlt werden als diese, wäre das ja auch ein Verstoß gegen die Gleichberechtigung …

Die Gender-Pay-Gap bezeichnet die Lohnlücke zwischen Männern und Frauen und ist ein Indikator für die wirtschaftliche Ungleichheit. Man unterscheidet dabei zwischen dem unbereinigten Pay-Gap, der den allgemeinen Lohnunterschied beschreibt, ohne Beruf, Arbeitszeit oder Berufserfahrung zu berücksichtigen, und dem bereinigten Pay-Gap, der zeigt, wie groß der Unterschied ist, wenn Männer und Frauen in vergleichbaren Positionen mit ähnlichen Qualifikationen arbeiten. 2023 lag der unbereinigte Pay-Gap in

Deutschland bei 18 Prozent, Frauen haben also durchschnittlich 18 Prozent weniger verdient als Männer. Konkrete Zahlen: Der Bruttoverdienst pro Stunde lag bei Männern bei 25,30 Euro, bei Frauen betrug er 20,84 Euro. In Ostdeutschland ist der Unterschied deutlich kleiner als im Westen. Der bereinigte Pay-Gap lag 2023 bei 6 Prozent – auch Frauen mit vergleichbaren Qualifikationen verdienen also weniger.[31]

Das lässt sich teils dadurch erklären, dass Frauen häufiger als Männer in Bereichen arbeiten, in denen es eine schlechtere Bezahlung gibt, außerdem sind Frauen häufiger in Teilzeit oder geringfügig beschäftigt. Aber das ist nicht der einzige Grund. Laut der Universität Bielefeld neigen Menschen dazu, ein höheres Gehalt für Männer eher als gerecht anzusehen als bei Frauen – man spricht dabei vom Gender-Bias, also einer geschlechtsbezogenen Verzerrung. Dieser Effekt schwindet, wenn es weibliche Vorgesetzte gibt. Zudem arbeiten Frauen seltener in Berufen, in denen sie individuell über ihr Einkommen verhandeln können. Allerdings verhandeln sie auch seltener, selbst wenn sie die Chance dazu bekommen. Dafür sind nicht unbedingt mangelndes Verhandlungsgeschick oder ein geringes Selbstbewusstsein verantwortlich, sondern es liegt eher daran, dass Frauen mit männlichen Vorgesetzten verhandeln. Hier wirkt der Statusunterschied dann doppelt: Die Hierarchie im Unternehmen und das Geschlecht als Statusmerkmal sind von Bedeutung.

Ein weiterer Grund ist mangelnde Transparenz – oft fehlt den Betroffenen einfach das Wissen über die geschlechtergerechte Entlohnung.[32] Im EU-weiten Vergleich bleibt Deutschland eines der Schlusslichter. Schlechter stehen 2022 nur Estland, Österreich und Tschechien da, dort gibt es einen noch höheren geschlechtsspezifischen Verdienstabstand. EU-Staaten mit geringeren Unterschieden sind Italien, Belgien und Rumänien. Nur in Luxemburg verdienen Frauen mehr als Männer.[33] Der Equal Pay Day, der derzeit jedes Jahr um den 7. März stattfindet, soll darauf aufmerksam machen, dass Frauen in Deutschland über das Jahr gesehen in Relation zu den Männern erst ab diesem Tag Geld verdienen und auch insgesamt weniger als Männer. Im Sinne einer schrumpfenden Gender-Pay-Gap ist das Ziel, dass dieser Tag immer früher im Jahr stattfindet beziehungsweise irgendwann gar nicht mehr nötig ist.

Gleicher Lohn für gleiche Arbeit: 2023 hat das Bundesarbeitsgericht in Erfurt dazu ein Grundsatzurteil gesprochen. Die Richter haben entschieden, dass Arbeitgeber Verdienstunterschiede nicht mit unterschiedlichem Verhandlungsgeschick der Beschäftigten begründen können.[34] Das heißt, dass sich die Gehälter nur unterscheiden dürfen, wenn auch objektive Gründe vorliegen. Auch die EU will etwas für mehr Transparenz tun, so trat 2023 die Entgelttransparenz-Richtlinie in Kraft. Damit sollen Unternehmen stärker in die Pflicht genommen werden, indem sie nachweisen müssen, dass ihre Gehaltsstrukturen diskriminierungsfrei sind. Die Richtlinie muss von den Mitgliedsstaaten bis 2026 umgesetzt werden.[35]

Wir haben also gesehen, dass auf zwei großen Feldern Handlungsbedarf besteht: Es gibt ein massives strukturelles Problem im Hinblick auf Gewalt gegen Frauen, und auch bezüglich der Lohngerechtigkeit bestehen große Unterschiede. Aber es gibt noch etliche andere Bereiche, in denen Frauen diskriminiert werden.

Moderne Emanzipation: Immerhin dürfen Männer jetzt bei *Germany's Next Topmodel* mitmachen ...

Wenn wir die alten Rollenbilder bemühen, gehörten Frauen ja lange an den Herd. In der Spitzenküche sieht das allerdings ganz anders aus. Sternerestaurants gibt es in Deutschland genügend (weit über 300[36]), 2023 gab es aber nur 17 Spitzenköchinnen.[37] Die Sterneküche wird also von Männern dominiert. Auch die Kunst ist fest in männlicher Hand. Werke von Männern kosten im Schnitt zehnmal so viel wie die von Frauen. Das teuerste Gemälde der Welt, Leonardo da Vincis *Salvator Mundi*, wurde für 450 Millionen Dollar verkauft. Unter den Top Ten der teuersten Bilder findet sich kein einziges einer Künstlerin.[38] Allerdings war es Frauen über eine lange Zeit der Geschichte auch nicht erlaubt, Kunst genauso frei auszuüben wie Männer, aber auch unter den lebenden Künstlern stehen Männer, was die Preise angeht, an der Spitze – hier gilt ebenfalls ungefähr das Verhältnis 10:1. Jeff Koons hält mit einem Preis von 91 Millionen Dollar den Rekord, bei den Frauen ist es Jenny Savilles mit 12,5 Millionen Dollar.[39] Und das, wo 70 Prozent der Studenten an Kunsthochschulen Frauen sind!

Auch in der Musikindustrie ist man von Gleichberechtigung weit entfernt. Laut einer US-amerikanischen Studie, die die Entwicklung in der Musikbranche seit 2012 untersucht hat, kommt nur etwa ein Viertel aller US-Charts-Hits von Künstlerinnen. Bis 2021 stammten nur 21,6 Prozent der Hits in den Billboard Hot 100 von Frauen.[40] Lediglich 12,6 Prozent der Hits wurden von Frauen geschrieben, und nur 2,5 Prozent haben Frauen produziert. Frauen sind also unterrepräsentiert in den Charts und bei Festivals, bekommen oft schlechtere Slots auf der Bühne und verdienen weniger. Man könnte die Reihe jetzt noch in anderen Bereichen fortführen ...

Ihr dürft doch schon wählen! Was wollt ihr denn noch alles?

Immerhin: Im Vergleich zu früher hat sich einiges getan, wenn auch spät. Erst im 19. und frühen 20. Jahrhundert bekamen Frauen Zugang zu höheren Schulen und Universitäten, 1918 wurde das Frauenwahlrecht in Deutschland eingeführt, erst seit Mitte der 1950er-Jahre dürfen Frauen ihr eigenes Vermögen verwalten. 1970 hat der DFB das Verbot für Frauen im Fußball aufgehoben, 1977 wurde die sogenannte Hausfrauenehe abgeschafft, es gibt also keine gesetzlich vorgeschriebene Aufgabenteilung in der Ehe mehr und Frauen dürfen ohne Erlaubnis des Ehemanns arbeiten, und erst seit 1997 gilt Vergewaltigung in der Ehe als strafbar.

Wir können also zusammenfassen: Im Hinblick auf die Gleichberechtigung hat sich weltweit und so auch in Deutschland über die Jahre einiges verbessert, es gibt aber immer noch Handlungsbedarf. In den Bereichen Politik, Bildung und rechtliche Gleichstellung wurden Fortschritte erzielt, besonders in westlichen Ländern. Aber bestehende traditionelle Rollenbilder, Gender-Pay-Gap, Gewalt gegen Frauen und mangelnde Transparenz bei Führungspositionen zeigen, dass wir von echter Gleichberechtigung noch weit entfernt sind.

Und die Parteien?

Nach Ansicht der **Union** soll sich Leistung auch für Frauen lohnen: wer mehr arbeitet, muss mehr davon haben. Beim Thema »Gewalt gegen Frauen« fordert die Union eigenen besseren Schutz für Frauen und konsequentere Bestrafung der Täter. Die Union befürwortet zum Beispiel elektronische Fußfesseln für Frauenschläger. Außerdem sollen Sicherheitsbehörden im Netz besser gegen Straftäter ermitteln können, zum Beispiel durch die Speicherung von IP-Adressen.

Die **SPD** hält ein Lohngerechtigkeitsgesetz für nötig, um gegen die unterschiedliche Bezahlung von Männern und Frauen vorzugehen. Die SPD setzt sich außerdem für ein bundesweites Gewalthilfegesetz und die vollständige Umsetzung der Istanbul-Konvention ein. Außerdem unterstützt sie Maßnahmen wie die elektronische Fußfessel. Sie will die Kindergrundsicherung, Kinderrechte sollen im Grundgesetz verankert werden.

Feminismus und der Einsatz für Frauenrechte sind für die **Grünen** essenziell. Diskriminierung, Sexismus und Frauenfeindlichkeit sollen bekämpft werden. Die Grünen setzen auf gleichen Lohn für gleichwertige Arbeit und wollen die EU-Entgelttransparenzrichtlinie zügig umsetzen. Frauendominierte Berufe sollen nicht schlechter bezahlt werden als männerdominierte. Betroffene von Partnerschaftsgewalt, häuslicher und geschlechtsspezifischer Gewalt sollen einen Rechtsanspruch auf Schutz und Beratung erhalten. Bund und Länder sollen kostenfreie Hilfen wie Frauenhäuser, Beratungsstellen und Schutzwohnungen sicherstellen. Um Annäherungsverbote in Fällen von häuslicher Gewalt besser zu kontrollieren, unterstützen

Die **FDP** möchte die Transparenz in Unternehmen erhöhen, indem große Betriebe ihren internen Gender-Pay-Gap analysieren und veröffentlichen sollen. Eine direkte Verpflichtung zur Angleichung der Löhne lehnt sie jedoch ab. Statt bürokratischer Quoten setzt sich die FDP für Selbstverpflichtungen ein, nach denen sich größere Unternehmen verpflichten, den Anteil von Frauen einer Unternehmensebene in der Führung der jeweiligen Ebene widerzuspiegeln. Beim Thema Gewalt gegen Frauen setzt die Partei den Schwerpunkt auf Täterarbeit und Prävention. Daneben soll die Zahl der Plätze in Frauenhäusern und anderen Schutzeinrichtungen dem Bedarf entsprechend erhöht werden. Über ein nationales Online-Register zur Registrierung und Abfrage von freien Frauenhausplätzen sollen die verfügbaren Plätze schneller an die betroffenen Gewaltopfer vermittelt werden.

Die **Linke** möchte, dass Frauen besser vor Gewalt geschützt werden – mit einem Gewalthilfegesetz und einer bundesweiten Koordinierungsstelle. Frauenhausplätze sollen ausgebaut und Schutz und Beratung flächendeckend gesichert werden. Die Kommunen sollen entsprechende Förderungen bekommen. Die Linke fordert umfassende Rechte für Gewerkschaften, um gleiche Entgelte und eine allgemein bessere Bezahlung der sogenannten »Frauenberufe« durchsetzen zu können. 50 Prozent der Listenplätze und Mandate bei öffentlichen Wahlen sollen auf Frauen entfallen.

Die **AfD** findet, dass Unterschiede im Verdienst vor allem auf individuelle Entscheidungen und strukturelle Gegebenheiten zurückzuführen seien. Quotenregelungen lehnt sie ab, da sie leistungsfeindlich und ungerecht seien. Die Familienpolitik soll sich am Bild von Vater, Mutter und Kind orientieren, ein Elternteil soll möglichst zuhause bleiben. Eine kinderfreundliche Gesellschaft und der Erhalt des Staatsvolks sollen als Staatsziel ins Grundgesetz aufgenommen werden. Die AfD ist gegen Abtreibung.

Das **BSW** will die sozialen und wirtschaftlichen Bedingungen für Frauen verbessern, insbesondere für Alleinerziehende. Die Lohnschere zwischen Männern und Frauen soll angeglichen werden. Schutzmechanismen gegen übergriffiges Verhalten am Arbeitsplatz will die Partei verstärken. Zudem soll es im Hinblick auf Gewalt gegen Frauen mehr Unterstützung für Frauenhäuser geben.

KAPITEL 21

Die Parteien

Ein Überblick mit Politikwissenschaftlerin Jasmin Riedl

In diesem Kapitel wollen wir noch mal zusammenfassend einen Blick auf die Parteien werfen und sprechen dazu mit der Politikwissenschaftlerin Jasmin Riedl, die als Professorin für Politikwissenschaft an der Universität der Bundeswehr München tätig ist.

Unser Parteiensystem ist mittlerweile zersplittert. Wie gefährlich ist das?

Jasmin Riedl: Die Mehrheitsfindung wird erst dann schwierig, wenn die Parteien in ihren Positionen so weit auseinanderliegen, dass sie keinen Konsens finden. Das trifft auf die aktuell starke Polarisierung zu. Das BSW liegt auf der gesellschaftspolitischen Achse eher rechts und auf der ökonomischen Achse sehr weit links. Die AfD ist auf beiden Achsen rechts. Diese beiden Parteien könnten sich bei einigen Themen einigen. Das Problem: Wenn die Ränder stark sind, sie aber politisch ausgeschlossen werden, wird eine Mehrheitsfindung schwierig.

Eigentlich ist es interessant, dass die Konsensfindung so schwierig ist, weil die etablierten Parteien ja eher in die Mitte gerückt sind.

JR: Es geht nicht nur um Konsens-, sondern um die Mehrheitsfindung. Die FDP und die Grünen haben Überschneidungen in gesellschaftspolitischen Fragen, Teile der Grünen auch mit den sozialpolitischen Forderungen der SPD, trotzdem sind sie in den ökonomischen Fragen – das haben wir bei der FDP und der SPD gesehen – weit auseinander. Wenn es nicht gelingt, ökonomische Unterschiede mit Geld zu lösen, wie das am Anfang der Legislatur versucht wurde, reicht es nicht. Und die Parteien, die sich ökonomisch nahestehen, wie Union und FDP, haben keine Mehrheit. Eine große Koalition ist eine Herausforderung, wenn sie auf der linken und rechten Seite Konkurrenz hat. Sie muss sich auf beiden Seiten verteidigen, weil die Ränder, also AfD und BSW, den Wählern immer krassere Angebote machen. Daher muss die Koalition immer wieder erklären, warum ihre Mitte auch in Ordnung ist. Das galt auch für die Ampel.

Was heißt das für die Wähler?

JR: Die Zusammensetzung des Bundestages ist die kollektive Konsequenz des Wahlverhaltens. SPD und Union sind nicht mehr in der Lage, Wähler an sich zu binden und die unterschiedlichen Interessen zu vertreten. Als Wähler muss ich entscheiden, ob ich wirklich Parteien wie die AfD oder das BSW unterstützen möchte, die nicht nur in ihrer Kommunikation, sondern auch in ihrer Ideologie populistisch sind. Sie vertreten den vermeintlichen Gegensatz zwischen der Elite auf der einen Seite und dem Volk auf der anderen.

Wie wichtig sind in dem Zusammenhang die politischen Köpfe? Orientiert man sich heute mehr an Personen als an Inhalten?

JR: Inhalt versus Personen, so weit würde ich nicht gehen. Aber Personen versus Parteien. Die Personalisierung des politischen Wettbewerbs ist wichtig und nicht neu: Sie hat angefangen mit Gerhard Schröder und hat sich durch direkte Kommunikationskanäle in den sozialen Medien verstärkt. Aber die Person bleibt Träger des Inhalts. Die Bewegung Sahra Wagenknecht hat das auf die Spitze getrieben, aber es trifft auch auf die FDP mit Christian Lindner zu. Auch Friedrich Merz hat es geschafft, die CDU hinter sich zu disziplinieren, daran ist Armin Laschet gescheitert.

Was heißt das für die Ampel-Köpfe? Hätte man die nicht austauschen müssen?

JR: Die Frage ist, gegen wen? In der SPD gab es die Diskussion kurz, aber die inhaltliche Kampagne der SPD, mit Bedacht Verteidigungspolitik zu machen, passte nicht zu Boris Pistorius. Die FDP ist total auf Christian Lindner zugeschnitten und in so einem kurzen Wahlkampf braucht es jemanden, der medial bekannt ist. Eine Marie-Agnes Strack-Zimmermann will sich sicher nicht in die Nesseln setzen. Bei den Grünen war vorher schon klar, dass Robert Habeck Kanzlerkandidat wird. Das sind auch drei Männer, die alle einen Führungsanspruch und Sitzfleisch haben. Da hätte es profilierte Gegenkandidaten gebraucht.

CDU/CSU: Politisches Spektrum Mitte-rechts

Die Christlich Demokratische Union, CDU, wurde nach dem Ende des Zweiten Weltkrieges gegründet. Am 26. Juni 1945 riefen in Berlin 35 Unterzeichner »zur Mitarbeit und zum Aufbau einer neuen Heimat« auf, mit dem Ziel, einen wahrhaft demokratischen Staat zu gründen und die Fehler der Weimarer Republik nicht zu wiederholen.

Führende Persönlichkeiten wie Konrad Adenauer, der erste Bundeskanzler der Bundesrepublik Deutschland, spielten eine Schlüsselrolle in der Entwicklung der Partei.

Parallel zur CDU wurde in Bayern die CSU, die Christlich-Soziale Union, gegründet. Sie vertritt ähnliche christlich-konservative Werte, agiert aber eigenständig und nur in Bayern. Unter Persönlichkeiten wie Franz Josef Strauß entwickelte sie sich zur dominierenden Kraft in Bayern. Zusammen bilden CDU und CSU die Union. Politisch unterscheiden sie sich vor allem in regionalen Fragen, während sie auf Bundesebene als Einheit agieren.

Entwicklung:

- Konrad Adenauers größtes Ziel war die politische und wirtschaftliche Integration der BRD in Westeuropa (NATO, Europäische Gemeinschaft).
- Wirtschaftlich prägte sie die soziale Marktwirtschaft, entwickelt von Ludwig Erhard.
- Sie war maßgeblich beteiligt an der Wiedervereinigung Deutschlands 1990 unter Kanzler Helmut Kohl.
- Die Union ist bis heute eine der größten und einflussreichsten politischen Kräfte in Deutschland. Sie vertritt konservative, wirtschaftsliberale und christlich-soziale Werte.
- Sie steht für eine soziale Marktwirtschaft und eine solide Finanzpolitik unter Vermeidung von Staatsverschuldung (zum Beispiel Schwarze Null).

Zentrale Forderungen:

- Sie will Deutschland als Wirtschaftsstandort stärken, Unternehmenssteuern senken und an der Schuldenbremse festhalten.
- Die innere Sicherheit ist ein Kernthema.
- Für eine Wende in der Migrationspolitik, für Kontrollen an den deutschen Staatsgrenzen und konsequente Zurückweisung will sie das europäische Asylrecht ändern.

- Sie ist für eine starke Bundeswehr und setzt sich für höhere Verteidigungsausgaben und für die Unterstützung der Ukraine mit Waffenlieferungen ein.
- Sie vertritt das traditionelle Familienbild und unterstützt Familien mit steuerlichen Entlastungen, Kindergeld und den Ausbau der Kinderbetreuung.
- Sie steht für das Prinzip »Fördern und Fordern« und will das Bürgergeld durch neue Grundsicherung ersetzen.
- Sie will eine Aktivrente einführen. Wer über das gesetzliche Rentenalter hinaus freiwillig arbeiten will, bekommt steuerliche Anreize.
- Ökologisches Handeln soll mit Wirtschaftswachstum einhergehen.
- Sie befürwortet den Ausbau erneuerbarer Energien.
- Sie ist für eine stabile und handlungsfähige EU.

Kritik: Kritiker werfen der Union vor, ihre konservativen Wurzeln zugunsten einer stärkeren Öffnung gekappt zu haben. Unter Angela Merkel rückte die Union in vielen Bereichen in die politische Mitte, zum Beispiel bei der Energiewende oder der Flüchtlingspolitik 2015, was manche als Abkehr von klassischen konservativen Positionen empfanden. Die Ehe für alle wurde zwar nicht von der CDU/CSU aktiv unterstützt, aber Merkel ließ den Fraktionszwang aufheben, was als Signal für eine Lockerung konservativer Werte gesehen wurde. Teile der konservativen Wählerschaft fühlen sich nun nicht mehr ausreichend repräsentiert und haben sich teilweise anderen Parteien wie der AfD zugewandt. Außerdem wird der Union vorgeworfen, den Ausbau der Straßen- und Schieneninfrastruktur dem digitalen Ausbau vorgezogen zu haben, dadurch hinke Deutschland beim Ausbau des 5G-Netzes hinterher.

Kurioses: Für viel Heiterkeit sorgte 2010 der damalige CSU-Verkehrsminister Peter Ramsauer, als er forderte, dass die Behörden deutsche Begriffe statt Anglizismen verwenden sollten. Anstatt das übliche Winter-Chaos der Deutschen Bahn zu beseitigen, beschäftigte er sich mit seiner Idee, künftig »Klapprechner« statt »Laptop« zu sagen.

Skandale: In der Union gab es in den vergangenen Jahrzehnten einige davon. Zu den größten zählen unter anderem die Spendenaffäre unter Helmut Kohl 1999/2000, die Kohl stark beschädigte und ihn als Ehrenvorsitzenden der CDU zurücktreten ließ, und der Maskenskandal während der Corona-Krise 2021.

Wer findet sich in der Union?

Jasmin Riedl: Man bekommt eine Wirtschaftspolitik, die offener für den Markt ist als beispielsweise die der SPD. Die Union hat einen starken Arbeitnehmerflügel und einen starken wirtschaftspolitischen Flügel und bemüht sich, diese Anteile zusammenzubringen. Sie ist wirtschaftsfreundlicher, weniger stark auf den sozialen Ausgleich orientiert, Leistung soll sich auszahlen. Gesellschaftspolitisch hat sie traditionellere Haltungen. Die Ehe für alle wurde zwar auch unter CDU-Politikern durchgesetzt, das Thema gehört aber nicht zum Kerngeschäft, ebenso wenig wie die Legalisierung von Cannabis oder Fragen zu sexueller Identität. Die Union sieht diesbezüglich keinen großen Handlungsbedarf.

Friedrich Merz ist ein Alphamann, fällt unter die Kategorie »alter, weißer Mann«, alle unionsgeführten Länder werden von Männern regiert, nur ein Viertel der Abgeordneten ist weiblich. Wie groß ist das Frauenproblem?

JR: Frauen fühlen sich von der Union schon angesprochen, aber die Repräsentation von Frauen in der Partei ist schlecht. Bei Friedrich Merz werden gerne die alten Geschichten wieder ausgegraben: Er sei angeblich gegen die Strafbarkeit von Gewalt in der Ehe, was nicht stimmt. Aber ja, er ist kein Politiker, der besonders aktiv Frauenpolitik betreibt oder das als wichtigstes Thema hätte. Aber man darf das nicht überbewerten, Männer müssen keine Politik für Frauen machen, um von Frauen gewählt zu werden. Ein Alphamann muss Merz schon sein, das ist auch wichtig gegenüber der CSU: Es braucht eine starke Figur an der Spitze der CDU, um auch einen Markus Söder in der Spur zu halten.

Auch Friedrich Merz bedient sich zugespitzter Thesen – schafft er es so, einige der AfD-Wähler zurückzuholen?

JR: Der Erfolg der Rechtsaußenparteien basiert auf zwei Ängsten: den ökonomischen und den gesellschaftspolitischen, zum Beispiel in Bezug auf eine kulturelle Überforderung. Es gibt Potenzial bei denjenigen, die der AfD zugeneigt sind und die ebenfalls starke ökonomische Sorgen haben. Wenn sie der Meinung sind, dass man diese Probleme mit Wirtschaftspolitik und nicht mit Sozialpolitik lösen kann, könnte es passen. Allerdings ist der Populismus Basis für den Erfolg der AfD. Sie ist eine Oppositionspartei, die systematisch versucht, das Vertrauen in den Staat und die politischen Akteure zu untergraben. Sie verkauft sich als Alternative zu »den Korrupten da oben«, die angeblich auf die Wähler herabschauen. Und bei allen, die die AfD aus diesem Grund wählen, hat Friedrich Merz keine Chance, weil er genau zu diesem politischen Establishment gehört.

SPD: Politisches Spektrum mitte-links

Die Sozialdemokratische Partei Deutschlands ist eine der ältesten politischen Parteien der Welt. Sie wurde im 19. Jahrhundert gegründet und entstand aus der Arbeiterbewegung.

Entwicklung:

- Die Sozialdemokratie entstand in der Zeit der Industrialisierung, als Arbeiter unter schlechten Bedingungen litten und wenig politische Mitsprache hatten.
- Die SPD spielte eine zentrale Rolle bei der Abschaffung der Monarchie nach dem Ersten Weltkrieg.
- Nach der Machtübernahme der Nationalsozialisten wurde sie als erste Partei verboten, viele Mitglieder leisteten Widerstand gegen das NS-Regime.
- Mit dem Ende des Zweiten Weltkriegs wurde sie in beiden Teilen Deutschlands neu gegründet, in der DDR wurde sie mit der KPD zur SED.
- Sie etablierte sich in Deutschland zu einer der großen Volksparteien.
- Unter Willy Brandt setzte sie Reformen in Bildung, Sozial- und Ostpolitik um.

Zentrale Forderungen:

- Einrichtung eines Deutschlandfonds, um die Wirtschaft zu stärken
- Entlastung für Gering- und Normalverdiener bei der Einkommenssteuer, weniger Mehrwertsteuer auf Lebensmittel
- Ausbau erneuerbarer Energien
- Stärkung des Sozialstaats durch höhere Mindestlöhne, Renten und Sozialleistungen
- Bekämpfung von Armut und mehr Unterstützung für Familien
- Kostenfreie Bildung und Förderung von der Kita bis zur Hochschule
- Ausbau der Digitalisierung
- Einsatz für eine Bürgerversicherung im Gesundheitswesen

Kritik: Viele ehemalige Wähler der SPD, insbesondere aus der Arbeiterschicht, fühlen sich von der Partei nicht mehr vertreten. So wurde etwa die Agenda 2010 als Verrat an sozialdemokratischen Werten empfunden.

Auch Themen wie die Gendergerechtigkeit sind für die traditionellen Wähler nicht interessant. Diese Entwicklung hat auch zur Stärkung der AfD und zur Gründung des Bündnisses Sahra Wagenknecht beigetragen.

Kurioses: Manche werden sich an die Rote-Socken-Kampagne erinnern: Im Wahlkampf plakatierte die CDU eine rote Socke an einer Wäscheleine, um vor einem Linksbündnis von SPD, PDS und Grünen zu warnen. Die SPD nutzte den Begriff später selbstironisch. Ex-Kanzler Gerhard Schröder hat Currywurst als »Kraftriegel« der Facharbeiter in der Produktion bezeichnet.

Skandale: Die SPD hat in ihrer langen Geschichte einige erlebt. Mal ging es um Spendengelder, mal um fragwürdige Urlaube in Krisenzeiten: Kurz vor einem gefährlichen Balkan-Einsatz hatten deutsche Soldaten eine Urlaubssperre bekommen, der damalige Verteidigungsminister Rudolf Scharping planschte hingegen im Pool auf Mallorca. Bei der Edathy-Affäre ging es um kinderpornografisches Material, das der SPD-Bundestagsabgeordnete Sebastian Edathy besessen haben soll. Auch der Cum-Ex-Skandal in den 2020er-Jahren ist sehr belastend für die Partei und für Olaf Scholz.

Die SDP galt immer als Arbeiterpartei – ist sie es noch?

Jasmin Riedl: Nein, wir haben ja eine Entwicklung in Richtung Dienstleistungssektor. Angestellte und Arbeiter spricht sie schon noch an. Aber man bekommt den Eindruck, sie sei eine Rentnerpartei. »Die Renten sind sicher«, ist einer der Kernsätze. Die Rentner sind eine wichtige Wählergruppe, aber gleichzeitig auch die Angestellten, die lohnabhängig Beschäftigten am unteren Lohnsektor. Deshalb hat Olaf Scholz noch mal den Mindestlohn betont, den er auf 15 Euro erhöhen will. Soziale Sicherung ist ein ganz wesentlicher Faktor, diese Wähler möchte die SPD erreichen.

Scholz inszeniert sich als Friedenskanzler – im Hinblick auf die Ukraine besteht er auf einem Nein zur Taurus-Lieferung. Ist es legitim, damit Wahlkampf zu machen?

JR: Die Wählerschaft erwartet ja, dass Politiker auf die Themen eingehen, die ihnen unter den Nägeln brennen. Man kann Scholz nicht vorwerfen, dass er das als Wahlkampfthema hervorhebt. Eigentlich war der

Schritt doch clever: Er setzt auf eine Verteidigungspolitik mit Augenmaß und Bedacht. Den anderen Parteien unterstellt er, sprunghaft oder im Affekt zu handeln, also nicht überlegt. Und wenn er dann in die Ukraine fährt, möchte er zeigen, dass maßvolle Ukraine-Politik nicht bedeutet, gar nichts zu machen. Er verkauft sich als nachdenklich, besonnen und wohlüberlegt.

Also sind die großen Themen der SPD die Rente und die Ukraine-Politik?

JR: Ja, die Sozialpolitik und die Verteidigungspolitik. Ob das aufgeht, hängt auch von den Schwerpunkten der anderen Parteien ab. Die Ukraine wird für alle ein wichtiges Thema sein. Seit 2021 können wir erstaunt verfolgen, dass Olaf Scholz gewinnt, wenn die anderen nicht liefern. Und wir wissen, dass ein großer Teil der Wählerschaft sich erst kurzfristig entscheidet. Die SPD fragt sich, welchen anderen Parteien sie Wähler abnehmen kann. Potenzial liegt bei denen, die mehr Sozialpolitik wollen und mehr Politik für die Menschen, die pazifistisch sind.

Die Grünen: Politisches Spektrum Mitte-links

Die Grünen haben sich seit der offiziellen Gründung am 12. und 13. Januar 1980 in Karlsruhe von einer Protest- und Umweltbewegung zu einer etablierten Regierungspartei entwickelt. 1991 schlossen sie sich mit dem Bündnis 90 zusammen, das in der ehemaligen DDR als oppositionelle Bewegung entstanden war.

Entwicklung:

- Mit der rot-grünen Koalition unter Bundeskanzler Gerhard Schröder (1998–2005) traten sie zum ersten Mal in die Bundesregierung ein.
- Ihr Ziel: Eine lebenswerte Zukunft für alle Menschen. Die Grünen setzen sich für eine ökologische und sozial gerechte Gesellschaft ein, ein Leben im Einklang mit der Natur.

Zentrale Forderungen:

- Klimaneutralität bis spätestens 2045
- Erneuerbare Energien: massiver Ausbau von Solar-, Wind- und Wasserkraft, die Grünen unterstützen den CO_2-Preis und die Klimaschutzverträge
- schnelle Transformation der Wirtschaft hin zur Klimaneutralität. Die Grünen wollen mit einem Deutschlandfonds die nötigen Mittel für Investitionen bereitstellen, Strom soll billiger, die Stromsteuer auf europäisches Minimum gesenkt, die Netzentgelte übernommen werden. Bürger sollen durch ein Klimageld entlastet werden.
- Schutz der Artenvielfalt, Wiederaufforstung und Renaturierung von Landschaften
- Einführung einer sozialen Grundsicherung, wie zum Beispiel einer Kindergrundsicherung, um Kinderarmut zu reduzieren. Die Grünen fordern außerdem eine globale Milliardärssteuer, eine fairere Erbschaftssteuer oder eine nationale Vermögenssteuer. Die Arbeitnehmerpauschbeträge in der Einkommenssteuer sollen angehoben werden.
- Die Rente mit 67 soll bleiben, Menschen sollen aber länger arbeiten können, wenn sie wollen.
- Förderung des sozialen Wohnungsbaus und Verlängerung der Mietpreisbremse
- Förderung der Produktion von E-Autos: ab 2035 sollen nur noch klimafreundliche Antriebe neu zugelassen werden. Ein Tempolimit von

130 km/h soll eingeführt werden. Deutschland soll Bahnland werden, das Deutschlandticket soll weiterhin angeboten werden.

- Abrüstung: Die Grünen setzen sich für den Abbau von Waffen und eine Welt ohne Atomwaffen ein. Die Ukraine wird diplomatisch, finanziell, humanitär und militärisch unterstützt.
- Die Bundeswehr ist Grundpfeiler der Wehrhaftigkeit und muss modern ausgestattet sein.
- medizinische Versorgung für alle
- Schutz für Geflüchtete: Deutschland ist Einwanderungsland. Die Grünen setzen auf eine pragmatische Flucht- und Migrationspolitik. Stärkster Motor für Integration ist Beschäftigung, GEAS soll auf nationaler Ebene umgesetzt werden. Wer kein Aufenthaltsrecht bekommt, muss Deutschland verlassen.
- Die Schuldenbremse soll reformiert werden, aber bei konsumtiven Ausgaben sollen strikte Regeln erhalten bleiben.

Kritik: Eine Entscheidung während der rot-grünen Bundesregierung unter Gerhard Schröder kostete die Grünen eine Spaltung der Partei und viele Wähler: Sie stimmten 1999 dem Einsatz der Bundeswehr im Kosovo zu. Es war der erste Kampfeinsatz deutscher Soldaten nach dem Zweiten Weltkrieg. Viele Parteimitglieder, die ursprünglich aus der Friedensbewegung kamen, fühlten sich von der Parteiführung verraten. Der damalige Außenminister und Vizekanzler Joschka Fischer wurde bei einem Parteitag von einem Farbbeutel getroffen.

Kurioses: Kaum eine Idee der Grünen wurde im Wahlkampf so heiß diskutiert wie 2013 die Forderung nach einem Veggieday in Kantinen. 2017 forderte die damalige pflegepolitische Sprecherin der Grünen-Bundestagsfraktion »Sex auf Rezept« für Schwerkranke und Pflegebedürftige.

Skandale: In den 80ern leistete sich die Partei eine ihrer größten Verfehlungen mit einer Debatte über die Legalisierung von Sexualkontakten zwischen Erwachsenen und Kindern.

Die Grünen sind als Friedenspartei, als Anti-Atompartei gestartet. Wie viel ist davon noch geblieben?

Jasmin Riedl: Den großen Kampf über die verteidigungspolitische Ausrichtung gab es bei den Grünen schon rund um den Irakkrieg. Das, was die SPD jetzt mit Blick auf die Ukraine durchmachen musste und noch immer muss, haben die Grünen schon hinter sich. Pazifismus heißt ja nicht, dass man kein Recht darauf hat, sich zu verteidigen. Das Recht, sich vor Brutalität und Unrecht zu schützen, verteidigen die Grünen.

Das andere große Thema der Grünen ist der Klimaschutz. Das schreiben sich mittlerweile aber fast alle Parteien auf die Fahne. Gehen den Grünen die großen Themen flöten?

JR: Parteien stehen für bestimmte Themen: Die CDU für Wirtschaftskompetenz, die SPD für Sozialpolitik, die Grünen für das Klima, die AfD für Migration, das BSW vermutlich für Pazifismus. Diese Kompetenzzuschreibung kann man den Parteien nicht so schnell abnehmen, und so wird man auch den Grünen das Thema Klima nicht abnehmen können. Zugleich ist es so, dass die Grünen, ähnlich wie die anderen Parteien auch, in unterschiedlichen Politikfeldern ein Profil haben. Die sagen was zu Bürokratie, zu Wirtschaft, zur inneren Sicherheit. Sie sind ja keine Partei, die nur für ein Thema steht, sondern versucht, alle Ressorts anzusprechen.

Jetzt haben sie den Stempel der Verbotspartei. Sind sie das tatsächlich?

JR: Nein. Auch andere Parteien regulieren, nur bei den Grünen wird das mit besonderem Argwohn betrachtet. Die Grünen haben eine relativ klare Haltung, was die Gesellschaftspolitik betrifft. In welcher Gesellschaft sollen wir leben? Das wird deutlich nach außen kommuniziert: Die liberalen politischen Forderungen, aber auch, was es braucht, um unseren Planeten lebenswert zu erhalten. Diese Themen sind eben deutlich und laut hörbar. Deshalb werden sie da angegriffen. Auf der anderen Seite wird auch auf anderen Politikfeldern reguliert. Politikgestaltung besteht generell mehr aus Regulierung als aus Deregulierung.

Wie beeinflusst denn die junge Generation die Ausrichtung der Grünen?

JR: Das kommt auf bestimmte Teile der jungen Generation an, das ist ja keine homogene Gruppe. Die ökologische Linke macht Druck, weil man in der Regierungsverantwortung nicht so progressiv, nicht ganz so radikal Politik machen kann, wie das in den Wahlprogrammen versprochen wird. Das geht aber allen Parteien so. Aber gerade mit Blick auf die ökologischen Fragen gibt es eine große, laute kritische Masse, beispielsweise mit Fridays For Future.

FDP: Politisches Spektrum Mitte bis Mitte-rechts

Die Freie Demokratische Partei wurde am 11. Dezember 1948 in Heppenheim gegründet, als Zusammenschluss liberaler Parteien. Ihr Ziel war es, das politische Erbe des Liberalismus in Deutschland zu bewahren, das während der NS-Zeit unterdrückt worden war. Die FDP vertritt liberale, wirtschaftsfreundliche und bürgerrechtsorientierte Positionen.

Entwicklung:

- In ihren Anfängen war die FDP eine kleinere Partei, die sich eher als Koalitionspartner für größere Partner positionierte und oft als »Zünglein an der Waage« bezeichnet wurde.
- Eine Schlüsselrolle hatte sie sowohl mit der CDU als auch mit der SPD.
- Die FDP prägte besonders in den 1980er-Jahren die deutsche Außenpolitik unter der Führung von Hans-Dietrich Genscher.

Zentrale Forderungen:

- weniger staatliche Regulierung, um Unternehmertum und Innovation zu fördern
- Steuerentlastungen insbesondere für Unternehmen und den Mittelstand. Dazu gehört zum Beispiel, dass die FDP die Vermögenssteuer ablehnt.
- ein ausgeglichener Staatshaushalt und die Einhaltung der Schuldenbremse
- In Bezug auf Bildung will die FDP den digitalen Ausbau fördern.
- Staatliche Überwachung lehnt die FDP ab. Sie setzt sich für den Schutz persönlicher Daten ein und ist gegen umfassende Eingriffe in die Privatsphäre.
- Sie unterstützt eine gesteuerte Zuwanderungspolitik, unter anderem um Fachkräfte anzuwerben.
- Umweltziele sollen nicht durch Verbote, sondern durch Innovation und marktwirtschaftliche Instrumente wie den Emissionshandel erreicht werden.
- Die FDP will erneuerbare Energien fördern, setzt aber auch auf neue Technologien wie die Gewinnung von Wasserstoff.
- Sie stellt sich gegen Verbote wie ein allgemeines Tempolimit.
- Die FDP ist für Europa, setzt sich aber für mehr Eigenverantwortung der Mitgliedstaaten ein.
- Die Bundeswehr und die NATO sollen gestärkt werden

Kritik: Viel Kritik, auch von der Partei zugeneigten Wählern, erntet die FDP für ihr Verhalten in Koalitionen: Nach der Bundestagswahl 2017 geriet sie unter Druck, als sie die Sondierungen für eine Jamaika-Koalition mit CDU und Grünen platzen ließ. Kritiker werfen der FDP vor, aus taktischen Gründen auf Regierungsverantwortung verzichtet zu haben. In der Ampel-Koalition (2021–2024) wurde der Partei vorgeworfen, fortschrittliche Projekte zum Thema Klimapolitik und Soziales zu blockieren, zum Beispiel bei der Kindergrundsicherung oder beim Tempolimit. Kritisch wird auch gesehen, dass die FDP soziale Absicherung zugunsten von Eigenverantwortung abbauen will.

Kurioses: Die FDP ist bekannt für provokante und ironische Kampagnen: So warb sie zum Beispiel 2024 für den Abbau der Bürokratie beim Thema Bauen mit einem Zelt unter einer Brücke. Allerdings sorgten im Osten auf Landesebene Slogans wie »Keine Sau braucht die FDP« eher für Stirnrunzeln als für mehr Wählerstimmen.

Skandale: Nach dem Ampel-Aus hat sich die FDP mit dem »D-Day Skandal« sehr geschadet und für mehrere Rücktritte gesorgt. Zu den größten Skandalen zählte außerdem 2002/2003 die Möllemann-Affäre, die die Partei stark belastete. Der ehemalige FDP-Vize und Bundesminister war wegen antisemitischer Untertöne in die Kritik geraten. Außerdem war die FDP immer wieder in Skandale um fragwürdige Parteispenden verwickelt.

Bei der FDP stellt sich die Frage, ob sie es über die Fünf-Prozent-Hürde schafft. Wäre die FDP besser nicht in die Ampel gegangen?

Jasmin Riedl: Die Regierungskonstellation zwischen der wirtschaftsliberalen FDP mit Christian Lindner an der Spitze und einer SPD, in der Olaf Scholz stark Druck durch den sozialpolitischen Flügel bekommt – das war eine Konstellation, die enorm schwierig war. Die FDP tut sich schwer, wenn sie mit sehr lauten Forderungen in den Wahlkampf geht, wie sie das 2021 mit Blick auf die Wirtschafts- und Finanzpolitik getan hat, und sich dann in einer Koalition wiederfindet, in der sie die Ziele nicht realisieren kann. Ihre Wählerschaft scheint da wenig rücksichtsvoll zu sein. Die FDP ist ja 2013 schon mal aus dem Bundestag geflogen, nach der Finanz- und Wirtschaftskrise. Aber sie ist eben eine Partei mit Regierungsanspruch, weil man da am besten Politik machen kann. Das sind ja die machtvollsten Positionen.

Wie sollte sie sich jetzt positionieren?

JR: Das ist schwierig. Dadurch, dass sie so knapp an der Fünf-Prozent-Hürde kratzt, fragt sich der rationale Wähler, ob er der Partei überhaupt die Stimme geben soll, weil sie möglicherweise verloren ist, wenn sie es nicht ins Parlament schafft. Vielleicht profitiert sie aber auch von den paar Optimisten, die noch darauf hoffen, dass sie in die Regierungsverantwortung kommt. Und aufgrund der Debatte um die Aufkündigungspläne zur Ampel ist es natürlich sehr unruhig in der Partei.

Es ist interessant, dass die FDP es nicht schafft, die liberale Haltung, die es in der Parteienlandschaft vielleicht auch braucht, zu transportieren? Woran liegt das?

JR: In der Ampel waren sie zu klein, auf der anderen Seite hatten sie das Finanzministerium. Aber vielleicht werden die wirtschaftsliberalen Positionen auch einfach von der Union, und die gesellschaftsliberalen Positionen von den Grünen absorbiert.

Die Linke: Spektrum links, demokratisch-sozialistisch

Die Partei ging 2007 aus der Fusion der PDS (Partei des Demokratischen Sozialismus) und der SPD-Abspaltung WASG (Wahlalternative Arbeit & Soziale Gerechtigkeit) hervor, ein Ost- und Westzusammenschluss, der bis heute von einer gleichberechtigten Doppelspitze repräsentiert wird. Die Linke wurde offiziell am 16. Juni 2007 von Oskar Lafontaine und Lothar Bisky gegründet.

Entwicklung:

- Die SED war die dominierende Staatspartei der DDR und bestimmte das politische System bis zum Untergang.
- Sie stand für eine sozialistische Planwirtschaft, zentralisierte Machtstrukturen und die Unterdrückung politischer Opposition.
- Nach dem Ende der DDR löste sie sich auf, reformierte sich unter Gregor Gysi und nahm den Namen PDS an; Ziel war es, sich von der autoritären Vergangenheit zu distanzieren.
- Das WASG wurde von ehemaligen SPD-Mitgliedern, Gewerkschaften und linken Aktivisten gegründet, sie entstand als Reaktion auf die als unsozial empfundene Politik durch Gerhard Schröder, zum Beispiel die Agenda 2010 und Hartz-IV-Reformen.
- Beide fusionierten zur Partei Die Linke, sie kombinierte die sozialistische Tradition der PDS mit der gewerkschaftsnahen und kapitalismuskritischen Ausrichtung der WASG.

Zentrale Forderungen:

- Bekämpfung von Armut und sozialer Ungleichheit; Einführung einer Kindergrundsicherung und höherer Renten
- Einführung eines höheren Mindestlohns
- Einführung einer Vermögens- und Reichensteuer
- Ausbau von sozialem Wohnungsbau und Einführung eines bundesweiten Mietendeckels
- Verhinderung von Auslandseinsätzen der Bundeswehr und Verbot von Waffenexporten
- Abschaffung der Schuldenbremse, stattdessen goldene Regel
- Recht auf Asyl, keine Festung Europa, legale Fluchtwege
- Abrüstung, Diplomatie und friedliche Konfliktlösung

- Für den Klimaschutz sollen die größten Klimasünder bezahlen: Reiche und Konzerne

Kritik: Insbesondere Sahra Wagenknecht wurde ihre wenig kritische Haltung gegenüber Putin vorgehalten. Gregor Gysi wurde vorgeworfen, als Anwalt in der DDR der Stasi Informationen zugespielt zu haben. Immer wieder gab es auch interne Machtkämpfe zwischen einem reformorientierten und einem radikal-sozialistischen Flügel, die zu Streitereien und Rücktritten führten.

Kurioses: Die Linkspartei demonstrierte 2007 mit einem Pferdegespann vor dem Bundestag. Das Gespann sollte ein Symbol für ihre Forderung nach einer Rückkehr zu mehr Bodenständigkeit in der Politik sein.

Skandale: 2022 erschütterten Berichte einiger weiblicher Mitglieder über sexualisierte Gewalt die Partei.

Können Linke und BSW nebeneinander bestehen?

Jasmin Riedl: Innerhalb der Linken gibt es ja ganz unterschiedliche Strömungen, die Partei muss sich neu sortieren und das wird nicht einfach. Wir sehen das an der »Mission Silberlocke«[1], man will zurück zu den alten Granden oder zumindest mit ihnen Wählerstimmen gewinnen. Da geht es um die Personen und was man mit ihnen assoziiert. Das BSW zieht die Wählerschaft von der Linken ab, aber auch von der AfD. Und auch die pazifistischen Anteile der SPD. Es kann also gut sein, dass die Linkspartei absorbiert wird, vom BSW einerseits und von der SPD andererseits.

Brauchen wir die Linke in der Parteienlandschaft?

JR: Eine progressive Linke haben wir ja nur mit der Linken. Die SPD ist keine progressive Linkspartei. Dafür hat sie zu viele Mitteanteile. Ob es ein Verlust wäre, ist schwer zu sagen. Die Parteien haben die Aufgabe, die unterschiedlichen Interessen der Menschen in den politischen Prozess einzubringen. Beim BSW fehlt das liberale-progressive und die SPD ist nicht so radikal in den sozialpolitischen Forderungen. Das würde sonst alles verloren gehen. Bei den Jusos, der Jugendorganisation der SPD, sind die Anteile da, aber da ist die Frage, ob sie das in die Partei transportieren können.

Beim ehemaligen Ministerpräsidenten Thüringens, Bodo Ramelow, hat die Personalisierung nicht ausgereicht, er hatte hohe Zustimmungswerte als Ministerpräsident, konnte das aber nicht auf seine Partei übertragen. Wie groß ist die Gefahr, dass das wieder passiert?

JR: Die Gefahr ist gegeben. Auch weil das BSW den Pluspunkt der Projektionsfläche hat. Das hat man 2023 bei den Landtagswahlen bei der bayerischen AfD gesehen. Das war ein ähnlicher Effekt. Die anderen haben auf Personen und Inhalte gesetzt und die AfD konnte abwarten und bekam die Stimmen, weil sie einfach mit bestimmten Haltungen assoziiert wird. Die Linke hat mit Bodo Ramelow die Thüringer Regierung geführt, aber mit einer Minderheitsregierung macht man keine großen Würfe. Da ist es für die Wähler einfacher, ihre Hoffnung auf etwas Neues zu projizieren.

AfD: Politisches Spektrum rechtspopulistisch bis rechtsextrem

Die Alternative für Deutschland wurde am 6. Februar 2013 gegründet – von einer Gruppe um den Wirtschaftsprofessor Bernd Lucke (inzwischen aus der Partei ausgetreten), dem Publizisten Konrad Adam und dem ehemaligen CDU-Politiker Alexander Gauland.

Entwicklung:

- In den ersten Jahren vertrat sie ein wirtschaftsliberales und europakritisches Programm. Die Gründer kritisierten Rettungspakete für hochverschuldete Länder wie Griechenland.
- 2014/15 begann ein Machtkampf zwischen dem wirtschaftsliberalen Flügel um Bernd Lucke und dem nationalkonservativen Flügel um Alexander Gauland und Frauke Petry, der mit dem Ausstieg Luckes endete. Das führte zur Stärkung des rechtsnationalen Flügels.
- Mit der Flüchtlingskrise 2015 hat sich die Partei radikalisiert und sich migrationskritischen und rechtspopulistischen Themen zugewandt.
- Bei der Bundestagswahl 2017 zog die AfD mit 12,6 Prozent der Stimmen zum ersten Mal in den Bundestag ein und wurde drittstärkste Kraft.
- Führende AfD-Politiker fallen durch rechtsextreme und nationalistische Rhetorik auf.
- Die Partei positioniert sich offen gegen Migration, den Islam und den Klimaschutz.
- Die AfD steht seit Langem im Fokus des Bundesamts für Verfassungsschutz.

Zentrale Forderungen:

- Die Partei fordert eine deutliche Begrenzung der Migration und will Zuwanderung auf Personen mit hoher Qualifikation beschränken.
- Sie lehnt die Einwanderung aus muslimisch geprägten Ländern ab, da sie diese als Gefahr für die kulturelle Identität Deutschlands ansieht.
- Sie kritisiert die Einwanderungs- und Flüchtlingspolitik seit 2015 und lehnt das aktuelle Asylrecht ab. Sie setzt auf Schutz- und Asylzentren in den Herkunftsregionen, will die EU-Außengrenzen vollständig schließen und Grenzkontrollen an allen deutschen Grenzen.
- Sie betont die »deutsche Identität«.

- Sie hat eine kritische Haltung zur Europa-Politik. Sie will eine grundlegende Reform der EU, wenn das nicht möglich ist, den Austritt aus der EU bzw. eine demokratische Auflösung der EU und die Neugründung einer Europäischen Wirtschaftsgemeinschaft.
- Die Partei leugnet den menschengemachten Klimawandel. Die AfD will das EEG abschaffen, setzt solange die Stromversorgung nicht ausreichend gesichert ist, auf eine Laufzeitverlängerung der Atomkraftwerke und will keinen weiteren Ausbau der Windenergie.
- Die Partei ist für Volksentscheide nach Schweizer Vorbild.
- Sie ist für die Beibehaltung des gesetzlichen Mindestlohns, will die Kinderzahl und Erziehungsleistung stärker bei der Rente berücksichtigen und eine »aktivierende Grundsicherung« als Alternative zum Arbeitslosengeld II einführen.
- Sie setzt auf einen ausgeglichenen Staatshaushalt und die schwarze Null.

Kritik: Die AfD wird zunehmend vom Verfassungsschutz beobachtet. Sie ist als rechtsextremistischer Verdachtsfall eingestuft. Der sogenannte Flügel gilt als gesichert rechtsextrem.

Kurioses: Befremdlich war das Wahlplakat eines AfD-Kandidaten, auf dem er zusammen mit Mustafa Kemal Atatürk abgebildet war. Der Slogan dazu: »Atatürk würde die AfD wählen«. Dies sorgte in der Türkei für Empörung, da Atatürk für eine moderne Türkei stand.

Skandale: Björn Höcke bezeichnete das Holocaust-Mahnmal in Berlin als »Denkmal der Schande«. Alexander Gauland erklärte nach der Bundestagswahl 2017: »Wir werden sie jagen, wir werden Frau Merkel oder wen auch immer jagen und uns unser Land und unser Volk zurückholen.«

Die AfD gewinnt immer weiter an Stimmen – und die Landtagswahlen haben gezeigt, dass die Partei nicht mehr nur aus Protest, sondern aus Überzeugung gewählt wird.

Jasmin Riedl: Den Begriff Protestwahl finde ich schwierig. Es ist ja kaum möglich, das nachzuweisen. Und man nimmt die Wähler nicht ernst. Man unterstellt ihnen, sie wüssten nicht, was sie wählen, und wählen nur, um den anderen eins auszuwischen. Es sind nicht alle AfD-Wähler rechtsradikal oder rechtsextrem oder haben eine populistische Ideologie. Aber die Ideologie, die die Partei mitbringt, wird von einem großen Teil der Wählerschaft billigend in Kauf genommen. Und zwar nicht aus Protest, sondern weil sie Zukunftsängste haben, ökonomischer und kultureller Natur. Und sie hoffen, aufgrund des Angebots der AfD, dass diese Ängste geringer werden.

Wie stehen Sie zu einem Verbot der AfD?

JR: Es gibt das Prinzip der wehrhaften Demokratie und das gilt auch gegen Feinde aus dem Inneren heraus. Die AfD hat Anteile von rechtsextremen Positionen und die sind nicht vereinbar mit der liberalen Demokratie – mit Pluralismus, Gewaltenteilung, Rechtsstaatlichkeit. Also sollte man das schon ernsthaft diskutieren. Als Gegenargument heißt es, nachdem 15, 20 oder 30 Prozent der Bevölkerung diese Partei wählen, wäre es undemokratisch, sie zu verbieten, es gibt ja schon den Unvereinbarkeitsbeschluss bei Koalitionen. Allerdings bezieht sich der Stimmanteil nur auf die Wahldemokratie. Den demokratischen Staat zeichnet aber viel mehr aus als die Stimmabgabe. Er ist durch einen Wertekanon gekennzeichnet, der in Gesetze gegossen ist. Und eine Partei, die den gesellschaftlichen Pluralismus ablehnt, ist mit den Grundsätzen der Demokratie nicht verträglich.

Wie gefährlich ist die AfD aus Ihrer Sicht?

JR: Die Gefahr ist immer davon abhängig, welche Mehrheitsverhältnisse sie für sich verbuchen kann. Im Osten hat sie teilweise eine Sperrminorität im Parlament, damit ist sie in der Lage, Gesetze, die eine Zweidrittelmehrheit erfordern, zu blockieren oder zu ihren Gunsten zu nutzen. Die größte Macht haben aber immer noch die regierenden Akteure. Der Großteil der Gesetzesinitiativen kommt von der Bundesregierung, weil sie die parlamentarische Mehrheit hat. Zusätzlich haben wir checks & balances, also die Aufrechterhaltung der Gewaltenteilung, wir haben das Bundesverfassungsgericht, was noch mal gestärkt werden soll. Trotzdem kann man in Ungarn sehen, was Rechtsaußen-Regierungen tun: Ein Schlechtreden von Medienakteuren, von Richtern und deren Entscheidungen, das Streichen von Geldern für bestimmte Initiativen, die sich für Demokratieprojekte einsetzen.

BSW: Politisches Spektrum links-rechts

Die Partei »Bündnis Sahra Wagenknecht – Für Vernunft und Gerechtigkeit« wurde am 8. Januar 2024 gegründet. Sie positioniert sich als sozial und konservativ und hat das Ziel, einen »politischen Neuanfang« zu begründen.

Entwicklung:

- Sie ging aus einem Konflikt innerhalb der Partei Die Linke hervor, der 2023 mit dem Austritt von Sahra Wagenknecht und neun weiteren Bundestagsabgeordneten endete.
- Wagenknecht präsentierte die neue Partei als Antwort auf eine von ihr empfundene »Repräsentationslücke« zwischen linkskonservativen und sozialpolitischen Positionen.
- Wagenknecht bildet in der Partei mit Amira Mohamed Ali eine Doppelspitze.
- Die Partei erreichte bei den Landtagswahlen in den ostdeutschen Ländern 2024 aus dem Stand zweistellige Ergebnisse.

Zentrale Forderungen:

- Das Bündnis plädiert für ein sofortiges Ende des Ukraine-Krieges, lehnt Waffenlieferungen an die Ukraine kategorisch ab und fordert stattdessen Friedensverhandlungen. Die Stationierung von US-Mittelstreckenraketen lehnt die Partei ab.
- Die Partei verfolgt eine restriktive Asylpolitik und betont die Notwendigkeit, illegale Migration einzudämmen. Das BSW will Asylverfahren außerhalb der Europäischen Union in Drittstaaten abwickeln, Schutzsuchende, die über einen sicheren Drittstaat einreisen, sollen kein Aufenthaltsrecht mehr erhalten.
- Sie setzt verstärkt auf fossile Energien, will die Förderung erneuerbarer Energien reduzieren und lehnt den CO_2-Preis ab. Sie will das Verbrenner-Aus und das Heizungsgesetz zurücknehmen, will aber dennoch in Klimaschutz investieren. Der Energiemarkt soll wieder für günstige Importe – zum Beispiel aus Russland – geöffnet werden.
- Sie will soziale Ungleichheit bekämpfen, fordert einen höheren Mindestlohn von 15 Euro und eine Steuer- und Rentenreform.
- Sie setzt auf ein »Kompetenz-Kabinett«, besetzt mit Experten.
- Die Schuldenbremse soll reformiert werden.

Kritik: Einige Parteimitglieder tendieren dazu, den Westen für den Krieg in der Ukraine verantwortlich zu machen und russische Positionen zu rechtfertigen beziehungsweise selbst zu vertreten. Außerdem wird das BSW als populistisch eingestuft. Kritisiert wird auch die restriktive Aufnahme neuer Parteimitglieder.

Kurioses: Die Partei ist stark auf Sahra Wagenknecht als Person fixiert, einige sprechen daher von einem Sahra-Wagenknecht-Fanclub.

Skandale: Das BSW ist im Zusammenhang mit dem Krieg in der Ukraine schon mehrfach mit falschen Behauptungen aufgefallen, die ganz im Sinne des russischen Präsidenten Putin sein dürften.

Das BSW hat große Erfolge bei den Landtagswahlen gefeiert, was sie genau will, ist noch nicht zu hundert Prozent ersichtlich. Bietet die Partei vor allem eine Projektionsfläche?

Jasmin Riedl: Zum Teil schon, weil es sie noch nicht so lange gibt und weil sie noch nicht in Regierungsverantwortung war. Keiner weiß, wie das BSW Politik machen würde. Die Programmatik ist noch nicht im vollen Umfang bekannt. Über die Projektionsfläche hinaus sind aber politische Linien erkennbar, gerade auf die Ukraine- und die Verteidigungspolitik, aber auch die sozialpolitische Ausrichtung. Die Partei ist nicht fremdenfeindlich, viele Gründungsmitglieder haben sich auch dort engagiert, um den Zuspruch für die AfD zu verringern. Bei der Sozialpolitik sieht man, dass es um die Bevölkerung geht, die hier lebt, die sich hier engagiert, die hier arbeitet. Also man kann keine völlig freien Wünsche in die Partei hineinprojizieren. Und das BSW schaut darauf, dass die programmatische Ausrichtung nicht zerfasert. Deshalb ist man auch sehr restriktiv in der Aufnahme neuer Mitglieder.

In der Sozialpolitik ist die Partei ja eher links, in der Migrationspolitik eher rechts, wie passt das zusammen? Oder braucht es die Einordnung von links und rechts gar nicht?

JR: Aus politikwissenschaftlicher Sicht kann man dem BSW dankbar sein. Die Differenzierung bloß in links und rechts ist unterkomplex und suggeriert etwas Falsches. Die Partei wirft jetzt die Frage auf: Wie funktioniert das zusammen? Es gibt die Aufteilung auf den zwei Achsen: Die ökonomische Achse – staatsinterventionistisch versus marktliberal; also ob man in die Wirtschaft eingreift oder sie sich frei entfalten lässt. Und die gesellschaftspolitische Achse – libertär versus autoritär; hier stehen Selbstbestimmung und Freiheit dem Gehorsam gegenüber. Das BSW durchbricht das Verständnis, eine Partei sei immer auf beiden Achsen links oder rechts. Das gilt übrigens auch gespiegelt für die FDP, aber da scheint es nicht zu irritieren.

Ist das BSW denn ernst zu nehmen oder ist es ein politisches Strohfeuer?

JR: Das BSW ist ernst zu nehmen vor dem Hintergrund, dass sich die Partei professionalisiert hat und entsprechende Stimmanteile erreicht. Es kann sein, dass sie in bestimmten Parlamenten stärker ist als in anderen. Und sie hat ein Angebot, das es vorher nicht gab. Das Feld staatsinterventionistisch-autoritär ist bisher nicht besetzt, da gehen sie in einer Marktlücke.

Allerdings sehr fokussiert auf Sahra Wagenknecht?

JR: Es wurde ja angekündigt, dass der Name noch geändert wird. Ich kann mir aber nicht vorstellen, dass Sahra Wagenknecht in absehbarer Zeit die Spitze verlässt. Das wird sicher noch eine ganze Weile so funktionieren. Die größte Herausforderung besteht darin, die anderen engagierten Politiker im BSW bei der Stange zu halten. Die Leute wollen sich profilieren, während Sahra Wagenknecht das Gesicht der Partei ist.

Die linken Parteien, also Grüne, SPD, Linke und BSW – für welche Wähler ist welche Partei die richtige?

JR: Das politisch Linke an den Grünen ist die Positionierung bei gesellschaftspolitischen Themen, Robert Habeck steht wirtschaftspolitisch aber eher in der Mitte. Die SPD ist die einzige Partei mit sozialpolitischem Profil, die Aussicht auf eine Regierungsbeteiligung hat – ist also für die, die mit diesem Programm ihre Stimme in der Regierung sehen wollen. Das BSW ist die pazifistische und Russland zugeneigte Partei. Das BSW steht auf jeden Fall für eine transatlantisch kritische Position und hat eine freundliche

Haltung gegenüber Russland. Und das BSW ist die einzige echte populistische Partei im linkeren Spektrum. Das ist im Hinblick auf die liberale Demokratie ein Problem. Das unterscheidet das BSW maximal von der Linkspartei und von der SPD.

Quellen

Kapitel 1

1 https://www.fes.de/referat-demokratie-gesellschaft-und-innovation/gegen-rechtsextremismus/mitte-studie-2023
2 https://www.staedtetag.de/publikationen/weitere-publikationen/2022/kommunales-monitoring-bericht-hass-hetze-gewalt
3 https://www.bundestag.de/resource/blob/196296/2c12be111d4c560903d3fe2faab67f76/kapitel_07_16_ordnungsma__nahmen-data.pdf
4 https://www.bundestag.de/parlament/praesidium/reden/2024/20240612-1008932
5 Susanne Pickel, Was ist Demokratie?, in: Aus Politik und Zeitgeschichte 27/2024, Demokratie in Gefahr, S. 4.
6 https://www.boell.de/sites/default/files/2024-11/leipziger-autoritarismus-studie-2024-vereint-im-ressentiment-autoritaere-dynamiken-und-rechtsextreme-einstellungen.pdf
7 Hans Vorländer, Demokratie, S. 108–116.
8 https://www.deutschlandfunkkultur.de/us-politologe-jason-brennan-waehler-wissen-oft-nicht-was-100.html
9 Veith Selk, Demokratische Malaise, in: Aus Politik und Zeitgeschichte 27/2024, Demokratie in Gefahr?, S. 14 ff.
10 Beater Küpper/Andreas Zick, Demokratiedistanz der Mitte, in: Aus Politik und Zeitgeschichte 27/2024, Demokratie in Gefahr?, S. 38 ff.
11 https://library.fes.de/pdf-files/pbud/21024.pdf
12 https://www.bpb.de/kurz-knapp/lexika/politiklexikon/296308/drei-elemente-lehre/
13 https://www.bmi.bund.de/DE/themen/verfassung/wahlrecht/auslaenderwahlrecht/auslaenderwahlrecht-node.html
14 https://www.bpb.de/themen/migration-integration/dossier-migration/247685/politische-partizipation-von-migrantinnen-und-migranten/
15 https://simon-schnetzer.com/trendstudie-jugend-in-deutschland-2024/
16 https://www.bpb.de/themen/parteien/rechtspopulismus/192118/was-versteht-man-unter-populismus/
17 Walter Ötsch/Nina Horaczek, Populismus für Anfänger, S. 17 ff.
18 https://www.fischmagazin.de/willkommen-seriennummer-4205.htm
19 https://www.aston.ac.uk/latest-news/eu-uk-trade-deal-continues-stifle-trade-27-drop-exports-2021

20 https://www.verfassungsschutz.de/SharedDocs/glossareintraege/DE/N/nationalismus.html
21 Hans-Ulrich Wehler, Nationalismus, S. 98 ff.
22 Michael Thumann, Der neue Nationalismus, S. 8–10.
23 https://freedomhouse.org/countries/freedom-world/scores?sort=desc&order=Total%20Score%20and%20Status
24 https://de.statista.com/statistik/daten/studie/2274/umfrage/entwicklung-der-wahlbeteiligung-bei-bundestagswahlen-seit-1949/
25 https://www.bmfsfj.de/bmfsfj/aktuelles/presse/pressemitteilungen/zahlen-daten-fakten-zur-entwicklung-des-freiwilligen-engagements-in-deutschland--176840
26 Hans Vorländer, Demokratie, S. 94–95.
27 https://www.bmi.bund.de/DE/themen/verfassung/parteienrecht/parteiverbot/parteiverbot-node.html#:~:text=Nach%20Art.,der%20Bundesrepublik%20Deutschland%20zu%20gef%C3%A4hrden.
28 https://www.bundesverfassungsgericht.de/SharedDocs/Pressemitteilungen/DE/2017/bvg17-004.html
29 https://www.bpb.de/themen/parteien/parteien-in-deutschland/zahlen-und-fakten/140358/die-soziale-zusammensetzung-der-parteimitgliederschaften/
30 https://de.statista.com/statistik/daten/studie/192247/umfrage/frauenanteil-in-den-politischen-parteien/

Kapitel 3

1 Steffen Mau/Thomas Lux/Linus Westheuser, Triggerpunkte: Konsens und Konflikt in der Gegenwartsgesellschaft, S. 244 ff.
2 https://www.bpb.de/themen/migration-integration/dossier-migration/504450/was-ist-migration/
3 https://worldmigrationreport.iom.int/what-we-do/world-migration-report-2024-chapter-1/what-has-happened-migration
4 Hein de Haas, Migration. 22 populäre Mythen und was wirklich hinter ihnen steckt, S. 34 ff.
5 Hein de Haas, Migration, S. 43.
6 https://www.unhcr.org/wp-content/uploads/sites/27/2017/03/GFK_Pocket_2015_RZ_final_ansicht.pdf
7 https://www.unhcr.org/de/ueber-uns
8 https://www.imis.uni-osnabrueck.de/fileadmin/4_Publikationen/PDFs/Duvell_UkrainerInnen_in_Deutschand_Jan_2024.pdf
9 https://dejure.org/gesetze/AufenthG/15.html
10 https://mediendienst-integration.de/artikel/kann-deutschland-das-individuelle-asylrecht-aussetzen.html
11 https://www.destatis.de/Europa/DE/Thema/Bevoelkerung-Arbeit-Soziales/Bevoelkerung/EUAsylantraege.html
12 https://www.bamf.de/SharedDocs/Meldungen/DE/2024/240108-asylgeschaeftsstatistik-dezember-und-gesamtjahr-2023.html

13 https://mediendienst-integration.de/artikel/warum-mehrere-eu-staaten-einen-notstand-ausrufen.html
14 https://www.bamf.de/SharedDocs/Anlagen/DE/Forschung/Migrationsberichte/MB-2022/migrationsbericht-2022-kap5.pdf?__blob=publicationFile&v=3
15 https://de.statista.com/infografik/18439/fluechtlinge-und-asylbewerber-in-eu-laendern/
16 https://papers.ssrn.com/sol3/papers.cfm?abstract_id=4647561
17 https://hudoc.echr.coe.int/#{%22itemid%22:[%22001-237290%22]}
18 https://curia.europa.eu/juris/document/document.jsf?text=&docid=277630&pageIndex=0&doclang=DE&mode=req&dir=&occ=first&part=1
19 https://fra.europa.eu/sites/default/files/fra-focus_02-2015_legal-entry-to-the-eu.pdf#page=3
20 Hein de Haas, Migration, S. 366–367.
21 https://www.bamf.de/DE/Themen/AsylFluechtlingsschutz/Sonderverfahren/SichereHerkunftsstaaten/sichereherkunftsstaaten-node.html
22 https://www.bamf.de/SharedDocs/Anlagen/DE/Statistik/AsylinZahlen/aktuelle-zahlen-dezember-2023.pdf.
23 https://rsw.beck.de/aktuell/daily/meldung/detail/eugh-C40622-gesamtes-hoheitsgebiet-drittstaat-bestimmung-sicheres-herkunftsland
24 https://de.statista.com/statistik/daten/studie/1535327/umfrage/schutzsuchende-in-deutschland-nach-schutzstatus-und-herkunftslaendern
25 https://www.recht.bund.de/bgbl/1/2024/325/VO.html
26 https://www.bverwg.de/210422U1C10.21.0
27 https://www.bundestag.de/presse/hib/kurzmeldungen-992956
28 https://www.gesetze-im-internet.de/aufenthg_2004/__53.html
29 https://www.gesetze-im-internet.de/aufenthg_2004/__62.html
30 https://www.bmi.bund.de/SharedDocs/downloads/DE/publikationen/themen/sicherheit/pks-2023.pdf
31 Hein de Haas, Migration, S. 104 ff.
32 https://www.spiegel.de/politik/ausland/einwanderung-aus-afrika-die-jungen-afrikaner-kommen-so-oder-so-a-1166274.html
33 Hein de Haas, Migration, S. 304 ff.
34 Hein de Haas, Migration, S. 146 ff.
35 https://de.statista.com/statistik/daten/studie/76095/umfrage/asylantraege-insgesamt-in-deutschland-seit-1995/

Kapitel 5

1 https://www.destatis.de/DE/Themen/Laender-Regionen/Internationales/Thema/bevoelkerung-arbeit-soziales/bevoelkerung/Weltbevoelkerung.html
2 https://de.statista.com/statistik/daten/studie/732084/umfrage/top-20-der-laender-mit-der-hoechsten-lebensqualitaet-nach-dem-best-countries-ranking/
3 https://osf.io/preprints/osf/tb3qz
4 https://www.diw.de/de/diw_01.c.584241.de/soziale_mobilitaet_in_deutschland_durchlaessigkeit_hat_sich_in_den_letzten_30_jahren_kaum_veraendert.html
5 https://wirtschaftslexikon.gabler.de/definition/hidden-champions-54015

6 https://www.iwd.de/artikel/hidden-champions-die-starken-aus-der-zweiten-reihe-424550/
7 https://de.statista.com/statistik/daten/studie/241480/umfrage/umsaetze-der-wichtigsten-industriebranchen-in-deutschland/
8 https://de.statista.com/statistik/daten/studie/30703/umfrage/beschaeftigtenzahl-in-der-automobilindustrie/
9 https://www.ig.com/de/trading-strategien/umsatzstaerkste-branchen-in-deutschland-190312
10 https://de.statista.com/infografik/30229/abschneiden-von-deutschland-im-world-competitiveness-ranking/
11 https://www.destatis.de/DE/Themen/Wirtschaft/Volkswirtschaftliche-Gesamtrechnungen-Inlandsprodukt/BIP-Langfristig.html
12 https://de.statista.com/statistik/daten/studie/252029/umfrage/industriestrompreise-inkl-stromsteuer-in-deutschland/
13 https://www.mdr.de/wissen/umwelt-klima/fraunhofer-studie-was-kostet-strom-erneuerbare-energien-am-guenstigsten-100.html
14 https://www.hanswernersinn.de/de/man-muss-schlimmes-befuerchten-mm-01082023
15 https://www.youtube.com/watch?v=3uY1g1zwgnY
16 https://www.mckinsey.de/news/presse/2024-01-19-zukunftspfad-stromversorgung
17 https://www.asew.de/de/ASEW/News-Presse/ASEW-Meldungen/ASEW-News/Redispatch-Mehr-Eingriffe-geringere-Kosten.html
18 https://www.handelsblatt.com/politik/deutschland/energieversorgung-deutschland-fehlen-60-milliarden-fuer-reservekraftwerke-01/100002644.html
19 https://www.handelsblatt.com/unternehmen/energie/energiewende-so-viel-kostet-die-infrastruktur-der-zukunft/100002597.html
20 https://www.welt.de/wissenschaft/plus250737062/Energiewende-Die-deutsche-Vision-ist-unbezahlbar.html
21 https://www.iwkoeln.de/presse/pressemitteilungen/christian-rusche-hohe-abfluesse-deuten-auf-deindustrialisierung-hin.html
22 https://www.hanswernersinn.de/de/medienecho_6653468_ifointerview-pw-01-01-08
23 https://www.wiwo.de/politik/europa/hohe-arbeitskosten-so-teuer-ist-deutschland-im-europaeischen-vergleich/29772274.html
24 https://www.handelsblatt.com/politik/deutschland/oecd-studie-nur-dieses-eine-land-hat-hoehere-steuern-und-sozialabgaben-als-deutschland/100033375.html
25 https://www.personio.de/hr-lexikon/lohnnebenkosten/
26 https://www.destatis.de/DE/Methoden/WISTA-Wirtschaft-und-Statistik/2024/01/die-babyboomer-012024.pdf
27 https://www.ifo.de/publikationen/2024/aufsatz-zeitschrift/kommunen-und-laender-bauen-oeffentliche-beschaeftigung-aus
28 https://www.ifo.de/pressemitteilung/2024-11-14/buerokratie-deutschland-kostet-jaehrlich-146-milliarden-euro
29 https://www.normenkontrollrat.bund.de/Webs/NKR/DE/der-nkr/aufgabe/aufgabe_node.html
30 https://www.bmj.de/SharedDocs/Publikationen/DE/Fachpublikationen/2023_NKR_Jahresbericht.pdf

31 https://www.tagesschau.de/wirtschaft/unternehmen/volkswagen-tarifvertrag-100.html
32 https://ecipe.org/publications/comparing-economic-growth-between-eu-and-us-states/

Kapitel 6

1 https://www.bpb.de/shop/zeitschriften/izpb/steuern-und-finanzen-288/147073/der-zehnte-ein-streifzug-durch-die-steuergeschichte/
2 https://blogs.faz.net/fazit/2022/09/18/der-ewige-kampf-um-die-steuern-12893/index.html
3 https://www.youtube.com/watch?v=vzhuDKUIc64 (Arte Dokumentation: Geschichte der Steuern Teil 1); https://www.youtube.com/watch?v=96LbPyYOiyw ((Arte Dokumentation: Geschichte der Steuern Teil 2)
4 https://www.finanztip.de/steuersatz/
5 https://www.steuertipps.de/finanzamt-formalitaeten/grundfreibetrag-2024-erneute-anhebung
6 https://www.finanz.de/steuern/einkommensteuertabelle/
7 https://www.vlh.de/arbeiten-pendeln/beruf/kalte-progression-was-ist-das-und-wie-soll-sie-abgeschafft-werden.html
8 https://www.bmf-steuerrechner.de/
9 https://www.vlh.de/wissen-service/steuer-abc/was-ist-das-ehegatten-splitting.html
10 https://www.sozialpolitik-aktuell.de/files/sozialpolitik-aktuell/_Politikfelder/Finanzierung/Datensammlung/PDF-Dateien/abbIII21b.pdf
11 https://www.bva.bund.de/SharedDocs/FAQs/DE/Bundesbedienstete/Arbeit-Beruf/Entgelt/080bbg.html
12 https://www.gesetze-im-internet.de/gg/art_14.html
13 https://www.diw.de/documents/publikationen/73/diw_01.c.679970.de/19-40.pdf
14 https://www.zeit.de/wirtschaft/2024-09/vermoegenssteuer-milliardaere-reichtum-steuerpolitik-geld
15 https://www.fes.de/wissen/vermoegensteuer
16 https://www.zeit.de/wirtschaft/2024-09/vermoegenssteuer-milliardaere-reichtum-steuerpolitik-geld
17 https://www.iwkoeln.de/studien/martin-beznoska-tobias-hentze-keine-steuer-ist-wirtschaftsfeindlicher-510617.html
18 https://www.diw.de/de/diw_01.c.412762.de/vermoegensteuer.html
19 https://www.stern.de/politik/umfrage-zur-vermoegenssteuer--sogar-cdu-csu-waehler-dafuer-34863076.html
20 https://www.bundesverfassungsgericht.de/SharedDocs/Entscheidungen/DE/2006/11/ls20061107_1bvl001002.html
21 https://www.bundesverfassungsgericht.de/SharedDocs/Entscheidungen/DE/2014/12/ls20141217_1bvl002112.html
22 https://dejure.org/dienste/vernetzung/rechtsprechung?Gericht=BFH&Datum=24.10.2017&Aktenzeichen=II%20R%2044%2F15
23 https://www.diw.de/de/diw_01.c.809832.de/publikationen/wochenberichte/2021_05_1/haelfte_aller_erbschaften_und_schenkungen_geht_an_die_reichsten_zehn_prozent_aller_beguenstigten.html

24 https://www.fr.de/wirtschaft/in-deutschland-kaum-zahlen-zu-erbschaften-92880549.html; https://www.boeckler.de/de/boeckler-impuls-erbschaften-groesser-als-bislang-erwartet-3761.htm

25 https://www.destatis.de/DE/Presse/Pressemitteilungen/2024/07/PD24_273_736.html

26 https://www.zeit.de/geld/2024-07/erbschaft-schenkung-vermoegen-uebertragung-steuer-rekordwert-deutschland-2023

27 https://www.tagesschau.de/inland/erbschaftssteuer-schenkungssteuer-100.html

28 https://www.destatis.de/DE/Themen/Staat/Steuern/Steuereinnahmen/steuereinnahmen.html

29 https://www.finanzwende.de/themen/steuergerechtigkeit/ausnahmen-bei-der-erbschaft-und-schenkungsteuer/drei-gruende-fuer-eine-erbschaftsteuer-ohne-privilegien-fuer-superreiche

30 https://www.boeckler.de/de/boeckler-impuls-privilegien-fur-reiche-abschaffen-49315.htm; https://www.fes.de/finanzpolitik/erben-verpflichtet-erbschaftsteueruhr

31 https://www.wiwo.de/politik/deutschland/kontra-erbschaftsteuer-schafft-die-todessteuer-endlich-ab/29215840.html

32 https://www.zeit.de/2024/34/erbschaftsteuer-vermoegen-ungleichheit-familienunternehmen-reform

Kapitel 7

1 https://www.bundeshaushalt.de/DE/Bundeshaushalt-digital/bundeshaushalt-digital.html

2 https://www.destatis.de/DE/Themen/Staat/Steuern/Steuereinnahmen/_inhalt.html

3 https://www.bundestag.de/services/glossar/glossar/S/schuldenbremse-868664

4 https://www.steuerzahler.de/aktion-position/staatsverschuldung/dieschuldenuhrdeutschlands/?L=0

5 https://de.statista.com/statistik/daten/studie/163692/umfrage/staatsverschuldung-in-der-eu-in-prozent-des-bruttoinlandsprodukts/

6 Maß, Sandra, Aus Politik und Zeitgeschichte, Schwarze Null, »Werde ein guter Staatsbürger«, S. 25 ff

7 https://www.destatis.de/DE/Presse/Pressemitteilungen/Zahl-der-Woche/2024/PD24_44_p002.html

8 https://fiscalfuture.de/media/pages/fachtexte/finanzpolitik-fuer-die-naechste-generation-keine-angst-vor-staatsverschuldung/449864fe02-1686909481/finanzpolitik-fur-die-nachste-generation.pdf

9 https://www.iwkoeln.de/presse/pressemitteilungen/michael-huether-simon-gerards-iglesias-600-milliarden-euro-fuer-eine-zukunftsfaehige-wirtschaft.html

10 https://www.bertelsmann-stiftung.de/de/unsere-projekte/nachhaltig-wirtschaften/projektnachrichten/megatrend-report-6

11 https://de.statista.com/statistik/daten/studie/1425327/umfrage/lockerung-der-schuldenbremse/

12 https://www.schwarzbuch.de/

Kapitel 9

1 Melanie Joy, Warum wir Hunde lieben, Schweine essen und Kühe anziehen
2 Brock Bastian, Steve Loughnan, Resolving the meat-paradox
3 Thomas Macho, Warum wir Tiere essen
4 https://www.landwirtschaft.de/tier-und-pflanze/tier/nutztiere-allgemein/reizwort-massentierhaltung
5 Forschungsinstitut für Nutztierbiologie
6 Doku »Sprechende Schweine – KI entschlüsselt Tiersprache«, https://story.ndr.de/sprechende-schweine/index.htm
7 https://www.sueddeutsche.de/projekte/artikel/wissen/kuehe-schweine-ziegen-nutztiere-verhaltensforschung-rinder-massentierhaltung-milchwirtschaft-e875114/
8 https://www.efsa.europa.eu/de/topics/topic/animal-welfare
9 https://www.bund.net/massentierhaltung/nutztierhaltung/tierschutz/
10 Ranking der Tierschutzorganisation World Animal Protection
11 Zahlen des Bundeslandwirtschaftsministeriums
12 Landwirtschaftszählung, https://www.bundestag.de/presse/hib/kurzmeldungen-957830
13 Studie der Organisation Foodwatch, »Tierleid im Einkaufskorb«
14 https://albert-schweitzer-stiftung.de/unsere-arbeit/kaefigfrei-initiative
15 https://albert-schweitzer-stiftung.de/massentierhaltung/huehner/masthuehner; https://www.nutztierhaltung.de/gefluegel/huehnermast/
16 https://www.oekolandbau.de/landwirtschaft/umstellung/ablauf-und-planung/oeko-was-ist-anders/gefluegelmast-was-aendert-sich-durch-die-umstellung/
17 https://www.rki.de/DE/Content/Infekt/Antibiotikaresistenz/Broschuere_IHME_RKI.pdf
18 https://www.bmel.de/SharedDocs/Downloads/DE/_Ministerium/Beiraete/agrarpolitik/GutachtenNutztierhaltung-Kurzfassung.pdf
19 https://www.verbraucherzentrale.de/wissen/lebensmittel/lebensmittelproduktion/antibiotika-und-resistente-keime-bei-bioprodukten-deutlich-seltener-53091
20 https://www.schweine.net/news/china-weltweit-groesster-schweinefleischproduzent.html
21 D. Demmler, Leistungsabhängige Gesundheitsstörungen bei Nutztieren für die Fleischerzeugung (Schweine, Rinder, Hühner, Puten) und ihre Relevanz für § 11 b Tierschutzgesetz (»Qualzucht«), Berlin 2011, S. 106.
22 https://www.tierschutzbund.de/tiere-themen/tiere-in-der-landwirtschaft/anbindehaltung; https://www.bmel.de/SharedDocs/Meldungen/DE/Presse/2024/240926-tierschutzgesetz-bt.html
23 https://www.deutschesgesundheitsportal.de/2024/09/24/ernaehrungsreport-2024-menschen-wollen-wissen-was-sie-essen/
24 https://www.ble.de/SharedDocs/Pressemitteilungen/DE/2024/240404_Fleischbilanz.html
25 https://gfieurope.org/wp-content/uploads/2023/03/Marktentwicklung-Plantbased-in-Deutschland-2020-2020-DE.pdf
26 https://www.dge.de/presse/meldungen/2021/gut-fuer-die-gesundheit-viel-gemuese-obst-wenig-fleisch/
27 https://www.dgs-magazin.de/aktuelles/news/article-7702890-4627/wie-entwickelte-sich-der-marktanteil-von-biofleisch-.html

28 https://www.greenpeace.de/biodiversitaet/landwirtschaft/tierhaltung/auslaufmodell-billigfleisch
29 https://www.lebensmittelverband.de/de/verband/positionen/20240304-tierwohlcent/tierwohlabgabe-aktueller-sachstand-und-bewertung
30 https://www.bmel.de/DE/themen/tiere/nutztiere/umbau-nutztierhaltung.html
31 Studie der Uni Stanford im Fachblatt »One earth«, https://www.cell.com/one-earth/fulltext/S2590-3322(23)00347-0
32 https://gemeinsam-gegen-die-tierindustrie.org/studie-milliarden-tierindustrie/
33 https://www.bund.net/fluesse-gewaesser/nitratstudie
34 https://www.umweltbundesamt.de/themen/landwirtschaft/landwirtschaft-umweltfreundlich-gestalten/fragen-antworten-zu-tierhaltung-ernaehrung#Frage1_3
35 https://info.bml.gv.at/themen/landwirtschaft/landwirtschaft-in-oesterreich/tierische-produktion/gefluegel-eier/Ei-Artikel.html
36 Studie in »Proceedings of the National Academy of Sciences«
37 https://biooekonomie.de/nachrichten/neues-aus-der-biooekonomie/erstmals-zulassung-fuer-laborfleisch-eu-beantragt
38 https://www.verbraucherzentrale.de/wissen/lebensmittel/lebensmittelproduktion/clean-meat-ist-laborfleisch-die-zukunft-65071

Kapitel 11

1 https://www.umweltbundesamt.de/service/uba-fragen/was-ist-eigentlich-klima
2 https://www.bmz.de/de/themen/klimawandel-und-entwicklung/folgen-des-klimawandels-124774
3 https://wmo.int/publication-series/state-of-global-climate-2023
4 https://www.de-ipcc.de/119.php
5 https://www.umweltbundesamt.de/themen/klima-energie/klimawandel/klima-treibhauseffekt#grundlagen
6 https://www.wwf.de/themen-projekte/klimaschutz/klimawandel
7 https://www.lehrmittelverlag-zuerich.ch/Portals/1/Documents/lehrmittelsites/europa/europa_dowloads/196_Der_Energieverbrauch_wird_immer_groesser_die_Energievorraete_werden_knapper.pdf
8 https://www.umweltbundesamt.de/themen/klima-energie/grundlagen-des-klimawandels/weltklimarat-ipcc/sechster-sachstandsbericht-des-weltklimarates-ipcc
9 https://www.bmz.de/de/themen/klimawandel-und-entwicklung/folgen-des-klimawandels-124774
10 https://climate.ec.europa.eu/climate-change/consequences-climate-change_de
11 https://www.bmwk.de/Redaktion/DE/Artikel/Industrie/klimaschutz-abkommen-von-paris.html
12 https://de.statista.com/statistik/daten/studie/37187/umfrage/der-weltweite-co2-ausstoss-seit-1751/; https://www.destatis.de/DE/Themen/Laender-Regionen/Internationales/Thema/umwelt-energie/umwelt/G20_CO2.html
13 https://edgar.jrc.ec.europa.eu/report_2024?vis=ghgtot#emissions_table
14 https://www.destatis.de/DE/Themen/Laender-Regionen/Internationales/Thema/umwelt-energie/umwelt/G20_CO2.html

15 https://www.umweltbundesamt.de/daten/klima/treibhausgasminderungsziele-deutschlands#internationale-vereinbarungen-weisen-den-weg
16 https://www.europarl.europa.eu/topics/de/article/20190926STO62270/was-versteht-man-unter-klimaneutralitat
17 https://www.unendlich-viel-energie.de/mediathek/grafiken/treibhausgasemissionen-in-deutschland-nach-sektoren-2023
18 https://info.bmwk.de/weg-zur-klimaneutralitaet
19 https://www.windcomm.de/windenergie-deutschland-fakten-statistiken-trends/
20 https://www.umweltbundesamt.de/sites/default/files/medien/1968/publikationen/161128_uba_position_windenergiegesundheit.pdf
21 https://www.handelsblatt.com/politik/deutschland/dekarbonisierung-sieben-milliarden-euro-fuer-gruenen-stahl-und-das-ist-erst-der-anfang/100009407.html
22 https://www.bundesregierung.de/breg-de/aktuelles/neues-gebaeudeenergiegesetz-2184942
23 https://www.bmwk.de/Redaktion/DE/Dossier/erneuerbare-energien.html
24 https://www.bmwk-energiewende.de/EWD/Redaktion/Newsletter/2019/09/Meldung/direkt-erklaert.html
25 https://www.bmwk-energiewende.de/EWD/Redaktion/Newsletter/2019/09/Meldung/direkt-erklaert.html
26 https://www.fr.de/politik/klimageld-warum-gibt-es-eigentlich-immer-noch-kein-93211108.html
27 https://www.bpb.de/kurz-knapp/lexika/lexikon-der-wirtschaft/20233/ordnungspolitik/
28 https://www.focus.de/auto/ratgeber/unterwegs/daten-werfen-fragen-auf-mit-seltsamen-tricks-rechnet-sich-das-umweltbundesamt-das-tempolimit-schoen_id_185088781.html
29 https://blog.campact.de/2024/12/tempolimit-argumente-gruende-wissing/
30 https://www.mobil.org/fakten-freitag-10-gruende-gegen-ein-tempolimit-auf-autobahnen/

Kapitel 12

1 https://de.statista.com/statistik/daten/studie/1067107/umfrage/umfrage-zur-meinungsaeusserung-in-deutschland/
2 https://www.duden.de/rechtschreibung/Tatsache
3 Gerald Hüther/Robert Burdy, Wir informieren uns zu Tode, S. 53–56.
4 https://www.gesetze-im-internet.de/gg/art_5.html
5 https://www.gesetze-bayern.de/Content/Document/Y-300-Z-BECKRS-B-2023-N-4591
6 https://www.ra-plutte.de/faq-zum-aeusserungsrecht-tatsachenbehauptung-und-werturteil/
7 Meinungsfreiheit, S. 37.
8 Dominik Balg, Toleranz, was müssen wir aushalten?, S. 79–80.
9 https://www.fremdwort.de/suchen/bedeutung/entschuldigung
10 https://www.uni-wuerzburg.de/aktuelles/einblick/single/news/neue-studie-generisches-maskulinum/
11 https://www.t-online.de/nachrichten/panorama/id_100248140/exklusive-umfrage-drei-viertel-der-deutschen-lehnen-das-gendern-ab.html
12 AJS NRW, Hassrede im Netz, Von den Grenzen der Meinungsfreiheit, S. 4 ff.

13 https://www.destatis.de/DE/Presse/Pressemitteilungen/2023/12/PD23_470_63.html
14 https://www.uni-due.de/2019-02-11-social-bots-sind-zuenglein-an-der-waagein
15 https://hateaid.org/kammergericht-gibt-kuenast-recht/
16 https://www.ecpmf.eu/wp-content/uploads/2024/04/Feindbild-Journalist-2023.pdf
17 Fake News, S. 44–46.
18 Aus Politik und Zeitgeschichte, XXX, Öffentlich-rechtlicher Rundfunk, Medienvertrauen in Krisenzeiten, S. 36–37.
19 https://www.reporter-ohne-grenzen.de/rangliste/rangliste-2024
20 Wolfgang Seufert, In: Aus Politik und Zeitgeschichte 40-41/2018, Medienpolitik, Medienkonzentration und Medienvielfalt, S. 12.
21 https://www.die-medienanstalten.de/fileadmin/user_upload/die_medienanstalten/Forschung/Medienvielfaltsmonitor/Medienvielfaltsmonitor_2023.pdf
22 https://rundfunkkommission.rlp.de/fileadmin/rundfunkkommission/Dokumente/ReformStV/ENTWURF_Synopse_ReformStV_Anhoerungsfassung_09-26-2024_ofin26.pdf
23 https://journalistik.online/ausgabe-3-4-2023/wie-blicken-journalistinnen-und-journalisten-auf-die-welt/
24 https://www.polkom.ifp.uni-mainz.de/files/2024/01/presse_perspektivenvielfalt.pdf
25 Gerald Hüther/Robert Burdy, Wir informieren uns zu Tode, S. 62–63.
26 https://www.bonn-institute.org/was-ist-konstruktiver-journalismus
27 https://www.presserat.de/presse-nachrichten-details/presserat-erteilt-2023-mehr-ruegen-als-je-zuvor.html
28 https://www.presserat.de/pressekodex.html
29 https://www.purplepublish.com/blog/wie-medienschaffende-in-deutschland-die-wichtigsten-erkenntnisse-des-reuters-digital-news-reports-2024-nutzen-konnen
30 https://www.bitkom.org/Presse/Presseinformation/Online-Journalismus-Nachrichtenflut-ueberfordert
31 Gerald Hüther/Robert Burdy, Wir informieren uns zu Tode, S. 30.
32 https://www.bpb.de/shop/zeitschriften/izpb/medienkompetenz-355/539986/fake-news-misinformation-desinformation/
33 https://correctiv.org/faktencheck/hintergrund/2023/12/22/klima-kriege-und-ki-das-waren-die-hartnaeckigsten-falschmeldungen-2023/
34 https://lexikon.stangl.eu/25934/wahrheitseffekt

Kapitel 13

1 https://deutsches-schulportal.de/bildungswesen/die-zehn-wichtigsten-ergebnisse-der-pisastudie/#:~:text=Betrachtet%20man%20die%2035%20OECD,2009%20um%204%20Prozent%20erh%C3%B6ht
2 https://www.bpb.de/kurz-knapp/hintergrund-aktuell/174546/pisa-studie-deutsche-schueler-ueber-dem-durchschnitt/
3 https://www.kooperation-international.de/laender/asien/singapur/zusammenfassung/ueberblick-zur-bildungs-forschungs-und-innovationslandschaft-und-politik
4 https://freedomhouse.org/country/singapore/freedom-world/2024
5 https://www.lch.ch/aktuell/detail/pisa-2022-hervorragende-leistungen-und-wege-zur-verbesserung

6 https://www.kmk.org/kmk.html
7 https://deutsches-schulportal.de/bildungswesen/iglu-studie-lesekompetenz-der-viertklaessler-verschlechtert-sich-deutlich/
8 https://www.bildungsbericht.de/de/bildungsberichte-seit-2006/bildungsbericht-2024#0
9 https://deutsches-schulportal.de/bildungswesen/lehrermangel-bleibt-bundesweit-ein-problem/#erklaerung-der-kmk-zu-massnahmen-gegen-den-lehrermangel
10 https://index-gute-arbeit.dgb.de/++co++5d56994c-6390-11ee-b880-001a4a160123
11 https://de.statista.com/statistik/daten/studie/235/umfrage/anzahl-der-geburten-seit-1993/
12 https://deutsches-schulportal.de/bildungswesen/weniger-teilzeit-groessere-klassen-umgang-mit-lehrermangel-empfehlungen-staendige-wissenschaftliche-kommission/
13 https://www.bertelsmann-stiftung.de/de/unsere-projekte/schulische-bildung/projektnachrichten/das-potenzial-zugewanderter-lehrkraefte-in-perspektiven-verwandeln
14 https://www.kmk.org/fileadmin/Dateien/pdf/Statistik/Dokumentationen/Dok_238_Bericht_LEB_LEA_2023.pdf
15 https://www.bertelsmann-stiftung.de/de/themen/aktuelle-meldungen/2024/januar/der-lehrkraeftemangel-an-grundschulen-ist-bald-ueberwunden
16 https://www.bmbf.de/bmbf/de/home/_documents/das-sollten-sie-jetzt-wissen.html
17 Deutsches Schulbarometer 2024, S. 48 ff.
18 https://www.bmbf.de/bmbf/shareddocs/pressemitteilungen/de/2024/10/170924-Digitalpakt.html
19 https://www.spiegel.de/panorama/bildung/digitalisierung-der-schulen-viel-geld-fuer-nichts-a-8cad4739-cfd0-447a-a48e-6f6b360c08e5
20 https://www.bmbf.de/bmbf/shareddocs/kurzmeldungen/de/2024/11/icils-2024.html
21 https://www.bmbf.de/SharedDocs/Downloads/de/2021/210916-oecd-bericht-bildung-auf-einen-blick.pdf
22 Statistisches Bundesamt, Datenreport 2021.
23 https://www.dji.de/veroeffentlichungen/aktuelles/news/article/deutsches-schulbarometer-kinderarmut-wird-sichtbarer.html
24 https://www.destatis.de/DE/Presse/Pressemitteilungen/2024/07/PD24_N033_63.html
25 https://www.boeckler.de/de/boeckler-impuls-fast-jedes-fuenfte-kind-ist-arm-6483.htm
26 https://www.gew-bw.de/aktuelles/detailseite/welche-massnahmen-gegen-bildungsungerechtigkeit-helfen
27 L. Wößmann, Ungleiche Bildungschancen. Ein Blick in die Bundesländer, S. 58.
28 https://www.destatis.de/DE/Presse/Pressemitteilungen/2024/03/PD24_101_211.html
29 https://www.bib.bund.de/DE/Aktuelles/2023/2023-11-22-Fruehe-Ungleichheiten-Warum-Kinder-aus-potenziell-benachteiligten-Familien-seltener-eine-Kita-besuchen.html
30 https://www.bundestag.de/presse/hib/kurzmeldungen-987068
31 https://www.destatis.de/DE/Themen/Gesellschaft-Umwelt/Bildung-Forschung-Kultur/Bildungsfinanzen-Ausbildungsfoerderung/_inhalt.html
32 https://www.destatis.de/DE/Presse/Pressemitteilungen/2024/03/PD24_097_217.html

Kapitel 15

1 https://www.bundestag.de/presse/hib/kurzmeldungen-987084
2 https://www.hanisauland.de/wissen/lexikon/grosses-lexikon/v/vollbeschaeftigung.html

3 https://statistik.arbeitsagentur.de/DE/Navigation/Statistiken/Fachstatistiken/Arbeitsuche-Arbeitslosigkeit-Unterbeschaeftigung/Aktuelle-Eckwerte-Nav.html
4 §16 SGB III
5 https://www.gesundheitsforschung-bmbf.de/de/nicht-nur-zu-viel-arbeit-auch-keine-arbeit-kann-krank-machen-langzeitarbeitslose-1790.php
6 § 18 SGB III
7 www.dgb.de
8 https://www.arbeitsagentur.de/vor-ort/rd-bw/presse/2024-26-der-arbeitsmarkt-zeigt-sich-stabil
9 https://www.arbeitsagentur.de/arbeitslos-arbeit-finden/buergergeld/finanziell-absichern/voraussetzungen-einkommen-vermoegen
10 https://www.bmas.de/DE/Arbeit/Grundsicherung-Buergergeld/Buergergeld/Fragen-und-Antworten-zum-Buergergeld/fragen-und-antworten-zum-buergergeld-art.html
11 https://www.iab-forum.de/warum-die-aktuelle-buergergelddebatte-nicht-die-richtigen-schwerpunkte-setzt/
12 Kofa Kompakt, Fachkräftelücken, https://www.iwkoeln.de/studien/philip-herzer-gero-kunath-fachkraefteluecken-belasten-wichtige-wirtschaftszweige.html
13 Zuwanderung und Arbeitsmarkt – eine Analyse für Deutschland und die Bundesländer, https://www.bertelsmann-stiftung.de/de/themen/aktuelle-meldungen/2024/november/ohne-zuwanderung-geht-die-zahl-der-arbeitskraefte-in-deutschland-bis-2040-deutlich-zurueck
14 https://www.bmi.bund.de/SharedDocs/pressemitteilungen/DE/2024/11/fachkraefteeinwanderung.html
15 https://www.destatis.de/DE/Presse/Pressemitteilungen/2024/04/PD24_N017_13.html
16 https://www.iwkoeln.de/presse/pressemitteilungen/holger-schaefer-philipp-deschermeier-fast-20-millionen-erwerbstaetige-gehen-bis-2036-in-rente.html
17 https://deutsches-schulportal.de/schule-im-umfeld/nationaler-bildungsbericht-mehr-schulabbrecher-und-fachkraeftemangel/
18 The 4-Day-Week in Germany: First Results of Germany's Trial on Work Time Reduction, 2024
19 https://www.boeckler.de/de/pressemitteilungen-2675-rund-81-prozent-der-vollzeitbeschaftigten-wollen-vier-tage-woche-49242.htm
20 ttps://www.ifo.de/pressemitteilung/2024-07-05/randstad-ifo-umfrage-firmen-bieten-eine-vier-tage-woche
21 https://www.iwkoeln.de/studien/holger-schaefer-kein-modell-fuer-alle.html
22 https://ec.europa.eu/eurostat/web/products-eurostat-news/w/ddn-20240530-1
23 https://www.destatis.de/DE/Themen/Arbeit/Verdienste/Mindestloehne/_inhalt.html
24 Arne Baumann/Matthias Dütsch, Beschäftigungseffekte des gesetzlichen Mindestlohns, https://www.degruyter.com/document/doi/10.1515/pwp-2018-0035/html
25 https://www.bundesregierung.de/breg-de/aktuelles/mindestlohn-faq-1688186
26 https://www.iab-forum.de/mit-der-erhoehung-auf-12-euro-liegt-die-entwicklung-des-gesetzlichen-mindestlohns-ueber-der-tariflohn-und-preisentwicklung/
27 https://www.diw.de/de/diw_01.c.891106.de niedriglohnsektor_auf_tiefstand__aber_einkommensungleichheit_nimmt_nicht_ab.html

28 Vierter Bericht zu den Auswirkungen des gesetzlichen Mindestlohns, S.93ff., https://www.mindestlohn-kommission.de/DE/Bericht/pdf/Bericht2023?nn=48eee1a4-d406-432b-97b1-adbe8e4138ab
29 https://www.iab-forum.de/mindestlohnerhoehung-auf-12-euro-nur-wenige-betriebe-reagierten-eigenen-angaben-zufolge-mit-entlassungen/
30 https://iab.de/presseinfo/bei-14-euro-mindestlohn-erwartet-ein-fuenftel-der-betriebe-einen-beschaeftigungsrueckgang/
31 Quelle: eigenes Interview
32 https://www.destatis.de/Europa/DE/Thema/Bevoelkerung-Arbeit-Soziales/Arbeitsmarkt/Mindestloehne.html

Kapitel 16

1 https://www.deutsche-rentenversicherung.de/DRV/DE/Rente/Moeglichkeiten-der-Altersvorsorge/Drei-Saeulen-der-AV/DS-Die-drei-Saeulen-der-Altersvorsorge.html
2 https://statistik.arbeitsagentur.de/DE/Navigation/Statistiken/Fachstatistiken/Beschaeftigung/Aktuelle-Eckwerte-Nav.html
3 https://www.bundesregierung.de/breg-de/aktuelles/rentenbericht-2024-2320044
4 https://www.deutsche-rentenversicherung.de/DRV/DE/Rente/Allgemeine-Informationen/Wie-wird-meine-Rente-berechnet/wie-wird-meine-rente-berechnet_node.html
5 Anmerkung: Zahlen der Deutschen Rentenversicherung
6 https://www.bpb.de/themen/soziale-lage/rentenpolitik/288931/beamtenversorgung
7 https://www.sachverstaendigenrat-wirtschaft.de/ueber-uns/wissenschaftlicher-stab/dr-benedikt-runschke/publikationen.html
8 https://www.iwkoeln.de/presse/pressemitteilungen/holger-schaefer-philipp-deschermeier-fast-20-millionen-erwerbstaetige-gehen-bis-2036-in-rente.html
9 https://www.demografie-portal.de/DE/Fakten/altersrentner-beitragszahler.html
10 https://www.deutsche-rentenversicherung.de/DRV/DE/Ueber-uns-und-Presse/Presse/Meldungen/2023/230814-rente-63-altersrenten.html
11 https://www.bmas.de/DE/Soziales/Rente-und-Altersvorsorge/Rentenpaket-II/rentenpaket-ii.html
12 https://www.deutsche-rentenversicherung.de/DRV/DE/Ueber-uns-und-Presse/Presse/Meldungen/2024/240701-rentenanpassung-2024.html

Kapitel 17

1 https://www.un.org/depts/german/menschenrechte/aemr.pdf
2 https://www.institut-fuer-menschenrechte.de/fileadmin/Redaktion/PDF/DB_Menschenrechtsschutz/ICESCR/ICESCR_Pakt.pdf
3 https://de.statista.com/statistik/daten/studie/1885/umfrage/mietpreise-in-den-groessten-staedten-deutschlands/
4 https://mlp-se.de/redaktion/mlp-se-de/studentenwohnreport-microsite/2023/report/mlp-studentenwohnreport-2023-geschuetzt.pdf
5 https://www.iwd.de/artikel/wohneigentumsquoten-in-europa-612730/
6 https://mieterbund.de/themen-und-positionen/studien/pestel-institut-bauen-und-wohnen-2024-in-deutschland/

7 https://content.cdn.immowelt.com/iw_group2/import/Redaktion/Pressemitteilungen/2024/2024_04_25_Tabellen_Einkommen_Warmmiete_Singles.pdf
8 https://www.gesetze-im-internet.de/bgb/__556d.html
9 https://www.bfw-mitteldeutschland.de/wp-content/uploads/2019/02/190201__Arbeitspapier_DIW_Gutachten-_-Mietpreisbremse-1.pdf
10 https://www.rwi-essen.de/presse/wissenschaftskommunikation/pressemitteilungen/detail/mietpreisbremse-zeigt-nur-geringe-wirkung
11 https://www.berliner-mieterverein.de/magazin/online/mm0623/bmv-studie-zur-mietpreisbremse-verstoesse-teils-ueber-50-prozent-062319.htm
12 https://www.gesetze-im-internet.de/bgb/__558.html
13 https://shop.freiheit.org/#!/Publikation/1783
14 https://www.iwkoeln.de/presse/pressemitteilungen/michael-voigtlaender-pekka-sagner-bundesweit-wuerden-60-prozent-weniger-wohnungen-vermietet.html
15 https://www.gdw.de/media/2023/12/gdw-dt-2023_kurzfassung.pdf
16 https://de.statista.com/statistik/daten/studie/1340287/umfrage/baugenehmigungen-fuer-wohnungen-in-deutschland/
17 https://www.destatis.de/DE/Presse/Pressemitteilungen/2024/10/PD24_388_61261.html
18 https://www.impulse-fuer-den-wohnungsbau.de/fileadmin/images/Studien/ARGE/ARGE-Studie_%E2%80%93_Wohnungsbau-Tag_2024.pdf
19 https://mieterbund.de/themen-und-positionen/studien/pestel-institut-bauen-und-wohnen-2024-in-deutschland/
20 https://www.cbp.caritas.de/presse/um-neue-sozialwohnungsnot-zu-bremsen-sondervermoegen-von-50-mrd.-euro-gefordert-a092721d-bf6b-4455-b
21 https://wohnberatung-wien.at/wiener-wohn-ticket/1-voraussetzungen-klaeren
22 https://www.gesetze-im-internet.de/woberichtsg/BJNR043710020.html
23 https://www.bagw.de/fileadmin/bagw/media/Doc/PRM/PRM_PM_BAG_W_Pressemappe_Hochrechnung_Zahl_der_wohnungslosen_Menschen.pdf
24 https://www.destatis.de/DE/Themen/Gesellschaft-Umwelt/Soziales/Wohnungslosigkeit/_inhalt.html
25 https://www.bagw.de/fileadmin/bagw/media/Doc/PRM/PRM_PM_BAG_W_Pressemappe_Hochrechnung_Zahl_der_wohnungslosen_Menschen.pdf
26 https://www.bmwsb.bund.de/SharedDocs/downloads/Webs/BMWSB/DE/veroeffentlichungen/wohnen/NAP.html;jsessionid=6726370012821110FCDDB158BBBFDE3A.live101

Kapitel 18

1 https://dejure.org/gesetze/EUV/42.html
2 https://voelkerrechtsblog.org/de/was-wird-aus-der-beistandsklausel-der-eu/
3 https://www.consilium.europa.eu/de/press/press-releases/2024/06/25/eu-opens-accession-negotiations-with-ukraine
4 https://www.nato.int/nato-welcome/index_de.html
5 Wilfried von Bredow, Die Bundeswehr von der Gründung bis zur Zeitenwende, S. 42 ff.
6 Von Bredow, Die Bundeswehr von der Gründung bis zur Zeitenwende, S. 66 ff.
7 https://dejure.org/gesetze/GG/26.html

8 https://dejure.org/gesetze/GG/45b.html
9 Von Bredow, Die Bundeswehr von der Gründung bis zur Zeitenwende, S. 88 ff.
10 https://www.bpb.de/kurz-knapp/lexika/das-junge-politik-lexikon/321267/uno-vereinte-nationen/
11 https://www.dbwv.de/aktuelle-themen/blickpunkt/beitrag/eine-entscheidung-die-frauen-ein-stueck-mehr-freiraum-geschenkt-hat
12 Von Bredow, Die Bundeswehr von der Gründung bis zur Zeitenwende, S. 123 ff.
13 Ulf von Krause, Zeitenwende und Bundeswehr, S. 1.
14 Von Krause, Zeitenwende und Bundeswehr, S. 1 ff.
15 https://www.bundesregierung.de/breg-de/aktuelles/sondervermoegen-bundeswehr-2047518
16 https://www.ifo.de/pressemitteilung/2023-05-16/nato-staaten-erhoehen-ihre-verteidigungsausgaben-nur-langsam
17 https://dserver.bundestag.de/btd/20/105/2010500.pdf; https://www.tagesschau.de/ausland/europa/nato-verteidigungsausgaben-106.html
18 https://www.ifo.de/pressemitteilung/2024-11-07/ifo-instituteconpol-europe-verteidigungsausgaben-von-2-prozent-des-bip
19 https://gfds.de/wort-des-jahres-2022/
20 https://www.bmvg.de/de/themen/sicherheitspolitik/zeitenwende
21 https://zms.bundeswehr.de/de/publikationen-ueberblick/befragung-zwischen-kriegsangst-und-kriegstauglichkeit-5860904
22 https://www.bmvg.de/de/neuer-wehrdienst
23 https://www.bundeswehr.de/de/ueber-die-bundeswehr/zahlen-daten-fakten/personalzahlen-bundeswehr
24 https://de.statista.com/statistik/daten/studie/36914/umfrage/streitkraefte-der-nato/
25 https://de.statista.com/statistik/daten/studie/379080/umfrage/vergleich-des-militaers-der-nato-und-russlands/
26 https://www.zdf.de/nachrichten/politik/pistorius-bundeswehr-sechs-milliarden-fehlen-100.html
27 Von Krause, Zeitenwende und Bundeswehr, S. 12–14.
28 https://dserver.bundestag.de/btd/20/105/2010500.pdf, S. 30.
29 https://www.bundeshaushalt.de/DE/Bundeshaushalt-digital/bundeshaushalt-digital.html
30 https://dserver.bundestag.de/btd/20/105/2010500.pdf
31 https://dserver.bundestag.de/btd/20/105/2010500.pdf, S. 12.
32 https://de.statista.com/statistik/daten/studie/235998/umfrage/ruestungsunternehmen-in-deutschland-nach-umsatz/
33 https://de.statista.com/statistik/daten/studie/151877/umfrage/weltweite-marktanteile-am-export-von-konventionellen-waffen-nach-nationen/
34 https://www.bmwk.de/Redaktion/DE/Pressemitteilungen/2024/01/20240104-ruestungsexportpolitik-der-bundesregierung-im-jahr-2023.html
35 Von Bredow, Die Bundeswehr von der Gründung bis zur Zeitenwende, S. 175.
36 https://www.bafa.de/DE/Aussenwirtschaft/Kriegswaffenkontrolle/kriegswaffenkontrolle_node.html
37 https://www.gesetze-im-internet.de/krwaffkontrg/

38 https://www.gesetze-im-internet.de/krwaffkontrg/__6.html; von Bredow, Die Bundeswehr von der Gründung bis zur Zeitenwende, S. 175.
39 https://dserver.bundestag.de/btd/20/091/2009165.pdf
40 https://www.fes.de/wissen/ruestungsexporte

Kapitel 19

1 Anmerkung: Die European Defence Agency oder auch Europäische Verteidigungsagentur ist die Agentur für die Bereiche Entwicklung der Verteidigungsfähigkeiten, Forschung, Beschaffung und Rüstung. Sie ist eine zentrale Institution der gemeinsamen Sicherheits- und Verteidigungspolitik der Europäischen Union.

Kapitel 20

1 https://de.statista.com/statistik/daten/studie/809135/umfrage/anteil-der-soldatinnen-in-der-bundeswehr/
2 https://www.destatis.de/Europa/DE/Thema/Bevoelkerung-Arbeit-Soziales/Arbeitsmarkt/Qualitaet-der-Arbeit/_dimension-1/08_frauen-fuehrungspositionen.html
3 https://www.destatis.de/DE/Presse/Pressemitteilungen/2024/04/PD24_N016_12_63.html
4 https://de.statista.com/statistik/daten/studie/1447393/umfrage/armutsgefaehrdungsquote-von-senioren-nach-geschlecht/
5 https://www.bertelsmann-stiftung.de/de/mediathek/medien/mid/default-afa242a981
6 https://www.gesetze-im-internet.de/gg/art_3.html
7 https://www.bundestag.de/dokumente/textarchiv/2024/kw20-kalenderblatt-75jahre-grundgesetz-641776
8 https://www.fes.de/wissen/gender-glossar/patriarchat
9 https://www.nationalgeographic.de/geschichte-und-kultur/2023/01/patriarchat-schwache-geschlecht-kulturelle-erfindung-frau-mann-gleichberechtigung
10 https://www.fes.de/wissen/gender-glossar/patriarchat
11 https://webdoc.sub.gwdg.de/ebook/diss/2003/fu-berlin/2001/70/kapitel3_weltordnungderantike.pdf
12
13 https://www.goethe.de/prj/sam/de/wel/fem.html
14 https://www.fes.de/wissen/gender-glossar/feminismus
15 https://www.zeit.de/politik/ausland/2024-11/feminismus-suedkorea-frauen-4b-bewegung
16 https://www.bpb.de/kurz-knapp/hintergrund-aktuell/517442/50-jahre-roe-vs-wade-urteil-zum-us-abtreibungsrecht/
17 https://www.bpb.de/shop/zeitschriften/apuz/femizid-2023/519670/wie-toedlich-ist-das-geschlechterverhaeltnis/
18 https://hateaid.org/incels/
19 https://www.unwomen.org/sites/default/files/2024-11/femicides-in-2023-global-estimates-of-intimate-partner-family-member-femicides-en.pdf
20 https://de.statista.com/infografik/33558/anzahl-der-opfer-von-femiziden-in-deutschland/
21 https://www.frauenhauskoordinierung.de/publikationen/frauenhaus-statistik

22 https://dgvn.de/meldung/zuhause-der-gefaehrlichste-ort-fuer-viele-frauen
23 https://rm.coe.int/16806b076a
24 https://www.bundestag.de/resource/blob/1001942/0b6219de6914728ea029e1e0ead2e63a/WD-8-011-24-pdf.pdf
25 https://frauenrechte.de/unsere-arbeit/haeusliche-und-sexualiserte-gewalt/hintergrundinformationen/femizide
26 https://www.bka.de/DE/UnsereAufgaben/Forschung/ForschungsprojekteUndErgebnisse/Dunkelfeldforschung/SKiD/Ergebnisse/Ergebnisse_node.html
27 https://www.otto-brenner-stiftung.de/fileadmin/user_data/stiftung/05_Presse/02_Pressemitteilungen/2024_12_12_PM_AP74_Trendreport-Gewalt_gegen_Frauen.pdf
28 https://www.plan.de/magazin/artikel/aktuelles/die-neue-gewalt-gegen-frauen.html
29 https://de.statista.com/statistik/daten/studie/1035/umfrage/ansicht-zur-gleichberechtigung-der-geschlechter-in-deutschland/
30 https://www.weforum.org/publications/global-gender-gap-report-2024/global-gender-gap-2024-dashboard/
31 https://www.destatis.de/DE/Presse/Pressemitteilungen/2024/01/PD24_027_621.html
32 https://aktuell.uni-bielefeld.de/2023/03/02/gender-pay-gap-warum-frauen-weniger-verdienen-als-maenner/
33 https://www.destatis.de/Europa/DE/Thema/Bevoelkerung-Arbeit-Soziales/Arbeitsmarkt/GenderPayGap.html
34 https://www.bundesarbeitsgericht.de/entscheidung/8-azr-450-21/
35 https://eur-lex.europa.eu/legal-content/DE/TXT/PDF/?uri=CELEX:32023L0970
36 https://guide.michelin.com/de/de/article/michelin-guide-ceremony/alle-sternerestaurants---guide-michelin-deutschland-2024
37 https://guide.michelin.com/de/de/article/features/international-women-s-day-wir-feiern-17-kuchenchefinnen
38 https://www.kunstloft.de/magazin/teuerste-gemaelde-der-welt
39 https://www.p55.art/de/blogs/p55-magazine/why-mens-paintings-are-more-expensive
40 https://annenberg.usc.edu/news/research-and-impact/annenberg-inclusion-initiatives-annual-report-popular-music-reveals-little

Kapitel 21

1 Anmerkung: »Mission Silberlocke« ist eine selbstironische Bezeichnung für das Vorhaben von Gregor Gysi, Dietmar Bartsch und Bodo Ramelow bei der Bundestagswahl anzutreten und über den Gewinn von drei Direktmandaten den Einzug der Linken in den Bundestag zu sichern, auch wenn sie die Fünf-Prozent-Hürde verfehlen sollte (Grundmandatsklausel).

Literatur

Balg, Dominik, Toleranz – was müssen wir aushalten?
Bockwyt, Esther Woke Psychologie eines Kulturkampfs
Brennan, Jason Gegen Demokratie Warum wir Politik nicht den Unvernünftigen überlassen dürfen
Brodnig, Ingrid, Lügen im Netz Wie Fake News, Populisten und unkontrollierte Technik uns manipulieren
De Haas, Hein, Migration 22 populäre Mythen und was wirklich dahinter steckt
Hüther, Gerald, Burdy, Robert, Wir informieren uns zu Tode
Deitermann, Alex, Take no Fake
Joy, Melanie, Warum wir Hunde lieben, Schweine essen und Kühe anziehen
Livi Bacci, Massimo, Kurze Geschichte der Migration
Karl, Michaela, Die Geschichte der Frauenbewegung
Kitz, Volker, Meinungsfreiheit Demokratie für Fortgeschrittene
Kovach, Bill, Rosenstiel, Tom, The elements of journalism
Kuhla, Karoline, Fake News
Macho, Thomas, Warum wir Tiere essen
Mau, Steffen, Lux, Thomas, Westheuser, Linus, Triggerpunkte Konsens und Konflikt in der Gegenwartsgesellschaft
Morris, Michael, Fake News Die anderen Enthüllungen
Münkler, Herfried, Die Zukunft der Demokratie
Ötsch, Walter, Horaczek, Nina, Populismus für Anfänger
Preisler, Karolin M., Demokratie aushalten! Über das Streiten in der Empörungsgesellschaft
Roßbach, Nikola, Achtung Zensur! Über Meinungsfreiheit und ihre Grenzen
Schneider, Wolf, Raue, Paul-Josef, Das neue Handbuch des Journalismus

Schreiber, Constantin, Lasst uns offen reden!'
Schulz, Stefan, Die Alten Republik
Von Bredow, Wilfried, Die Bundeswehr von der Gründung bis zur Zeitenwende
Von Krause, Ulf, Zeitenwende und Bundeswehr
Thumann, Michael, Der neue Nationalismus
Vorländer, Hans, Demokratie – Geschichte, Formen, Theorien
Voltaire, Über die Toleranz
Wehler, Hans-Ulrich, Nationalismus
Wallace-Wells, David, Die unbewohnbare Erde
Willaschek, Marcus, Kant Die Revolution des Denkens

Danksagung

Das ist das erste Buch, das wir zusammen geschrieben haben – und dann auch noch unter dem Zeitdruck einer vorgezogenen Bundestagswahl. Das wäre ohne tatkräftige Unterstützung nicht möglich gewesen! Als allererstes danken wir dafür unseren Eltern, die uns für Politik begeistert und uns mit den nötigen Fähigkeiten ausgestattet haben, auch in stressigen Zeiten durchzuhalten. Und Hanne danken wir insbesondere für die mühevolle Überarbeitung der Texte – sozusagen das Lektorat vor dem Lektorat. Und Jule dankt ihrer Mutter nicht nur dafür, sondern auch für´s Kochen, mit dem Hund Gassi gehen und gute Laune behalten. Danken möchten wir auch unseren Experten, die sich alle kurzfristig die Zeit genommen haben, mit uns zu sprechen – das sind in der Reihenfolge der Kapitel: Albrecht von Lucke, Andreas Zick, Marcel Fratzscher, Sarna Röser, Sandra Düpjan, Klaus Klemm, Wolfgang Schneiderhan und Jasmin Riedl. Dank geht auch an Etienne Fruchtmann, der uns bei der Recherche und intensiven Arbeit an den Kapiteln unterstützt hat. Ebenso an unsere fleißigen Korrekturleser Holger Spierig, Tom Palluch, Esther Konieczny, Michael Laschet, Matthias Müller, Holger Scharnofske und den Mediendienst Migration. Und wir freuen uns auch, dass die Autoren Matthias Mohler, Tom Rogel und Rieke Meyer-Breckwoldt für den nötigen Humor zwischen den Zeilen gesorgt haben! Ein großes Lob geht auch an die Zusammenarbeit mit unserer Lektorin Susanne Beinvogl beim Finanzbuch Verlag, die dank des Zeitdrucks bis zum letzten Tag so einiges aushalten musste – insbesondere einen überzogenen Abgabetermin. Wir danken auch unserer Buchagentur Bookbuster Agency für die Unterstützung rund um Vertragliches. Und noch viel mehr danken wir unseren Familien und Freunden, die in den letzten Monaten vor der Manuskriptabgabe nicht viel von uns gesehen und gehört haben. Christine dankt ihrer Tochter Zoe, die sich beim Essen auch über das zehnte Mal Piccolini nicht beschwert hat, ihrem Papa und ihrer

Schwester Angelika fürs immer da sein, Gegenlesen und Mitentscheiden, und Dieter Könnes fürs Mitdenken und Aufbauen, als die Nerven blank lagen wegen der geplatzten Koalition. Und allen, denen wir zuletzt immer mit dem Standardsatz »Wir müssen Buch schreiben« abgesagt haben: Sorry! Wir geloben Besserung! Wir lieben Euch!